A tinta e o sangue

FUNDAÇÃO EDITORA DA UNESP

Presidente do Conselho Curador
Mário Sérgio Vasconcelos

Diretor-Presidente
Jézio Hernani Bomfim Gutierre

Superintendente Administrativo e Financeiro
William de Souza Agostinho

Conselho Editorial Acadêmico
Danilo Rothberg
João Luís Cardoso Tápias Ceccantini
Luiz Fernando Ayerbe
Marcelo Takeshi Yamashita
Maria Cristina Pereira Lima
Milton Terumitsu Sogabe
Newton La Scala Júnior
Pedro Angelo Pagni
Renata Junqueira de Souza
Rosa Maria Feiteiro Cavalari

Editores-Adjuntos
Anderson Nobara
Leandro Rodrigues

DOMINIQUE KALIFA

A tinta e o sangue

Narrativas sobre crimes
e a sociedade na Belle Époque

Tradução
Luiz Antônio Oliveira de Araújo

Apresentação
Valéria Guimarães

© Librairie Arthème Fayard, 1995
© 2019 Editora Unesp

Título original: *L'encre et le sang – Récits de crimes et societé à la Belle Époque*

Direitos de publicação reservados à:

Fundação Editora da Unesp (FEU)
Praça da Sé, 108
01001-900 – São Paulo – SP
Tel.: (0xx11) 3242-7171
Fax: (0xx11) 3242-7172
www.editoraunesp.com.br
www.livrariaunesp.com.br
atendimento.editora@unesp.br

Dados Internacionais de Catalogação na Publicação (CIP) de acordo com ISBD
Elaborado por Vagner Rodolfo da Silva – CRB-8/9410

K14t

Kalifa, Dominique
   A tinta e o sangue: narrativas sobre crimes e a sociedade na Belle Époque / Dominique Kalifa; traduzido por Luiz Antônio Oliveira de Araújo. Apresentação por Valéria Guimarães – São Paulo: Editora Unesp, 2019.

   Tradução de: *L'encre et le sang: Récits de crimes et societé à la Belle Époque*
   Inclui bibliografia e índice.
   ISBN: 978-85-393-0801-9

   1. História. 2. História Geral. 3. França. 4. Século XIX. 5. Belle Époque. 6. Crimes. 7. Criminologia. 8. História social do crime. 9. Kalifa, Dominique. I. Araújo, Luiz Antônio Oliveira de. II. Guimarães, Valéria III. Título.

2019-1123   CDD 944
                                                            CDU 94(44)

Editora afiliada:

Sumário

Apresentação – Mera espuma das ondas ou uma história cultural do crime . 9
   Valéria Guimarães

Introdução . 17

Parte I: A fábrica do crime

1. A expansão irresistível do relato de crime . 29

2. Do crime à investigação . 81

3. Retrato do repórter como herói . 125

Parte II: O imaginário do crime

4. Os lugares do crime . 167

5. O motivo do crime . 183

6. A arma do crime . 195

7. O autor do crime . *211*

8. Vozes dissonantes . *255*

Parte III: Leituras do crime

9. Relatos "criminógenos"? . *305*

10. Inseguranças . *359*

11. Crime, cultura e sociedade . *419*

Conclusão . *465*

Agradecimentos . *471*

Referências bibliográficas . *473*

Índice onomástico . *509*

Para Agnès

Apresentação
Mera espuma das ondas ou uma história cultural do crime

Valéria Guimarães
Unesp/Fapesp

Nos idos de 1983, o conhecido historiador francês Marc Ferro prefaciou um dossiê temático para a revista *Annales. Économies, Sociétés, Civilisations*, intitulado *Fait divers, Fait d'histoire*, em que lançava uma pergunta ao leitor: "Colocar o problema do *fait divers* [fatos diversos], não é se perguntar o que, durante muito tempo, para a ciência histórica, não era história?". A disciplina História sofria, à época, um forte abalo sob a crise do *linguistic turn* e o dossiê parecia querer responder aos questionamentos sobre quais seriam os objetos legítimos do historiador, quais seriam as fontes válidas para que a pesquisa fosse considerada de valor científico.

Os *faits divers* podem ser definidos como relatos do cotidiano sem grande importância que povoaram jornais e revistas franceses desde meados do século XIX com crimes sangrentos, tragédias da cidade e todo tipo de prodígio. Eram notícias narradas com recursos da ficção, algumas de teor muito sensacionalista, encaradas como exemplo-limite daquela *histoire événementielle* de curtíssima duração por autores canônicos da historiografia francesa, como Fernand Braudel. Representante mais destacado da "segunda geração" da Escola dos Annales, Braudel privilegiava os elementos estruturais ao defender sua dialética das durações, aqueles que, tal qual o profundo oceano, permaneciam aparentemente imutáveis. Mesmo assim, em "História e sociologia", ensaio introdutório ao *Tratado de sociologia*, organizado em 1858 por Georges Gurvitch, não lhe escapou que os eventos insignificantes, efêmeras "espumas das ondas", poderiam, sim, ser objeto legítimo da história. No entanto, a questão ficou no ar e não foi desdobrada.

A especulação contida na frase de Marc Ferro retomava essa discussão. Era também uma provocação a Roland Barthes, cujo texto "Estrutura do *fait divers*", de 1964, deu um tratamento estruturalista àquilo que considerava "fato sem contexto", análise repetida até os dias atuais de forma mecânica para caracterizar a "imprensa sensacionalista", ou "de sensação", termos empregados sem critério, a depender do gosto do freguês.

No mesmo dossiê de 1983 da revista dos Annales, uma nota crítica de Michelle Perrot reflete sobre a historicidade do *fait divers* ao questionar a insistência da abordagem estruturalista de discípulos de Barthes, como Georges Auclair, não por desmerecer esses importantes trabalhos, mas por julgar que havia elementos de sobra para considerar esse objeto não só adequado à investigação histórica, como também emblemático para a constituição de campos então em consolidação, como a micro-história, sem deixar de evocar o papel precursor de Adorno ou Benjamim ao lançarem seu olhar para a historicidade oculta sob as zonas de sombra do banal e do cotidiano. A autora traça um largo panorama diacrônico dos *faits divers* e das discussões daí suscitadas, além de destacar seu papel social no imaginário do século XIX, seu sentido moralizador ou o choque causado por um tipo de escrita ligado à cultura popular tradicional (dos *canards* à *Bibliothèque bleue*) que se redimensiona na modernidade, um novo produto midiático imediatamente condenado pela sensibilidade erudita.

Dominique Kalifa é o fruto direto dessa linhagem. Orientado por Michelle Perrot, defendeu em 1994 na Université Paris Diderot a tese que deu origem ao presente livro, cujo título, inspirado em crônica de Émile Zola de 1882, alude à relação entre a atividade intelectual – *l'encre* (a tinta) – e seus efeitos no real – *le sang* (o sangue), bem ao gosto dos *faits divers* criminais sangrentos que povoaram os jornais e que aqui são explorados em seus mais variados estados. Publicado originalmente em 1995, o livro foi o *début* do autor, ao que se seguiram outras tantas importantes obras, consolidando o nome de Kalifa entre os mais conceituados historiadores franceses da atualidade, na esteira de Allain Corbin, do qual é sucessor como professor na Université Panthéon-Sorbonne, instituição onde coordena o Centre d'Histoire du XIXe siècle.

Em *A tinta e o sangue*, ele responde ao desafio lançado por Michelle Perrot no texto mencionado acima: "Podemos, aliás, nos perguntar por que os historiadores têm sido durante tanto tempo omissos acerca dos *faits divers*". Sua história social do crime se articula a uma história das representações e imaginários, encarada a um só tempo como resultado e criadora de práticas sociais.

O autor aponta para uma visão renovada da história da imprensa e desloca o marco da constituição da cultura midiática para o século XIX, visto como momento-chave para seu florescimento. Busca representações do crime em suportes diversos, como jornais, revistas, livros, cinema, gravuras, e as encontra na literatura policial, nas canções, em poemas e, sobretudo, nos *faits divers* do qual emergem as figuras dos detetives particulares, as entranhas do submundo ou das prisões, os crimes de sangue, os dramas humanos de toda espécie e o desvio como regra.

O contexto era de aumento sem precedentes das tiragens de impressos periódicos e de uma pujante indústria do entretenimento, fatores que fazem do periodismo francês da passagem do século XIX ao XX um canal para a difusão de novas práticas de leitura em que o *fait divers* ocupava lugar central, por ser a peça fundamental da imprensa de sensação.

O livro se divide em três partes: *A fábrica do crime*, *O imaginário do crime* e *Leituras do crime*, em que Kalifa retoma as reflexões de seus antecessores sobre o estigma associado às folhetinescas notícias de crimes pelos estudos acadêmicos e não vê incompatibilidade entre as estruturas de um imaginário sedimentado na cultura tradicional e a mudança que caracteriza a história, defendendo sua articulação.

Situa o período da Restauração como inaugural e avança o século XX para além da Primeira Guerra, quando o *fait divers* dá ensejo à fixação da reportagem como gênero jornalístico. O ponto de inflexão que promove a virada foi o caso Troppmann, que inaugura na imprensa popular a "era de ouro" do *fait divers*. A história do assassinato de toda uma família no norte de Paris, em 1869, com exceção de um dos filhos, que logo se torna o principal suspeito, transforma-se em fenômeno midiático quando as investigações revelam que um amigo da família chamado Troppmann, um lindo rapaz loiro e insuspeito, era o verdadeiro assassino. As diligências policiais são seguidas *pari passu* por uma imprensa alimentada pela mórbida curiosidade dos leitores e *l'affaire* toma conta dos jornais populares, como

Le Petit Journal, que dedica ao caso crescente atenção, até chegar a várias páginas numa só edição e a tiragens espantosas para a época, beirando meio milhão de exemplares.

Além de *Le Petit Journal* e seu colorido e imponente suplemento ilustrado com os casos mais sensacionais da semana, no presente livro conhecemos outros diários importantes para a difusão dos *faits divers* na época, entre eles *Le Petit Parisien*, *Le Journal*, *L'Éclair*, *La Liberté*, *Paris-Journal*, *Le Radical*, *L'Aurore*, *Le Gaulois*, *Le Soir*, *La Lanterre* e *Excelsior*, além de folhas bem mais sóbrias, como *Le Temps*, mas que também são arrebatadas pela voga do sensacionalismo.

Em outro registro, os romances seriais com tramas investigativas, Kalifa destaca as intensas trocas entre o que ele chama de "literatura legítima" e a literatura policial. Considerada pelo autor um gênero resultante de uma escrita intermediária, essa literatura foi promovida ora por grandes complexos editoriais como as Éditions Pierre Lafitte, que durante o primeiro decênio do século XX publicou folhetins com as aventuras do escroque Arsène Lupin, escritas por Maurice Leblanc na revista *Je Sais Tout* (reeditadas em livro na década seguinte), ora por editoras que só então se afirmavam no cenário dos livros populares *à bon marché*, como a Fayard, cujo sucesso em muito se deveu a publicações como *Fantômas*, anti-herói sádico e cruel que encantou gerações por meio dos livros *pulp* (a partir de 1911), sucesso que se traduziu em adaptação para o cinema (1913).

As representações do crime e dos criminosos, oscilando entre classes trabalhadoras e classes perigosas, "deslizam", assim, de um suporte a outro, até chegar às expressões de vanguarda. Exemplo disso é a constatação da intensa circulação do registro instituído pelo retrato dramático do cotidiano fixado pelos *faits divers* na produção artística da época, como as vanguardas modernistas, que mostram interesse crescente pelos temas do submundo, à semelhança do crítico, escritor, poeta e ativista cultural ítalo-francês Guillaume Apollinaire, também exímio *fait-diversier* e autor de romances policiais, ou do não menos polígrafo Max Jacob, que fundou em 1914 a sociedade de amigos de *Fantômas*.

O mesmo ocorre com o teatro ou com os primórdios do cinema, narrativas nas quais os crimes aparecem representados na mesma chave. É todo um sistema cultural que se estabelece na Belle Époque a partir das representações da violência urbana nos meios de comunicação voltados para o grande público, expresso como um dos elementos constitutivos da modernidade ao longo do século XX, seja em textos da imprensa noticiosa, de romances populares, de dramaturgia ou da poesia, seja na farta iconografia composta por imagens paradas, como ilustrações, fotografias, histórias em quadrinhos, ou em movimento, como a película e, bem mais tarde, as séries televisivas.

Algumas figuras emergem nesse cenário, como o detetive, o enviado especial e o repórter investigativo com suas enquetes. Este último passa a ser mais participativo, ao julgar, prevenir, condenar e até se tornar o herói da trama. Como os *faits divers* franceses eram assinados, o autor compõe uma lista de jornalistas que se arriscavam atrás da notícia (*petit reportage*), atividade cada vez mais especializada e em plena consolidação, embora ainda calcada na experiência prática, a despeito da fundação de uma escola de jornalismo em 1899. Alguns dispunham de rede de informantes, como ocorreu em 1902 no célebre caso *Casque D'Or* (apelido de Amélie Élie, assim chamada devido à sua cabeleira loira). Amélie ficou famosa por sua história de amor e traição com um "apache", nome pelo qual eram conhecidos os jovens delinquentes na Paris do início do século XX. Logo todo o bando de criminosos é envolvido na confusão, enquanto um dos apaches fornecia ao jornalista os detalhes mais improváveis do desenrolar dos acontecimentos, para deleite dos leitores dos jornais sensacionalistas. A fama do caso foi tal que, nos anos 1950, a história migrou para as telas de cinema.

As representações do exército do crime oscilavam entre a violência dos delitos de sangue com armas brancas ou de fogo, dos estupros e de todo tipo de agressão relacionada às paixões descontroladas ou aos "vícios morais", e o caráter romântico e boêmio do submundo, ao louvarem seu lado libertário, enquanto o elogio do crime como reapropriação da riqueza do burguês corrupto transformava o bandido em herói. A narrativa inflada dos *faits divers*, muitas vezes mais invenção que realidade, criava uma atmosfera paranoica e colocava em curso debates públicos envolvendo autoridades médicas e jurídicas e a busca de soluções que não raro se traduziam em toda sorte de estigmas e políticas públicas de cunho repressivo.

Nem mera espuma das ondas nem fato sem contexto, o *fait divers* criminal, sob a perspectiva do autor, abre caminho, enfim, para a busca da historicidade dos pequenos eventos do cotidiano. Kalifa não tenta apenas responder ao desafio proposto por seus antecessores. Ele ultrapassa os limites das relações entre social e cultural quando percebe que os vínculos entre o real e sua representação são complexos, e oferece ao leitor um estudo rico em questões que abolem as categorias tradicionais de alta e baixa cultura, colocando este livro entre as obras que apontaram novos e importantes caminhos para a história cultural.

Introdução

Sabe-se que, há muito tempo, o crime ocupa o imaginário social e, há mais de cinco séculos, tem inspirado uma quantidade considerável de relatos. Jornais e canções, placas e gravuras, literatura popular e literatura de *gueuserie*,[1] *faits divers* e romances fazem do crime um de seus temas principais, senão o próprio princípio de sua dinâmica narrativa. Aliás, o fenômeno está longe de se restringir ao "popular", e o crime ocupa uma posição eminentemente estratégica no campo literário. Quanto a isso, Roger Caillois observa, em "Puissance du roman", como o fascínio pelo criminoso e, mais em geral, pelo homem à margem da sociedade faz parte da própria natureza do romanesco.[2] Não há, pois, nenhuma dúvida de que o crime fascina, inspira romancistas e dramaturgos, alimenta os jornais e as conversas, é cantado nas ruas e exibido em quiosques, muros e telas de cinema.

---

[1] *Gueuserie*: malandragem, travessura, literatura popular por vezes considerada picaresca. (N. T.)
[2] Caillois, "Puissance du roman", in *Approches de l'imaginaire*, p.227-8.

Muitas vezes apontada, essa constatação suscitou em geral dois grandes tipos de análise. De ordem estética e política, a primeira deu ênfase sobretudo ao caráter "sórdido" e "degradante" desses relatos de crimes. Elaborados para um público popular considerado frágil e influenciável, eram descritos como objeto de desmoralização e perversão. Defendida primeiramente pelas elites conservadoras, que viam tais relatos como um temível agente de subversão social, essa ideia foi retomada pela crítica marxista, que, invertendo as perspectivas, via-os como uma espécie de anestésico, um instrumento de alienação ou peça central de um dispositivo de sujeição e controle social. Nos dois casos, o relato de crime, esse "ópio do povo", era visto com hostilidade.

Sustentado pelo estruturalismo, o segundo tipo de explicação era sobretudo de ordem linguística e antropológica. Constatava quanto tais relatos, construídos em torno de um número reduzido de temas, disseminavam sempre a mesma história, produzindo o idêntico em estruturas fixas.[3] Invariável cultural ou "tema fixo", o relato de crime, em particular o *fait divers*, remetia às interrogações universais e às principais compulsões de um imaginário visto fundamentalmente como a-histórico. Se lhe apontava a evidente função catártica, era para lhe negar todo alcance histórico e social.

Este livro se situa numa perspectiva totalmente diferente. *Faits divers* e romances policiais, gravuras de crimes e canções de apaches,[4] em suma, os diversos relatos de crime que surgiram

---

3 Cf. Barthes, "Structure du fait divers", in *Essais critiques*, p.188-97, bem como Auclair, *Le mana quotidien*.

4 Apaches: designação de diversos grupos de delinquentes das grandes cidades francesas no século XIX. (N. T.)

A tinta e o sangue

na França da Belle Époque são considerados primeiramente objetos históricos. Porque, ainda que derive em parte de um pensamento arcaico, o fascínio pelo crime sempre se adaptou às transformações históricas, sempre exprimiu mutações ideológicas e sociais profundas.[5] De resto, não há incompatibilidade entre as estruturas imutáveis de um imaginário "primitivo" e as novas formas suscitadas pela evolução histórica, e é precisamente de seu encontro ou convergência que nasce o *imaginário social*. Este livro pretende tomar esses relatos tais como são, sem *a priori* estético nem pressuposto mecanicista. Entre o escrever e o ler, e entre o ler e o crer, interpõe-se toda a distância dos usos sociais. Quanto ao mais, é preciso encarar a realidade: até hoje, apesar da enorme quantidade de material produzido (e consumido), os relatos de crimes não precipitaram nenhum cataclismo cultural e social nem dominaram de corpo e alma uma massa submissa. Em contrapartida, talvez sejam um dos instrumentos privilegiados de uma revolução cultural silenciosa, que viu o acesso progressivo de todo um povo à alfabetização e à leitura.

Acaso isso significa que os vinte anos superexaltados que precederam a Primeira Guerra foram decisivos para o relato de crime? Nesse período, o entusiasmo pelo gênero já parece solidamente consagrado. Sabemos em particular que os últimos anos da Restauração e os da Monarquia de Julho constituíram um momento privilegiado para as encenações.[6] Associado à imagem da barbárie e à atração exótica do submundo, o crime

---

5 Cf. o dossiê "Fait divers, fait d'histoire", *Annales ESC*, ano 38, n. 4.
6 Chevalier, *Classes laborieuses et classes dangereuses à Paris pendant la première partie du XIXᵉ siècle*.

se impôs tanto na literatura "legítima" quanto na impressionante produção "popular" que floresceu à sua sombra, se é que essa distinção tem algum sentido na confusão de conceitos e gêneros que caracterizou a época romântica. Nesse momento em que *La Gazette des Tribunaux* parecia ter se tornado uma das fontes principais do romancista, em que a imprensa escancarava suas colunas a esses anais do crime que são os folhetins, em que o melodrama reinava soberano no bulevar do crime[7] e os assassinos eram "espirituosos",[8] muitas formas, imagens e padrões se estabeleceram.

De maneira menos vistosa, mas talvez mais marcante, o segundo decênio do Segundo Império, um patamar decisivo na evolução das mentalidades e das representações, confirmou a tendência. Duas datas em especial merecem ser lembradas: em 1866 é publicado *Processo Lerouge*, de Émile Gaboriau, aplaudido unanimemente como o primeiro romance policial; em 1869, o caso Troppmann inaugura a era do *fait divers* na imprensa popular nascente.[9]

Nesse longo processo cultural e social, os "anos 1900" representam uma etapa crucial. São marcados primeiramente por um avanço formidável e espetacular de todas as formas de narrativas de crimes, que conquistam incessantemente novos suportes e novos registros. Às vésperas da Primeira Guerra, o crime e seu relato tornam-se um tema obcecante. "Não escapa nenhum assassinato. Quando ocorre um, é alegria e lucro [...]

---

7 Apelido dado, na Paris do século XIX, ao Boulevard du Temple, cujos muitos teatros apresentavam melodramas sobre crimes. (N. T.)
8 Le Morvan, *L'affaire Lacenaire*.
9 Bonniot, *Émile Gaboriau ou la naissance du roman policier*; Perrot, "L'affaire Troppmann", *L'Histoire*, n.30, p.28-37.

e se o crime tem o inconveniente de ser demasiado banal ou demasiado enfadonho, recebe tratamento e ganha importância", observou em 1908 um deputado, resumindo a opinião geral.[10] Se tais *lamentos* procedem de uma temática altamente recorrente, também partem de uma constatação comprovada: o crime nunca foi tão comentado; seu relato jamais vira semelhante fervor.

De resto, o imaginário a que esses relatos dão corpo está na origem de uma mitologia particularmente vibrante. Casque d'Or e os apaches, a ogra Weber e a viúva Steinhel, Jules Bonnot e os primeiros bandidos motorizados, Rouletabille e Fantômas, sem esquecer as figuras inquietantes que se agitam nas telas mudas do cinematógrafo... raramente uma época engendrou tantas figuras lendárias. Febril e atormentado, surge um paroxismo sensível, cujas razões são ao mesmo tempo externas e internas ao próprio relato de crime. Externamente, imprensa e edição, cujo equipamento técnico evolui rapidamente, dispõem-se a satisfazer uma sociedade alfabetizada, ávida de leitura e inserida num vasto e acelerado movimento de urbanização que revoluciona as formas tradicionais de sociabilidade e regulamentação. Completando um ciclo iniciado em 1836, sobretudo a imprensa popular vive um apogeu marcado pelo crescimento das tiragens e pelo fortalecimento de sua autoridade social.

Paralelamente, parece chegar ao fim um processo que, desde a metade do século XIX, aflige silenciosa e continuamente a própria estrutura do texto: a incorporação gradual do relato

---

10 Viollette, *Journal Officiel de la République Française*, Chambre, Documents, 1908, p.55.

de crime no relato de investigação, a diluição da descrição na retrospecção, ocasionando o triunfo da figura heroica do investigador, do policial, do detetive e, sobretudo, do repórter. Afetando toda a compreensão do fato criminal, essa inflexão decisiva é patente sobretudo no romance policial, que se constitui como gênero, mas também está presente no *fait divers* e em muitas outras formas de narrativa.

Um terceiro elemento parece central. No relato de crime, apoiando-se nele e às vezes excedendo-o, vêm enxertar-se progressivamente discursos insistentes sobre o aumento intolerável de crimes e delitos, a insegurança crescente de pessoas e bens, a incompetência das autoridades. Decerto os relatos de crime não são os únicos agentes nem os únicos vetores desse fenômeno, mas ocupam nele um lugar central que também contribui para modificar a função do relato.

Sem dúvida, semelhante irrupção do crime no cerne das preocupações sociais e políticas não é totalmente inédita em 1900. Alguns anos antes, os debates sobre o degredo por reincidência[11] (1881-1885) suscitaram uma intensa e inusitada efervescência na opinião pública. Enquanto um vento de pânico

---

11 No orig.: *"rélégation"*. "É uma pena acessória, acrescentada quando a reincidência de condenações é constatada, segundo parâmetros complexos, que variam em função da gravidade das penas dadas. No campo criminal, basta uma reincidência para a pena de trabalhos forçados ou reclusão, por exemplo. Mas, quando se trata de pena correcional para delitos de vagabundagem, por exemplo, são necessárias sete reincidências para que a 'rélégation' seja pronunciada. Os relegados são enviados à Guiana ou Nova Caledônia de 1887 a 1897, e apenas para a Guiana a partir de 1897. Para as mulheres, a *'rélégation'* será suprimida a partir de 1907". Ver <https://journals.openedition.org/criminocorpus/142#tocto4n3>. (N. T.)

A tinta e o sangue

assolava o país, a imprensa multiplicava os relatos inquietantes e as constatações alarmistas.[12] Mas o fenômeno só toma sua verdadeira dimensão com os atentados anarquistas, o medo social e a psicose que eles provocam. Uma era nova parece se iniciar em 1894, associando a noção de ordem pública à de segurança pública. Obsessiva e escapatória, há toda uma argumentação em volta do relato de crime, nas origens de uma retórica securitária cujos temas e motivos se ordenam pouco a pouco. Para a imprensa, que se pretende a guardiã vigilante da "opinião" e, desde o caso Dreyfus, tende a arrebatar ao Parlamento a função de lugar e instrumento do debate público, o crime, em parte emancipado de suas formas tradicionais de representação, constitui um meio excelente de ocupar a cidade e impor sua marca.

Entre as "leis infames" e os derradeiros sobressaltos dos bandidos trágicos do anarquismo, uma etapa parece superada, e transforma a virada do século num observatório privilegiado para abordar o estado do crime e suas representações, o imaginário que ele plasmava e os argumentos que engendrava. Um observatório ainda mais decisivo porque a Guerra, alguns anos depois, daria a essa época o charme antiquado de uma idade de ouro que findou.

---

12 Cf. Schapper, "La récidive, une obsession créatrice au XIXe siècle", in Congrès de l'Association Française de Criminologie, *Le récidivisme*, especialmente p.49-50, assim como Badinter, *La prison républicaine (1871-1914)*, p.126.

Parte I
A fábrica do crime

Ainda que pertençam a um gênero antigo e conhecido, os relatos de crimes são dominados nessa virada do século XX por uma espécie de agitação febril e apaixonada. O fenômeno é primeiramente de ordem quantitativa: o número de relatos, sobretudo na imprensa, cresce de modo significativo. O espaço redacional reservado a eles também aumenta; novos periódicos e coleções populares, rapidamente especializados, lhes são dedicados; o cinema nascente se interessa de pronto por um tema tão promissor. Espetacular, esse crescimento em todos os níveis preocupa os contemporâneos tanto quanto os fascina. Uma inflexão mais discreta afeta igualmente as estruturas do relato: o crime e sua narrativa pitoresca são substituídos pouco a pouco pela investigação, por seus agentes e procedimentos. Não há ruptura nem turbulência real, mas um ponto de chegada e um amplo processo em curso ao longo de todo o século XIX. Mas sua extrema legibilidade nessa França entre dois séculos muda toda a abordagem e a compreensão do fenômeno criminal.

Capítulo 1
A expansão irresistível do relato de crime

Faits divers, romances policiais, gravuras, filmes ou canções, todas as formas de relato de crime têm um crescimento singular no fim do século XIX. O crime ensanguenta o papel, e o país inteiro parece tomado de uma estranha febre homicida. Esse incremento excepcional dura até a deflagração da Primeira Guerra Mundial, que, durante algum tempo, o substitui por outras imagens.

Os dias de glória do *fait divers*

Em junho de 1902, num artigo de título provocativo, "Que vaut la presse quotidienne française?" ["O que vale a imprensa cotidiana francesa?"], o jornalista Henri de Noussanne avaliou em 4,9% o espaço reservado ao crime nos principais diários do país.[1] No entanto, esse número impressionante, que torna a

---

[1] Noussanne, "Que vaut la presse quotidienne française?", *Revue Hebdomadaire*, n.27, p.1-26. O estudo faz um levantamento linha a linha das edições de 27 de novembro de 1911 de dezenove diários parisienses e sete provinciais.

crônica criminal a sexta principal "matéria" dos jornais, não mostra a expansão espetacular que afeta o *fait divers* criminal na época. Porque o crime, exprimindo-se seja por *"canards"*,[2] seja por *"faits-Paris"*,[3] seja por *faits divers*, sempre ocupou um lugar de primeiro plano nos relatos da imprensa. Dominou sobretudo a enorme produção de jornais "ocasionais" e *canards* que viveram sua idade de ouro na metade do século XIX,[4] antes de ser colonizada pela grande imprensa, sob a liderança do *Petit Journal*. Herdeiro direto dos *canards*, o *fait divers* – o termo, atestado desde 1838 na pena de Théophile Gautier, impôs-se no Segundo Império[5] – é herdeiro também do relato de crime, logo promovido a tema fixo ou mesmo a símbolo capaz de traduzir o ambíguo fascínio pela transgressão que se encontra no próprio âmago do *fait divers*. Sêxtuplo assassinato espetacular, o caso Troppmann encerrou simbolicamente, em 1869, a era do *canard* para inaugurar a do *fait divers*, dali por diante preso a sua forma "moderna".[6]

---

2 *Canard* (pato): jornal de quinta categoria e, em alguns casos, notícia falsa e melodramática. (N. T.)
3 Tanto *"canard"* como *"faits-Paris"* são atestados em Balzac, *Monographie de la presse parisienne*, apud Seguin, *Nouvelles à sensation, les canards du XIXe siècle*, p.23.
4 Seguin, op. cit., bem como *L'information en France avant le périodique*.
5 Gautier, *Histoire de l'art dramatique en France*, apud Quemada (Org.), *Datations et documents lexicographiques*, p.120. Sobre o surgimento do termo *fait divers* e suas diversas acepções, cf. meu "Fait divers", in Grassin (Org.), *Dictionnaire international des termes littéraires*.
6 Perrot, op. cit., p.28-37; Palmer, *Des petits journaux aux grandes agences*, p.29-32. No entanto, alguns *canards* sobreviveram até os últimos anos do século XIX. Em fevereiro de 1899, por exemplo, o caso Flamidien (o assassinato e estupro, em Lille, de um jovem interno

Mais do que uma sobrerrepresentação tradicional, foi sobretudo a irresistível ascensão do *fait divers* criminal que determinou a sua singularidade na década de 1900. O número de homicídios, agressões, assaltos ou fraudes noticiados pela imprensa parece aumentar a cada dia. O crime parece ter se tornado a principal atividade dos franceses e uma de suas fontes de interesse prediletas. Primeiramente perceptível – e de modo mais marcado – numa imprensa popular tradicionalmente ligada à crônica criminal, o fenômeno atinge cada vez mais títulos. Com o tempo, leva ao aparecimento de folhas especializadas, exclusivamente dedicadas aos crimes e ao seu relato.

O exemplo de *Le Petit Parisien*

Diário dinâmico, dono de uma linha editorial que mantém um equilíbrio constante entre a imprensa pitoresca e as formas mais modernas de jornalismo "à americana", *Le Petit Parisien* é em 1900 o primeiro jornal cotidiano do país.[7] É nas colunas desse jornal, que agora ocupa a posição dominante que durante muito tempo foi ocupada pelo *Petit Journal*, que o crime vive seus melhores momentos. De fato, nelas, o número de *faits divers* criminais dobra em pouco mais de vinte anos. De cerca de dez casos cotidianos em 1894, salta para mais de vinte às vésperas da guerra.[8]

---

de um colégio dos irmãos da Doutrina Cristã) deu origem a pelo menos dois *canards* de feição clássica, com gravuras e lamentos cantados. (Archives Nationales, BB18 2108).

7 Albert, in Bellanger et al., *Histoire générale de la presse française*, t.III, p.304-8. Cf. também Dupuy, *Le Petit Parisien*, e Amaury, *Le Petit Parisien (1876-1944)*.

8 Esses números resultam da análise em série de um acervo de 4.215 *faits divers* criminais, fruto de 42 sondagens semanais realizadas so-

Contínuo e regular, o movimento se acelera, ainda que ligeiramente, durante os anos 1907-1908. Quer se trate de "belos crimes", quer de pequenos casos sem importância, um número crescente de relatos entra diariamente no espaço do jornal.

Mais numerosos, os relatos tendem também a se tornar mais prolixos e mais densos. Até cerca de 1902, o crime representa em média 8% do espaço do jornal. Com a moda apache e apesar do aumento da paginação, que deveria ter contribuído para comprimir o conjunto, ele chega a 10% nos anos 1902-1907. A partir de 1908, ultrapassa os 12%. Cotidianamente, uma parte considerável do jornal fala apenas de assassinatos, agressões, acertos de contas e brigas de alcoolizados. Mesmo esses números não dão conta dos incrementos espetaculares suscitados por certos casos considerados sensacionais. Por exemplo, em 1908, quando houve o caso Steinhel, o *fait divers* mais retumbante da Belle Époque, *Le Petit Parisien* bate todos os recordes. Nos dias subsequentes à prisão de Mag Steinhel, mais de um quarto do jornal se refere exclusivamente ao caso. E, quando se inicia o processo no outono de 1909, o jornal lhe dedica quase um terço da paginação, que passa excepcionalmente a oito páginas. Sem dúvida, semelhante alarido se deve em grande parte ao caráter "excepcional" desse caso (o misterioso assassinato do marido e da mãe de Marguerite Steinhel em sua vila parisiense) e sobretudo à personalidade de sua "heroína". A musa da Terceira República, cujo papel na morte do presidente Félix Faure em 1899 não fora inteiramente esclare-

---

bre *Le Petit Parisien* entre 1894 e 1914. Cf. minha tese *L'encre et le sang* para conhecer o procedimento adotado, assim como os detalhes dos resultados obtidos.

cido, enreda-se durante o inquérito e o processo numa miscelânea incompreensível de mentiras, contradições e "revelações" que faz a festa dos repórteres da capital. Mas tais picos, que só se repetirão no caso Bonnot, em 1912, e no assassinato de Gaston Calmette por Henriette Caillaux, em junho de 1914, dão uma boa ideia dos "sacrifícios" permitidos pelo *Petit Parisien* e do papel decisivo do crime nas estratégias editoriais.

Essa promoção do *fait divers* também é significativa na economia geral dos relatos. Comprova-o o refluxo progressivo dos casos sucintamente relatados "em seção" (artigos curtos, entrefiletes ou "notícias de três linhas"), em proveito das descrições autônomas. No *Petit Parisien*, as seções, que reúnem mais de um caso a cada três em 1894, ficam largamente para trás a partir de 1907, quando o número total de casos aumenta consideravelmente. Com frequência, são apenas o lugar de nascimento ou óbito dos casos destinados a ocupar os espaços mais nobres do jornal. Durante muito tempo lugar privilegiado dos crimes da capital, a seção "Paris" perde prestígio pouco a pouco. Todo acontecimento minimamente consistente passa a desfrutar de um artigo exclusivo. Essa tendência é ainda mais nítida no caso dos crimes provinciais, que abandonam uma minguada seção "Departamentos" para se tornar objeto de longos relatos elaborados por "correspondentes exclusivos" ou "enviados especiais". Só se mantêm as seções "Ao redor de Paris" e "Tribunais", que fomentam diariamente uma massa crescente de casos anódinos. Mas, no essencial, o *fait divers* excede cada vez mais o quadro estreito de suas seções para ocupar espaços próprios de representação, sinal de um relativo enobrecimento no âmbito do jornal diário. O movimento é igualmente visível na apresentação gráfica da manchete, a vitrine da imprensa. Ainda que *Le Petit Parisien* tenha sempre dedicado ao crime um espaço bem maior que os rivais, o fenômeno se acentua sensivelmente, sobretudo a partir de 1907-1908: até então o diário estampava na primeira página pouco mais de um caso por dia, passando depois de 1907 a mais de dois. Entretanto, a assinatura dos artigos principais, que faz uma tímida aparição em jornais como *L'Aurore*, *Le Gaulois* e sobretudo *Le Journal*, ainda permanece ausente.[9]

Somente a apresentação gráfica continua rudimentar. Esforços nesse sentido animam outras redações, principalmente a do *Matin*, mas *Le Petit Parisien* não se mostra preocupado com isso. Tanto para o crime como para outros registros redacionais, a monotonia é de praxe nas páginas e colunas. Os próprios títulos permanecem surpreendentemente sóbrios e as manchetes são raras. É verdade que essa ausência não impede os jornaleiros de anunciar aos berros as manchetes que julgam promissoras, por mais fantasiosas que sejam.[10]

Um fenômeno significativo em toda a imprensa popular

Aumento do número de casos e de espaço redacional, emancipação e profissionalização da narrativa, outros títulos da imprensa popular confirmam claramente a tendência. No *Petit Journal*, em que o *fait divers* é mais tradicional e a adaptação às

---

9 No *Aurore*, a seção de *faits divers* é assinada por Lecoq e, às vezes, por R. Racot. No *Gaulois* aparece o nome de A. Magne e depois o de Paul Cauchols; no *Figaro*, os de Jean de Paris e Charles Douhet; no *Écho de Paris*, o de Henry Provence; no *Journal*, as colunas eram assinadas sob o pseudônimo de "Le Quart d'Oeil" [O Tira], antes de se imporem as assinaturas de Arthur Dupin, Lasnier e Jules Ranson. Mas, na maioria dos jornais, os *faits divers* nunca são assinados.
10 Uma prática tão generalizada que a Chefatura de Polícia teve de tomar medidas contra ela (*Le Rappel*, 25 jul. 1922).

novas condições de reportagem é mais difícil, em termos gerais o fenômeno é o mesmo. No *Matin*, o crime, que durante muito tempo esteve ausente da primeira página, raramente ocupa mais do que 6% do espaço total. É verdade que a redação do *Matin* considera o *fait divers* menos uma informação em si do que um instrumento de políticas editoriais para aumentar o papel e a influência do jornal. Daí a pouca atenção que dá aos dramas familiares, por exemplo, e a contínua exploração do filão apache, fonte de uma ativa campanha "de interesse geral". O crime é tratado de forma intermitente e em série. Apesar dessas nuanças, *Le Matin* concede um espaço crescente à crônica criminal, reservando-lhe apresentações gráficas mais "modernas", que rompiam com a monotonia dos dois *Petits*.

A evolução do *Journal*, o quarto "grande" diário da imprensa popular, ilustra perfeitamente esse movimento que acaba prevalecendo em toda a imprensa nacional. Literário e elegante, *Le Journal* apresenta na primeira página editoriais e crônicas assinados por nomes célebres ou da moda; em sua fase inicial, oferece um espaço muito restrito ao *fait divers* criminal (raramente mais do que 3%). Apenas relatos de julgamentos, gênero mais nobre, conseguem se impor, mas raramente saem do espaço exíguo da seção. Por exemplo, em janeiro de 1899, o processo da quadrilha de Neuilly, manchete em todos os jornais populares, é muito sucintamente mencionado na seção "Tribunais". A partir de 1900, empenhada em deter a queda das tiragens provocada pela campanha anti-Dreyfus, a nova direção do jornal, chefiada por Henri Letellier, reorganiza a equipe e impõe uma nova estratégia editorial.[11] O aumento do número de páginas –

---
11 Bellanger et al., op. cit., p.315.

de quatro para seis – e a influência do chefe de informações, Arthur Dupin, que decide jogar a cartada do *fait divers*, acentuam a inflexão. Em dezembro de 1900, as grandes batidas realizadas pela Chefatura de Polícia e um novo caso de esquartejamento geram uma grande quantidade de artigos. Em pouco tempo, o espaço reservado à crônica criminal dobra. Novo membro do grupo dos quatro grandes do *fait divers*, *Le Journal* não o deixará mais. Em 1902, por exemplo, graças a Arthur Dupin, é um dos diários que melhor explora o caso Casque d'Or.[12] Como *Le Matin*, com o qual trava uma concorrência implacável, *Le Journal* tira rapidamente todo o proveito possível da questão da "segurança pública" para endossar uma causa popular e amplamente consensual. Só a manchete ainda demonstra certa relutância diante da passagem pioneira para as oito páginas, que em janeiro de 1903 triunfa definitivamente.

Jornais de tiragem fraca a mediana

Jornais de opinião, folhas jornalísticas ou folhas da tarde, a imprensa de tiragem fraca ou mediana oferece tradicionalmente menos espaço para a crônica criminal. E, ainda assim, também é levada pelo movimento conquistador.

Mas fazia tempo que certos títulos, entre os mais populares, publicavam uma impressionante safra de crimes cotidianos. É

---

12 Casque d'Or (ou Cabeleira de Ouro), apelido da prostituta Amélie Élie, que ficou famosa por ter provocado uma guerra sangrenta entre duas gangues rivais, de cujos chefes ela era amante. Casque d'Or se tornou vedete da Belle Époque, fez carreira no teatro e escreveu uma autobiografia. Seus dois amantes foram capturados e morreram na prisão. (N. T.)

o caso do *Rappel*, por exemplo, que sempre oferece aos leitores um "belo crime" na primeira página e pelo menos duas colunas nas páginas internas. Do mesmo modo *L'Intransigeant de Rochefort*, que frequentemente concede ao crime um espaço próximo ao dos "quatro grandes" e não hesita em dedicar edições especiais a certos casos criminais.[13] Distingue-se sobretudo pelas manchetes gigantescas, um vestígio da tradição dos *canards*, cujo uso foi pouco a pouco esquecido. Em junho de 1901, embora fosse um mês comum, *L'Intransigeant* dedica mais de um terço de suas manchetes aos casos criminais! Parte importantíssima, uma vez que esses títulos imensos remetem na maioria das vezes a entrefiletes minúsculos publicados em página interna, coisa que explica bem o papel do *fait divers* criminal na divulgação e na venda cotidiana de jornais.

Se numerosos outros diários publicam relatos de crime, estes continuam em geral confinados nas tradicionais seções internas. No *Figaro*, no qual ocupa um espaço bastante amplo, o crime raramente abandona as seções habituais, das quais a mais famosa era a "Gazeta dos Tribunais", crônica judicial que durante muito tempo foi assinada por Albert Bataille. No entanto, pouco a pouco ele logrou acesso ocasional às honras da primeira página.

Com matizes e ritmos diversos, essa tendência se encontra na maior parte dos jornais de tiragem mediana. Alguns, como *L'Éclair, La Liberté, Paris-Journal, Le Radical, L'Aurore, Le Gaulois, Le Soir, La Lanterne*, que durante muito tempo conferiram um espaço restrito ao relato criminal (seções de tamanho variável, em

---

13 Por exemplo, em 20 de agosto de 1912, "L'horrible tragédie de la rue Julien-Lacrois".

oposição à atualidade política), são levados a "impulsionar" o crime. O fenômeno ganha relevância a partir de 1907, quando a questão da pena de morte e a exacerbação da "ameaça" delinquente tornam a "segurança pública" um desafio crescente. É o caso também do *Excelsior*, o diário fotográfico lançado por Pierre Lafitte em 1910. Em razão de seu caráter mundano e *sportsman*, inicialmente dá um espaço ínfimo ao *fait divers* ou à reportagem criminal, mas, tal como *Le Journal* ou *Le Matin*, não tarda a tomar consciência do interesse que há em transformar o crime numa causa a ser defendida. Em 1912, o *Excelsior* está na vanguarda das campanhas em favor da segurança e, a partir de então, reserva um amplo espaço aos relatos de crime.

Mesmo sóbrio e austero, um diário como *Le Temps* é arrebatado pela moda do *fait divers*. Se é tradição no jornal relatar, às vezes de maneira muito prolixa, os grandes processos e acontecimentos da atualidade judicial, o *fait divers* propriamente dito é amiúde reduzido ao mínimo. Agrupados em seção na página três, os raros casos noticiados restringem-se a um relato sumário, factual e despojado de comentários. Frequentemente tirados de outros diários, revelam sobretudo a ausência de serviço específico. Todavia, a partir de 1897, *Le Temps* passa a dedicar um espaço crescente aos casos criminais. No outono, o caso Vacher encontra eco quase cotidiano no *Temps* e, em janeiro de 1900, o caso banal de uma mulher esquartejada gera uma crônica insistente. A partir de 1902, e mais ainda de 1907, a questão da delinquência urbana o incita a ampliar ainda mais a seção criminal. A exemplo de muitos outros diários parecidos, como *Le Journal des Débats*, que na primavera de 1908 inaugurou uma seção regular intitulada "Assassinatos do Dia", *Le Temps* também é tomado por esse estranho entusiasmo pela crônica criminal.

A imprensa militante

Tradicionalmente, os jornais e as folhas militantes destinam um espaço modestíssimo à crônica criminal. À direita, a imprensa legitimista, bonapartista ou católica faz concessões ao gênero algumas vezes, mas muito discretamente. *La Croix* propõe um número reduzido de relatos de crime, sempre apresentado em seções. O mesmo vale para *L'Autorité* ou *Le Soleil*. Como nos órgãos boulangistas ou, ao contrário, nas folhas anticlericais, o crime só serve para corroborar uma tese. Por exemplo, o jornal *La Croix* relata longamente a pilhagem de uma igreja, ao passo que *La Libre Parole* dá destaque ao judeu trapaceiro, e *La Lanterne*, ao padre assassino.

Não obstante, não há uma política propriamente de *faits divers* por trás desses jornais. Quando, a partir de 1902 e, sobretudo, de 1907, o crime e a delinquência começam a ser percebidos como desafios políticos, a imprensa reacionária apropria-se dele para fustigar o governo radical[14] ou a odiada Chefatura de Polícia. Por exemplo, *Le Soleil*, pouco propenso à crônica criminal, multiplica os relatos sobre os apaches, descritos muitas vezes como capangas de Lépine.[15]

Nos extremos do tabuleiro político, a imprensa nacionalista e a socialista rejeitam explicitamente o *fait divers* criminal.

---

14 Governo liderado pelo Partido Republicano, Radical e Radical Socialista (PRRRS), fundado em 1901, mais comumente chamado de Partido Radical. Inicialmente considerado de extrema-esquerda, orientou-se paulatinamente para o centro-direita. (N. T.)

15 *Le Soleil*, 12 ago. 1906. [Louis Lépine (1846-1933), chefe de polícia de 1893 a 1897 e de 1899 a 1913. (N. T.)]

Para os seus responsáveis, militantes confrontados com uma vigilância policial constante, trata-se sobretudo de rejeitar o inevitável conluio com a chefatura que o *fait divers* exige. *L'Action Française*, por exemplo, para não ficar "sob o jugo da Segurança Geral e da Polícia Judiciária",[16] não oferece aos leitores mais do que umas poucas linhas, invariavelmente relegadas à segunda página. Portalis ou Édouard Vaillant, que afirma no jornal *La Petite République* que a imprensa está nas mãos "tanto da polícia quanto do capitalismo",[17] chegam a uma constatação semelhante. Apesar das palavras severas de Jaurès ou Sembat[18] contra a imprensa do crime, e apesar das profissões de fé dos redatores, que denunciam "a exploração do medo" praticada descaradamente pelos "jornalistas policiais",[19] *L'Humanité* publica um número crescente de *faits divers* criminais. Grandes casos "sensacionalistas", mas também as mais banais "façanhas apaches" encontram eco inesperado no jornal. Em 30 de novembro de 1908, enquanto Dubreuilh critica as "folhas movidas a escândalo", o jornal dedica quatro colunas ao "mistério Steinhel". Esses socialistas são um paradoxo espantoso, ironizam os jornais libertários: dão tanto para o jornalismo sensacionalista como para o sistema parlamentar, sem dúvida para melhor o denunciar! Se a crônica criminal é menos inoportuna no *Humanité*, raramente chegando à primeira página e suscitando menos reportagens ou fabulações, a imprensa socia-

---

16 Daudet, *Bréviaire du journalisme*, p.108-9.
17 *La Pétite Rébublique*, 31 ago. 1895 (apud Palmer, op. cit., p.81-2).
18 Jean Jaurès (1859-1914) e Marcel Sembat (1862-1922), importantes socialistas franceses. (N. T.)
19 *L'Humanité*, 8 out. 1907 e 21 nov. 1908.

lista – a observação vale sobretudo para *La Petite République* – não é insensível ao movimento. É verdade que os leitores não são numerosos e a concorrência da imprensa "popular" é temível. Somente os jornais anarquistas se recusam, por princípio, a ceder à voga. Nem *Le Libertaire* nem os outros jornais do movimento publicam relatos de crime, nem mesmo os edificantes *faits divers* que estigmatizam a "alta delinquência" nobiliária ou burguesa que a imprensa socialista gosta de divulgar. Denunciando com frequência os repórteres "auxiliares da polícia", o "lixo" do *fait divers* e a "lama" dos folhetins que promovem cotidianamente a renúncia das massas,[20] os jornais anarquistas são os únicos a harmonizar atos e ideias e permanecer "limpos", como escreve o redator do *Libertaire* em um número dedicado à "Imprensa do crime".[21] Nesse quesito, no entanto, junta-se a eles o jornal de Gustave Hervé, *La Guerre Sociale*, órgão socialista revolucionário cujas posições, até a guerra, mantêm-se muito próximas das defendidas pela imprensa libertária.

Resultado: as primeiras folhas especializadas

Embora as folhas especializadas em assuntos judiciários (*La Gazette des Tribunaux*, a partir de 1825, *L'Audience*, de 1873 a 1884) e posteriormente em *faits divers* (*Les Faits Divers*, em 1862, *Les Faits Divers Illustrés*, de 1905 a 1910), não sejam novidade, nenhuma baseia sua política unicamente na crônica criminal. O surgimento de jornais inteiramente dedicados ao *fait divers* criminal marca a conclusão desse processo.

---

20 *Le Libertaire*, 18 set. 1910.
21 "La Presse du Crime", *Le Libertaire*, 6 dez. 1908.

A partir de 1908, dois diários vão se dedicar ao crime. O primeiro parece ser *Le Passe-Partout*, "revista de polícia" cujo número um, armado do famoso "logo" pinkertoniano, o olho aberto que veio a ser o emblema de toda investigação policial, sai em dezembro de 1907. Além de numerosos *faits divers* "sensacionais", o jornal publica folhetins policiais que podem "ser lidos por todos", como as aventuras de *Flic, policier français*. Entretanto, o título teve uma vida curta. Sua existência é ameaçada pelo nascimento de *L'Oeil de la Police*, cujo primeiro número sai embalado em muita publicidade em 25 de janeiro de 1908. Com uma fórmula praticamente idêntica, e também ostentando o símbolo de Pinkerton, esse periódico semanal é publicado regularmente até o verão de 1914. Segundo reza a tradição, o primeiro número foi distribuído gratuitamente, mas os seguintes foram vendidos a 10 centavos. Apoiado em doze páginas, capa policromática, de preferência selvagem e aliciante, e no lema "Vê tudo, segue tudo, desmascara tudo e descobre tudo", o semanário se serviu de uma fórmula original baseada na íntima associação de *fait divers*, romance policial e concursos "de investigação". A "atualidade" criminal tem um espaço modesto e o tom, ainda de *"canard"*, privilegia a criminalidade provinciana e arcaica que oferece poucos elementos para a reportagem e a investigação, mas o importante é que o crime possa dispor de um espaço exclusivo. Um precedente que Joseph Kessel e Gaston Gallimard não poderiam ignorar quando, vinte anos depois, em 25 de outubro de 1928, lançaram o primeiro número de *Détective*.[22]

---

22 Maisonneuve, *Détective, le grand hebdomadaire des faits divers de 1928 à 1940*.

Inesgotável, cheia de vitalidade, cada vez mais visível à medida que as tiragens aumentam, a crônica criminal vive seus melhores dias. Às vésperas da guerra, transforma a imprensa popular numa gigantesca fábrica de crimes e consegue imprimir sua marca na maioria dos jornais franceses, inclusive nos bastiões mais tradicionais do jornalismo à moda antiga. De fato, o filtro que determina a seleção das notícias parece cada vez mais brando. Roubos, fraudes, agressões ou homicídios passam diretamente da rua para o jornal, em relatos cada vez mais eloquentes, que garantem a promoção de acontecimentos sem relevo e sem importância.

Por si só, a proliferação de *faits divers* criminais nos leva a matizar a definição de *fait divers*, geralmente apresentado como uma informação fechada, organizada em torno de um número reduzido de estruturas fixas: paradoxos de uma causalidade aberrante, insólita ou escandalosa (eu amo você, eu mato você), coincidência da repetição ou da antítese (o irrigador irrigado).[23] Porque, se tais estruturas estão na base dos clássicos ou dos padrões da atualidade criminal, estes são altamente minoritários em relação à multidão de casos que ascendem às honras da crônica. São, em sua maioria, histórias sem incidência nem consistência, uma espécie de "infinitamente pequeno" ou escória do *fait divers*, artificialmente inflado por técnicas comprovadas. Nesse caderno de registro do prosaico e da bisbilhotice, não é preciso frustrar as expectativas, ser um "escândalo lógico", um enigma ou um desafio às normas para cair nas graças do jornal. Anomalia, sem dúvida, mas anomalia regular, o

---

23 Cf. a famosa análise de Barthes, op. cit., parcialmente retomada por Auclair, op. cit., *passim*.

fait divers pode se acomodar aos acontecimentos insignificantes que encontram sua razão de ser na acumulação e na repetição.

A idade de ouro do romance policial

"O crime está em alta, vende, domina; de acordo com os comerciantes, a França tem um ou dois milhões de consumidores que não querem comer mais nada, só crime, de preferência cru." Foi nesses termos que, num texto paródico intitulado "A fábrica de crimes", Paul Féval, que não poupa recursos, denuncia, a partir de 1866, os excessos da representação romanesca do fato criminal.[24]

Desde o grande tumulto romântico, geralmente acusado de ter pervertido toda a literatura,[25] o crime é exibido no centro da produção literária, em particular num registro "popular" cuja especificidade se impõe pouco a pouco. Apoiados numa longa tradição, a de uma biblioteca popular e de uma literatura de *colportage* de forte cunho criminal,[26] os romancistas exploram um argumento cuja produtividade é excepcional. De *Os mistérios de Paris* ao *Conde de Monte Cristo*, todos os grandes protótipos de romance popular são de certa forma anais do crime. Quer se trate de crônicas sociais, romances históricos ou intrigas sentimentais, o relato, sempre construído em torno do díptico malfeito/reparação do malfeito, faz do crime um de

---

24 "La fabrique de crimes", *Le Grand Journal*, 2, 9 e 16 dez. 1866; reproduzido em *Tapis-Franc, Revue du Roman Populaire*, n.1, p.95-132.

25 Cf. Chauvaud, *De Pierre Rivière à Landru*, p.205-12, assim como Leclerc, *Crimes écrits*.

26 Impressos não encadernados, vendidos por ambulantes. Ver <http://edtl.fcsh.unl.pt/encyclopedia/colportage/>. (N. T.)

seus temas principais.[27] Contudo, no início do século, o tema criminal se impõe no registro "policial", e este se torna um gênero autônomo. Assim como o *fait divers*, com o qual tem muitas semelhanças de escritura, ele também passa por um impulso espetacular.

"Policial 1900"

No sentido estrito do termo, porém, quase não existe "romance policial" na França do começo do século. Talvez as definições do gênero, muitas vezes elaboradas com base nas formas estritamente codificadas do *detective novel* anglo-saxão dos anos 1920, fossem excessivamente restritivas.[28] Hoje sabemos descrever melhor as características do texto policial e de sua estrutura: a superposição de dois relatos em que o segundo, o da investigação, tem por finalidade trazer à tona o primeiro, o do crime, numa lenta e progressiva reconstituição racional.[29] Mas essa construção original, longe de uma geração espontânea, provém de um lento fenômeno de derivação que modifica pouco a pouco as formas tradicionais do romance popular e suscita uma profusão de relatos híbridos e transitórios.

Em 1900, as diversas formas literárias que os contemporâneos consideram "romances de polícia" constituem um conjunto muito díspar no qual se imbricam ao menos três

---

27 Cf. principalmente Thiesse, *Le roman du quotidien*, bem como Vareille, *L'homme masqué, le justicier et le détective*.
28 Messac, *Le "detective novel" et l'influence de la pensée scientifique*.
29 Cf. Todorov, "Typologie du roman policier", in *Poétique de la prose*, p.10-9, assim como a explicação mais recente de Dubois, *Le roman policier ou la modernité*.

componentes sucessivos, todos bastante distantes de um modelo policial *stricto sensu*. O primeiro, ainda muito vivo na virada do século, é o dos grandes folhetins criminais da Monarquia de Julho e do Segundo Império, eles próprios herdeiros do *roman de la prairie*[30] (Fenimore Cooper, Mayne Raid, Gustave Aymard). Seja *Os mistérios de Paris*, de Eugène Sue (1842), sejam *Os mistérios de Londres* (1844) e *Les habits noirs* (1863), de Paul Féval, seja a saga de *Rocambole*, de Ponson du Terrail (1857-1870), sejam os inúmeros avatares que exploram o mesmo filão, os romances em série, incessantemente reeditados, combinam *faits divers* sangrentos, investigação policial e casos tenebrosos em peripécias alucinadas cujo molde marca para sempre toda a produção popular.

O segundo componente é o do "romance judiciário" (a expressão é do editor Dentu), cuja era se inicia nos últimos anos do Segundo Império. Anunciado por *L'assassinat du Pont-Rouge*, de Charles Barbara (1855), é associado sobretudo à obra de Émile Gaboriau. Ex-secretário de Féval, Gaboriau foi um dos primeiros a tirar partido dos contos seminais de Edgar Allan Poe[31] e fazer convergir elementos até então dispersos. *Processo Lerouge* (1866) e as investigações subsequentes do inspetor Lecoq podem ser considerados autênticos protótipos do ro-

---

30 *Roman de la prairie*: "romance da pradaria", basicamente romance de faroeste ou bangue-bangue, mais tarde retomado pelo romance policial, que substituiu o caubói buscador de pistas pelo detetive particular e transpôs os tiroteios na pradaria para as grandes cidades americanas. (N. T.)

31 "Os assassinatos da rua Morgue" (1841), "O mistério de Marie Roget" (1842) e "A carta roubada" (1845) são unanimemente considerados fundadores do relato policial.

mance de detetive. O relato segue o fio de uma investigação explicitamente encarregada de desvendar o mistério do crime, do qual o leitor tudo ignora. Aliás, é Lecoq, tanto quanto Dupin, que Sherlock Holmes reivindica no romance que inaugura suas aventuras.[32] Todavia, a obra de Gaboriau é profundamente heterogênea: associa ao princípio dedutivo digressões intermináveis e relatos retrospectivos que devem tudo ao melodrama tradicional. Após um início bastante "policial", o *Processo Lerouge* cai, já no capítulo quatro, numa intriga sentimental que obedece a todos os clichês do gênero: ideal nobiliário, moça seduzida, troca de crianças. "Um recurso tão batido que os dramaturgos não se atrevem mais a usá-lo no bulevar", confessa o próprio autor.[33] Além disso, a investigação é acompanhada de elementos parasitas: revelações, reviravoltas, efeitos teatrais. Sobretudo o episódio decisivo, em que se esboça a reconstituição do crime, é o produto de uma coincidência inesperada que entrega de uma só vez, e sem nenhum encadeamento dedutivo, a chave da elucidação. E Gaboriau recorre constantemente a tais procedimentos. Em *O crime de Orcival*, embora seja seu romance mais "policial", o enigma e a solução se justapõem num relato retrospectivo interminável, que ocupa quase um terço do texto. Híbrida, a obra de Gaboriau é um exemplo perfeito das formas transitórias em que o "policial" brota progressivamente do "popular".

Os numerosos autores que, com abundância muito folhetinesca, mergulham na brecha aberta por Gaboriau prolongam essa combinação singular, característica do "romance judiciá-

---

32 Conan Doyle, *Une étude en rouge*, p.20-1.
33 Gobariau, *L'affaire Lerouge*, p.109.

rio". Apesar dos êxitos originais e muitas vezes notáveis (*Maximilien Heller*, de Henry Cauvain, em 1871), as obras desses autores continuam repletas de narrativas empoladas e lacrimosas, nascimentos adulterinos e ciganos ladrões de crianças, comprovando tanto as raízes melodramáticas do gênero quanto as imposições de um suporte (o folhetim) que é responsável por muito da pompa do texto. Embora convivam com o romance policial, Fortuné Du Boisgobey, que ressuscita o Lecoq de Gaboriau em 1878,[34] Adolphe Belot (*Le drame de la rue de la Paix*, 1866), Eugène Chavette (*La chambre du crime*, 1875; *La bande de la belle Alliette*, 1882), Constant Guéroult (*L'affaire de la rue du Temple*, 1880; *La bande à Fifi-Vollard*, 1881) ou Pierre Zaccone (*L'inconnu de Belleville*, 1881), para citar apenas os mais célebres, em geral não fazem mais do que colorir dramas sentimentais clássicos com um pouco de "judiciário", tanto mais que, sendo oriundos em sua maioria do registro "popular", eles continuam a produzi-los.

O terceiro componente é o da imponente produção "policial" que, distanciando-se de um romance judiciário prestes a se esgotar, floresceu nos primeiros anos do século XX. Surgem nessa época as principais figuras constitutivas de uma inegável idade de ouro do gênero policial francês. Em 1905, Maurice Leblanc lança o personagem *Arsène Lupin*, cujo ciclo se prolonga até 1939. Em 1907, Gaston Leroux inaugura a série *Rouletabille*, à qual deu continuidade até depois da guerra, mesmo diversificando a produção: *A poltrona maldita*, em 1900; *O fantasma da ópera*, em 1910; o ciclo dos *Chéri-Bibi* a partir de 1913. Em 1911, retomando com mais amplitude a linha narrativa do *Zi-*

---

[34] Du Boisgobey, *La vieillesse de Monsieur Lecoq*.

gomar, de Léon Sazie (1909-1911), Pierre Souvestre e Marcel Allain lançam a série *Fantômas*, que teve 32 volumes, um por mês, até 1913. Aproveitando-se do entusiasmo provocado pelo gênero, uma batelada de autores passou a "fazer" policial. Mas essa produção tem um parentesco problemático com o gênero, como revela a expressão "romance policial arcaico", recentemente criada para caracterizá-la.[35]

Pelo menos em dois aspectos, esses textos se distinguem do modelo estritamente dedutivo. Em primeiro lugar, neles a investigação só excepcionalmente aparece como um mecanismo cerebral capaz de resolver o enigma por uma paciente decodificação de indícios e pistas; ao contrário, ela se inscreve num ciclo factual – peripécias, reviravoltas, efeitos teatrais – que retoma a tradição rocambolesca dos grandes folhetins criminais. O sistema de personagens singulariza ainda mais essa produção. A transformação do criminoso em policial – transição capital que afeta os relatos de crimes do século XIX e componente essencial da ficção policial – ocorre de maneira imperfeita. No entanto, o processo se iniciara simbolicamente em 1928, com a publicação das *Mémoires* de Vidocq, e as confissões de bandidos ilustres ou arrependidos que tanto marcaram a literatura de *colportage* (Compère Cuilleri, Cartouche, Mandrin) desapareceram pouco a pouco. Globalmente sustentado pelo romance judiciário, cujos heróis eram todos policiais, amadores ou profissionais, o fenômeno arrefece no início do século.

A partir do seu primeiro romance, *La double vie de Théophraste Longuet*, publicado em 1903, Gaston Leroux retoma as ambiguidades fazendo de seu personagem-título a reencarnação de

---

35 Colin, *Le roman policier français archaïque*.

Cartouche. A lição não é esquecida. Embora recuperem a estatura prometeica do super-homem dos grandes folhetins criminais, todos os heróis do "policial 1900" são figuras mais ou menos ambíguas: bandidos honrados ou reparadores de danos como Lupin, matadores de bom coração como Chéri-Bibi ou malfeitores sanguinários como Zigomar e Fantômas. Essa confusão dos papéis e a ambivalência das funções induzida por ela não modificam a estrutura do relato nem sua finalidade moral. Exceto na saga dos *Fantômas*, a ordem é sempre restabelecida, pouco importando a máscara que cobre o rosto do herói (sua transformação em policial também é uma das constantes do gênero). Mas, além de manter uma espécie de interferência ideológica própria de investidas às vezes contraditórias, essa ambiguidade afasta os textos de uma problemática estritamente policial e os aproxima de uma estética carnavalesca, decerto com forte carga romanesca, mas pouco conforme ao espírito do romance de detetive.

Na verdade, essas observações valem apenas para os ciclos mais famosos e poderíamos multiplicar os contraexemplos. O conjunto bruto da produção, de longe o mais impressionante, prolonga a tradição de um romance judiciário que se tornara clássico ou plagia os *detective novels* anglo-saxões, cujas traduções se multiplicam. E *O mistério do quarto amarelo*, primeiro volume da série *Rouletabille*, de Gaston Leroux, desenvolve uma linha estritamente policial.[36] Em sua maioria, porém, esses relatos

---

36 Aliás, ainda que ironicamente, Leroux foi o único a reivindicar a designação "romance policial": "Remeterei, pois, aqueles que possam acreditar num romance policial qualquer – a abominável palavra foi pronunciada – ao processo de Versalhes" (*Le parfum de la dame en noir*, p.151).

constituem um subgênero original e temporário – apesar da resistência de certos ciclos, o pós-guerra precipita sua obediência às normas anglo-saxônicas – que remete a uma infinidade de tradições literárias: romance de aventura, romance "da vítima", romance *noir*, mitologia do bandido honrado e até mesmo epopeia.[37] Obrigados a escrever rapidamente, mas sempre respeitando encargos específicos, os autores bebem incessantemente do imenso repertório de certa tradição literária, o que os faz obedecer às estruturas preestabelecidas, à dinâmica e à estética que invadem um imaginário recorrente. Com uma injeção de sangue novo, eles desencardem as fórmulas obsoletas e encontram um novo público leitor, ávido de modernidade, sem, no entanto, abrir mão do antigo.[38] Nesse sentido, a expressão "romances de aventuras policiais", sugerido por Marcel Allain em 1938, é mais conveniente para designá-los.[39]

Em todo caso, é sob sua acepção mais ampla que se deve compreender a noção de romance de polícia nesse início de século. Aquilo que os contemporâneos percebiam como "romances policiais" forma um conjunto heterogêneo no qual se misturam romance criminal, romance judiciário e romance de detetive, ainda muito pouco distintos entre si. O essencial, na verdade, é que *Rocambole*, *Fantômas* ou *Sherlock Holmes* seguem o mesmo princípio de representação, e todos os três participam de "uma espécie de epopeia do crime [...] na qual os piores bandidos e os policiais mais ilustres lutam sem trégua."[40] "Li-

---

37 Sobre esse ponto, cf. Vareille, *Filatures*.
38 Thiesse, op. cit., p.208-13.
39 Marcel Allain, "Du roman populaire et de ses possibilités commerciales", reproduzido em Souvestre e Allain, *Fantômas*, t.II, p.1249.
40 Sazie, *Zigomar*, p.1.

teratura criminal" é um conceito negativo em torno do qual se cria pouco a pouco uma identificação genérica. Sem dúvida, o fenômeno é grande no fim do Segundo Império, mas é na virada do século que esse "gênero de quinta" aparece como uma categoria literária de pleno direito, cuja voga não cessava de crescer. Onipresente na imprensa, levou progressivamente a coleções populares cada vez mais numerosas e especializadas, chegando a contaminar certos registros "literários", sinal de um lento processo de legitimação.

Do rodapé…

Sabe-se que, a partir de 1836, ano em que Émile de Girardin abriu as colunas de *La Presse* para o romance,[41] o rodapé dos jornais é um dos principais suportes da literatura popular. O fenômeno não para de crescer, impelido pela multiplicação dos títulos e pelo espaço crescente oferecido aos folhetins, que, supostamente, aumentam substancialmente o público dos jornais. Os romances "criminais" passam a ocupar um lugar de destaque e seu crescimento é concomitante com o dos *faits divers* criminais. Aliás, os dois gêneros oferecem diversas analogias, e os jornais populares gostam de alimentá-las. A apresentação de inúmeros romances, em geral muito ambígua, contribui para confundir os estatutos: reportagem ou ficção?[42] Inversamente, muitos *faits*

---

41 Cf. Queffelec, *Naissance du roman populaire moderne à l'époque romantique*, assim como *Le roman-feuilleton français au XIXe siècle*.

42 Em 11 de janeiro de 1894, por exemplo, *Vengeance de femme*, um romance de Guillaume Launey, foi anunciado pelo *Petit Parisien* na seção de *faits divers* ("Sempre o revólver! Uma mulher acaba de atirar no amante"). Qualificado de "reportagem", *Le voleur d'enfant*, de Louis

divers, frequentemente qualificados de "romances", acabam no rodapé dos jornais sob a forma de memórias. É o caso, entre outros, de Vacher, Casque d'Or e Marguerite Steinhel. Acontece até mesmo de *faits divers* e romances se sobreporem. Em outubro de 1907, *Le Matin* inicia a publicação de um folhetim intitulado "L'affaire Jeanne Weber", no momento em que mal se iniciara a instrução de seu segundo processo. Os autores, que são eles mesmos policiais, às vezes alimentam a confusão. Em 1912, dias depois de Bonnot assassinar o subchefe da Sûreté,[43] Léon Sazie, o autor de *Zigomar*, assina no *Matin* um artigo intitulado "Zigomar e Bonnot", no qual explica como seu herói, o policial Paulin Broquet, teria capturado o bandido.[44]

Investimento seguro, os clássicos do romance judiciário são incessantemente reeditados nas colunas dos diários. Por exemplo, os grandes sucessos de Gaboriau, ainda que tenham saturado os jornais na década de 1880, são ressuscitados a partir de 1900. Do *Matin* ao *Intransigeant*, do *Action Française* ao *Humanité* ou *Liberté*, todos republicam *O crime de Orcival*, *Le Dossier n. 113* ou *Processo Lerouge*.[45] Na sequência, propõem aos leitores reedições de ancestrais prestigiosos (*Ferragus* ou *Um caso tenebroso*, de Balzac, a série *Rocambole*, de Ponson du Terrail),[46]

Forest, estreou no jornal *Le Matin* com o relato de um *fait divers* e uma entrevista com o chefe de polícia Lépine (21 e 27 de junho de 1906). Cf. também os numerosos exemplos dados por Thiesse, op. cit., p.45-6.

43 Referência à Sûreté Nationale, antigo nome da polícia civil francesa, e em particular de seu setor de investigações. (N. T.)
44 *Le Matin*, 29 abr. 1912.
45 Bonniot, op. cit., p.418-9.
46 *Le Matin*, 1901; *La Bataille Syndicaliste*, 1912; *Le Matin*, 1903.

as principais obras de Fortuné Du Boisgobey, Adolphe Belot, Eugène Chavette, assim como inúmeras memórias de policiais, como as de Goron ou Rossignol.[47] Desbordando a imprensa popular, o fenômeno atingiu também certos jornais de opinião. Em fevereiro de 1907, por exemplo, *L'Autorité* publica *La bande à Fifi-Vollard*, de Constant Guéroult, um clássico do romance judiciário.

Se as traduções de textos estrangeiros se concentram essencialmente na obra de Arthur Conan Doyle, sempre muito procurada, os jornais se mostram atentos a outros autores, sobretudo William Hornung, cujos *Raffles* são publicados pelo *Écho de Paris* e pelo *Éclair* em 1912, ou ainda Fergus Hume, o autor de *O mistério do fiacre*, traduzido pelo *Matin* em 1902.

Quanto aos inéditos, no mais das vezes são objeto de pré-publicações. As aventuras de *Arsène Lupin*, de Maurice Leblanc, aparecem de 1905 a 1913 na revista *Je Sais Tout*, com exceção de *A rolha de cristal*, que *Le Journal* publica em 1912, e da peça *Arsène Lupin*, que foi escrita em colaboração com Francis de Croisset e publicada pelo *Illustration Théatrale* em 1909. Do mesmo modo, os romances de Gaston Leroux são publicados primeiro pelo *Matin*, no qual trabalhava como repórter (*Le chercheur de trésors, roman concours*, em 1903) e, depois do seu rompimento com Bunau-Varilla, no suplemento do *Illustration*, no qual aparecem os três primeiros episódios de *Joseph Rouletabille, repórter*: *O mistério do quarto amarelo*, em 1907, *O perfume da dama de negro*, em 1908-1909, *Rouletabille chez le tsar*, em 1913. Após uma breve passagem por *Je Sais Tout* (*A poltrona maldita*, em 1909-1910), Leroux volta ao *Matin*, que em 1913 publica as primeiras aventuras de

---

47 *Le Journal*, mar. 1897; *Le Matin*, maio-jul. 1899.

Chéri-Bibi (*Les cages flottantes, Chéri-Bibi et Cécily*) e, a partir de março de 1914, o início de *Rouletabille à la guerre*.

Le Matin, que ao estrear prometeu nunca publicar folhetins,[48] desempenha um papel decisivo na promoção do romance policial. Este ocupa um lugar considerável no jornal – mais de um terço dos folhetins publicados de 1884 a 1892, cerca de 40% dos quais publicados no decênio anterior à guerra – e o setor dos inéditos, em especial os romances de detetive, aumenta quase continuamente. O lançamento dos folhetins são objeto de extrema atenção. Em 1913, *Le Matin* gastou quase 120 mil francos, ou seja, quatro vezes o valor das vendas cotidianas, para promover *Chéri-Bibi*, de Gaston Leroux.[49] A concorrência implacável dos principais diários também afeta o folhetim. Enquanto *Le Matin* divide em três séries o ciclo dos *Zigomar*, de Léon Sazie (dezembro de 1909-setembro de 1912), *Le Journal* publica, em 1913, a nova série policial de Sazie, *Mirobal*. Toda incursão de um autor famoso no domínio policial tem a garantia de uma pré-publicação num jornal de grande tiragem. É o caso de Tristan Bernard, cujo *Mathilde et ses mitaines* foi publicado pelo *Journal* em 1911. A única exceção à regra é a série *Fantômas*, para a qual Fayard deseja exclusividade na coleção "Le Livre Populaire".

---

48 "*Le Matin* não publicará folhetins. Esse é o tipo de jornalismo que não deve ter lugar num jornal abundante em informações e notícias", lia-se na edição de 26 de fevereiro de 1884. Declaração que em grande parte permaneceu como mera intenção. Cf. o inventário de Olivier-Martin, "*Le Matin* et ses feuilletons", *Le Petit Détective*, n.3, p.30-7; n.4, p.49-59; n.5, p.62-7; n.6, p.49-50.
49 Thiesse, op. cit., p.90.

Vê-se que a moda do crime ultrapassou amplamente a imprensa popular e chegou aos periódicos "burgueses" e enciclopédicos, como *Lectures pour Tous*, *L'Illustration* ou *Je Sais Tout*. Das 148 ficções publicadas por *Je Sais Tout* de 1905 a 1914, 35 pertencem ao gênero policial.[50] Obviamente, muitos desses textos, como o próprio *Arsène Lupin*, são relatos "estéticos" e mundanos, povoados de *sportmen* e moças diáfanas. No entanto, mostram a influência crescente de um gênero naturalmente associado à modernidade. Triunfante, o policial também contamina as revistas esportivas, como *L'Auto*, que em 1909 publica *Le Rour*, de Souvestre e Allain, "grande romance esportivo e policial", seguido de *L'empreinte* em 1910, "romance de reportagem policial". E também não poupa as publicações de família, como *Nos Loisirs*, que em dezembro de 1907 lança com um grande reforço publicitário *L'apache-roi*. Embora apresentado como "o mais belo romance de amor e aventura já publicado", a narrativa, que conta a história de uma prostituta que assume o comando de uma temível quadrilha de malfeitores, não economiza em cenas de agressão e crimes. Em maio de 1913, a revista reincide e publica *Aux prises avec la Main noire*, de Rossi Sacchetti, que revela "os mistérios da temível máfia que ainda hoje aterroriza o mundo". *Le Journal des Voyages* publica igualmente numerosos textos de tipo policial, como *Les trois demoiselles pickpocket*, de Paul d'Ivoi (julho de 1909 a janeiro de 1910) ou *Tom le Dompteur*, de Louis Boussenard (novembro de 1908 a junho de 1909). *L'Épatant*, jornal para crianças criado em 1908, oferece aos seus leitores, além de *Pieds Nickelés*, de Louis Forton,

---

50 Couégnas, "La pérennité et l'oubli".

as aventuras de *John Strobbins, détective-cambrioleur*, de José Moselli, a partir de 1911.

A imprensa especializada no *fait divers* criminal se especializa igualmente, senão mais, no romance policial. *L'Oeil de la Police*, revista na qual a ficção tem lugar privilegiado, publica quatro folhetins desde o seu primeiro número. Nem todos são propriamente policiais, mas a página dupla central é reservada às *Aventures de Martin Numa, le plus grand détective du monde*, de Léon Sazie, cujo interesse é reforçado pelo concurso a ele relacionado. Dos clássicos do romance judiciário (*Le crime de l'omnibus*, de Fortuné Du Boisgobey) ao romance histórico (*La bande des chauffeurs*, de Louis Boussenard), passando por autênticos enigmas policiais (*Lequel des trois?*, da americana Anna-Katherine Greene, a quem devemos a expressão *detective story*), a revista hebdomadária publicou até 1914 um grande número de romances criminais.

...às primeiras coleções especializadas

Apesar das dificuldades enfrentadas por um mercado editorial em plena reestruturação,[51] o surgimento das primeiras coleções "populares", que completa a edição em fascículos ou em números, é uma das grandes inovações daquele início de século. Da "Chefs-d'Oeuvre Illustrés", de Jacques Rouff, que definiu a fórmula – de 450 a 500 páginas mal brochadas, mal impressas, mas de capa vistosa, por apenas "13 centavos" –, à célebre coleção de Arthème Fayard, "Le Livre Populaire", passando

---

51 Cf. Parinet, "L'édition littéraire 1890-1914", in Chartier e Martin (Orgs.), *Histoire de l'édition française*, t.IV, p.149-87.

por "Le Livre National", de Tallandier, ou "Le Petit Livre", de Ferenczi, abre-se um campo vasto para o romance policial.

No período inicial, essas coleções se contentam em republicar romances de sucesso. Dos cem primeiros títulos publicados por "Le Livre Populaire", o "policial" se reduz a algumas reedições de textos já testados: cinco de Gobariau (Fayard comprou os direitos de Dentu),[52] três romances judiciários (Belot, Beaujoint e Launay) e quatro romances de "aventuras criminais" (Sue, Féval, Ponson du Terrail), aos quais podemos acrescentar *La mère Coupe-Toujours*, de Pierre Decourcelle, que apresenta uma intriga vagamente policial. Nenhum romance policial contemporâneo consegue se impor. Se a coleção adota essa linha editorial (publicando todo o ciclo dos *Rocambole* em 1907 e, em 1912, a série *Cartouche, le roi des bandits*, já publicada em 1907 na forma de fascículos a um centavo), o "policial" faz uma entrada notável a partir de abril de 1910, quando Fayard assina com Pierre Souvestre um contrato que abrange 24 "romances policiais [...] cujos episódios serão interligados por personagens principais que deverão figurar em cada um deles".[53] *Fantômas*, que teve afinal 32 volumes (um por mês, de fevereiro de 1911 a setembro de 1913), é um sucesso extraordinário e supera em muito as previsões dos autores e do editor. Em 1914, a coleção aceita sem hesitar a série *Chéri-Bibi*, de Gaston Leroux.

O entusiasmo provocado pelo gênero é tal que muitos editores, inclusive fora das casas tradicionalmente dedicadas ao popular, passam a publicá-lo regularmente. Em 1904,

---

52 Bonniot, op. cit., p.415-6.
53 Apud *Europe*, n.590-1, p.49-51.

Flammarion editou *La double vie de Théophraste Longuet*, criado por Gaston Leroux para *Le Matin*. Em 1907, o livreiro Félix Juven, que já publicara o essencial de *Sherlock Holmes*, mandou traduzir a série *Raffles, o ladrão grã-fino*, de William Hornung, e em seguida publica títulos como *Mademoiselle X, souris d'hôtel*, de Maurice Vaucaire e Marcel Luguet, ou *M. Roussignol, policial de Félix Duquesnel* (1908). É na editora de Calmann-Lévy que esse mesmo autor publica, em 1907, a continuação por ele composta de *Habits noirs*, de Paul Féval e, em 1910, *Le mystère de Gaude*. Em 1909-1910, Albin Michel inclui em seu catálogo a série *Maud, femme du monde et cambrioleuse*, de Antoine Reschal. Em 1911, a Librairie Contemporaine publica *Ténébras, le bandit fantôme*, de Arnould Galopin. Pierre Lafitte, que já contribuíra para a inovação das revistas ilustradas, compreende perfeitamente o interesse comercial do filão policial. Além dos três autores da casa, Maurice Leblanc, Gaston Leroux e Albert Boissière (eclipsado pelos dois primeiros, Boissière publicou, entre 1908 e 1911, numerosos romances policiais: *Un crime a été commis, L'homme sans figure, Le tueur à la corde*), as duas coleções de Pierre Lafitte, "Les Romans d'Aventures et d'Action" e "Idéal-Bibliothèque", contam com inúmeros romances policiais, entre eles traduções de Conan Doyle, Hornung e Anna-Katherine Greene, e romances inéditos de Maurice Level, Georges Dombres e Jean Joseph-Renaud.

Enquanto os autores populares mais valorizados da geração anterior negligenciavam as intrigas criminais,[54] o imperialismo do gênero é tal na década anterior à guerra que a maior parte

---

[54] Olivier-Martin, "Les origines secrètes du roman policier français", *Europe*, n.571-2, p.144-9.

dos profissionais do romance popular passa a "fazer policial". Autor de sucesso de diversos romances sentimentais (*Os dois garotos*), Pierre Decourcelle, por exemplo, adapta um *Sherlock Holmes* para o teatro em 1907 (P. Lafitte). Jules Lermina, ex--repórter do *Petit Journal* e do *Gaulois* – no qual cobriu o caso Troppmann em 1869 – e autor de vários melodramas, também escreve romances de matiz policial: *A. V.* em 1890, *Toto Fouinard* em 1908-1909. Eles não são os únicos. Félix Duquesnel, Jules de Gastyne, Georges de Labruyère ou Pierre Sales, para citar apenas alguns, também se dedicam ao gênero triunfante.[55] Para os romancistas em busca de sucesso e reconhecimento, o policial é uma forma reclassificação profissional e social. O exemplo mais conhecido é o de Maurice Leblanc. Discípulo de Maupassant, publicou sem sucesso diversos romances "burgueses" e psicológicos. *Arsène Lupin*, a ele encomendado por Pierre Lafitte, proporcionou-lhe celebridade imediata.[56] O mesmo destino teve o ex-simbolista Gustave Le Rouge, cujo sucesso veio das "aventuras científicas e criminais" do *Mystérieux Docteur Cornelius*, publicadas em 1912 pela Maison du Livre.

A partir de 1907, contudo, as principais coleções populares enfrentam a concorrência de séries mais baratas, concebidas segundo o modelo do *dime-novel* americano, que dão um novo impulso ao gênero policial. O movimento é lançado por um editor de Dresden, Eichler, que desde janeiro de 1907 importa para a França as principais séries americanas. Instalado na Rue Friant,

---

[55] Duquesnel, op. cit.; Gastyne, *Le mystère d'Auteuil* e *Jusqu'au crime*; Labruyère, *Les possédées de Paris*; Sales, *Les habits rouges* e *Le crime du métro*.

[56] Derrouard, *Maurice Leblanc ou Arsène Lupin malgré lui*.

em Paris, ele inundou o país de pequenos fascículos semanais ou quinzenais de capa colorida, vendidos a 10, 15 ou 20 centavos, conforme o tamanho e a paginação.[57] A fórmula seduz um público vasto e Eichler publica nada menos que 32 séries diferentes. Seu catálogo cobre o conjunto da literatura popular (em especial numerosos romances sentimentais e históricos), mas sobretudo faroeste (*Texas-Jack, la terreur des Indiens* e *Sitting-Bull, le dernier des Sioux*) e aventuras policiais, cujo sucesso fora considerável nos Estados Unidos e atrai todo um público de meninos. A produção policial é gigantesca. Entre as séries mais procuradas, figuram *Nat Pinkerton* (336 fascículos de 1908 a 1914), *Ethel King, le Nick Carter féminin* (cem fascículos de 1912 a 1914) ou ainda, num veio um pouco diferente, *Lorde Lister*, "o grande desconhecido", epígono de Arsène Lupin e ovelha negra da Scotland Yard (trinta episódios em 1910-1911). Mas é sobretudo o sucesso de *Nick Carter, o célebre polícia americano*, que faz a prosperidade da casa Eichler. Criado em 1884 por John Russell Coryell para o *New York Weekly*, depois retomado por Thomas Harbough e Frederic Van Renslar, que escrevem mais de 1.200 episódios, a série teve um sucesso gigantesco nos Estados Unidos. Introduzida na França em março de 1907, produz 175 fascículos, que aparecem até a guerra interromper a publicação, em 31 de julho de 1914. Rapidamente promovido ao sucesso, *Nick Carter*, que associa temática criminal e fascínio pelos Estados Unidos, torna-se referência suprema em matéria de relatos de detetives.

---

57 Dufournet, "Les Eichler", *Bulletin des Amis du Roman Populaire*, n.3, p.10-50.

Muitos editores enveredam na brecha aberta por Eichler e travam uma concorrência feroz. Dessa luta surgem pouco a pouco as primeiras coleções exclusivamente dedicadas ao romance policial. Com Pierre Lafitte, mas num registro mais popular, o editor Ferenczi é um dos que avaliam melhor a importância comercial do gênero.[58] Em 1908, lançou a série *Marc Jordan, policier amateur*, pequenos relatos completos de 32 páginas (25 centavos), que totalizam 62 episódios de títulos sugestivos: *L'enlèvement d'une vierge* [O rapto da virgem], *La tête coupée* [A cabeça decepada], *La course à la mort* [Corrida para a morte]. Mas o mercado é difícil. No mesmo ano, aparecem fascículos mensais a 25 centavos: "La Vie Populaire", ilustrados por Conrad e com duas séries; "Récits Fantastiques et Policiers", assinados por Jules Lermina, Louis Boussenard, Paul d'Ivoi e Conan Doyle; e os doze episódios de "Toto Fouinard, le petit détective parisien", de Jules Lermina (1908-1909). Offenstadt, que também publica *L'Épatant*, lança a partir de 1909 os fascículos "Collection d'Aventures", que também incluem numerosos relatos policiais (*John Strobbins, Henri Mortier*). Em 1910, Albin Michel publica *Miss Boston, la seule détective femme du monde*, com vinte episódios.

Muitas dessas coleções, no entanto, têm existência efêmera. "La Nouvelle Populaire", fundada por Fernand Laven para competir com os fascículos Eichler (principalmente graças à série *Les dossiers secrets du roi des policiers*) declara falência em maio de 1911 e seu fundo é comprado por um editor dresdense. Ferenczi,

---

58 Um primeiro balanço do *corpus* Ferenczi foi elaborado por Guise, "Essai d'inventaire des publications Ferenczi", *Bulletin des Amis du Roman Populaire*, n.6, p.65-145.

ao contrário, consegue se estabelecer solidamente. De 1909 a 1913, publica os 28 fascículos da série *Zigomar*, de Léon Sazie, oferecendo 128 páginas de aventuras policiais por apenas 20 centavos. Em 1912, lança no mercado um novo avatar de *Nick Carter*: *Tip Walter, le prince des détectives*, publicado semanalmente a 5 centavos, e depois a 10. Mas é superado pelo editor Albert Méricant na criação de uma coleção exclusivamente policial: em 1903, Méricant já publicara as *Mémoires* de Goron em fascículos vendidos a 20 centavos e numerosos pequenos relatos policiais assinados por Marc Mario. Em 1911, Méricant é o primeiro a propor uma coleção intitulada "Les Romans Policiers". Nela encontravam-se, nomeadamente, os 22 volumes das aventuras de *William Tharps, célèbre détective anglais* (três volumes), de Georges Meirs, publicados à razão de um por mês.[59] Só em 1916 Ferenczi finalmente lança, com base no mesmo modelo, a coleção "Le Roman Policier", destinada a um futuro luminoso. Mais do que na multiplicação dos títulos, é na constituição desse "peritexto" específico[60] que aparece melhor a emancipação de um tipo de relato claramente dotado de existência autônoma.

Literatura "legítima"?

Apesar do desprezo frequentemente ostentado contra um gênero considerado "banal", as trocas entre literatura legítima

---

59 Nos dois primeiros volumes, o herói se chama William Thorpe. Até o quarto episódio, a série é assinada por G. Meirs e J.-M. Darros.
60 A expressão é de Genette, *Seuils*, p.20 et seq. Sobre esse ponto, cf. também Couégnas, *Introduction à la paralittérature*, p.29-51.

e romance policial não são menos constantes, tanto que o romance policial acaba ocupando um espaço intermediário entre a produção "literária" e a produção "popular". Já recordamos o itinerário de um Maurice Leblanc, por exemplo. Publicados numa revista de alto nível – *Je Sais Tout* se dirige à boa burguesia ávida de "modernidade"[61] –, seus textos policiais têm uma acolhida calorosa na instituição literária. *Arsène Lupin, ladrão de casaca*, é prefaciado em 1907 pelo acadêmico Jules Claretie, ele próprio autor de romances de costumes de matiz policial (*L'accusateur*, 1897). Igualmente reveladoras desse estado de espírito são as diversas incursões no domínio policial de autores de tradição mais letrada. Dramaturgo ligado à vanguarda literária (colabora particularmente para a *Revue Blanche*), Tristan Bernard consagra boa parte de sua produção romanesca a textos de "vocação policial". Embora se afastem dos clichês obrigatórios por suas representações, *Amants et voleurs* (Fasquelle, 1905), *L'affaire Larcier* (Flammarion, 1907) e sobretudo *Mathilde et ses mitaines* (Ollendorf, 1912) obedecem pelos argumentos, pelos personagens e pela estrutura a uma autêntica dinâmica policial. A obra de Gide mostra, de modo mais discreto, essas convergências. Publicado de janeiro a abril de 1914 na *NRF*, e em volume no mesmo ano, *Os porões do Vaticano* é percebido como uma espécie de esquema policial extraviado. "Ele desafiou a si mesmo a escrever um romance policial que prevalecesse sobretudo pela invenção e pelo enredo", escreveu François Mauriac em *Les Cahiers* de 15 de março de 1914. Mais severo, Jean-Jacques Brousson viu nele "uma nova versão de *Zigomar*, mais huguenote, com um pouco menos de fantasia e

---

61 Cf. Bertholet, *Le bourgeois dans tous ses états*.

um pouco mais de dogmatismo".[62] No entanto, nem o crime de Lafcadio nem a vigarice de Protos se inserem nas estruturas policiais. É sobretudo o *fait divers* que, abrindo, fechando e pontuando o romance, lhe dá um odor de proibido (Gide, que fora jurado no tribunal criminal de Rouen em 1912, não ocultava seu fascínio pelo *fait divers*).[63] Mas o fato de que seja percebido como romance policial sublinha bem a atenção que a instituição literária reserva ao gênero.

As vanguardas poéticas também se entusiasmam com as grandes sagas criminais do pré-guerra, sobretudo com *Nick Carter* e *Fantômas*. Guiado por Apollinaire – que foi setorista durante algum tempo e fez parte da equipe de *ghost-writers* que compôs *Que faire?*, romance policial assinado por Desnar e publicado no *Matin* em 1900) – e por Max Jacob, ambos fundadores, em 1914, de uma efêmera Sociedade dos Amigos de Fantômas, o grupo de Montmartre exaltou "a operação poética de altíssimo interesse" que constitui a leitura dos romances populares de fantasias e aventuras policiais.[64] Uma herança que o grupo surrealista reivindicará depois da guerra.

---

62 Citado por Davet no breve prefácio da edição da Pléiade de Gide, *Romans*, p.1572.

63 Ele publicou em especial, na coleção "Ne jugez pas" (Gallimard, 1930), o dossiê dos casos Blanche Monnier, sequestrada em Poitiers, e Redureau, dois famosos *faits divers* do início do século XX (1901 e 1913).

64 Em sua edição dos romances de Souvestre e Allain e de Gustave Le Rouge (Laffont, "Bouquins"), Lacassin reuniu o essencial das homenagens que poetas e artistas prestaram a essas séries policiais. Sobre a Sociedade dos Amigos de Fantômas, cf. Kalifa, "La S.A.F., quelle histoire?!", *Nouvelle Revue des Études fantômassiennes*, n.1, p.5-13.

Sem dúvida, o romance policial não esgota na virada do século as representações literárias do fato criminal. Fora do espaço romanesco, onde o criminal ocupa de maneira quase natural uma posição estratégica, o crime inspira tamanha quantidade de textos – *faits divers* romanceados, fascículos e coleções do tipo "Bandits d'Autrefois et d'Aujour'hui" ou "Crimes et Criminels Étranges", "Causes Célèbres" e memórias de policiais etc. – que chega a alimentar uma verdadeira cultura criminal. No teatro, onde a herança do melodrama ainda é muito viva, os autores "burgueses" fazem do crime passional um de seus principais argumentos e um público popular lota o teatro do Grand Guignol, onde toda noite são apresentados relatos de crimes alucinados e histéricos.[65] Praticamente toda a produção literária é dominada na época por um mesmo e frenético movimento de "criminalização". O rápido impulso vivido pelo romance policial é, no entanto, um elemento decisivo. Apesar das hesitações que ainda afetam o funcionamento do gênero, o crime passa a dispor de um espaço específico e decididamente moderno.

A violência ilustrada

A essa abundante produção discursiva, junta-se, numa intrincada relação de complementaridade, uma enorme quantidade de imagens que lhe asseguram simultaneamente redundância e prolongamento gráfico. Pitorescas, às vezes ingênuas, mas sempre violentas, elas fornecem narrativas de um

---

65 Sobre esse tema amplamente inexplorado, cf. Rivière e Wittkop, *Grand Guignol*.

realismo espalhafatoso que prolongam o imaginário tradicional, mas sempre vivaz, dos almanaques e *canards*. Ainda que as cenas e as situações pareçam "fixas", as diversas ilustrações de crime evoluem e se adaptam a novos suportes e ao público mais numeroso que estes lhe oferecem.

Na imprensa diária

Cinzenta, frequentemente baça, durante muito tempo a imprensa cotidiana deu pouco espaço à imagem. Às vezes o jornal enfeita o relato com um retrato do criminoso ou da vítima, mas nunca publica a reconstituição da cena do crime. No *Petit Parisien*, por exemplo, a ilustração dos *faits divers* limita-se a alguns rostos de criminosos, ligeiramente esboçados. A ilustração dos artigos publicados na primeira página, que progride muito timidamente nos primeiros anos do século, só se impõe verdadeiramente por volta de 1904-1905, graças à generalização dos clichês fotográficos. De 1903 a 1908, no *Petit Parisien*, menos de 4% dos *faits divers* criminais são acompanhados de desenhos ou fotografias. Mas essa porcentagem cresce rapidamente nos anos seguintes, sobretudo por efeito da concorrência com rivais mais "modernos". A partir de 1902, *Le Journal* passa a ilustrar generosamente com clichês e medalhões fotográficos os crimes publicados na primeira página. Mesma estratégia no *Matin*, a criatividade em primeiro lugar: aos clichês dos criminosos, das armas, do local do drama e, às vezes, dos cadáveres, que em pouco tempo se tornam moeda corrente, acrescentam-se, a partir de 1907-1908, mapas, planos, itinerários e, ocasionalmente, verdadeiras "fotomontagens da investigação". Lançado em novembro de 1910, o *Excelsior*, de Pierre Lafitte, alicerça explicitamente sua estratégia no "todo fotográfico": em abril de 1912, o novo diário dedica quatro páginas de reconstituição fotográfica à "captura" do bandido Jules Bonnot.

O uso da fotografia, porém, altera a natureza das representações, substituindo as cenas de crime por imagens centradas no desenvolvimento da investigação. Herança dos *canards*, cenas do drama e retratos de criminosos desaparecem lentamente, talvez resistindo um pouco mais na imprensa provincial ou, com o objetivo de heroicização, na imprensa anarquista ou revolucionária. Ao célebre retrato de Ravachol, publicado pelo *Almanach du Père Peinard* no dia seguinte à sua execução em 1894, responde, em 1910, o de Jacques Liabeuf, jovem operário "vítima", segundo o jornal *La Guerre Sociale*, da arbitrariedade e do ódio de uma polícia maldita.[66]

Os suplementos ilustrados

O crime, em compensação, é exposto sem nenhuma deferência nos diversos suplementos ilustrados que os diários populares publicam toda semana. A tal ponto que às vezes é difícil dissociar nossa abordagem da realidade criminal do fim do século XIX dessa espantosa coleção de imagens fortes e esclarecedoras, registradas para forçar a atenção do leitor, uma espécie de caleidoscópio da França da Belle Époque.

Quer se trate de suplementos efêmeros ou de fraca audiência, como os publicados por *L'Intransigeant, Le Journal, L'Écho de Paris, La Lanterne, La Croix, La Libre Parole*, quer se trate dos "*dreadnoughts*" da imprensa popular, como o do *Petit Journal*

---

66 *La Guerre Sociale*, 3.ed. especial, 29 jun. 1910.

(1,1 milhão de exemplares no começo do século XX)[67], ou, em menor escala, o do *Petit Parisien*, todos adotam uma fórmula semelhante: duas gravuras policromadas, de página inteira, comentam de modo pitoresco os principais acontecimentos da semana e enquadram de quatro a seis páginas de textos, relatos ou notícias, às vezes ilustrados. No *Petit Journal*, nos vinte anos anteriores à Primeira Guerra Mundial, mais de 12,5% das gravuras de capa, a matéria viva do jornal, são dedicadas a relatos criminais. No *Petit Parisien*, chegam a 13,5%.[68] Do tradicional retrato do criminoso (ou da vítima) à narrativa da ação judicial (prisões, processos, execuções), sem esquecer, obviamente, as próprias reconstituições das cenas de assassinato ou agressões, toda a gama de representações do fato criminal se enuncia com a forte e ingênua simplicidade herdada da tradição do *canard*.

Inspirando em média pouco mais de uma gravura por mês, o crime ocupa um lugar fundamental na economia dessas publicações e não há caso importante que não seja registrado pelos gravuristas. No entanto, ao contrário da imprensa cotidiana, não se verifica um crescimento espetacular no âmbito da imagem e até se delineia uma tendência inversa a partir de 1910. É verdade que a escolha do tema, no caso da ilustração, obedece a imperativos mais restritivos do que na crônica cotidiana. Lugar estratégico, a capa "colorida" tem obrigação de manter certo equilíbrio entre os diferentes registros redacio-

---

67 Durand e Labes, *Une publication populaire originale*.
68 Resultado de análise em série das 104 ilustrações anuais publicadas nas capas (primeira e última) dos suplementos semanais de *Le Petit Journal* (1894-1914) e *Le Petit Parisien* (1894-1906, 1908-1912). Cf. *L'encre et le sang*, p.150-61.

nais. Ademais, os gravuristas retêm apenas os casos conhecidos, os relatos sensacionalistas ou os cheios de reviravoltas que já tenham feito as honras da crônica e dos quais eles fornecem uma última representação, que serve ao mesmo tempo de chave e rememoração. Se alguns temas "fixos" — façanhas de ladrões, vingança de caçadores clandestinos ou delitos de ciganos — ressurgem de tempos em tempos, os suplementos acabam oferecendo, paradoxalmente, uma representação menos falsa da criminalidade do que a dos *faits divers* cotidianos. Após uma sucessão de altos e baixos, há uma verdadeira explosão em 1907. Naquele ano, cerca de um terço das capas do *Petit Journal* foi dedicado ao crime ou à delinquência!

A partir de então percebe-se um decréscimo considerável nas imagens, tanto mais singular na medida em que o *fait divers* vive um crescimento recorde na imprensa diária. Provavelmente, a vigorosa ofensiva de políticos e "empresários honestos" em favor da proibição de imagens de crimes na imprensa levou a direção dos jornais a ter mais prudência.[69] Somente os periódicos especializados, como *L'Oeil de la Police*, continuam publicando seu lote de degolas, eviscerações, flagelações ou linchamentos, com um excesso de sangue e selvageria digno do teatro do Grand Guignol. No caso do *Oeil de la Police*, a preocupação com o espetacular é tal que ele passa a compor ilustrações imensas e aterrorizantes que unem numa única peça a primeira e a quarta capas. Outros jornais, sobretudo *Le Petit Journal* e *Le Petit Parisien*, preferem o comedimento. Mas isso também reflete o esgotamento paulatino da fórmula. À medida que a maioria dos

---

69 Em especial o projeto de lei de Maurice Viollette, de novembro de 1908. Cf. infra, p.226-7.

diários, inclusive *Le Petit Journal*, passa a recorrer à fotografia, as gravuras dos suplementos começam a parecer obsoletas, coisa confirmada pela queda das tiragens, sobretudo no *Petit Parisien*. Obviamente, a fotografia progride nesses dois suplementos, mas a inclusão é difícil. Mais do que técnica, trata-se de uma mutação cultural, e ambas as publicações não conseguem se adaptar ao realismo depurado e um tanto raso da imagem fotográfica.[70] Sobretudo no domínio do crime, no qual o recurso ao clichê modifica radicalmente a natureza das representações. Manifestamente, a era dos suplementos não é ainda a da fotografia. Preocupado em conferir à fotografia o lugar que ela merece, o suplemento do *Petit Parisien* prefere abortar o projeto em março de 1912 e passar o bastão para *Le Miroir*. "No lugar de imagens coloridas, compostas antecipadamente e, às vezes, parecendo-se pouco com a realidade, daremos aos nossos leitores o documento vivido", lê-se no último número impresso à moda antiga.[71] Entram em ação a heliogravura e o papel brilhante. Depois de um início difícil, *Le Miroir* tem tiragem de 400 mil exemplares em 1914, ou seja, muito mais do que o suplemento ilustrado em 1908-1909. É o fim de uma era.

A ilustração policial

A ilustração dos romances e fascículos policiais, em compensação, progride continuamente. Com exceção do rodapé, a

---

70 Cf. Ambroise-Rendu, "Du dessin de presse à la photographie (1878-1914), histoire d'une mutation technique et culturelle", *Revue d'Histoire Moderne et Contemporaine*, n.39-1, p.6-28.
71 *Le Petit Parisien*, Supplément Illustré, 27 mar. 1912.

maior parte dos relatos criminais é largamente ilustrada, quer em periódicos especializados, revistas de grande público ou coleções e fascículos populares. À imagem de capa, cujo peso é cada vez maior nas políticas editoriais,[72] as publicações mais luxuosas — *Je Sais Tout, Lectures pour Tous, L'Illustration* etc. — acrescentam pequenas gravuras e vinhetas internas.

No entanto, as ilustrações mais espetaculares são os cartazes de lançamento, que se impõem progressivamente e recebem tratamento especial dos jornais. "Não há um lançamento de folhetim sem um cartaz imenso prometendo um crime inédito e dos mais horrendos", observa um deputado em 1908.[73] Em fevereiro de 1911, metrô, muros, diários e periódicos da capital são inundados por cartazes anunciando o primeiro *Fantômas*. Dois anos depois, uma gigantesca campanha corpo a corpo é usada no lançamento das aventuras de *Chéri-Bibi*, de Gaston Leroux.[74] Divulgação intempestiva, estima-se na época, dado que o número e a frequência desse tipo de campanha crescem nos anos pré-guerra, duplicadas pelas campanhas promovidas pela indústria do cinematógrafo.

O nascimento do cinema policial

Se, apenas quatro anos depois da "invenção" dos irmãos Lumière, Georges Méliès filma os cerca de 20 metros de *Pickpockets et policemen* (1899), um filme de perseguição de conotação policial, coube a outro pioneiro do cinema, Ferdinand Zecca,

---

72 Parinet, op. cit., p.177.
73 Viollette, op. cit., p.55.
74 Peske e Marty, *Les terribles*, p.145.

o homem de sete instrumentos da Pathé, o privilégio de levar às telas o primeiro relato verdadeiramente construído do cinema criminal. Considerado um clássico "primitivo", *História de um crime* (1901) transpôs para a tela o realismo bruto do *fait divers* criminal, fortemente impregnado da tradição do teatro mambembe. Diretamente inspirado na estética do museu Grévin – o filme contenta-se em representar as cenas principais de um *fait divers* que o museu de cera reconstituíra alguns anos antes –, os seus seis quadros evocam o destino trágico de um malfeitor: o assassinato do burguês, a prisão, a confrontação no necrotério, o sombrio devaneio do prisioneiro no cárcere, a toalete do condenado, a lâmina da guilhotina.[75] Impondo a fórmula do "realismo do *fait divers*", o filme de Zecca faz um sucesso imenso e, durante algum tempo, marca os primórdios do cinema criminal.

A partir de 1904, a rival Gaumont produz três filmes de estética e espírito análogos: *Paris la nuit, L'assassinat de la rue du Temple* e *L'assassinat du courier de Lyon*.[76] Como diretor artístico da Pathé, Zecca diversifica sua produção, mas não abandona o filme criminal. Em 1905, filma *L'incendiaire*, depois o díptico *Les apaches de Paris* e *Au bagne*. No mesmo ano e na mesma linha, um de seus assistentes, Lucien Nonguet, filmou *Les dessous de Paris*. Embora faça sucesso, o gênero quase não se renova. Depois de *Robert Macaire et Bertrand, les rois des cambrioleurs*, mais um filme de perseguição, Méliès roda em 1906 *Os incendiários*,[77]

---

[75] A sinopse foi publicada por Sadoul, *Histoire générale du cinéma*, t.I, p.187.

[76] Apud Leprohon, *Histoire du cinéma*, t.I, p.123.

[77] *Os incendiários* de Méliès é uma versão de *L'incendiaire*, de Zecca. O primeiro saiu no Brasil; o segundo, não. (N. T.)

"drama realista" que deve tudo ao princípio introduzido por Zecca; aliás, o filme de Zecca ficou conhecido como *História de um crime*. Os quadros sucessivos (a preparação do golpe, o assalto e o triplo assassinato, o esconderijo dos bandidos, o ataque, o tribunal criminal, a condenação à morte, a cela, o amanhecer no pátio da prisão, a execução, o túmulo dos condenados) ressaltam o esgotamento progressivo da fórmula do *"fait divers* realista".

Essa mudança decisiva se concretiza durante o ano de 1907, graças à nova companhia de produção L'Éclair, recém-fundada por Charles Jourjon e Marcel Vandal, e graças sobretudo ao seu diretor artístico, Victorin Jasset, um veterano da Gaumont recrutado pela Éclair. Logo de início, Jasset trata de tirar proveito dos *dime-novels* recentemente introduzidos pela editora Eichler e orienta a produção da Éclair numa direção inédita: o filme policial em episódios. Em setembro de 1908, abre fogo com *Le guet-apens*, primeiro episódio da série *Nick Carter, le roi des détectives*, seis curtas-metragens lançados mês a mês e seguidos de outros filmes inspirados nos fascículos da Eichler: *Morgan le pirate*, *Meskal le contrabandier* e *Riffle Bill, o rei das campinas*. O sucesso dessa primeira adaptação de *Nick Carter* para o cinema é fulgurante. Em 1909, Jasset filma nove episódios suplementares, *Les nouveaux exploits de Nick Carter*, depois, inspirando-se no personagem Zigomar, criado por Léon Sazie para *Le Matin*, roda *Zigomar, le roi des bandits* (setembro de 1911).

O sucesso de tais filmes incita Jasset a juntar os dois personagens e rodar, em 1912, *Zigomar contre Nick Carter*. "É óbvio, *Nick Carter* fez um sucesso enorme, *Zigomar* foi um triunfo! Ao exibir *Zigomar contre Nick Carter* no teatro, os produtores tinham certeza de que iam lucrar o máximo", dizia um texto publicitário.[78] No ano seguinte, Jasset roda *Zigomar, peau d'anguille*, no qual toma tantas liberdades com o personagem e o cenário inicial que Sazie tenta processar o estúdio L'Éclair.[79] Mas Jasset já trocara Zigomar por *Protéa* (setembro de 1913), uma aventureira de curvas provocantes, acentuadas por um *collant* preto, que prefigura a perturbadora Irma Vep de *Os vampiros*, de Feuillade.

A contribuição é essencial. Todavia, o estilo *fait divers* não é abandonado, mesmo porque, em 1907, Zecca criara o serviço de notícias "Pathé Actualité" e, em 1909, um de seus *cameramen* conseguira filmar ao vivo, apesar das precauções tomadas pelas autoridades, a quádrupla execução de Béthume. No clima agitado que envolve as execuções capitais e exacerba o debate sobre a pena de morte, o filme causa escândalo. Em 1909, Zecca ainda filma *La grève des apaches* e, em 1912, o Jasset dirige duas reconstituições das "façanhas" da quadrilha de Bonnot: *L'auto grise* e *Les hors-la-loi*. Mas a produção da Éclair insuflara um espírito novo e abriu caminho para o "cinerromance", que substituiu as encenações teatrais à maneira de Zecca. Do realismo estático e cotidiano emerge pouco a pouco um imaginário desabrido e muitas vezes poético. O policial livra-se das regras do realismo de ilusão popular. Os filmes afastam-se das "cenas da vida real", conformistas e integradoras, para desenvolver, entre o sonho e a imaginação, um discurso mais ambíguo, às vezes contestador, mas em todo caso inseparável da gesta anarquista.[80]

---

78 Apud Sadoul, op. cit., p.408.
79 *Ciné-Journal*, 11 abr. 1914.
80 Baldizonne, "Cinéma français de la Belle Époque", *Vingtième Siècle*, n.6, p.141-3.

A iniciativa obriga as companhias rivais a se adaptar. Surgem produções similares, como *Nat Pinkerton*, de Pierre Bressol (1911) para a produtora franco-britânica L'Éclipse, ou *L'extraordinaire détective Harry Wilson*, inteiramente criado para o cinema.[81] Fundada em 1906, a Lux lançou, em 1911, a série *Princesse Cartouche* e, no ano seguinte, *X le mystérieux*, antes de investir em *Tom Dickson détective* em 1913.[82] Para fazer concorrência aos filmes da Éclair, a Pathé criou *Nick Winter* em 1911, que Gérard Bourgeois filma com o ator e ex-detetive Léon Durac no papel-título.[83] Gaumont confia a Louis Feuillade, que assumira o lugar de Jasset, a tarefa de produzir séries do mesmo tipo. Em maio de 1912, ele filma *Le proscrit*, primeiro episódio das aventuras do "detetive Dervieux", encarnado por René Navarre, e completado por *L'oubliette*, *La course aux millions* (1912), *Le guet-apens* e *L'écrin du radjah* (1913).[84] Depois de *Le Browning* em 1913, Feuillade roda principalmente os cinco episódios de *Fantômas*, cujos direitos de adaptação Gaumont arrebatara da Pathé, triplicando os direitos pagos aos autores (6 mil francos).[85] Os cinco episódios realizados de abril de 1913 a julho de 1914 foram um imenso sucesso, sem dúvida o maior do cinema pré-guerra. A Pathé tentou em vão responder à altura com uma série de três *Rocambole* dirigidos por Georges Denola.

---

81 Apud Tonnerre, "Peurs sur la ville", *Cinématographe*, n.63, p.4; Bonniot, op. cit., p.426.

82 Lone, "La production Lux", *1895*, n.16, p.59-76.

83 Sadoul, op. cit., p.407.

84 Cf. Oms, "Image du policier dans le cinéma français", *Cahiers de la Cinémathèque*, n.25, p.67-73.

85 Lacassin, *Pour une contre-histoire du cinéma*.

O gênero está bem implantado e os filmes, cujo comprimento ultrapassa os mil metros, são produzidos com regularidade. Comédias e paródias policiais também aparecem, sinal de que o cinema policial amadurecera. Ao filme *Le crime de la rue du Cherche-Midi à quatorze heures*, de Méliès (1906), sucedem-se três filmes de Max Linder, *Idées d'apache* (1907), *Kyrelor, bandit par amour* (1909) e *Max Linder contre Nick Winter* (1912).[86] Os romancistas populares não tardam a compreender o enorme potencial do cinema e muitos se juntam na Société Cinématographique des Auteurs et Gens de Lettres, da qual Pierre Decourcelle, importante autor do romance popular, torna-se um dos administradores. A maioria dos romances de sucesso é adaptada, a começar pelos de Gaston Leroux.[87] Aqui se impõe também o estúdio L'Éclair, com seus dois recém-chegados, Émile Chautard e Maurice Tourneur, já autores, entre 1911 e 1913, de uma dezena de filmes *"grand-guignol"*, com roteiro de André de Lorde, incontestável mestre do gênero.[88] Em abril de 1913, Maurice Tourneur dirige o primeiro *O mistério do quarto amarelo*. No mesmo ano, Gérard Bourgeois filma o primeiro *Chéri-Bibi*, com René Navarre – o futuro Fantômas de Reuillade – no papel-título. Dois filmes ainda são produzidos pouco antes da guerra, sempre pela Éclair: um novo *Chéri-Bibi*, dirigido dessa vez por Charles Krauss em julho de 1914 e, em agosto, *O perfume da dama de negro*, dirigido por Émile Chautard. A série *Lupin*, de Maurice Leblanc, ganha menos adaptações. Aliás, a primeira, *O ladrão de casaca*, é rodada nos Estados Uni-

---

86 Ford, *Max Linder*, p.183.
87 Apud *Europe*, n.626-7, p.153-8.
88 Rivière e Wittkop, op. cit., p.139.

dos por Edwin Porter, que em 1903 dirigira o famosíssimo *O grande roubo do trem* e, em 1905, adaptara *Raffles*, de Hornung. Na França, a primeira adaptação de Leblanc parece ser *Arsène Lupin contre Ganimard*, um filme de Michel Carré projetado em dezembro de 1913 no Cassino de Paris.[89] No ano seguinte, Émile Chautard dirige para L'Éclair o filme *Arsène Lupin*.[90]

Paradoxalmente, a obra de Gaboriau, que faz sucesso na imprensa e na literatura popular, suscita poucas adaptações cinematográficas.[91] Contudo, em 1908, os herdeiros do romancista cederam ao banqueiro Merzbach o direito exclusivo de adaptar as obras de Gaboriau para o cinema. Em 1913, nada fora feito e a família se preocupa, porque o momento é propício ao "filme criminal". Ela recebe, com um adiantamento 500 francos, garantias da Société Cinématographique des Auteurs et Gens de Lettres, para a qual os filhos de Merzbach venderam os direitos. No dia 6 de março de 1914, o *Ciné-Journal* anuncia o lançamento de *Monsieur Lecoq*, filme de 840 metros com produção da Éclair e direção de Maurice Tourneur, estrelado por Jean Garat e Renée Sylvestre; e, em 1º de agosto, *Le Courrier Cinématographique* anuncia *O crime de Orcival*, nova produção da Éclair dirigida por Gérard Bourgeois, com Harry Baur no papel principal.

Às vésperas da guerra, delineia-se uma nova evolução que se concretizará durante o conflito. Importada dos Estados Unidos, a moda do *serial*, cujo princípio consiste em associar a programação de um filme em episódios a uma publicação

---

89 Catálogo da Exposição de 1913 (Bibliothèque Nationale).
90 Citado sob reserva por Dumont (*Europe*, n.604-5, p.135-43).
91 Bonniot, op. cit., p.426-7.

simultânea na imprensa ou em fascículos, completa e finaliza a fórmula do "cinerromance" lançada por Jasset. Essa "serie-mania" aumenta a rivalidade entre a Pathé e a Gaumont. Em 1915, Charles Pathé compra de William Hearst *Les mystères de New York*, de Gasnier e Mackenzie (que lançam Pearl White), e encarrega Pierre Decourcelle de escrever os episódios para *Le Matin*. A programação se estende por 22 semanas. Gaumont incumbe Louis Feuillade de conceber a réplica. Esta será, a partir de dezembro de 1915, *Os vampiros*, cujos dez episódios resultam na publicação de fascículos assinados por Georges Meirs e Louis Feuillade para a Gaumont.

Em pouco mais de uma década, o relato de crimes ganha um novo suporte, que lhe dá mais consistência e mais público. Associando o realismo brutal do *fait divers* às peripécias e à imaginação desenfreada da poesia urbana, o filme policial se torna um gênero de pleno direito, e cujo sucesso crescente supera o do gênero literário.

Proliferando nas crônicas e nos folhetins da imprensa cotidiana, inspirando um número crescente de romances e fascículos, o crime também é estampado na fachada de quiosques, muros e telas do cinematógrafo. No limiar da guerra, são essas as formas de relato que parecem sofrer um florescimento estranho e frenético. Acaso convém acreditar, como gostam de fazer certos estudiosos contemporâneos preocupados com a higiene moral e a preservação social, que essa produção fervilhante confirma a perversidade crescente de um corpo social a caminho da desmoralização? Ou, pior ainda, que ela se limita a seguir o ritmo de uma criminalidade que na época era considerada galopante?

Capítulo 2
Do crime à investigação

Longe de ser imóveis, esses relatos são afetados por uma lenta, mas profunda, transformação interna. Opera-se uma inflexão decisiva, que vê o bojo do relato oscilar da descrição selvagem e pitoresca do crime para aquela, apresentada como metódica e racional, da investigação. Sem dúvida, esse deslocamento não afeta todas as representações. Por exemplo, nos jornais tradicionais ou nos suplementos ilustrados, o relato do crime reina inconteste durante muito tempo. Mas a investigação impõe progressivamente um espírito e um estilo percebidos como sendo os da modernidade. Transformando em profundeza a natureza e a escritura do *fait divers*, ela triunfa nas encenações "policiais", das quais plasma a estrutura e o imaginário.

O vigor do relato de crime

"Pormenores circunstanciados"

"O crime de Lapouyade. Uma menina violada e decapitada. Horrível atentado de um andarilho. O depoimento de uma testemunha. Detalhes medonhos." Publicado em 1901 no *Intransigeant*,[1] esse "título-resumo" tradicional mostra bem a persistência de uma temática de *canard* na imprensa. De fato, até a virada do século, saturando todo o espaço narrativo, o relato do crime é amplamente dominante; em geral o andamento da investigação ou da instrução é tratado de forma isolada, em editoriais ou artigos "de fundo".

Na seção, o relato do crime se reduz a algumas linhas, nunca mais do que uma dúzia, sempre secas e condensadas. Raramente com título (sobretudo no caso de periferias ou "departamentos", basta o nome da localidade em que se deu o acontecido), mantém-se essencialmente factual. Recorda sucintamente a ocorrência, roubo ou vigarice, assalto ou agressão, acumulando informações concretas: nome e prenome dos envolvidos, idade, profissão, endereço. O entrefilete termina com o anúncio da prisão ou da abertura do inquérito. Aqui, o relato é encerrado, a transgressão relatada jamais se torna matéria de investigação ou reviravoltas. Obviamente, as seções, servindo como uma espécie de viveiro do *fait divers*, também permitem a existência de casos de reserva, que os acasos da atualidade indigente ou os arcanos das diretorias podem fazer ressurgir a qualquer momento, mas a imensa maioria se destina ao esquecimento.

No entanto, a cada dia, um número crescente de casos, muitos dos quais meras "insignificâncias" infladas por descrições "circunstanciadas" ou minúcias bibliográficas, favorece narrativas mais amplas. É aí que o relato mostra todo o seu valor, coisa que o título ("O crime da rua...", "O drama da rua...") ressalta em mais da metade dos casos. A recorrência do termo

---

1 *L'Intransigeant*, 28 jul. 1901.

"drama", com seu teatro e cenário, argumento, encenação e atores, mostra claramente a primazia desse relato.

O crime é reconstituído com a meticulosidade dos últimos naturalistas. Acaso não se diz que "um bom jornalista de *fait divers* é um romancista conciso"?[2] Nenhum detalhe podia ficar na sombra, e a narração, longe de sugerir, esforça-se para dar aos seres e às coisas uma consistência inolvidável. O pitoresco (geralmente o do submundo) e o horror se conjugam em partes iguais. A precisão do local e do cenário, sempre descritos com um grande detalhismo, corresponde à violência ou mesmo à selvageria da reconstituição.

De repente, como um animal selvagem, Bouvet saltou sobre a mulher. Com a mão direita, agarrou-lhe a garganta e derrubou-a sobre a beirada da cama. A seguir, enquanto a mantinha firmemente presa, inclinou-se e, com a outra mão, ainda livre, pegou um litro de vitríolo que havia comprado na véspera e escondido junto da parede. Com os dentes, arrancou a rolha da garrafa e, selvagemente, esvaziou-a no rosto e no peito da infeliz criatura aterrorizada.

Faurisson bateu com tanta fúria que a caixa craniana se estilhaçou, pedaços de osso e cérebro espalharam-se por toda parte e o sangue jorrou nos móveis e até nas paredes.

O machado penetrou profundamente, pois nós dois ficamos respingados de sangue e pedaços de cérebro. Kueny caiu no chão

---

2 Pottier, "Les journalistes", *L'Action Populaire*, n.143, p.23.

como uma massa. No entanto, como ainda se mexia, debrucei-me e enfiei diversas vezes a minha faca no corpo.³

Mesmo quando tenta evitá-los ("os atos demoníacos que se seguiram à degola da velha se recusam à narrativa"), o autor do relato não consegue omitir os pormenores mais cruéis: "Foi assim que certas vísceras da vítima, depois de extirpadas pela faca, foram profanadas e penduradas em pregos".⁴ Recorrendo ao diálogo vivo – "Para quê! Para quê!", replicou o proxeneta. "Se isso lhe dá prazer, posso ajustar contas com você também" –, ao suspense – "O cobrador caiu de joelhos; num esforço sobre-humano, tentou erguer-se, mas tombou sobre o lado direito" – ou ao épico – "Tabouret enfrentou-o sozinho e, acuado contra a parede, preparou-se para defender ferozmente sua liberdade"⁵ –, o relato do crime, reconstituído nos detalhes mais sórdidos, continua sendo ainda por muito tempo o coração de todo relato criminal.

Além de seu objetivo próprio – explorar o universo misterioso da Cour d'Assises,⁶ desvendar o segredo do criminoso, revelar os motivos ocultos de seu ato –, os relatos de processos, epílogos naturais dos "belos crimes", também rendem matéria para a reescrita incessante da cena do drama. Amiúde evocada no título, ela é reconstituída o máximo de vezes possível. "Recordemos agora as façanhas desses canalhas cínicos", escreve o

---

3 *Le Petit Parisien*, 5 set. 1910; 4 dez. 1913; 29 nov. 1901.
4 "Le crime de La Garenne-Colombes", *Le Matin*, 10 maio 1900.
5 *Le Petit Parisien*, 28 maio 1903; 22 dez. 1911; 28 maio 1903.
6 Jurisdição departamental encarregada de julgar pessoas acusadas de crime. (N. T.)

cronista do *Petit Parisien* em janeiro de 1899, dois dias antes da abertura do processo contra a quadrilha de Neuilly.[7] "Recordemos aqui alguns de seus crimes horrendos", acrescenta no dia seguinte. E, quando a audiência finalmente se abre em 4 de janeiro, a apresentação dos acusados e o resumo dos debates ainda são pretexto para uma nova versão dos crimes.

Resta o último ato, o da execução, o da expiação. Os relatos preliminares (os "preparativos", a chegada da guilhotina, a multidão agitada) são ocasião para recordar uma vez mais as condições do crime. Quanto à execução propriamente dita, verdadeira exibição de virtuosismo que obedece a um plano supercodificado (a "aurora vermelha", o despertar e a toalete do condenado, as últimas palavras ditas por ele, a guilhotina), ela é objeto de um último relato de crime, o do crime legal, do qual não se omite nenhum dos detalhes macabros. No entanto, é em torno do condenado que se organizam os principais efeitos do texto. O desafio é considerável. Ali, naquela cena derradeira, o criminoso posa para a eternidade. De sua atitude, de seus gestos ou de suas palavras depende o seu ingresso na lenda. Cabe ao canto fúnebre, portanto, prolongar-lhe o eco.

Uma imagética tradicional

Apesar da rápida evolução das técnicas e da concorrência da fotografia, a iconografia permanece atada aos modos de representação herdados da imagética dos *canards*, largamente dominada pelas reconstituições "realistas" do crime ou da agressão.

---

7 *Le Petit Parisien*, 2 jan. 1899.

Assim, mais da metade das capas dos suplementos ilustrados se dedica exclusivamente à cena do "drama". Por trás da aparente diversidade temática (banditismo rural, crimes passionais, agressões ou assassinatos crapulosos, latrocínios), a composição obedece a uma retórica repetitiva, movida sobretudo por uma grande preocupação com a legibilidade. Destacando-se em primeiro plano, em quadros grandes e simples, a figura do criminoso e a da vítima suplantam a própria a imagem. Ação, movimento e gestos convulsivos: os gravuristas privilegiam as poses teatrais e procuram captar o instante fatal, o momento trágico em que o drama se precipita no irreparável. Daí a atenção conferida ao gesto – o da arma que atinge, o da mão que suplica ou o do corpo que cai – e, mais ainda, ao olhar – o olhar cruel, cínico ou alucinado do criminoso, o olhar de pavor da vítima. A iluminação, cujos contrastes violentos acentuam a brutalidade da cena, incide sobre eles. Agrupadas no segundo plano, testemunhas horrorizadas ou revoltadas – se possível, mulheres e crianças – aumentam a carga emocional dessas ilustrações.

É o ato criminoso, em todo o seu horror, às vezes decomposto nas diversas fases de sua concretização,[8] que domina o imaginário dessas publicações. Se lhe acrescentarmos os retratos tradicionais do criminoso (cujo declínio progressivo é parcialmente retardado pela fotografia) e as numerosíssimas

---

[8] Cf., por exemplo, "Un crime monstrueux commis par deux enfants. Les quatre phases de l'épouvantable tuerie de Jully" ["Um crime monstruoso cometido por duas crianças. As quatro fases da terrível chacina de Jully"], *Le Petit Journal*, Supplément Illustré, 26 dez. 1909.

cenas de execuções capitais, mais de 60% das capas "criminais" continuam a obedecer aos motivos violentos e ao imperativo moralizador da imagética dos *canards*. Quanto às capas relativas à ação judicial ou ao processo, elas não se esquecem com facilidade do crime e de seus protagonistas: daí o recurso frequente às composições com imagens múltiplas, em que a cena do drama se insere num conjunto mais amplo. Por exemplo, a página dupla dedicada ao "Crime de Nassandres": ela justapõe nove vinhetas que evocam os diferentes momentos do drama, desde a apresentação do local até a reconstituição do crime, passando por todas as fases do assassinato e da prisão.[9] Ou ainda o "Assassinato da Rue Pierre-Leroux", dividido em três quadros: "o crime, o depois do crime, a prisão".[10] Assim diluído, o crime tende a perder uma parte de sua autonomia, mas não desaparece – como se a imagem não pudesse funcionar fora da presença do criminoso, ao redor do qual se ordena a maior parte dos efeitos.

Longe das transformações que começam a afetar a escrita do *fait divers*, a gravura é confinada à simples função de edificação. De fato, não lhe cabe nem manter o leitor em suspense nem assegurar ao jornal o privilégio de uma revelação extraordinária, mas impressionar ou provocar reações emocionais. Como frequentemente lhe cabe também encerrar um caso que já fizera as honras da crônica, apresentava-se como uma síntese depurada, cujo objetivo é fixar as representações ou fornecer uma leitura recapitulativa. Portanto, deve evocar o momento decisivo, ou presumido como tal, e inscrevê-lo no imaginário do leitor. E, se

---

9 *Le Petit Parisien*, Supplément Illustré, 10 abr. 1898.
10 Ibid., 21 jan. 1899.

acaso o acontecimento não corresponde à atualidade, é porque se trata de um tema "fixo" e exemplar, que ganha consistência com a repetição. Por exemplo, vinganças de caçadores clandestinos, ciganos que roubam crianças ou confrontos violentos entre alfandegários e contrabandistas, que são raros na crônica cotidiana, mas acredita-se que coincidem com os estereótipos do público rural, que ainda se constitui como o leitor privilegiado dessas publicações.

Essa persistência de certa temática tradicional e de seu repertório limitado deve-se também às condições de produção das gravuras. Apesar da presença de um grande número de assinaturas, a maioria das gravuras é composta por uns poucos grandes ateliês de Paris. No *Petit Parisien*, predominam as gravuras do ateliê dirigido por Tony Beltrand e Eugène Dété, que fornece xilogravuras a muitas revistas e, em especial, ao semanário *Le Monde Illustré*.[11] No *Petit Journal*, impõem-se as assinaturas de Henri Meyer, egresso do *Illustration*, e sobretudo de Fortuné-Louis Méaulle, famoso por sua colaboração com Victor Hugo. A partir da virada do século, tornando-se proprietário de um grande ateliê, fornece gravuras a inúmeras revistas de atualidades.[12]

Em regra, uma vez definido o tema, um desenhista faz um esboço da cena e outro (ou o correspondente local) anota todos os pormenores que possam dar o maior grau de veraci-

---

11 Gusman, "Chefs-d'oeuvre oubliés de la gravure sur bois, les 'bois d'actualité' au XIXᵉ siècle", *Revue de l'Art Ancien et Moderne*, n.39, p.112.
12 Cf. Benezit, *Dictionnaire critique et documentaire des peintres, sculpteurs, dessinateurs et graveurs*; Gusman, *La gravure sur bois en France au XIXᵉ siècle*; Béraldi, *Les graveurs du XIXᵉ siècle*.

dade à reconstituição. A seguir, o desenho é transferido para a prancha de madeira. Até o fim da década de 1890, a técnica empregada era conhecida como "madeira a topo",[13] que revolucionou a arte da gravura no século XIX. Consiste em gravar sobre discos de buxo serrado transversalmente à fibra para obter o cerne, talhável em todos os sentidos da superfície, o que permite o emprego do cinzel e dá um acabamento de traço e *dégradé* muito mais preciso do que a técnica anterior, conhecida como "madeira a fio" – na qual a madeira é cortada em pranchas no sentido do filamento das fibras.[14] A prancha, que não é colada nas juntas, é distribuída pelo chefe do ateliê aos vários gravuristas que dividem o trabalho (paisagem natural, cenário, personagens).[15] Desse modo, é possível compor a gravura em prazos bastante curtos – para as gravuras policromadas, são necessárias tantas pranchas quantas sejam as cores cores desejadas. A seguir, montam-se pequenos cubos (até doze) com cola ou presilha de ferro. Responsáveis pela uniformidade e pelo aspecto convencional das gravuras, essas técnicas coletivas explicam em parte o repertório limitado das ilustrações.

A maior parte dos romances e fascículos policiais obedece a uma técnica semelhante. Capas, encartes publicitários ou cartazes de lançamento são adornados com imagens violentas e espetaculares, nas quais o crime é onipresente. A função incitativa de tais ilustrações, sobretudo das de capa, exigia uma

---

13 Ver Orlando da Costa Ferreira, *Imagem e letra: introdução à bibliologia brasileira: a imagem gravada* (São Paulo, Edusp, 1994), p.44. (N. T.)
14 Gusman, *La gravure sur bois et d'épargne sur métal, du xive au XXe siècle*; *La gravure sur bois et taille d'épargne*.
15 Id., "Chefs-d'oeuvre oubliés oubliés de la gravure sur bois, les 'bois d'actualité' au XIXe siècle", *Revue de l'Art Ancien et Moderne*, n.39, p.109-14.

grande legibilidade.[16] É preciso que o leitor consiga identificar prontamente o tipo de relato que lhe é proposto e nada se presta melhor a isso do que uma cena de crime. Sendo obras encomendadas, elas obedecem, portanto, às regras em vigor na ilustração popular: fazem o mesmo jogo convulsivo e passional das gravuras de imprensa, apimentado – na tradição do romance gótico – com uma pitada de terror. No mais das vezes, o crime descamba para o horror, o escabroso, em representações funcionais que evocam a estética selvagem e sanguinolenta do teatro do Grand Guignol.

É o caso em particular da série *Zigomar*, ilustrada por Georges Vallée para a editora de Ferenczi, ou de *Fantômas*, cujas capas são compostas por Gino Starace, ilustrador habitual das coleções populares de Arthème Fayard.[17] Essencialmente ligadas ao registro criminal – menos de um quarto das capas de *Zigomar* ou *Fantômas* não recorre à violência –, elas oferecem um bom exemplo das representações usuais nesse tipo de relato. Às figuras inquietantes (silhuetas escondidas nas sombras, apaches, prostitutas) e às cenas de homicídio, agressão ou perseguição soma-se todo um arsenal de terror: cadáveres, mutilações, torturas, bandidos encapuzados, execuções. A grafia do título da série *Zigomar*, da qual se destaca um enorme Z em forma de foice pingando sangue, acentua a carga de pavor, numa estética de horror que às vezes confere a tais ilustrações uma dimensão fantástica.

Menos inclinados ao horror e ao sangue, os principais fascículos policiais oferecem, ainda assim, inúmeras representações

---

16 Cf. Couégnas, op. cit., p.45-8.
17 Alfu, *Gino Starace, l'illustrateur de Fantômas*.

de crimes. Cada uma das 175 capas de *Nick Carter* mostram cenas brutais e movimentadas (crimes, agressões, assaltos, lutas) em que o herói, sempre reconhecível apesar dos disfarces, luta com os mais terríveis bandidos. Uma cena em particular, apresentada em medalhão, reforça o tom violentíssimo do conjunto. Encontramos em representações pitorescas e exóticas, que recorrem largamente aos clichês da mitologia norte-americana, desde o Oeste selvagem até o submundo nova-iorquino, toda uma gama de atividades criminosas (assassinatos crapulosos, assaltos a trens ou bancos, fraudes, dinheiro falso, espionagem). Somente no topo da produção policial é que o crime começa pouco a pouco a perder espaço para imagens que dali por diante serão consagradas à investigação e a seus atores.

Crimes ficcionais

Embora nem sempre cumpram as promessas anunciadas na capa, os fascículos e os romances policiais estão longe de eufemizar a violência e a morte. Mais "criminal" do que "policial", a literatura popular da virada do século não reluta em expor, até mesmo excessivamente, as mais selvagens cenas de crimes. Com exceção dos romances de dedução, *Rouletabille* e congêneres, ou da produção mundana do tipo *Arsène Lupin*, a maior parte dos relatos regurgita crimes complacentemente relatados, cuja representação obedece a imperativos muito próximos dos usados na crônica cotidiana. Além do mais, as estruturas do relato acentuam essa tendência. De fato, o crime raramente aparece como um drama inicial, "anteposto", que se deve elucidar. Ele é muito mais uma espécie de estado permanente, sempre em curso e jamais concluído; por isso, o relato do crime interfere incessantemente no da investigação, em configurações que lembram as grandes sagas criminais do Segundo Império e, às vezes, prefiguram o romance *noir* norte-americano.

O andamento da investigação é pontuado de confrontos e perseguições, cadáveres e sangue. Nas séries mais populares, os autores não hesitam em exacerbá-los, seguindo a tradição do Grand Guignol. O melhor exemplo, sem dúvida, é a saga do *Fantômas*, cujo sucesso se deve sobretudo ao caráter cruel e sanguinário dos numerosos crimes relatados. "Primeiro os ossos resistiram, depois a caixa craniana rebentou, despedaçou-se e, súbito, Albert teve a sensação de bater numa coisa mole, de haver atingido o cérebro. Como um bruto, continuou batendo."[18] Estripações, degolas, apedrejamentos, enforcamentos, banhos de ácido, canibalismo etc., nada parece refrear a imaginação dos autores. O relato do crime é ao mesmo tempo um exercício de estilo e uma exibição de virtuosismo, ou de antologia, num esforço para associar inventividade, gratuidade e crueldade nas formulações mais brutais. É compreensível que Breton, Desnos ou Queneau, que foi o primeiro a fazer a lista dos crimes de Fantômas,[19] aplaudam o espírito surrealista e o humor negro da série.

No entanto, não devemos nos iludir com todos esses exemplos. Ainda que continuem sendo muito apreciados, os relatos do crime se tornam pouco a pouco mais discretos e mais sóbrios. É a hora das averiguações e da investigação, cujo princípio supõe que o crime seja o menos comentado possível.

---

18 *L'évadée de Saint-Lazare* (*Fantômas*, t.XV), p.265.
19 Queneau, *Bâtons, chiffres et lettres*. Estatística incompleta e recentemente corrigida pelo levantamento exaustivo de David, "Mémorables hécatombes", *Enigmatika*, n.34.

Atentos ao sucesso que as séries mais explicitamente "policiais" fazem no outro lado do canal da Mancha, muitos autores se mostram sensíveis.

Os dias fecundos da reportagem criminal

"Quanto a mim, todo dia, no próprio teatro do mistério, passo a passo, com o mapa na mão, percorri estradas e caminhos. Vi e ouvi todos aqueles cujo testemunho pudesse trazer um pouco de luz. [...] É o resultado das minhas duas investigações sucessivas que exponho aqui."[20] Essas palavras de um jornalista do *Matin* em 1906 traduzem bastante bem as mutações da crônica criminal. De fato, sob o "setorista", surge pouco a pouco o investigador, menos encarregado de prestar conta dos fatos do que de empreender uma investigação paralela, de lidar com os enigmas e até desmascarar os culpados. Em 1900, dois repórteres de Bordeaux deram o exemplo ao prender um assassino.[21]

Entre *fait divers* e reportagem, a investigação derruba as divisões e o jornalista se torna detetive. Às narrativas tradicionais, que privilegiam duas ou três sequências-chave (o crime, o processo, a execução),[22] sucedem-se relatos centrados unicamente no processo de investigação. Sem dúvida, o fenômeno é mais antigo. Desde 1873 havia *"canards* policiais" que descreviam os indícios, davam a planta do local do crime e convidavam os leitores a participar da investigação.[23] E, na década de 1880,

---
20 *Le Matin*, 11 ago. 1906.
21 Ibid., 19 jan. 1901.
22 Como no caso Lacenaire. Cf. Le Morvan, op. cit., p.69.
23 Seguin, op. cit., p.170-1.

a voga do "reporterismo" acentuou consideravelmente a tendência. Entretanto, levado pela moda dos romances policiais e pela paixão devoradora pela investigação, o fenômeno assume proporções inéditas, que acabam modificando a escrita e a própria natureza do *fait divers*.

Da investigação oficial...

"Seguimos passo a passo a investigação dos inspetores da Sûreté", escreve um repórter do *Matin* em 1910.[24] Seguir os passos dos investigadores, policiais ou magistrados, e comentar suas mais ínfimas ações constituem grande parte da atividade do repórter e a primeira etapa da "investigação" jornalística. Constatações judiciais, descrições dos indícios ou provas, depoimentos das testemunhas, mandados de busca e apreensão, perícias ou autópsias são relatados com riqueza de detalhes. O relato dos interrogatórios recebe cuidado especial, sobretudo os da instrução, sempre muito esperados e retranscritos na forma de diálogos exaustivos. As visitas ao necrotério ou ao serviço antropométrico também são muito apreciadas, sobretudo quando são acompanhadas de fotografias[25] ou diálogos patéticos: "Pobre Raymond... é ele mesmo, agora estou reconhecendo, duvidei até o último minuto...".[26] Sob o abrigo de sinopses que se pretendem metódicas – "O que fizeram? Onde

---

24 *Le Matin*, 15 jan. 1910.
25 Em dezembro de 1912, *Le Petit Journal* consegue publicar fotografias vindas diretamente do serviço antropométrico (Archives Nationales, BB18 2505/2).
26 *Le Petit Parisien*, 10 set. 1901.

estavam?"[27] –, o repórter se torna o eco dos menores ruídos, relatando "hora a hora" o andamento da instrução, pormenorizando uma a uma as pistas falsas ou as lucubrações dos "metidos a Sherlock".[28] E, evidentemente, o fato de que tudo isso seja apenas uma "confusão incompreensível" não impede as longas e minuciosas narrativas.[29]

Na verdade, pouco importa a escassa relevância das informações colhidas; tanto para o *fait divers*, geralmente pago por linha, como para o diário, o essencial é manter a atenção. Quando bem encenada, a ausência de informação às vezes é até uma excelente reportagem. "Detenções revogadas, buscas sem resultado. E de Bonnot... nenhuma notícia. Esse é o balanço de ontem", registra, por exemplo, o *Petit Parisien* de 24 de abril de 1912. Uma revelação inédita, sempre sensacional, uma pista nova ou uma inesperada reviravolta judicial assumem proporções extraordinárias em tais condições, e permitem relançar um caso cujo interesse já parecia esgotado. As próprias seções, ainda que pouco abertas para esse tipo de relato, começam a repercuti-los. Logo imitado pelos concorrentes, *Le Petit Parisien* inaugura em 1902 a seção "Instrução", que passa a ser regular em 1905. O Artigo 58 da Lei de 1881 proíbe a publicação de "atos de acusação e todos os atos do procedimento penal ou correcional antes que tenham sido lidos em audiência", mas sua aplicação é difícil e provoca hostilidade crescente da magistratura contra os jornalistas.

---

27 Ibid., 28 dez. 1908.
28 *Le Matin*, 10 jun. 1908.
29 *Le Journal*, 13 dez. 1900.

...às investigações "pessoais"

Cobrir uma investigação é um convite implícito para participar de forma mais ativa. Ao visitar policiais e magistrados, os repórteres gostam de se identificar com eles. Assim, num clima de concorrência feroz, desenvolvem-se intermináveis instruções paralelas.

Em seu nível mais modesto, a investigação se limita a fazer um retrato dos protagonistas do drama. Se bem conduzido, este pode render uma boa coluna para um fato insignificante. No entanto, é preferível uma biografia pormenorizada: "A investigação pessoal a que nos dedicamos informou-nos cabalmente sobre o passado, o caráter e a psicologia assaz curiosa do criminoso."[30] Investigar a juventude do bandido também permite ressuscitar, em suas diferentes "façanhas", alguns *faits divers* esquecidos. Quando não se entulha com sutilezas – o destino do criminoso é sempre analisado segundo um molde que enfatiza seus desvios e torpezas –, a biografia permite que os leitores se familiarizem com aquele que vai ocupar o centro do palco durante algumas semanas.

Para ir mais além, os jornalistas recorrem à entrevista, geralmente apresentada numa atmosfera de agitação e efervescência: "Telefonemas, investigação de repórteres, interrogatório de testemunhas. Continuamos a colher depoimentos."[31] A voga da entrevista, que revolucionou o jornalismo na década de 1880, chega ao auge.[32] Ao menor anúncio de crime, comerciantes, vi-

---

30 *Le Petit Parisien*, 15 jan. 1904.
31 *Le Journal*, 24 mar. 1903.
32 Cf. Palmer, op. cit., e Ferenczi, *L'invention du journalisme en France*.

zinhos, zeladores, cocheiros de fiacre ou simples transeuntes são longamente interrogados por jornalistas de *fait divers*, seja qual for o interesse do depoimento. Pais, amigos e companheiros do criminoso (ou da vítima) são protagonistas de primeira e com frequência são usados com uma insistência desproposidada: "Logo depois do anúncio da prisão, fomos à casa de Paulet."[33] Um cobrador de dívidas é assassinado e imediatamente sua mãe e sua esposa são assediadas em casa.[34] Policiais e juízes de instrução também são bons interlocutores. Por exemplo, após a captura de Bonnot, os repórteres do *Petit Parisien* interrogam os policiais que participaram da ação final.[35] A entrevista ideal é a mais difícil: interrogar um criminoso em sua cela ou ouvir a opinião de uma personalidade da bandidagem, coisa que permite transformar a entrevista em uma reportagem, sempre de época, sobre os mistérios da Paris-Apache. Num clima de forte concorrência, os jornalistas rivalizam em termos de imaginação para fazer a entrevista que seus colegas jamais cogitaram e, se possível, antecipar-se à investigação oficial. Publicar "aquilo que a instrução ainda não disse" é sempre garantia de um bom lugar na primeira página.[36]

Na verdade, a própria entrevista tende a se tornar o acontecimento. Em setembro de 1911, *Le Matin* anuncia com arrogância uma entrevista com a sra. Bulot, "que o tribunal de Tours dá como desaparecida".[37] No caso Bonnot, um repórter do *Petit Parisien* consegue interrogar Dettwiller, o mecânico anarquis-

---

33 *Le Petit Parisien*, 24 jan. 1913.
34 Ibid., 2 out. 1910.
35 Ibid., 16 maio 1912.
36 *Le Matin*, 18 fev. 1907.
37 Ibid., 15 set. 1911.

ta, antes dos inspetores da Sûreté. A prisão de Mag Steinhel, em novembro de 1908, ocasiona uma orgia de entrevistas, das quais não escapa ninguém que tenha se aproximado da "viúva de Saint-Lazare": parentes, amigos, vizinhos, empregados. Interminável, a febre da entrevista só aumenta. O que faz a sra. Steinhel? Onde está? E o juiz? E as testemunhas? Em 28 e 29 de novembro, um repórter segue a "heroína" em Londres e publica sua investigação com o título: "Em perseguição da sra. Steinhel". Quando ela desaparece, os repórteres se precipitam sobre sua filha Marthe.[38] A exaltação é tal que muitos jornalistas simplesmente inventam declarações. No dia 1º de janeiro de 1910, Paul Painlevé informa ao *Matin* que nunca declarou nada a respeito do assassinato da sra. Gouïn. Melhor ainda, o padre Delarue esclarece no *Matin*: "Ontem diversos jornais publicaram [...] um certo número de entrevistas referentes a mim. Afirmo da maneira mais categórica que não recebi, não vi nem tive contato com nenhum jornalista de nenhuma região, salvo o representante do *Matin*".[39]

Levados pelo frenesi da investigação, os repórteres inflam o relato do caso com tudo que possa ter relação com ele. Todo documento proveniente ou supostamente proveniente das mãos do criminoso (cartas, assinaturas, escritos de prisão) são quase objeto de veneração. Multiplicam-se as histórias e os testemunhos sobre o criminoso ou a vítima, provas são publicadas ("o cartão-postal a partir do qual o assassino foi identificado"),[40] reações da multidão são comentadas. A partir

---

38 *Le Journal*, 27 jul. 1911.
39 *Le Matin*, 27 set. 1906.
40 *Le Petit Parisien*, 7 abr. 1907.

do início do século, as exéquias das vítimas passam a ser etapa obrigatória. Da pequena Marthe Erbelding ao cantor Fragson, sem esquecer as dos diversos policiais mortos pelos apaches, todas são longamente noticiadas, com o apoio de fotografias e detalhes comoventes.

Mas colher informações não tarda a parecer uma tarefa demasiado ingrata para uma imprensa que tem outras ambições. Suscitar testemunhos inéditos, analisar os motivos ou os álibis dos diferentes suspeitos, estabelecer a identidade ou dar a descrição física do "suposto assassino" são formas de alimentar a crônica, mostrando ao mesmo tempo o papel de utilidade pública do jornal. Operação tanto mais benéfica na medida em que a imprensa se encontra exposta aos ataques daqueles, cada vez mais numerosos, que a acusavam de propagar um "mal-estar na segurança pública".

Com frequência, a "investigação pessoal" acaba dando repercussão a boatos, rumores e acusações anônimas: "Rapaz assassinado e enterrado em seu jardim. É verdade?"; "Garnier é visto perto de Nancy, mas há quem acredite tê-lo visto em outros lugares."[41] A narrativa se tece com incertezas e exageros, ou mesmo com acusações contra a credibilidade de testemunhos precipitados. Desmentir "mexericos de subúrbio" aos quais se deu crédito passa a ser uma das funções do relato do crime. Tanto quanto as circunstâncias e os pormenores, o que dá corpo ao relato são as hipóteses, as presunções e as pistas. "Estamos perdidos em conjeturas", "ficamos reduzidos a hipóteses" são frases rituais, e a interpelação se torna um motivo obsessivo, ou mesmo um princípio de escrita. Questionamento

---

41 *Le Matin*, 14 dez. 1900; *Le Petit Parisien*, 10 maio 1912.

intempestivo e muitas vezes artificial, mas que permitia, em todos os momentos, suscitar ou relançar o "acontecimento". Associando certezas e incertezas, afirmações peremptórias, dúvidas e indeterminações, o relato acabava funcionando como "alternativa", e transformava a informação num "sincretismo de possibilidades".[42]

O fenômeno toma proporções desmesuradas quando o jornal despacha um enviado especial à província ou ao exterior, prática que se generaliza rapidamente. Assiste-se então a uma proliferação de narrativas vazias, relatórios insípidos, testemunhos ineptos, que servem apenas para reter a atenção e justificar as despesas de transporte. Em março de 1912, os repórteres refazem passo a passo "a sinistra odisseia dos bandidos fantasmas" da quadrilha de Bonnot. Um périplo interminável que os leva a Allais, Nancy, Grenoble, Annemasse e Albi. "Descobrimos pistas deles, mas não os encontramos." Pouco importa, pois o relato pode ser o eco dos que os viram: "Norte, sul, leste, oeste, em toda parte acreditam ter visto o bando sinistro".[43] Ainda que alguns repórteres demonstrem um verdadeiro faro "policial", avancem com prudência, cruzem hipóteses e verifiquem informações,[44] a maior parte transforma a investigação numa caricatura grosseira e, às vezes, ridícula.

Por certo, essa inflexão, que modifica a própria natureza do *fait divers*, não afeta uniformemente todos os diários. Títulos como *Le Petit Journal* ou *L'Intransigeant* mantêm as feições de *ca-*

---

42 Jeudy, *La peur et les media*, p.105-8.
43 *Le Matin*, 4-28 mar. 1912.
44 Por exemplo, o enviado especial do *Matin* a Étampes na primeira quinzena de agosto de 1906.

nard, e a imprensa de opinião se mostra renitente. Mas, sustentada pelos mais "modernos" dos jornais populares, a tendência é evidente. No *Petit Parisien*, o setor dos "relatos de investigação" não cessa de crescer e, às vésperas da guerra, ocupa mais da metade do espaço dedicado à crônica.

Apesar disso, o relato de crime não desaparece. Como salienta Gaston Leroux no *Matin*, é acima de tudo a maneira como o crime é executado, é o "trabalho *material*" que impressiona o leitor e motiva seu julgamento.[45] De fato, é como se a diluição progressiva do crime na investigação apenas o fizesse proliferar. "A cada novo dia arranca [dos criminosos] uma confidência, uma declaração que esclarece e elucida a sombria tragédia", observa um repórter.[46] A descoberta do corpo, as primeiras constatações, o depoimento das testemunhas, as reconstituições, as confissões e os interrogatórios, tudo é pretexto para um novo relato do crime, ou de "crimes parecidos". No caso Vidal, o "matador de mulheres" de Nice (janeiro de 1902), a trajetória do criminoso – que a instrução tentava estabelecer – é pontuada de incessantes e violentas descrições de seus crimes. Relato da vítima, relato dos cúmplices e, melhor ainda, "relato do assassino" são proezas muito mais eficazes quando são transcritos na primeira pessoa e num inimitável estilo direto. Quando o interesse começa a diminuir, um "Recapitulemos" bem colocado permite retomar o relato na fonte. Ainda que continue indispensável, o crime, que tende a se diluir em uma multiplicidade de relatos secundários, perdeu sua função cardinal.

---

45 *Le Matin*, 20 jun. 1906.
46 Ibid., 6 jan. 1905.

"Belos crimes"

Obviamente, nem todos os casos se prestam à investigação. Por mais que os jornalistas de *fait divers* e os patrões da imprensa exagerem e transformem, à força de retórica policial, casos anódinos em enigmas insolúveis, certos *faits divers* se revelam mais propícios. O "belo crime" tem suas regras, e estas exigem "amor, elegância e mistério".[47] O cenário, com sua nota indispensável de exotismo social da "alta" ou da "plebe", cumpre um papel importantíssimo. Casque d'Or corresponde a Thérèse Humbert e Marguerite Steinhel. A presença de uma mulher – que, não sendo "fatal", é provocativa, enigmática e mentirosa – também parece ser indispensável. "Um crime é grande pela qualidade das pessoas. E é belo pela habilidade da execução" e pela "analogia que apresenta com os 'melodramas' populares", frisa um jornalista em 1903.[48]

À cena e aos personagens devem acrescentar-se o caráter espetacular da encenação, a incerteza dos motivos, os erros da instrução. Todo "drama obscuro" que siga tais padrões e possa desencadear o furor investigativo dos repórteres tem espaço duradouro na primeira página. O caso Steinhel obedece a todos esses imperativos: homicídio duplo cometido em circunstâncias misteriosas, uma heroína célebre, que conviveu com os grandes da sociedade e cujas declarações incoerentes levam a constantes reviravoltas, uma instrução que avança e permite que os repórteres multipliquem iniciativas e interpretações. Mas, evidentemente, esse tipo de caso é bastante raro.

---

47 Vautel, *Mon film*, p.78.
48 *Le Petit Parisien*, 9 out. 1903.

Sustentado pela febre da investigação, o "belo crime" se transforma. Embora não desapareçam, esses modelos de *fait divers* perdem o brilho diante de casos menos "clássicos", porém mais aptos a engendrar um mistério mais nebuloso (por mais artificial que seja), uma investigação mais renhida, e hipóteses mais numerosas. Daí a predileção pelos meliantes impenetráveis, como o "Calabrês", o extraordinário "bandido fantasma" que, depois de cometer vários roubos e agressões no interior de Nice, desaparece misteriosamente na charneca.[49] Ou então os enigmáticos bandidos de Pégomas que, de 1906 a 1914, infernizam, aparentemente sem motivo, a cidadezinha provençal. Também são muito apreciados os óbitos inexplicáveis, que levam à pergunta insolúvel: "Foi crime?", e sobretudo os casos de cadáveres esquartejados, que associam horror, mistério e investigação.

Depois do caso da rue Botzaris em 1892 (um trapeiro descobriu numa casa em construção um embrulho com membros recém-cortados; faltava a cabeça e nunca se chegou à identidade da vítima), a "mulher em pedaços" é um dos *leitmotive* mais comuns da crônica criminal. São descobertas em toda parte, Paris, Lyon, Saint-Ouen, Montreuil, Monte Carlo, Grasse, Toulouse, e cada novo cadáver gera "instruções" intermináveis. Identificar os "lúgubres restos", reconstituir o quebra-cabeça macabro, encontrar o ou os assassinos são também os objetivos de uma imprensa que, secundada pelos leitores, sempre se apresenta sob uma luz favorável.

Os desaparecimentos suscitam investigações ainda mais extraordinárias. Associados em geral a um homicídio ("A notícia

---

49 Ibid., 3-10 out. 1903.

de um crime chegou há pouco. Certa sra. Pezennat, de 71 anos, desapareceu de seu domicílio durante a noite"),[50] aguçam a imaginação do público mais do que qualquer outro *fait divers*. Ao contrário dos assassinatos cujas circunstâncias materiais limitam o imaginário (cadáver, local, arma etc.), os desaparecimentos liberam todos os fantasmas. Ao sumiço dos corpos, à dissipação dos fatos, ao silêncio da polícia responde a superabundância de interpretações. Dar repercussão ao menor rumor, reconstituir hora a hora os passos do desaparecido, prometer recompensas, nada é impossível para os jornais que desejam ardentemente encontrar o desaparecido. A investigação pode perfeitamente soçobrar na caricatura ou no vaudevile, como aconteceu no caso de Châtenay, no verão de 1906, quando os jornais organizam caçadas, recorrem a uma hiena, convocam necromantes, quiromantes e magos hindus para encontrar o cadáver do padre que fugira com a amante, tudo era prontamente esquecido e recomeçava com mais afinco.

A partir do início do século, crimes de delinquentes e assassinatos perversos, que dão aos jornais oportunidade de duplicar os relatos com campanhas alarmistas para denunciar a insegurança nas cidades e nas periferias, tornam-se o assunto preferencial. Um número crescente de casos, sobretudo os ligados à pequena delinquência ("assaltos noturnos", agressões, arrombamentos), são apresentados em "reportagens" que supostamente deveriam informar o leitor sobre a atividade policial ("Batidas", "A limpeza de Paris") ou a insegurança dos cidadãos. A fórmula é extremamente vantajosa: a coleta de in-

---

50 *Le Petit Journal*, 7 set. 1900.

formações é fácil (o essencial é fornecido pelas delegacias ou pela chefatura); a narrativa é prolixa (uma vez entremeada de "cenas reais", afirmações de policiais ou trechos de circulares da chefatura) e os comentários elementares — que interligam artificialmente uma grande quantidade de pequenas notícias que nunca deveriam sair da seção — denunciam uma criminalidade galopante.

Altamente produtivas, essas investigações também têm a vantagem de ressuscitar as representações tradicionais do submundo. Explorar o mundo da escória, seguir os passos dos "bandidos da capital" são atos que pertencem a um gênero sólido, mas que nunca atingira tal amplitude. Ao exotismo social, à atração pela psicologia e pela "etnografia" criminais, acrescenta-se o álibi da segurança. Como, por exemplo, a epopeia de Casque d'Or em 1902, a *Ilíada* suburbana que a imprensa popular, *Le Journal* e *Le Matin* à frente, explorou descaradamente. Os diários populares descobrem um papel a sua altura. "Investigar" resulta rapidamente em suspeitar e denunciar: a inércia do poder público, as deficiências da legislação, a exoneração dos responsáveis. Tornando-se investigador, o repórter não tarda a querer rivalizar com o policial, igualar-se ao magistrado, ser a consciência do político.

No fim, o *fait divers*, as investigações intempestivas que ele suscita e as soluções peremptórias que propõe tendem a se diluir em espalhafatosas campanhas "de interesse público". Apesar de raramente preocupadas com a coerência, elas conferem aos jornais — que depois do caso Dreyfus tentam arrebatar ao parlamento a função de lugar e instrumento do debate público — uma audiência e um papel cada vez maiores. Livrar os parques públicos dos apaches, armar os cobradores de dívidas, garantir a segurança nas periferias ou militar em favor da pena de morte são questões endossadas por uma imprensa cujo contrapoder se constrói progressivamente.

Ao fim e ao cabo, é toda a função do *fait divers* que muda pouco a pouco. A tradicional descrição pitoresca ou horrorizada, preocupada sobretudo em moralizar, é substituída por outra forma de discurso, encarregado inicialmente de restabelecer os fatos, depois de estabelecer as responsabilidades e, por fim, de enunciar as soluções. O assassinato em dezembro de 1909 da sra. Gouïn, viúva de um rico industrial que foi encontrada morta às margens de uma ferrovia, é um bom exemplo disso. Houve primeiro a descoberta do cadáver, a descrição "comovente" e "pormenorizada" das circunstâncias. Logo a seguir houve a investigação: "Ela foi assassinada no trem?", "Por que os outros passageiros não ouviram nada?", "O motivo do crime foi roubo?". A descrição do vagão, a autópsia do corpo, a perícia do "bilhete ensanguentado" e a procura de testemunhas alimentaram aquele que seria conhecido como "o mistério do vagão sangrento" e, mais tarde, "o mistério do trem 826". Houve então a prisão dos assassinos, obviamente graças ao *Petit Parisien*, "que deu crédito à tese do assassinato e divulgou o oferecimento de uma recompensa de 25 mil francos",[51] e em seguida entrevistas com todos os que conheciam os criminosos: amigos, parentes, amantes, vizinhos. Por último, houve a indignação e uma longa campanha (os assassinos eram militares) para purgar o Exército dos apaches que o "infestavam".[52]

---

51 *Le Petit Parisien*, 5 jan. 1910.
52 Ibid., 17 jan. 1910, logo imitado por todos os diários populares, mas também por *Le Gaulois*, *L'Écho de Paris* e muitos outros.

Apesar de rigorosamente codificada, a crônica judiciária também é pouco a pouco contaminada pela febre da investigação. Reabrir "casos célebres" e reparar erros judiciais, assunto sempre muito apreciado pelo público, são uma boa forma de fazer a investigação ocupar a crônica. De fevereiro a setembro de 1905, por exemplo, *Le Petit Parisien* se apropria do caso de Louis Gauthier, condenado aos trabalhos forçados em 1867, e exige a revisão do processo. Resultado natural da instrução paralela, o relato do processo integra-se cada vez mais estreitamente ao "sistema" do *fait divers*. À publicação anterior à audiência dos diversos autos do processo somam-se sobretudo entrevistas com os advogados, as testemunhas e as vítimas. Durante o processo Steinhel, *Le Petit Parisien* chega ao ponto de entrevistar as esposas dos jurados na véspera do veredito: "Os jurados devem se calar, mas e as esposas?". No dia seguinte, o jornal interroga os nove jurados em pessoa.[53] Mas o terreno é mais perigoso e a magistratura, hostil à irrupção da imprensa no campo da instrução, trata zelosamente de proteger o tribunal. O que não impede o repórter – que desejava "cobrir" todo o processo judiciário, desde a descoberta do cadáver até a punição final – de ser cada vez mais indiscreto.

No outro extremo da cadeia, o relato de execução também se infla de discursos periféricos e, sobretudo, entrevistas. Depois da quádrupla execução de Béthume em 1909, os repórteres do *Petit Parisien* visitam as vítimas da quadrilha para colher suas impressões e depois procuram o pai de Pollet. Sob o título "Nossa investigação no país dos guilhotinados", apresentam o testemunho de um pai que "expõe sua dor em termos

---

53 *Le Petit Parisien*, 13 e 15 nov. 1909.

pungentes".[54] Cenário idêntico após a execução de Danvers, quando a "mãe do supliciado" relata aos jornalistas as etapas de seu "doloroso calvário".[55] À medida que as campanhas pelo fim da divulgação das execuções se endurecem, os repórteres se empenham em investigar a "curiosidade mórbida" da multidão, as manifestações ruidosas e muitas vezes escandalosas do povo, sem refletir sobre suas próprias responsabilidades nesses excessos. Contudo, a partir de 1913, surgem relatos mais discretos e mais sóbrios.

Ilustrações

A evolução da ilustração também revela as inflexões da crônica. Lançada por *Le Matin* e logo imitada pelos outros diários, a publicação da planta do local do crime passa a ser um elemento indispensável a partir de 1906. "Para compreender bem o estranho caso, era imprescindível ter pelo menos um mapa sucinto do local. O modelo ao lado permitirá que o leitor acompanhe o mistério com mais interesse", explica um repórter.[56] Há plantas de tudo, do "quarto do crime", "do vagão sangrento", da "casa do assassinato". O uso da fotografia segue o mesmo rumo. Na impossibilidade de obter imagens do crime, o jornal fotografa o local do drama e, se possível, o cadáver – principalmente se a cena é sórdida: rosto ensanguentado, crânio partido.[57] Depois do cerco de Choisy, quando morrem Bonnot e seus cúmplices, *Le Petit Parisien* publica fotos

---

54 Ibid., 14, 15 e 16 jan. 1909.
55 Ibid., 27 jan. 1909.
56 *Le Matin*, 11 ago. 1906.
57 Ibid., 10 ago. 1907; *Le Petit Journal*, 12 ago. 1909.

que detalham até o impacto das balas no corpo do bandido.[58] Mas as fotografias continuam sendo principalmente, segundo a expressão do *Matin*, "instantâneos de investigação"[59]: o local do crime, o Palácio da Justiça, a prisão, as testemunhas, os advogados, os magistrados em perquisição ou posando diante do cadáver, provas, pegadas etc. Habilmente montadas sobre retóricas muito "policiais", algumas fotografias permitem provocar o acontecimento num clima de agitação totalmente artificial. "Que chave é esta? Finalmente a do caso Steinhel?", titula *Le Matin* ao publicar na primeira página a fotografia de uma chave enorme, carimbada com um ponto de interrogação, para confessar alguns dias depois que o "mistério da chave" não levara a nenhuma perspectiva nova.[60]

Na sequência, fotografias, mapas e croquis são associados em fotomontagens muito explícitas e espetaculares. Enfeitar a planta do local do crime com pontos de interrogação, fotografias sugestivas inseridas *ad hoc*, ligá-las com desenhos e legendas para detalhar o "caminho do assassino" ou a "pista do degolador" são artifícios que valorizam o mistério. Desenhar o contorno do cadáver sobre a foto do "teatro do crime", marcar com cruzes, letras ou símbolos o trajeto presumível do assassino, isso tudo passa a ser um exercício apreciado. O recurso a esses procedimentos é constante durante o caso Bonnot. *Le Matin*, por exemplo, publica uma gigantesca fotomontagem que reconstitui num mapa da França o périplo dos trágicos bandidos.[61] Após a morte de Bonnot, o *Excelsior*, que já oferecera aos

---

58 *Le Petit Parisien*, 29 abr. 1912.
59 *Le Matin*, 24 abr. 1907.
60 Ibid., 30 e 31 maio; 6 jun. 1908.
61 Ibid., 26 mar. 1912.

leitores o "crime duplo de Thiais" em cinco fotos (a casa do crime, o quarto das vítimas, a porta pela qual os assassinos entraram, Bertillon examinando pegadas), publica quatro páginas de reconstituição fotográfica do cerco e do ataque.[62] E o roubo da *Mona Lisa* possibilita que *Le Journal* faça a famosa montagem na qual fotografia e desenho se associam para explicar ao leitor "como o ladrão fugiu".[63]

Mesmo os suplementos ilustrados, apesar de ainda muito ligados às representações tradicionais, aderem momentaneamente à voga triunfante. Segundo o espírito dessas publicações, é preferível que a pessoa do criminoso, senão a da vítima, tome lugar na gravura (prisão, processo ou encarceramento do malfeitor, descoberta do cadáver) ou, melhor ainda, que a investigação envolva peripécias ("Um enfrentamento movimentado") ou a exploração de um universo marginal ("Investigações da polícia nos barracos da zona dos fortes abandonados").[64] No entanto, começam a aparecer cenas dedicadas à investigação em si. A morte de Gabriel Syveton, por exemplo, dá ocasião a uma "Reconstituição da cena trágica na presença dos magistrados".[65] Agora é possível chamar a atenção do leitor para um crime cruel apenas pela representação dos procedimentos de instrução: "Os magistrados encontram instrumentos suspeitos na estufa de Glatigny".[66] Embora tais representações sejam bastante raras nos suplementos ilustrados, sua aparição realça a importância do fenômeno.

---

62 *Excelsior*, 31 jan. 1912; 29 abr. 1912.
63 *Le Journal*, 27 ago. 1911.
64 *Le Petit Journal*, Supplément Illustré, 10 fev. 1907; 29 jan. 1905.
65 Ibid., 8 jan. 1905.
66 Ibid., 9 dez. 1906.

A escrita

Com o tempo, o imenso privilégio dado às "investigações pessoais" acaba subvertendo a estrutura do relato e a própria natureza de sua escrita. O coração do relato, no qual a investigação substitui pouco a pouco o "drama", distende-se consideravelmente. A forma superestática, centrada na reconstituição retrospectiva de um acontecimento pretérito, passa pouco a pouco a um relato dinâmico que se desenvolve a jusante graças à multiplicação das questões prospectivas. Em breve, os fatos parecem ser menos importantes que o processo que permitirá reconstituí-los e, muitas vezes, suscitá-los: a investigação é claramente designada agora como o próprio objeto do relato.[67]

Essa evolução é particularmente manifesta na titulação, cuja economia se transforma pouco a pouco. Os títulos mais tradicionais ("O crime ou o drama da rua...") ou aqueles centrados no horror do crime ("Estrangulada", "Envenenada", "Garganta cortada, crânio esmigalhado") desaparecem aos poucos diante dos "Mistérios de...". Mesmo sutil, a carga mínima de enigma transforma o clássico "O assassinato no trem" em "O mistério do trem 131", mais capaz de prender a atenção do leitor e fornecer réplicas. Enquanto o "drama" comum não consegue ocupar mais do que dois ou três fascículos, o "mistério" rende uma boa dezena de relatos. Por exemplo, em abril de 1895, a morte de duas meninas relatada no *Petit Parisien* sob a forma de mistério ("Le mystère de Suresnes") gera treze artigos principais em dezoito dias; o mesmo fato, abordado de maneira mais clássica no *Petit Journal*, aparece só duas vezes na primeira pá-

---

[67] Cf. o editorial de Frollo, *Le Petit Parisien*, 21 mar. 1911.

gina. Outros títulos, diretamente ligados ao processo judicial, começam a aparecer: "O assassino foi identificado?", "A acusação pode ser mantida?". O subtítulo: "Nossa investigação", e seus numerosos correlatos: "Os indícios", "As testemunhas", "Na pista", tornam-se indispensáveis. Obcecante, a pergunta invade sobretudo os títulos, fazendo do ponto de interrogação, sempre grande e em realce, o emblema por excelência dessa retórica triunfante:

"Os assassinos desapareceram. Quem? Por quê?"

"Quem matou Remy? O filho nada diz, a nora se cala, o porteiro não viu nada. Quem foi?"

"Encontrada uma pista. Ela é boa?"

"Nós encontramos o assassino?"[68]

As fórmulas tradicionais não desaparecem, mas caem do título para o subtítulo, o que permite conciliar o antigo e o novo:

"Drama no Boulevard Voltaire
Crime? Suicídio? Mistério."

"Drama cruel na Rue Jouve-Rouve
Por que o pai Gugusse matou o colega?"[69]

---

68 *Le Matin*, 1º jun. 1908; 9 jun. 1908; *Le Petit Journal*, 14 ago. 1909; 3 set. 1909.
69 *Le Matin*, 1º mar. 1908; *Le Petit Parisien*, 29 abr. 1908.

A partir de 1912-1913, o aparato paratextual (títulos, lides, intertítulos) vive o início de uma nova evolução, sinal de certo amadurecimento da escrita do *fait divers*. Aparecem os jogos de palavra: "Louis Clément atira em Léon Clément, com quem a sra. Clément era demasiado... clemente"; "Nós estamos de saída, entrem".[70] As fórmulas fixas do tipo "o drama – a vítima – as testemunhas – nossa investigação", que destronaram os títulos sumários herdados do *canard* ("Detalhes circunstanciados e assustadores..."), são substituídas por lides mais explícitos e dinâmicos, capazes de informar o leitor sobre a natureza do acontecimento: "O caso Cadiou. Foi encontrado, assassinado, o corpo do industrial desaparecido desde 30 de dezembro de 1913. Louis Pierre, engenheiro da fábrica da Grande-Palud, foi preso".[71] Mais bem problematizados, eles também permitem uma leitura rápida, no caso de um jornal mais volumoso. Tendo ingressado na idade adulta, a escrita da imprensa se profissionaliza.

Essa evolução, que muda também as representações do crime e do criminoso, revoluciona as regras do relato. As formas monofônicas, das quais é excluído o "eu" e nas quais o efeito de transparência se pretende absoluto (há, ao contrário, um uso imoderado do "sujeito indeterminado", que faz um amálgama suspeito entre o jornalista, o leitor e a opinião), são substituídas por relatos heterogêneos, nos quais o próprio repórter se coloca em cena. O recurso ao "nós", e depois ao "eu", altera profundamente o campo da enunciação:

---

70 *Le Petit Parisien*, 29 jan. 1914; *Le Matin*, 5 out. 1913.
71 *Le Petit Journal*, 5 fev. 1914.

"Chego de Muy, de onde retornei às pressas logo depois de ter telegrafado, ontem, as primeiras informações que me chegaram."

"A investigação que empreendi ontem lançará, ao menos assim espero, um pouco de luz sobre a escuridão que ainda envolve o misterioso assassinato da sra. Talloté."

"Graças ao meu conhecimento do dialeto corso, pude conversar alguns instantes com Anfriani."[72]

Logo estabelecidas como regra nos artigos dos enviados especiais, tais práticas conferem ao *fait divers* uma função de autorrepresentação. Agora a investigação é o principal objeto do relato, e nela o repórter é simultaneamente autor e ator. Um bom exemplo dessa *"mise-en-texte"* é fornecido pelo relato do cerco de Nogent-sur-Marne, onde Garnier e Valet, os derradeiros "bandidos trágicos", foram encurralados em maio de 1912:

> Eis que partimos [...]. Nosso carro atravessa rapidamente o bosque de Vincennes, à nossa frente e atrás de nós, outros automóveis roncam e correm. As pessoas que nos veem passar e adivinham aonde vamos gritam: "Estão cercados, estão cercados!". Esses gritos nos perseguem ao longo de toda a estrada. Recebem-nos quando chegamos a Nogent. "Depressa, depressa, vai acabar logo!". Não, não vai acabar! [...] Ao dobrar uma esquina, ouvimos o crepitar da fuzilaria. Ela domina o barulho da rua, o ronco dos automóveis, os clamores da multidão.

---

72 *Le Petit Parisien*, 30 set. 1901; *Le Matin*, 22 abr. 1907; *Le Petit Parisien*, 13 set. 1907.

Apoiado no presente histórico, o relato se acelera: "Os atiradores se posicionam e, a um sinal, abrem fogo. A fuzilaria crepita [...]. O combate prossegue sem interrupção. Eis que, súbito, tomba o sargento da Sûreté Fleury. Acaba de ser atingido por duas balas, a primeira no braço esquerdo, a segunda na virilha".[73]

Abandonando o domínio da "redação pronta", automática e mecânica, a narrativa tende a se tornar uma verdadeira escritura, mais bem assumida e encenada.[74] Também entram em ação o domínio do texto e a profissionalização. Contudo, seria abusivo enxergar nessas transformações um sinal de amadurecimento do olhar ou da análise. Se aparece no relato o prudente futuro do pretérito, o questionamento continua convencional, caricatural até, e o olhar é superficial. Os acontecimentos não se contam mais por si sós, porém o relato segue mal tocando o real, descartando prontamente todo tema problemático ou conflituoso. O espaço ideológico no qual ele se perfila permanece claro e desimpedido.

"Sem dúvida, a arte do jornalista é, em primeiro lugar, a de investigar", escreve Robert de Jouvenel em 1920.[75] Ele aponta precisamente a mutação lenta, mas decisiva, que vinha acontecendo no relato de *faits divers*. Mais bem adaptada ao espaço da cidade, a seus ritmos e pulsões, essa abordagem mais "moderna" comporta um imaginário novo e exaltado. A imprensa encontra nela uma missão à altura de suas ambições. Não se contentar em

---

73 *Le Petit Parisien*, 15 maio 1912.
74 Quanto a esse ponto, cf. Boyer, "Scription et écriture dans la communication journalistique", in Charaudeau (org.), *La presse*, p.73-90.
75 Jouvenel, *Le journalisme en vingt leçons*, p.80-1.

reportar, mas participar e prevenir, julgar e condenar, enfim, ser plenamente esse órgão vivo, representante fiel e guardião vigilante da opinião pública, "a consciência dos Reis e dos Povos".[76] Tarefa tanto mais urgente porque a imprensa, dali por diante, estará sob o fogo cerrado dos que denunciam a "reportagem exasperada" ou o "sherloquismo"[77] e acusam os jornais de espalhar imagens imorais e declarações perigosas. Aplicada tanto aos *faits divers* quanto às outras seções, a investigação é para a imprensa um meio de afirmar sua nova vocação de "quarto poder".

A investigação triunfante

"Vocês investigam, eu investigo por minha vez, todo mundo investiga, e ninguém entende nada."[78] Com seu estilo simples e ingênuo, essa reflexão do inspetor Juve, herói da série *Fantômas*, mostra claramente o espírito que anima as ficções policiais. Sem dúvida, a produção francesa, híbrida e compósita, mantém distância do modelo rigorosamente dedutivo. Mas essa singularidade não impossibilita a investigação, cujo princípio é inerente a toda lógica "policial", de ser o fio condutor desse tipo de relato. Triunfante na maior parte das representações literárias e cinematográficas, ela se impõe pouco a pouco como uma das formas modernas da aventura e do heroísmo.

Para o romance policial de alta "qualidade", ou que é percebido como tal pelos contemporâneos (*Arsène Lupin, Rouletabil-*

---
76 *Pathé-Journal*, 6 out. 1913.
77 Rochefort em *L'Intransigeant*, 26 ago. 1905; Gustave Tery em *Le Matin*, 13 jun. 1908.
78 *Le bouquet tragique* (*Fantômas*, t.XXIII), p.694.

le e os principais ciclos do começo do século), a investigação procede de concepções particulares. Ao contrário do modelo holmesiano – o do policial de salão ou laboratório –, raramente é puro mecanismo cerebral ou indiciário. Proclamando a primazia da intuição sobre a dedução, da ação sobre a observação, esses textos rejeitam o empirismo sistemático dos romances de detetive. "Não peço aos sinais exteriores que me contem a verdade", explica Rouletaville, "peço-lhes simplesmente que não neguem a verdade que o lado bom da minha razão me mostrou."[79] E Arsène Lupin corrobora essas palavras ao declarar na conclusão de uma de suas aventuras: "Na descoberta dos crimes, há uma coisa muito superior ao exame dos fatos, à observação, à dedução, ao raciocínio e a outras tolices, é, repito, a intuição... a intuição e a inteligência".[80]

Diante do lógico britânico, caricaturado e ridicularizado por Maurice Leblanc sob as feições de Herlock Sholmes, surge o aventureiro cuja superioridade é brilhante. Aos sinais, aos indícios e às elucubrações de uma lógica pobremente dedutiva, ele opõe a supremacia do "gênio francês": uma inteligência instintiva e muito mais eficaz porque se manifesta na ação e pela ação. A investigação, fortemente influenciada pelo *roman de la prairie*, transforma-se em perseguição ou caçada, provocando a metamorfose do criminoso em animal e do detetive em cão farejador, numa "primitivização" do enigma que contribui para inseri-lo no registro da epopeia.[81] Longe do campo do puro romance de raciocínio, a investigação abandona em

---

79 Leroux, *Le mystère de la chambre jaune*, p.284.
80 Leblanc, *Les jeux du soleil*, p.455.
81 Vareille, op. cit., *passim*.

parte o campo da reflexão e adota o do factual, fora do qual nenhuma elucidação é possível. Confrontos, perseguições, agressões e lutas dão ritmo ao percurso. Multiplicando tramas ou sequências entrecruzadas, moderação e suspense, o texto se reconecta à melhor tradição folhetinesca, é "policial" sem deixar de ser "criminoso", o que garante ao relato uma longa existência serial.

Ditados pelo desejo de se distanciar de uma produção anglo-saxônica percebida como hegemônica, esses atributos não impedem a investigação de estabelecer a coerência do relato e constituir-se como seu princípio dinâmico. Com exceção de alguns ciclos como *Zigomar* ou *Fantômas*, que, sendo animados por reviravoltas incessantes que favorecem uma narrativa agitada, às vezes dão a impressão de visar mais à perpetuação do mistério que à sua elucidação, o relato passa a seguir a ordem da investigação.

Certos romances, como *O mistério do quarto amarelo*, de Gaston Leroux, publicado em 1907, podem parecer exemplos de romances de dedução em que predomina a investigação. Sob a égide dos dois mestres do gênero, Edgar Allan Poe e Arthur Conan Doyle, esse enigma de local fechado se apresenta como um exercício cerebral brilhante, no qual se manifesta o poder de raciocínio do jovem repórter. Nele, o crime propriamente dito é quase inútil, o que o romance diz de modo simbólico, pois todo o mistério se organiza em torno de uma agressão vivida em sonho, em um pesadelo. Sem dúvida, nesse caso o relato é antes de mais nada um pastiche – e a observação vale para toda a obra de Leroux. E também sem dúvida, nele subsistem muitos temas herdados da tradição folhetinesca: a chave do enigma reside na história mil vezes repisada da mocinha abusada, que vem complicar um novo drama sentimental ("o flerte formidável entre Roussel e a srta. Stangerson"),[82] e o desfecho do romance retoma a convencionalíssima literatura de tribunal. Em *O perfume da dama de negro*, que lhe sucede, a intriga se organiza em torno do lugar-comum mais batido do melodrama, "a mãe que reencontra o filho".[83] Mas esse romance, inteiramente construído sobre o andamento de uma investigação e seu "modo filosófico de trabalho",[84] marca o triunfo de uma nova ordem de relato. Dali por diante, mais do que o crime, a investigação é que constitui o corpo da aventura e o centro da ação. Herdeiro do Vingador e do Justiceiro, que marcaram os melhores dias do folhetim ao estilo de Féval e Sue, o herói passa a ser um personagem exterior ao drama (policial, detetive ou repórter) e exclusivamente encarregado de conduzir a investigação. O fato de que esta se expresse por peripécias diabólicas, por uma abordagem intuitiva ou decifração racional de pistas e vestígios não muda nada no caso. Somente o avanço da investigação é digno de ordenar o relato. Diante do crime, relegado às margens do texto, ela impõe não só o caráter inelutável do retorno à ordem, como também o triunfo de novas formas de heroísmo.

Evidentemente, tais sutilezas não afetam a matéria bruta da produção, em que o indício e a investigação se conjugam para conduzir o relato. Num contexto marcado pelo esgotamento do romance judiciário e de suas fórmulas retrospectivas, e depois pela influência crescente do modelo anglo-saxão, sobre-

---

82 Leroux, op. cit., p.312.
83 Id., *Le parfum de la dame en noir*, p.247.
84 Id., *Le mystère de la chambre jaune*, p.53.

tudo de *Sherlock Holmes* e *Nick Carter*, o essencial da produção se alinha rapidamente. Adaptações, imitações ou meros plágios, esses romances e fascículos curtos que dominam amplamente o mercado seguem uma trama elementar em que o herói (policial ou detetive) organiza um relato centrado sem ambiguidade no processo de investigação. Recolhendo ou comparando indícios, examinando vestígios, verificando testemunhos, ele consegue, por dedução ou indução, reconstituir progressivamente a verdade, ou seja, as circunstâncias do crime e a identidade do autor. Universo de signos, a sociedade é encarada, em tais romances, como uma espécie de criptograma que pode ser decodificado por uma mente forte e positiva. Por mais elementar que seja, por mais que se entregue ao frenesi ou à caricatura, a investigação constitui sempre um horizonte absoluto, um princípio de invenção tanto quanto uma chave de leitura. À sua maneira um pouco ingênua, ela também explica a revolução dos modos e das figuras do saber que toda época comporta.[85] Mais racional, e também mais entusiasmante, a investigação é sobretudo um ideal, um modo de vida, e até uma filosofia. Só ela é capaz de acabar com a monotonia e a uniformidade do cotidiano para dar início à aventura. É justamente o que percebe o herói de *L'épouvante*, romance de Maurice Level publicado em 1908:

> Com um indício quase imperceptível para outros olhos, reviver todo um drama, em seus mínimos detalhes! De um vestígio, de um pedaço de papel, de um objeto fora do lugar, retornar à

---

[85] Ginzburg, "Traces: racines d'un paradigme indiciaire", in *Mythes, emblêmes, traces*, p.139-80.

própria fonte dos fatos! Deduzir pela posição de um corpo o gesto do homicida; da ferida, sua profissão, sua força; da hora em que o crime foi cometido, os hábitos do assassino. Pelo mero exame dos fatos, reconstituir uma hora como um naturalista reconstitui a imagem de um animal pré-histórico com a ajuda de um único pedaço do seu esqueleto... que sensações prodigiosas, que triunfo![86]

Esse triunfo da investigação também transparece nas ilustrações mais "policiais" desses relatos, em que a representação do crime perde espaço para encenações mais "convenientes", agora centradas no processo de investigação. Os ilustradores da revista *Je Sais Tout* e dos fascículos "Romans d'Aventure et d'Action" de Pierre Lafitte (Léo Fontan, F.-M. Dumont, M. Orazi) apostam, por exemplo, em composições estetizantes e mundanas, que privilegiam o andamento da investigação ou da instrução: exame de indícios, leitura de criptogramas, sombra projetada pelo detetive, representado em geral em atitude de reflexão. Essa tendência se encontra sobretudo nas produções de vocação mais dedutiva, como as capas de *Rouletabille*, assinadas por Simont e Loevy, nas quais a investigação é enfatizada de maneira explícita: busca de pistas e indícios, mapa do local, pontos de interrogação. Encontra-se também na coleção "Les Romans Policiers", de Méricant, cujas capas são assinadas com o pseudônimo Adrien Méria (Georges Meirs): local do crime, pegadas sangrentas, sombras furtivas e a figura do detetive, isolada em medalhão, dominando o conjunto. Sinal dos tempos, a segunda edição da série, ilustrada por Maitrejean, apresenta

---

86 Level, *L'épouvante*, p.41.

uma sobrecapa uniforme, estampada apenas com a figura do detetive. Agora dotado de identidade própria, o romance policial não precisa mais de sangue e cadáveres para mostrar sua originalidade. Autônoma, a investigação impõe sua marca: é ao mesmo tempo uma linguagem e um símbolo.

A partir de 1908, o cinema se associa a essa epopeia da investigação. Dando seguimento aos filmes do primeiro período – do tipo *História de um crime*, de Ferdinand Zecca, ou *Os incendiários*, de Méliès –, cujos cenários fixos se concentram na pessoa do criminoso ou no andamento do processo penal (do crime ao castigo), os filmes em episódios que se desenvolvem na época são sobretudo filmes "de detetives". Se crime e investigação continuam a se sobrepor em peripécias rocambolescas, o relato segue a ordem da investigação e abraça o ponto de vista do investigador, com o qual o espectador é convidado a se identificar.

São significativos nesse aspecto os três seriados filmados nessa época: *Nick Carter* e *Zigomar*, de Victorin Jasset, e *Fantômas*, de Louis Feuillade. Os três iniciam com a mesma sucessão de planos americanos em que o herói (policial ou criminoso) troca de máscara e de identidade diante da câmera. Se comprova o caráter sempre muito ambíguo do criminoso, esse gênero de cena também é um convite. "Prepare-se", parece dizer a imagem ao espectador, "aguce o olhar e fique atento, a sessão vai começar." Investigação ou mascarada, e frequentemente as duas coisas ao mesmo tempo, o filme policial convida o espectador a decifrar, desvendar e se divertir, muito mais do que a se horrorizar. Essencial, essa ênfase no indício e na investigação se reforça com o aparecimento do cinerromance no começo da guerra. Rodado em 1915 e 1916, *Os vampiros*, de Feuillade, é

A tinta e o sangue

claramente organizado em torno da investigação que o repórter Philippe Guérande realiza da primeira à última cena. Se esses filmes dão a impressão de encerrar um período, é menos pela condução ou forma do relato, claramente apoiado no andamento da investigação, do que pela visão sempre turva que se têm dos personagens malfeitores. Ao identificar explicitamente o herói como o justiceiro, o *Judex* que vem na sequência (1916) remove as últimas ambiguidades.

Apesar das nuances impostas pelas tradições, a investigação triunfa às vésperas da guerra. Embora evidentemente não esgote as representações, constitui a forma e o modo mais decididamente "modernos" de exprimir o crime. Pouco a pouco, os relatos edificantes de outrora são substituídos por composições mais dinâmicas, nas quais o indício e a investigação se tornam os novos imperativos da representação. Decisiva, essa inflexão altera profundamente a compreensão do fenômeno criminal. Apagando-se paulatinamente sob a investigação, o crime se revela menos ameaçador, porque aquela, reputada infalível, anuncia sua derrota; mas, paradoxalmente, o crime também se torna mais inquietante e mais difuso: quem é o criminoso? onde vai atacar? por quê? uma vez mais? Diante dessa bruma insidiosa, em que o crime está simultaneamente mais próximo e mais distante, a investigação exige novos atores e novos heróis, dentre os quais se impõe sobretudo o repórter, esse paladino dos tempos modernos. Ela também traz uma espécie de "visão de mundo" renovada, mais capaz de convencer esse novo público, mais jovem, mais urbano, mais ativo e especialmente ansioso por libertar a aventura e o sonho que ele pressente sob a ordem cotidiana.

Capítulo 3
Retrato do repórter como herói

Mais do que o policial, sempre um tanto ridículo, e mais do que o detetive, vulgar traficante de informação, o repórter é que catapulta para o centro do palco a febre triunfante da investigação e do crime. No entanto, a vida não era fácil para esse bando de assalariados medíocres, operários da informação ou escritores anônimos do cotidiano, cujo labor extenuante carecia de brilho e reconhecimento. Mas os exemplos fascinantes que alimentam a lenda da profissão e as representações entusiasmadas que o romance de polícia lhe dá acabam impondo sua marca. Figura jovem e dinâmica, o repórter não tarda a encarnar o aventureiro moderno, cujas proezas são registradas cotidianamente nas páginas dos jornais.

Pequenos repórteres e *"fait-diversiers"*[1]

Na maior parte das redações, os *"fait-diversiers"* [repórteres de generalidades] e os *"rubricards"* [setoristas] designados para

---

[1] O termo, que nunca chegou a sair dos limites do jargão profissional, é atestado a partir de 1892. Cf. Dubief, *Le journalisme*, p.95.

a crônica criminal continuam sendo indigentes da informação. Por mais que sua prosa tenha participação crescente nas colunas do jornal, seu *status* ainda é alvo de muito desprezo. E, no entanto, a evolução do *fait divers* depende de seu trabalho cotidiano.[2] Para os *"fait-diversiers"*, mal pagos, malvistos, a corrida à "investigação" é uma maneira de aumentar substancialmente a renda e alcançar o *status* mais valorizado de "primeiro repórter".

O setor dos faits divers

Nos grandes diários parisienses, os *faits divers* são competência do setor de informações gerais, que se desenvolveu nos últimos anos do século XIX. No *Petit Journal*, Pierre Giffard, autor de *Souvenirs d'un reporter: Sieur de Va-Partout* e um dos principais artesãos do "reporterismo" triunfante, é quem o organiza, em 1887.[3] Departamento vastíssimo, geralmente é subdividido em subsetores hierarquizados: grandes reportagens, pequenas reportagens e *faits divers*.[4] Mas os limites entre essas diversas seções são bastante difusos, já que todo acontecimento de interesse secundário pode se transformar num caso de alcance nacional sob a pressão de uma carência de novidades. Aliás, essa hierarquização, que varia de um diário para outro, justifica as disparidades de *status* e tratamento entre as diferentes categorias de repórteres: "Há, de fato, repórteres que morrem

---

2 Cf. meu artigo "Les tâcherons de l'information: petits reporters et fait divers à la Belle Époque", *Revue d'Histoire Moderne et Contemporaine*, n.40-4, 1993, p.578-603, que ressalta os desafios e as dificuldades de semelhante estudo.
3 *La Presse Internationale*, p.167-9; Giffard, *Souvenirs d'un reporter*.
4 Jamati, *Pour devenir journaliste*, p.73.

de fome e outros que ganham 20 ou 30 mil francos por mês. Mas estes são raríssimos", observa em 1903 um especialista em imprensa.[5]

O setor de "grandes reportagens", que reúne um pessoal antigo e experimentado, forma uma verdadeira aristocracia, que só intervém em casos excepcionais ou entrevistas prestigiosas. Vencedores da grande batalha do "reporterismo" dos anos 1880, os que trabalham nesse setor tem um *status* privilegiado: "primeiros repórteres", enviados especiais, chefes de informação. Criados no culto aos heróis da profissão – Stanley, é claro, ou Trivier, que percorreu o Congo para os jornais *La Gironde* e *La Petite Gironde*, ou Stiegler e Turot, que em 1901 superaram as proezas de Phileas Fogg[6] –, às vezes conseguem notoriedade. É o caso de Jules Huret no *Figaro*, Marcel Hutin no *Écho de Paris* e Gaston Leroux no *Matin*. Num patamar mais modesto, Louis Thinet do *Figaro*, reconhecido pelos colegas como o príncipe do *fait divers*, Arthur Dupin do *Journal*, Victor Morris e Georges de Labruyère do *Matin* foram durante muito tempo os encarregados da cobertura dos grandes casos.

Verdadeiros cães de caça, capazes de "domar o episódio e seguir o rastro do detalhe, numa caçada sempre fatigante, às vezes perigosa", "eles são os trabalhadores mais preciosos do jornal". Algumas de suas "façanhas" circulam pela confraria, e amiúde eles próprios escrevem coletâneas de recordações para se gabar de suas qualidades naturais.[7] Entre os episódios narrados com mais frequência está a entrevista do terrorista russo Padlewski,

---

5 Fonsegrive, *Comment lire les journaux*, p.128.
6 Cf. sobre esse ponto Palmer, op. cit.
7 Charpentier, *La chasse aux nouvelles*, p.3.

"faturada" por Georges de Labruyère, em 1890, em troca de uma passagem pela fronteira. Ou ainda o relato de Henri Christian, do *Matin*, que se fechou num sarcófago do Departamento de Antiguidades do Louvre. Apesar de a função continuar frágil, à mercê do humor caprichoso do diretor do jornal, esses cavaleiros da reportagem, apresentados como os *enfants terribles* do jornalismo, são para os mais jovens um modelo e uma razão para ter esperança.

A crônica judiciária também manteve a autonomia. Nobre e prestigiosa, conta com "tribunaleiros" que mantêm excelentes relações com o mundo do Palácio da Justiça, e constitui um gênero específico, que goza de grande consideração. Ligada às formas mais tradicionais do jornalismo à antiga (*Le Temps, Le Journal des Débats*), dotada de órgãos específicos e bem conceituados (*La Gazette des Tribunaux*), possui lógicas, estruturas e autores próprios. Certos juristas famosos estreiam na crônica (Millerand no *Justice* por exemplo);[8] outros, como Léo Claretie, Henri Torrès e principalmente Albert Bataille do *Figaro*,[9] tornam-se verdadeiros potentados cujos artigos são lidos com atenção. Essa elite do jornalismo forma uma casta fechadíssima, reunida desde 1885 numa prestigiosa Associação da Imprensa Judiciária, avessa a todo amadorismo.

As pequenas reportagens e os *faits divers*, frequentemente sinônimos, cuidam do material bruto da informação, "o conjunto de notícias menores, acidentes, crimes ou delitos".[10] Nos

---

8 Chamburre, *À travers la presse*, p.437.
9 Seus artigos foram reunidos nos célebres dezoito volumes de *Causes criminelles et mondaines* (1881-1898), verdadeiro "memorial" da história judicial do início da Terceira República.
10 Jamati, op. cit., p.79.

grandes diários parisienses como *Le Matin* ou *Le Petit Journal*, setores distintos se ocupam somente dos *faits divers* e às vezes contam com seis a oito empregados.[11] No *Petit Parisien*, há dois setores de *fait divers*, um matutino e um vespertino.[12] Sob as ordens do chefe de informação, muitas vezes um *fait-diversier* promovido graças ao seu "faro" e ao seu caderno de endereços, ficam os "setoristas", os "chefatureiros", os "rondeiros" das delegacias de Paris e da periferia. Descritos como verdadeiros autocratas, os chefes de seção reinam sobre o setor, distribuem todas as manhãs as tarefas de cada um, atribuem lugar e número de linhas a cada acontecimento. "Mahus, chefe do setor de informação, recebe um bom salário, reina incontestavelmente sobre toda a arraia-miúda dos *fait-diversiers* e dos repórteres, assina artigos. É uma das autoridades da casa."[13]

Para as notícias da província, havia os correspondentes, ou "localistas". Mas somente os grandes jornais parisienses, e sobretudo *Le Petit Journal*, que dispõe de uma imensa rede de representantes, podem se informar realmente dos *faits divers* dos departamentos.[14] A função se generaliza pouco antes da guerra, permitindo a alguns caçadores de notícias, bem implantados num território que eles percorrem de bicicleta, verificar os comunicados das diversas administrações ou assistir às audiências dos palácios de justiça.[15] Mas, na maioria dos casos, esses "correspondentes particulares" não passam de difusores locais do diário, às vezes simples vendedores de jornais ou, na melhor

---

11 Pottier, op. cit., p.10 e p.22.
12 Ibid., p.24.
13 Fenestrier, *La vie des frelons*, p.85-6 e p.152.
14 Pigelet, *L'organisation intérieure de la presse française*, p.90.
15 Voyenne, *Les journaiistes français*, p.224.

das hipóteses, redatores de uma folha local.[16] Em Paris, aliás, os jornais desconfiam deles, desde que notícias não verificadas se espalharam na capital, e os ameaçam de demissão.[17] Para André Baillon, secretário de redação, são uns "trapaceiros. Eles deixam passar a informação. Precisam ser vigiados".[18] No mais, contentam-se em copiar as folhas locais e os diários nacionais mais bem informados. De todo modo, quando um caso parece interessante, vale mais a pena despachar um enviado especial.

Quando não existe um setor de informações, como é o caso dos jornais pequenos, o repórter geralmente é subordinado ao diretor.[19] Na ausência deste, o secretário de redação, cuja função se consolida na virada do século,[20] podia fazer o papel de intermediário. Nos diários pequenos ou nos jornais de opinião que não possuem repórter, "só lhes resta copiar os *faits divers* divulgados pelas outras folhas".[21] A situação é parecida na província, onde raramente existe um serviço de reportagem. Os grandes diários, como *Le Dépêche de Toulouse* ou *La France du Sud-Ouest*, são ligados a Paris por uma linha especial,[22] e as equipes, quando existem, são menos numerosas e menos compartimentadas. Por exemplo, no *Nouvelliste de Rennes*, os repórteres incumbidos da "pequena notícia local" podem subir rapidamente, com um pouco de criatividade. Nas folhas pequenas, cabe ao gerente, ao secretário de redação ou a um dos

---

16 Guérin, *Comment on devient journaliste*, 1910.
17 Pigelet, op. cit., p.90.
18 Baillon, *Par fil spécial*, p.87-8.
19 Jamati, op. cit., p.94.
20 Jouvenel, op. cit., p.30.
21 *Grand dictionnaire Larousse universel du XIXe siècle*.
22 Pottier, op. cit., p.17.

redatores organizar a seção a partir dos despachos das agências ou de outros jornais.[23]

Na inexistência de qualquer disposição legal, o *status* dos jornalistas ligados às pequenas reportagens varia enormemente de uma redação para outra. Contudo, é possível distinguir redatores e não redatores, assalariados e não assalariados. Os redatores de *fait divers* dos grandes jornais têm a garantia de um salário por mês ou por quinzena, mas fazem um trabalho ingrato. Ignorados pela direção, que só se dá conta de sua existência quando cometem deslizes, eles são encarregados de recortar à tesoura as notícias publicadas por confrades e dar forma às informações transmitidas por agências ou caçadores de notícias. Exige-se deles sobretudo que não introduzam nada de original na cópia. A trama é fornecida pelos fatos ou pelos usos, a eles cabe unicamente preencher as lacunas e pentear o texto.[24] Roland Dorgelès, que aceitou o cargo "sub-adjunto dos cães atropelados" no *Journal*, recorda as longas esperas do "setorista", até que um *fait-diversier* lhe transmitisse por telefone o esqueleto de uma notícia que ele tinha de engordar com os estereótipos habituais.[25]

A esses deserdados da pena escapam todos os acontecimentos importantes, porque as matérias de primeira página ou os artigos principais sempre são responsabilidade de um grande repórter ou do chefe de informação.[26] Os *fait-diversiers*, que

---

23 Delahaye, *Quarante ans de journalisme (1906-1946)*, p.9; Willox, *Un journaliste en province (1875-1885)*; Schmidt, 1895, p.19-20; Fonsegrive, op. cit., p.129.
24 Jamati, op. cit., p.47.
25 Dorgelès, "Quand j'étais repórter", in: *Une heure de ma carrière*, p.75-84.
26 Jamati, op. cit., p.61.

não redigiam, passam o dia atrás da informação, visitam delegacias, quartéis de bombeiros, vendedores de vinho ou tabaco, interrogam porteiros, cocheiros ou transeuntes, e transmitem uma grande quantidade de informações brutas que o redator se incumbe de organizar. Em uma tradição que ainda valoriza muito a forma, essa responsabilidade limitada contribui para lhes negar o *status* de jornalista. No entanto, esses funcionários subalternos têm a garantia do emprego. E convém opor a eles os "passantes", ou "semiloucos", vasta periferia de repórteres independentes que procuram as notícias sozinhos e as vendem nas sedes dos jornais. No mais das vezes, esses *freelancers* têm clientela garantida em vários diários, nos quais têm quase certeza de vender o produto de sua caça, mas nenhuma segurança de emprego.[27]

É praticamente impossível, por falta de fontes, conhecer o itinerário desses repórteres; origem social, formação, antecedentes profissionais e capital cultural são desconhecidos. Por outro lado, o anonimato é obrigatório na maioria das redações, a não ser nos artigos principais ou editoriais. E ainda que Alfred Jarry tenha proposto, em 1898, o neologismo *"reportresse"*,[28] a função é essencialmente um privilégio masculino. Em 1928, uma pesquisa do Secretariado Internacional do Trabalho detectou apenas 2% de mulheres na profissão, a maioria confinada no setor da imprensa de moda, higiene

---

27 Renard, *Les travailleurs du livre et du journal*, t.II; Fonsegrive, op. cit., p.128.
28 Quemada (Org.), *Matériaux pour l'histoire du vocabulaire français*, t.II, p.10. [*"Reportresse"*, feminino possível em francês da palavra *"reporter"*. (N. T.)]

ou economia doméstica.[29] Devemos assinalar, porém, a breve aparição em 1895 da srta. Duguet (*Le Matin*) e da sra. Yver (*L'Intransigeant*) entre os membros da Associação dos Jornalistas Parisienses.[30]

Ao contrário dos cronistas judiciários e outros redatores especializados, não se exige nenhuma formação particular dos *fait-diversiers*. "Os repórteres se formam por instinto e entram na imprensa por acaso", escreve um antigo redator de *La Dépêche de Toulouse*, resumindo bem a opinião geral: a ocupação de jornalista, *a fortiori* de repórter, é daquelas que não se aprendem.[31] O jornal fornece o papel na esperança de que seja usado, e que o repórter aprenda trabalhando. "A própria ortografia é inútil; existe o corretor."[32] Não obstante, é criada uma escola de jornalismo em 1899 e, no ano letivo de 1900-1901, ela oferece um curso profissional dedicado à "Atualidade, reportagem e entrevista".[33] Em 24 de janeiro de 1914, Louis Thinet, um dos ases do *fait divers*, ministra um curso na nova escola sobre os "chefatureiros" e seus métodos.[34] Mas esses cursos são muito mais uma espécie de iniciação à complexidade do mundo da imprensa do que um verdadeiro ensino para aprendizes de repórter.

Como não existe diploma, o recrutamento dos *fait-diversiers* é dos mais aleatórios. Marcel Allain, na época um jovem advo-

---

29 Bureau International du Travail, "Les conditions de travail et de vie des journalistes", *Études et Documents*.
30 *Annuaire de la Presse*.
31 Pottier, op. cit., p.31.
32 Brulat, *Le reporter*, p.27.
33 Avenel, *La presse française au XXe siècle*, p.482.
34 Chamburre, op. cit., p.437.

gado, tenta ser contratado como repórter no *Petit Parisien* por volta de 1901-1902 e conta que, para um principiante, é impossível entrar em um grande diário.[35] Quem não possui a indispensável recomendação graças à qual é contratado a título experimental só resta mostrar seu valor como "temporário". Esse é o destino de um bocado de jovens da província que, ao desembarcar em Paris, sonham com aquela entrevista que os tornará famosos. Muitos se decepcionam, porque a função de *fait-diversier* "não é uma profissão que o primeiro que aparece consegue exercer com facilidade e proveito". É necessário ter aquele "faro particular" que permite "distinguir o espetáculo da rua" e captar "o detalhe que pela tarde ou amanhã interessará à multidão".[36] Estranha concepção de profissão que exige dos proletários do jornalismo, sem formação nem análise, que sejam seres excepcionais e tenham "olho americano".[37]

O repórter em ação

Como muitos de seus colegas, o *fait-diversier* é geralmente um compilador que se serve de tesouras para recortar notícias publicadas por outros.[38] Evidentemente, é o caso de todas as folhas locais no que dizia respeito aos "*Faits-Paris*". As redações mais bem equipadas podem recorrer ao serviço das agências, a Havas em particular, que fornece aos assinantes numerosos

---

35 Allain, *Préface à Fantômas*, t.II, p.8-9.
36 Tavernier, *Du journalisme, son histoire, son rôle politique et religieux*, p.302.
37 Expressão criada por James Fenimore Cooper para caracterizar o personagem-título de seu romance *O último dos moicanos*; significa olhar escrutinador, capaz de detectar o mais ínfimo detalhe. (N. T.)
38 Dubief, op. cit., p.95.

faits divers e notícias de três linhas. Em 1869, o caso Troppmann é coberto pela Havas para *Le Courrier du Bas-Rhin*.[39] Mas, em 1879, para não fazer concorrência com os repórteres parisienses, a agência concorda em só distribuir notícias da capital na província.[40] Para os *faits divers* estrangeiros, que raramente são noticiados, os jornais se contentam com informações de agência. Mas, quando um caso que fez as honras da crônica chega ao fim no exterior, eles despacham um ou vários enviados especiais ao local. Foi o caso, por exemplo, do reaparecimento em Bruxelas, em setembro de 1906, do padre Delarue, que desaparecera em Châtenay, ou, naturalmente, em dezembro de 1913, da descoberta da *Mona Lisa* em Florença.

Em Paris, ou nos jornais provinciais mais importantes, o trabalho do *fait-diversier* é mais ativo. Escreve um especialista em imprensa em 1909:

> Para alimentar a crônica criminal, o jornal popular mantém um bando de repórteres. Estes escapam dos escritórios, espalham-se nos bairros das cidades populosas [...]; ficam à espreita do mais reles acontecimento capaz de provocar escândalo, bisbilhotam as vidas privadas, fazem pessoas boas falarem dos vizinhos.[41]

Sem dúvida, foi no bojo desse grupo de pequenos repórteres que a febre da investigação se desenvolveu mais explicitamente.

O Palácio da Justiça é um lugar estratégico. Os repórteres fazem plantão ali, sempre de ouvidos atentos ao menor rumor.

---

39 Kintz, *Journaux et journalistes strasbourgeois sous le Second Empire*, p.44.
40 Frederix, *Un siècle de chasse aux nouvelles*, p.150.
41 Pigelet, op. cit., p.81.

Apesar das incessantes circulares do Ministério da Justiça, lembrando-lhes de seu dever de discrição, auxiliares de justiça, escriturários judiciais, intérpretes ou peritos, juízes de instrução e, após a reforma de 1897, advogados não costumam ser parcos em informações.[42] A Chefatura de Polícia, na qual os jornais credenciam um ou vários "chefatureiros", é o segundo centro de reunião. Às 11 e às 15 horas, o gabinete do chefe dá uma série de informações aos jornalistas; o chefe da Sûreté ou os comissários das delegações judiciárias comunicam outros assuntos entre 11 e 12 horas.[43]

No entanto, as redações consideram essas informações insuficientes e acusam o setor de comunicação com a imprensa, criado para pôr fim às indiscrições dos funcionários, de reter informação ou difundi-la arbitrariamente.[44] Em 1877, *Le Pays* se torna porta-voz da "grande cólera dos repórteres", acusando os empregados desses setores de comunicação de constar oficiosamente da folha de pagamento de certos jornais, aos quais comunicam informações que negam aos outros.[45] Em 1881, o chefe de polícia Andrieux tenta reorganizar o serviço, suprime e depois restabelece a comunicação com a imprensa, que continua sendo acusada de fornecer notícias insípidas, com 48 horas de atraso.

Não obstante, os repórteres bem relacionados conseguem informações exclusivas, às vezes até mesmo fotografias da

---

42 Archives Nationales, BB18 1968.
43 Archives de la Préfecture de Police, D/B 27.
44 *La Liberté*, 10 jan. 1877. Cf. também o artigo de Xau, "Le repórter" (*Le Voltaire*, 21 jan. 1881), apud Palmer, op. cit., p.80.
45 *Le Pays*, 1º abr. 1877.

Antropometria.[46] Na verdade, para muitos funcionários da polícia, ser citado nos jornais é sinal de prestígio e garantia de promoção. É o auge do romance policial e das proezas dos detetives, e os policiais chegam a pedir voluntariamente a colaboração do jornal. André Baillon conta que um policial, que acabara de prender um criminoso, apresentou-se no jornal para pedir que seu nome fosse citado "para a minha mulher, para os meus chefes, entendem...".[47]

Mas, em campo, nada vale mais do que a "ronda" das oitenta delegacias da capital, nas quais os repórteres obtêm informações de secretários cooperativos, e às vezes até mesmo o direito de consultar os boletins de ocorrências. Nos grandes diários, cada *fait-diversier* responde por vinte delegacias, que ele deve visitar pelo menos duas vezes por dia, enquanto outros são enviados às delegacias do subúrbio, que eles percorrem de bicicleta.[48] Em Paris, os repórteres geralmente dividem entre si as oitenta delegacias de polícia: cada qual visita quatro ou cinco e leva aos demais o produto da caça. A troca é feita no estabelecimento de um vendedor de vinho no Boulevard du Palais, perto da chefatura, conhecido na época como "Mercado do *fait divers*". Havia também um outro pequeno café, próximo da porta de Saint-Denis, uma espécie de "escritório clandestino de informações", no qual se trocam *faits divers*.[49] "Admirável bolsa do crime onde os *fait-diversiers*, reunidos toda noite, parti-

---

46 Por exemplo, as de dois vigaristas marselheses publicadas pelo *Petit Journal* em dezembro de 1912 (Archives Nationales, BB18 2505/2).
47 Baillon, op. cit., p.193.
48 Pottier, op. cit., p.24.
49 Dubief, op. cit., p.95; Pottier, op. cit., p.24.

lham os incêndios, os homicídios, os acidentes que recolheram, de modo que cada um tivesse de visitar apenas algumas delegacias", escreve Dorgelès, o qual prefere se acabar na "ronda" das delegacias, oferecendo "cigarros em troca de crimes miúdos".[50]

O costume, no entanto, é nunca se contentar com informações oficiais. Todo caso supostamente interessante justifica uma investigação pessoal, conduzida pelo *fait-diversier* ou, se necessário, por um enviado especial. "Eu era mandado à periferia para descrever quadros apetecíveis de crimes, acidentes ou suicídios", recorda Francis Carco.[51] Certos casos suscitam verdadeiras batalhas. Da chefatura para onde convergem os despachos das delegacias, o "chefatureiro" avisa por telefone a redação, que manda atrás das diversas pistas os repórteres que mantém na reserva.[52] Começa então uma verdadeira corrida de obstáculos: percorrer as ruas da capital, descrever os lugares, interrogar porteiros, cocheiros, vendedores de vinho ou de fumo, vizinhos, transeuntes e, se possível, os atores do drama. Toda a gama de informantes institucionais ou testemunhas ocasionais é usada para dar corpo ao acontecimento. As entrevistas são a matéria mais procurada, e o repórter, quando vai aos lugares, procura colher o maior número possível de histórias – que depois são disputadas com revelações sensacionais. Trabalho extenuante, decerto, mas também estimulante, cada qual torcendo por um pormenor esquecido, um testemunho ignorado que seja o pontapé inicial de uma carreira excepcional. Certos repórteres famosos chegam a organizar redes podero-

---

50 Dorgelès, op. cit., p.75-84.
51 Carco, *De Montmartre au Quartier Latin*, p.217.
52 Pottier, op. cit., p.23-4.

sas, verdadeiras "empresas de reportagem" que lhes forneçam informações em primeira mão, às vezes antes mesmo da polícia.[53] Durante o caso Casque d'Or, em 1902, circula o boato de que um grande diário contava com a colaboração de um apache, que informa discretamente o jornal das brigas ou das reuniões futuras.[54] Nessa corrida pela informação, exige-se do repórter em primeiro lugar que ele seja rápido, o que naturalmente impede qualquer verificação. Exageros, deturpações ou invenções puras e simples são comuns. E o uso do telefone, que progride rapidamente, aumenta ainda mais as incertezas.

Embora os procedimentos extravagantes – disfarces, roubo de identidade etc. – que os jornalistas se comprazem em relatar sejam excepcionais, certos repórteres demonstram uma imaginação e uma audácia pouco comuns. Assim, em novembro de 1906, para entrevistar Marie Guérin em sua cela, Georges de Labruyère consegue que o jornal *Le Matin* fosse responsável pelos dois filhos da detenta.[55] Algumas semanas depois, *Le Journal* põe em ação um verdadeiro esquadrão de guerra para conseguir a foto do confronto com o juiz de instrução: portas abertas com violência, *flashs* de magnésio, fuga desesperada pelos corredores, se dermos crédito ao relatório da gendarmaria, que alega em sua defesa o magistrado repreendido.[56] Tudo isso alimenta uma vasta mitologia, amplamente apoiada pelo romance policial, que fascina até os veteranos do jornalismo à moda antiga. Em 1900, Maurice Talmeyr relata longamente a

---

53 Pigelet, op. cit., p.91.
54 Pottier, op. cit., p.21.
55 Archives Nationales, BB18 2322.
56 *Le Journal*, 3 jan. 1907; Archives Nationales, BB18 2322.

"excursão documental" de dois cronistas judiciários seduzidos pela voga da reportagem e da "caça aos vigaristas".[57]

"O interesse deles é entrar em acordo sem deixar de fazer concorrência", resume Eugène Tavernier a propósito dos métodos de trabalho dos *fait-diversiers*.[58] Embora o pavor comum do "fracasso" cerre fileiras, eles se acusam de dissimular detalhes, e a concorrência se exacerba nos anos do pré-guerra, sobretudo para os "passantes", que enfrentam condições mais precárias. Os repórteres mais crédulos às vezes são vítima de embustes inventados pelos colegas. Em janeiro de 1896, por exemplo, um correspondente do *Lyon Républicain* noticia uma reunião de cúpula no Ministério Público de Grenoble, que não passa de uma mentira inventada por seus confrades.[59] A aristocracia do *fait divers* é mais solidária. Os repórteres em missão viajam juntos, hospedam-se nos mesmos hotéis e participam dos mesmos estratagemas. Aliás, seus relatos são parecidos.[60]

Uma vez colhida a informação, é preciso lhe dar forma. A maior parte dos *fait-diversiers*, que não redigem, fica confinada no puro labor de registro. Para os assuntos correntes, os jornais se contentam em publicar tais quais os informes das agências, que chegavam em papel-carbono, ou copiar diretamente a fonte policial. Em dezembro de 1912, por exemplo, a prisão de dois bandidos marselheses é relatada em termos idênticos por *Le Journal*, *Le Petit Journal*, *Le Marseillais* e *Le Petit Provençal*, que, na verdade, publicaram o texto das cartas precatórias.[61] Os raros

---

57 Talmeyr, *Souvenirs de journalisme*, p.231-54.
58 Tavernier, op. cit., p.302.
59 Archives Nationales, BB18 2026.
60 Fonsegrive, op. cit., p.132.
61 Archives Nationales, BB18 2505/2.

repórteres que têm autorização para redigir ou os setoristas que dão forma às notícias do dia também têm tarefas limitadas. Eles são proibidos de introduzir qualquer toque pessoal no artigo.[62]

A escritura, como tal, é reduzida a sua expressão mais simples. Muitos repórteres redigem às pressas, no café ou no jornal, em poucos minutos ou entre duas publicações.[63] Os enviados especiais à cena dos grandes casos tomam notas de improviso e transmitem o relato em partes, por telefone. O chefe de informação ou o secretário de redação é que dão forma ao artigo.[64] De resto, todos reconhecem que "o molho é que dá sabor", o que interessa é saber espessá-lo: "Cédron fareja, apalpa, interroga. Filosofia do assassino, situação, extensão do sinistro, ele não sabia nada, agora sabe tudo. O que não sabe, inventa. Isso rende linhas".[65] Todos os *fait-diversiers* confessam que a falta de cópia dá a qualquer incidente corriqueiro "proporções de um drama, de um escândalo, de um tumulto".[66] Uma briga de bêbados...... e Saint-Malo é aterrorizada por um bando de delinquentes.[67] A desventura de Stefan Zweig durante uma estada em Paris dá uma boa medida desse tipo de prática: uma mala com uma carta de crédito no valor de 2 mil francos, já bastante reduzida, foi-lhe roubada no hotel. Com pena do "rato de hotel" que a polícia encontra sem muita dificuldade em uma casa vizinha, o escritor não dá parte do roubo.

---

62 Baillon, op. cit., p.101.
63 Pigelet, op. cit., p.93.
64 Chamburre, op. cit., p.437.
65 Ibid., p.429; Baillon, op. cit., p.99.
66 Pottier, op. cit., p.45.
67 *Le Matin*, 16 fev. 1907; Archives Nationales, BB18 2355/2.

No dia seguinte, um diário noticia a história: num hotel do centro, um estrangeiro "de grife" foi vítima de um roubo de 20 mil francos. Graças à perspicácia de um funcionário da polícia, que mandou revistar todos os hotéis da capital, foi preso o malfeitor, que agira com uma mestria sem precedentes. O chefe de polícia felicita o funcionário modelo.[68]

A regra é que toda notícia, que possui um título *ne varietur*, entra com antecedência num quadro definido, estabelecido pelos usos do jornal. Para o texto propriamente dito, os redatores têm à disposição, ao menos na grande imprensa, planos de discurso que abrangem o conjunto das situações e permitem trabalhar com rapidez. Rigorosamente codificados, construídos sobre uma trama temporal límpida, eles seguem alguns mecanismos narrativos elementares: abertura sintetizadora[69] ("Uma cena trágica, tendo... por motivo, ocorreu ontem à noite em... e provocou uma grande comoção no bairro"); relato do drama ("Estes são os fatos"), acompanhado de sua gênese e do retrato dos principais protagonistas; encerramento com comentário, com seu pacote de fórmulas rituais: "a investigação prossegue", "a polícia procura ativamente o malfeitor", "toda essa linda gente[70] está sob custódia".

Enfim, o relato é tão convencionado que compor planos de texto passa a ser um exercício de estilo para os repórteres mais famosos, cada qual com seu modelo de "Drama do ciúme" ou

---

68 Zweig, *Le monde d'hier*, p.180-7.
69 Aqui retomo a terminalogia de Petitjean, "Le récit de fait divers", *Pratiques*, n.50, p.75.
70 *"Tout ce joli monde"*. Expressão irônica que se usava para designar um conjunto de suspeitos, ou contraventores em geral. (N. T.)

A tinta e o sangue

"Assaltantes audaciosos".[71] Henri Christian, do *Matin*, começa até mesmo a fazer um repertório dos principais estereótipos do *fait divers*, com modelo de progressão, ocorrências obrigatórias e epítetos mais adequados. O ponto alto, naturalmente, é o esperado relato da execução.[72] O vocabulário, composto de termos simples, tirados do francês do ensino fundamental, privilegia uma escrita neutra, feita de locuções fixas e padrões convencionais. Mas o texto também precisa surpreender e provocar reações passionais. Toda a dificuldade consiste em combinar esse realismo pontilhista e pseudorracional com a retórica de tons dramáticos: expressões patéticas, locuções interjetivas, eufemismos empolados. O abuso é tal que certos diretores acabam proibindo uma série de clichês como "a balança da justiça" ou

---

71 Chamburre, op. cit., p.429.
72 "Na seção Execução Capital: 'A máquina fatal ergue seus braços inexoráveis no céu cinzento... – Ao redor do presídio, a multidão impaciente... – Uma companhia do X Regimento de Linha garante a ordem. – O assassino, quando entram na cela, dorme um sono profundo... – Despertam-no: ele passeia os olhos desvairados... – "Amigo", diz o procurador da República, "seu pedido de indulto foi rejeitado: você vai pagar sua dívida com a sociedade." – O miserável empalidece. "Tenha coragem, meu filho", diz o capelão. – "Vou ter", responde o assassino. – Ele pede cigarros. – Assiste à missa e comunga com edificante piedade; ou rejeita o padre com um gesto violento. – A toalete: o frio da tesoura na nuca. – O trajeto: "Deibler [o carrasco] está esperando!", grita o populacho. – O condenado olha com desprezo para a multidão. – Seu último brado: "Viva o anarquismo!", ou: "Eu morro inocente!", ou ainda: "Abaixo os ratos!", a menos que deixe escapar, batendo os dentes, palavras incoerentes e ininteligíveis. A lâmina cai com um ruído surdo. – Foi feita a justiça etc." Citado com alguns outros planos de discurso por Fenestrier, op. cit., p.107-8, e Charpentier, op. cit., p.42-3.

"a escória da sociedade".[73] Desmontado e calibrado para caber na matriz testada de uma "redação pronta" e uniforme, todo acontecimento se torna evidência, fora do alcance de questionamentos críticos ou problemáticos.

Na falta de matéria bruta, os jornais recorrem ao bom e velho *"canard"* em estilo moderno. "Os *faits divers*, os comunicados de teatro, os rumores, são as seções. O leitor quer lê-las todos os dias. Consequentemente, quando não há, nós fabricamos", observa um secretário de redação.[74] Funcionando inversamente à atualidade política ou social, a demanda de *faits divers* às vezes sofre bruscas acelerações. Os patrões da imprensa, dos quais muitos decidem deliberadamente "dar um empurrãozinho" no crime,[75] são extremamente sensíveis e veem qualquer "falha" como um grave fracasso na disputa de clientela que ocorria então. De modo que é melhor falar de mais que de menos.

Ora, para muitos "passantes" ou pequenos repórteres "duros", algumas linhas a mais não são nada desprezíveis. Nos cafés, quando compartilham uma coleta que consideram pobre, os *fait-diversiers* entrem em acordo para lhes acrescentar algumas notícias inventadas, cuja aparição simultânea nos jornais do dia seguinte as autentifica com facilidade. Uma vez esboçado o plano, adulteram nomes tirados da lista telefônica para aplicá-los aos protagonistas do drama. Com a cumplicidade de alguns "fiadores", secretários ou delegados de polícia que, em troca da menção de seu nome, se comprometem a não desmentir os pormenores, as notícias falsas proliferam. Entrefiletes do

---

73 Charpentier, op. cit., p.42.
74 Baillon, op. cit., p.173.
75 Vautel, op. cit., p.76-7.

tipo "Paris à noite", "Assaltante audacioso" ou "Vigarista da alta sociedade" figuram nos *canards* mais frequentes da capital.[76] Ataques e agressões noturnas também são muito apreciados, para desgosto das polícias municipais. Em março de 1881, o conselho municipal de Paris julgou excessivos os boatos sobre a segurança das ruas da cidade à noite. E uma pesquisa do *Télégraphe*, apoiada em *faits divers* publicados nos jornais *La Liberté* e *Le Gaulois*, mostra que dois terços dos acontecimentos noticiados são pura invenção. As rixas, as agressões e os crimes relatados são desconhecidos nas delegacias, no necrotério ou nas ruas onde supostamente teriam ocorrido.[77] Em 1885, uma enquete da Terceira Brigada de Investigações constatou que mais de um quarto dos ataques noturnos noticiados pela imprensa entre 1º de abril e 23 de junho são fabulações.[78] Tais fatos são confirmados em 1893 por Louis Puibaraud, chefe do serviço de investigações, e posteriormente por seu sucessor, Mouquin, que declara ao *Matin* em 1904:

> Outro dia li que meu meio-irmão, Léon Klein, delegado de polícia de Saint-Denis, [...] havia recebido vários tiros de revólver. Muito nervoso, fui imediatamente em busca de informações e o meu irmão em pessoa me esclareceu que os fatos tinham sido singularmente distorcidos: o indivíduo que ele tinha ido prender estava em posse de um revólver, e é a esse simples fato que se limita o atentado criminoso em questão! É assim que escrevem a história.[79]

---

76 Pottier, op. cit., p.22-3.
77 Archives de la Préfecture de Police, *La Ville de Paris*, 29 mar. 1881.
78 Apud Berlière, *Le préfet Lépine*, n.1, p.216.
79 Puibaraud, *Les malfaiteurs de profession*, p.11-6; "Histoires de brigands", *Le Matin*, 14 nov. 1904.

Sem dúvida, convém desconfiar da complacência com que notícias falsas e "jornalismo marrom" são denunciados. Vindo de municipalidades ou policiais empenhados em tranquilizar as "pessoas de bem", publicistas ou moralistas muito críticos à imprensa ou jornalistas que revelam em júbilo os deslizes dos colegas, tais acusações às vezes parecem forçadas. No entanto, denotam práticas generalizadas.

Proletários do jornalismo?

"Seu pequeno negócio carece de brilho, mas ele não sabe o que é desemprego", diz Eugène Dubief, ex-secretário geral do Departamento da Imprensa do Ministério do Interior, a respeito dos *fait-diversiers*.[80] É verdade que a ocupação se beneficia da voga do *fait divers*. Mas, na ausência de qualquer disposição legal (a primeira lei relativa à profissão de jornalista, de 1925, lhes faculta o direito ao descanso semanal), as condições são duras, e a situação é precária. O trabalho noturno, que é a regra nos grandes diários matutinos, também não é regulamentado; os jornalistas trabalham em geral das 18 horas às 2 horas da madrugada, com uma pausa para jantar.

Verdadeiro "pau para toda obra", o *fait-diversier* é encarregado de todas as tarefas ingratas e fica à mercê do humor do diretor.[81] Como não há contrato de trabalho, a insegurança do emprego é enorme. Ademais, muitos jornais pequenos estão sempre sob ameaça de mudança de orientação ou fim da atividade. As associações profissionais que começam a se organizar esforçam-se

---

80 Dubief, op. cit., p.95.
81 Baillon, op. cit., p.193.

para garantir a coesão da profissão de jornalista[82] e preocupam-se muito pouco com esses trabalhadores anônimos e desprezados. Exigindo de seus membros um vínculo de pelo menos três anos com um jornal, a Associação dos Jornalistas Parisienses exclui muitos pequenos repórteres ou *fait-diversiers* em situação instável. E se alguns aderem à Associação Geral dos Noticiaristas Parisienses ou à Associação dos Informadores Parisienses, fundada em 1913 pelo ex-*fait-diversier* Louis Thinet, é sobretudo na esperança de uma promoção pessoal.

"A seção de *faits divers* é penosa, sem brilho, mas sustenta seu homem", observa com otimismo Paul Pottier em 1907.[83] Mas, como em todas as profissões, convém distinguir Paris da província, os grandes jornais dos pequenos e, sobretudo, o tipo de função. Os *"freelancers"*, que não recebem salário fixo (caso dos "passantes" ou dos colaboradores ocasionais), ganham entre 10 e 15 centavos por linha publicada em 1892, de 20 a 50 centavos em 1906, segundo a boa vontade do secretário de redação.[84] Mas as folhas pequenas não pagam mais do que 15 centavos. Isso se fossem solventes. Muitos diários que mal conseguem equilibrar as contas ou vivem de expedientes deixam para as calendas gregas o pagamento dos subalternos: eles têm de ameaçar recorrer à Justiça para receber um sinal.[85] Os jornais *Le Figaro* e *Le Temps* pagam 30 centavos por linha.[86]

---

82 Cf. os trabalhos de Martin, "La 'grande famille', l'Association des Journalistes Parisiens (1885-1939)", *Revue Historique*, n.557, p.129-57; "Les journalistes retraités de la République (1880-1930)", *Bulletin du Centre d'Histoire de la France Contemporaine*, n.7, p.175-95.
83 Pottier, op. cit., p.24.
84 Dubief, op. cit., p.95; Jamati, op. cit., p.139.
85 Voyenne, op. cit., p.150-3.
86 *La Grande Encyclopédie*, t.XXVII, p.591.

Em termos gerais, todos os testemunhos julgam miserável a situação dos jornalistas não credenciados, que batem pernas em busca de artigos e vendem informações a preços vis. Os que conseguem ser contratados recebem um salário fixo e têm uma renda menos precária. Em 1907, um *fait-diversier* ganha entre 150 e 400 francos mensais, conforme o tipo de jornal ou agência que o emprega, o que o colocava um pouco abaixo da média dos salários da profissão (cerca de 350 francos).[87] Os melhores jornais pagam um fixo de 200 a 250 francos e 50 centavos a linha. Comparativamente, um secretário de redação ou chefe de informação pode receber, num diário grande, até mil francos mensais, e certos "articulistas" famosos, como Harduin no *Matin*, de 1.200 a 2 mil francos.[88]

Com menos de 300 francos por mês, a vida é difícil. É verdade que a atividade não tem baixa temporada, mas exige, além dos horários difíceis, muitas despesas extras: ônibus, automóveis, rodadas de cerveja, restaurantes, gorjetas. Nos grandes jornais, essas despesas são generosamente reembolsadas, costume que, para a direção, justifica a manutenção dos baixos salários.[89] Assalariados mal pagos, os *fait-diversiers* recorrem com frequência a atividades complementares, subcontratação por folhetinistas famosos ou associação com advogados, para os quais arranjam causas em troca de comissão.[90] Além disso, a forte concorrência de certo amadorismo disposto a tudo para ser impresso delineia um movimento de baixa.

---

87 Pottier, op. cit., p.24-6.
88 Ibid., p.7-8.
89 Fenestrier, op. cit., p.95.
90 Ibid., p.139; Pottier, op. cit., p.24.

Sem dúvida, o jornalismo "à americana" triunfou naquele início de século. Mas a distância entre os príncipes da reportagem – que ocupam as cadeiras ainda quentes dos "marechais da crônica" – e os mendigos do crime tende a aumentar. A reputação detestável dos repórteres recai sobre os *fait-diversiers*, que em breve terão suas ovelhas negras. Por exemplo, em 1895, a XI Câmara do Tribunal Correcional do Sena condena a dois anos de prisão, por chantagem, um aventureiro desclassificado que, não tendo sido recrutado pela Chefatura de Polícia, tentou a sorte como "detetive-repórter" no *Figaro*.[91] A turba infame de jornalistas indiscretos que traz à luz toda a lama da escória social e obstrui a ação pública, enquanto tenta se atribuir uma missão de interesse público, é criticada e responsabilizada pela "febre do crime" que tomou o país.

Nesse contexto, é muito difícil para o *fait-diversier* subir rapidamente. Seu primeiro objetivo é ser contratado, de preferência em Paris, fora da qual não existe jornalismo possível. Por esse motivo, a estratégia consiste em ficar de olho nos bastiões de estabilidade, isto é, os diários mais antigos e mais sólidos. Evocando "o menoscabo com o *fait divers*", a pesquisa de Paul Pottier observa em 1907 que certos "articulistas" célebres "começaram no *fait divers* e esperaram que o acaso ou a benevolência do diretor os alçasse a um cargo superior".[92] Esses parecem ser os critérios decisivos. Considerando a superpopulação jornalística que grassa em Paris e a ferocidade da concorrência entre os *fait-diversiers*, já é uma felicidade poder viver da profissão. Portanto, parece duvidoso que a atividade seja

---

91 *Le Petit Parisien*, 9 fev. 1895.
92 Pottier, op. cit., p.6 e p.28.

um acesso privilegiado às altas esferas do jornalismo. Ainda que alguns casos chamem a atenção – o de Edmond Claris, que começou no *L'Oeuvre Sociale* relatando os suicídios da semana, ou o de Charles Chincholle, grande nome da reportagem pré-guerra que iniciou a carreira como "passante" –, a ascensão hierárquica nos diários parece ser um caso excepcional entre os operários da pena.[93]

Mais do que um viveiro, portanto, o setor de *faits divers* é sobretudo um depósito de ressentidos ou desclassificados, à imagem do Jordan de Zola, em *O dinheiro*. Salvo alguns raros eleitos ao panteão dos grandes repórteres, a imensa maioria dos *fait-diversiers* consiste em empregados modestos, reduzidos a tarefas subalternas e sem perspectiva de carreira. Tanto pelo *status* quanto pelas condições de trabalho e salário, eles permanecem confinados numa posição de párias do jornalismo. Leitura de pobre, o *fait divers* é substancialmente uma escrita de pobre.

Reavaliações literárias

Graças à literatura, porém, a profissão emerge pouco a pouco da escória do jornal em que é mantida pela tradição. Mas a imagem fornecida pelo romance "legítimo", e em particular pelo naturalismo, não chega a ser lisonjeira, embora não consiga resistir às representações triunfais elaboradas pelo romance policial. As esperanças que ele cristalizava deviam muito, sem dúvida, à febre de investigação que se apoderava da crônica cotidiana.

---

93 Jamati, op. cit., p.83; Claris, *Souvenirs de soixante ans de journalisme (1895-1955)*, p.8.

Da pena mercenária...

Às difíceis condições do ofício acrescenta-se durante longos anos a imagem consideravelmente negativa difundida pela tradição romanesca. Se a época não é mais aquela em que Francisque Sarcey e Barbey d'Aurevilly estigmatizam os "mercenários do jornalismo",[94] os jornalistas, porém, continuam sendo descritos de modo bastante insípido. Maupassant os apresenta em *Bel-Ami* (1884) como empregados subalternos e sem ambição, e o naturalismo contribui para disseminar a figura do jovem repórter sombrio e amargo. Zola, que cogitou escrever sobre o tema,[95] deixa o encargo para Paul Brulat, um dos mais novos do movimento, que em 1898 publica o primeiro grande relato dedicado à profissão, *Le reporter, roman contemporain*.[96]

Esse romance de aprendizagem apresenta a figura arquetípica do estudante de direito apaixonado por literatura que se muda para Paris para travar a "grande batalha". Ingressa no jornalismo por recomendação e leva uma vida de expedientes, em que o insípido trabalho do *fait divers* logo se torna seu único ganha-pão. Mero "passante" e alvo das mesquinharias dos repórteres titulares, fornecia cópias a vários diários e "percorria quilômetros, ia de uma extremidade a outra da cidade imensa, açoitado pelas borrascas, o estômago vazio, a espinha curvada,

---

[94] Sarcey, *L'Opinion Nationale*, 24 set. 1866; Barbey d'Aurevilly, *Journalistes et polémistes, chroniqueurs et parlementaires*, apud Palmer, op. cit., p.80.

[95] Cf. Dezalay, "Le personnage du journaliste chez Zola", *Travaux de Linguistique et de Littérature*, v.23, n.2, p.97.

[96] Brulat, op. cit., p.275, 18, 84, 31.

a cabeça afundada entre os ombros". Quando consegue se assalariar como redator, deplora o cinismo, a desfaçatez peremptória e a vacuidade da função: "Não passamos de registradores, não temos o direito de ter opinião". Dessa profissão em que se acha "o rebotalho de todas as carreiras", que verga os mais sólidos, avilta os melhores e da qual "se sai destruído, cético, empedernido", não se deve esperar nenhuma promoção: "Ou se entra no jornalismo pela porta, impondo-se desde o primeiro instante, ou nunca se deixará de ser um pequeno repórter".

Alguns anos depois, em 1908, Charles Fenestrier, um veterano do *Matin*, publica o segundo romance dedicado ao repórter, *La vie des frelons*.[97] Ainda que o argumento seja parecido, o tom parece menos forçado e a obra oferece descrições muito vivas do universo dos jornais. Fascinado pelos grandes repórteres que ditam o pensamento de toda Paris, o herói se acredita "no vestíbulo da glória, na antessala da Academia". Recrutado como *fait-diversier*, não demorar a cair na realidade. Sua primeira reportagem é totalmente reescrita. Promovido a redator, logo toma consciência de ser uma pena mercenária, reduzida a estereótipos e fórmulas prontas.

Os poucos romancistas que estrearam como *fait-diversiers*, Francis Carco no *L'Homme Libre*, Gustave Le Rouge no *Petit Parisien*, Roland Dorgelès no *Journal* e depois no *Paris-Journal*, também ressaltam as dificuldades do ofício.[98] Apollinaire, que redige alguns *faits divers* para o *Paris-Journal* no verão de 1911, denuncia a precariedade desses párias do jornalismo, sempre

---

97 Fenestrier, op. cit., p.50.
98 Carco, op. cit., p.217; Cendrars, *L'homme foudroyé*, p.240 e p.245-6; Dorgelès, op. cit., p.75-84.

mantidos à distância das salas de redação.[99] São raros os que, como Félix Fénéon, secretário da *Revue Blanche* e figura admirável da Paris literária da Belle Époque, abraçam por vocação o *fait divers*. A partir de 1905, Fénéon ocupa a página três do *Matin* como redator anônimo da seção de "Notícias em Três Linhas". Dedica-se a escrever, contra a corrente e num inimitável estilo desarticulado, 1.210 fatos verdadeiros, micronarrativas ambíguas e amargas que pervertem a lógica do *fait divers* e dissipam seus valores.[100] Excepcionais, tais imersões são também limitadas no tempo.

...ao aventureiro moderno

É, portanto, a literatura popular que garante a entrada do personagem na lenda e tem um papel decisivo na reavaliação simbólica, ou heroicização, da profissão. Primeiro Júlio Verne, com *Miguel Strogoff* (1876), propulsa Alcide Jolliver e Harry Blount, dois repórteres, às luzes da ribalta. No drama em cinco atos representado no teatro do Châtelet em 1880, os críticos dizem que o público só se interessa por esses dois personagens.[101] Mas, em geral mais próximos do explorador do que do jornalista, os dois compadres carecem um pouco de profissionalismo.

Já o romance policial está à procura de um personagem específico, investigador por profissão ou vocação, mas exterior

---

99 Cazairgue, *Apollinaire journaliste*, p.32-9. Os *faits divers* redigidos por Apollinaire foram republicados em *Petites merveilles du quotidien*.
100 Fénéon, *Nouvelles en trois lignes*.
101 Palmer, op. cit., p.93.

ao drama e exclusivamente encarregado de conduzir a investigação. Embora ele possa vir de horizontes muito diversos, ser advogado, médico ou um simples *quidam*, algumas figuras se individualizam rapidamente. Em vantagem sobre o policial e o detetive, o repórter se impõe pouco a pouco como a encarnação do investigador. Apesar da progressiva generalização do rótulo "romance policial", só excepcionalmente o investigador é um policial oficial. O Lecoq de Gaboriau fornece um modelo excelente, mas parece que a tradição e as ideias recebidas – "Polícia: está sempre errada", recorda Flaubert em seu *Dicionário das ideias feitas* – venceram essa figura original. Na maior parte dos ciclos, a via legal é, por natureza, inoperante e entorpecida. O aparato policial – ineficaz, apesar da vastidão dos efetivos e do arsenal empregado, que abrange todos os recursos da polícia técnica e científica[102] – continua preso à melhor tradição do Grand Guignol, quando não é sistematicamente denegrido. Atacadíssima no ciclo dos *Lupin* (Ganimard e Béchoux são arquétipos do bom policial ridículo), a polícia quase sempre tem uma imagem deplorável nesses relatos.

Ainda que tenha coragem e às vezes habilidade, o policial continua prisioneiro das "pistas visíveis": "Pessoas simples e teimosas que, quando encontram uma pista que lhes parece verossímil, não mudam mais de opinião e se agarram a ela apesar de tudo".[103] Mais grave, "ele carece de filosofia; a matemática de suas concepções é bem pobre".[104] É verdade que a instituição não facilita as coisas. Formalismo e inércia buro-

---

102 Berlière, "Police réelle et police fictive", *Romantisme*, n.79, p.73-89.
103 *Le voleur d'or (Fantômas*, t.XXVIII), p.1141.
104 Leroux, op. cit., p.157.

crática, indigência de recursos, rivalidade entre setores e entre homens reinam tanto na Sûreté como na chefatura. E ainda há os políticos. "Ah, senhor, a legalidade nos mata. Nós não somos os chefes, infelizmente. A lei nos condena a combater com lealdade adversários para os quais todos os meios são lícitos. O Parlamento nos ata as mãos", confessa um dos heróis de Gaboriau.[105] Os raros policiais eficientes, como Lecoq, Juve ou Paulin Broquet, são necessariamente solitários, funcionários marginais e anticonformistas, cujos métodos impulsivos e insolentes desconsideram os regulamentos e as vias oficiais. Por isso são reprimidos pela inveja ou pela rivalidade de um aparato mesquinho: "Ele faz o que bem entende, isso tem de acabar", dizem de Juve, por exemplo.[106] Pouco numerosos, os policiais raramente alcançam o *status* cobiçado e heroico de investigador. Sofrendo concorrência de rivais novos e temíveis, tem de se contentar em atuar à margem.

Profissional à imagem de Allan Pinkerton ou amador esclarecido ao estilo de Sherlock Holmes, o detetive particular é inseparável do imaginário policial. O rápido sucesso dos fascículos traduzidos e das imitações das *dime-novels* americanas, assim como as múltiplas traduções de Arthur Conan Doyle, popularizam a figura e lhe dão renome. Torna-se uma das principais figuras da literatura para adolescentes, romances de viagem ou de aventuras exóticas. No entanto, apesar do *boom* da polícia privada, o personagem não consegue se livrar facilmente de sua origem anglo-saxã. Aliás, os detetives apresentados pelo romance policial são, em essência, mero decalque de Nick

---

105 Gaboriau, *Le crime d'Orcival*, p.341.
106 *Le voleur d'or* (*Fantômas*, t.XXVIII), p.949.

Carter (*Marc Jordan, Tip Walter, Nick Winter* etc.) ou de Sherlock Holmes. Aristocrata, esteta e opiômano, acompanhado do fiel pastor Lynham, o *William Tharps* de Georges Meirs (como também o seu *Walter Clark*) é um discípulo perfeito do lógico britânico. E os poucos detetives que aparecem nos romances de feição mais "clássica" são geralmente ingleses (Herlock Sholmes), norte-americanos (Tom Bob, Thom Tweak) ou presumíveis como tais (sr. Mix, Job Tylor, Jim Barnett).[107]

Sendo como são, eles se prestam a caricaturas geralmente ferozes. Pálida cópia do detetive de Baker Street, o Sholmes de Maurice Leblanc, incessantemente ridicularizado, não passa de um coadjuvante do herói à francesa. Thom Tweak e Tom Bob concentram em sua pessoa todos os defeitos habitualmente atribuídos ao detetive e ao norte-americano: extravagância, presunção do raciocínio, desejo de publicidade, "insolência ianque". A esse fardo exibicionista soma-se a reputação detestável que o detetive particular herdou dos tradicionais "agentes de negócios" que fizeram os anos dourados do vaudevile ou de certos romances judiciários.[108] Oriundo da tradicional "brigada dos cornudos", o detetive de romance continua sendo um personagem ridículo e incompetente, ambíguo e suspeito, como Nalorgne e Péruzin, dois indivíduos duvidosos e encardidos que atravessam todo o ciclo dos *Fantômas*. Infinitamente manipulável, o detetive só dá informações "vendáveis" ou de se-

---

107 Leblanc, *Arsène Lupin contra Herlock Sholmes* (1908); *O polícia apache* (*Fantômas*, t.VI); Sazie, *Zigomar; O ladrão de ouro* (*Fantômas*, t.XXVIIII); *O cadáver gigante* (*Fantômas*, t.XXVII); Leblanc, *A agência Barnett e Cia* (1928).

108 Cf., por exemplo, *Tricoche et Cacolet*, de Meilhac e Halévy (1872) e a sequência imaginada por J. Lermina, *La succession Tricoche et Cacolet*.

gunda mão, e serve apenas para a ação mais elementar de vigiar e seguir. Nos antípodas do modelo holmesiano, aparece sobretudo como simples vendedor de informações, venal e inescrupuloso, cujas preocupações parecem se resumir a: "Vamos ganhar dinheiro... e não nos preocupemos com o resto!".[109] Investigador de baixo estrato, o detetive particular não tem acesso aos ciclos mais célebres, ao *status* de herói. É um personagem negativo, na melhor das hipóteses um parceiro insignificante. Sem dúvida, essa imagem deve muito ao esforço dos escritores policiais mais "letrados" para afirmar a especificidade do romance policial "francês" e se distanciar da produção anglo-saxã. Contudo, o modelo se torna mais positivo, como mostram os ciclos dos *Martin Numa* (Léon Sazie) ou dos *Toto Fouinard* (Jules Lermina), detetives tipicamente franceses, mas ainda não é o emblema do romance policial. Somente no entreguerras, e sob a influência conjugada do romance *noir* norte-americano e de Hollywood, é que o personagem se impõe definitivamente.

Portanto, na gesta policial francesa, o repórter representa a encarnação suprema da aventura e da investigação. Figura moderna e dinâmica, dotada de uma espécie de propensão natural a servir o público, ele adquire rapidamente uma dimensão heroica. A partir de 1887, Fortuné Du Boisgobey, um êmulo de Gaboriau, faz de Saintonge, chefe de reportagem de um grande jornal, um dos protótipos do futuro herói.[110] Mas esse "rei dos jornalistas", ainda que seja o primeiro a resolver o enigma, continua sendo um personagem secundário, incapaz de tomar para si a condução do relato. O mesmo vale para Dan-

---

109 *Le cercueil vide* (*Fantômas*, t.XXV), p.663.
110 Du Boisgobey, *Cornaline la dompteuse*.

glars, o repórter de *Que faire?*, romance de Desnar publicado no *Matin* em 1900.[111] De modo que é com a segunda geração de romances policiais franceses que o repórter se impõe verdadeiramente como ator decisivo. O Rouletabille de Gaston Leroux (1907), o aprendiz de repórter Isidore Beautrelet de Maurice Leblanc (*A agulha oca*, 1910) e, sobretudo, o Fandor de Pierre Souvestre e Marcel Allain (*Fantômas*, 1911-1913) constroem, num campo relativamente sincrônico, uma figura ideal e amplamente convergente que se prolonga no cinema com Philippe Guérande, repórter do *Mondial* e herói de *Os vampiros*, de Feuillade.

Eternamente jovem, proveniente de um meio social indeterminado, o repórter sem formação específica, e graças unicamente a suas qualidades pessoais (inteligência prática, audácia e iniciativa, "espírito inventivo e imaginação viva",[112] capacidades físicas), faz uma carreira fulgurante, que o leva do pequeno *fait divers* criminal ao *status* prestigioso de grande reporter. A partir de então, torna-se um franco-atirador da reportagem, com liberdade e independência totais: "Ele não recebia ordens de ninguém. Fazia o que bem entendia, investigava os temas que lhe interessavam e, quando lhe dava na telha, levava seus textos ao jornal."[113] Capaz de vencer o mal com explicações racionais, ora detetive, ora policial, ora justiceiro, o repórter é o agente privilegiado da restauração da ordem. Seu estilo enge-

---

111 Desnar, *Que faire?*, *Le Matin*, 19 fev.-24 maio 1900. Apollinaire, que trabalhava como *ghost-writer* para Desnar, teria escrito vários capítulos dessa obra.
112 *Le fiacre de nuit* (*Fantômas*, t.IX), p.162.
113 *La fin de Fantômas* (*Fantômas*, t.XXII), p.852.

nhoso, travesso, às vezes insuportável, impõe-se perfeitamente em face da rotina inoperante das autoridades. Único a ter compreensão dos fatos, arroga-se todos os direitos, inclusive o de proferir as afirmações peremptórias que nega aos outros. Ordenando a sucessão dos fatos, orquestrando o suspense em escala nacional, alardeando sua onipotência ao mundo, ganha uma promoção espetacular: de autor anônimo, passa a protagonista do *fait divers*. "Os jornais do mundo inteiro publicaram suas proezas e sua fotografia; e ele que entrevistara tantos personagens ilustres, tornou-se ilustre e entrevistado."[114]

Onipresente e onisciente, encarna um modo de vida que também é uma filosofia, uma estética e uma ética, e personifica um quarto poder que atesta o triunfo da opinião soberana. "O repórter olha por todos; é a luneta do mundo", escreve Gaston Leroux.[115] Mas ainda deve manter o senso da proporção. Em 1908, Maurice Level publica, com *L'épouvante*, uma parábola desse romance de repórter.[116] O herói, *fait-diversier* de um grande jornal, leva a lógica da profissão ao extremo. Por desafio, tanto quanto pelo gosto da investigação, decide assumir um crime ainda desconhecido da polícia para empreender, a toque de caixa, a investigação de seu próprio delito. Isso é exceder os limites autorizados pela deontologia profissional. Caindo pouco a pouco em sua própria armadilha, o repórter é engolido pela maquinação inventada por ele até se identificar, nas raias da loucura, com "o assassino do Boulevard Lannes".

---

114 Leroux, op. cit., p.299.
115 Id., "Rouletabille, c'est le journaliste moderne", in *Rouletabille*, t.I, p.1003.
116 Level, *L'épouvante*.

Só um milagre consegue salvá-lo *in extremis*. Além de seu aspecto grand-guignolesco, esse relato constitui uma verdadeira narrativa em abismo do ofício de repórter, de sua propensão a inventar os acontecimentos e representar todos os papéis.

Esse projeto de heroicização parece tanto mais crível quanto os autores, frequentemente ex-*fait-diversiers* (de Jules Lermina, repórter no *Gaulois* durante o caso Troppmann, a Gaston Leroux, passando por Louis-Victor Meunier, Georges de Labruyère, Marcel Allain, Gustave Le Rouge e muitos outros), pontuam suas narrativas com descrições extremamente precisas do universo jornalístico. O ciclo dos *Fantômas* é copioso em cenas vivas e movimentadas em que o pessoal dos grandes diários aparece em plena ação. Assim, em *Amores de príncipe*, assistimos às reuniões de preparação do lide, à realização de uma edição especial dedicada a um *fait divers* criminal. Em *O fim de Fantômas*, os autores se demoram nos bastidores do setor de reportagem e em sua galeria de retratos pitorescos.[117] Todavia, procedendo por depuração e amplificação, esses relatos apresentam, no mais das vezes, representações altamente sublimadas dos repórteres e da profissão. *O mistério do quarto amarelo*, por exemplo, é a bem dizer uma utopia social.[118] Confrontado com uma comunidade de cientistas da grande burguesia parisiense, o "pequeno repórter" adquire uma legitimidade progressiva que por fim o coloca em pé de igualdade profissional e social. Na melhor das hipóteses, esses romances, que também exprimem o desejo de reconhecimento de autores geralmente des-

---

117 *Les amours d'un prince* (*Fantômas*, t.XXII), p.388-98; *La fin de Fantômas* (*Fantômas*, t.XXXII), p.851-8.
118 Dubois, op. cit., p.157-70.

denhados pela instituição literária, pintam um horizonte ideal de práticas; na pior das hipóteses, evidenciam em negativo as frustrações de uma profissão sem legitimação e preocupada em constituir um imaginário de referência.

Além de sua evidente operacionalidade no bojo do texto policial, a heroicização do investigador disfarçado de repórter forneceu um modelo de referência a muitos pequenos repórteres. Na verdade, quem era *fait-diversier* ou simples "passante" podia sonhar com um destino mais excitante do que o de Rouletabille ou Fandor? Por trás das necessidades do jornal, perfila-se a exaltação da aventura, a ideia de que vale a pena lhe fazer certos sacrifícios. Levados por todo esse frenesi, o romance policial e o *fait divers* renovaram os relatos de crimes, projetando-os no cerne de um imaginário novo, feito de "mapas sangrentos", "gritos nas trevas" e "passos na areia".[119] Só faltava o criminoso, suas ações e motivos, para dar substância ao empreendimento.

---

119 Títulos dos episódios n.4, 21 e 18 de *William Tharps*, de Meirs.

Parte II
O imaginário do crime

Daquela enorme quantidade de relatos, emergiu uma série de representações, às vezes sórdidas, às vezes extravagantes, mas que deram origem a um imaginário prolixo e compulsivo. Imaginário do crime ou criminalidade imaginária? A questão, na verdade, é difícil de resolver. Porque, se cada um desses relatos obedece a uma lógica ou a um código próprio, se alguns se fazem passar por verdadeiros, ao passo que outros reivindicam sua natureza ficcional, todos tendem a se sobrepor, compondo no fim das contas uma espécie de imenso intertexto anônimo, ao mesmo tempo fonte e produto do imaginário social. Mas há funções, convém assinalarmos, em cada tipo de narrativa. Partindo dos lugares do crime, espaços, cenários ou paisagens em que se enraízam as representações, abordaremos sucessivamente os motivos, as armas e os autores do crime, antes de encerrar nosso percurso evocando as vozes discordantes que vêm temperar e, por vezes, contestar os discursos sem nuance do consenso social.

Capítulo 4
Os lugares do crime

O crime possui lugares e não lugares? Estes possuem uma identidade e uma memória criminais? Mais do que os espaços específicos da criminalidade na virada do século, que só podemos apreender por um prisma deformador, nosso objetivo é apontar os lugares que assombram o imaginário social e cristalizam suas angústias.

França/exterior

Apesar da universalidade que o *fait divers* reivindica, a imprensa popular raramente noticia os crimes cometidos no exterior ou nas colônias. Por exemplo, *Le Petit Parisien* — mas a observação vale para a maioria dos títulos de grande tiragem — nunca lhes dedica mais do que 5% do total dos casos criminais. De fato, são raros os jornais que dispõe de "correspondentes no exterior", e estes, quando existem, dificilmente se ocupam de *faits divers*. Via de regra, a imprensa popular se contenta com as notícias transmitidas pelas agências ou com as recortadas nas folhas mais informadas, como *Le Temps*, que às vezes publica *faits divers* londrinos. A única política editorial que parece ser praticada nesse domínio diz respeito aos crimes e atentados políticos, que sempre são noticiados. No mais, inserindo-os em geral em seção ("Despachos do Exterior", "Última Hora"), os jornais privilegiam os "belos crimes" (crimes passionais e casos de "alta delinquência"), assassinatos sexuais, sobretudo quando recordam temas ou situações familiares ("o Barba- -Azul de Chicago", "o Jack Estripador de Berlim"),[1] assim como os "dramas de loucura". Embora a fascinação crescente por uma América ao mesmo tempo selvagem, misteriosa e moderna incite os jornais a se interessar pelas formas particulares de sua criminalidade, e particularmente pelos assaltos a trens, eles permanecem essencialmente voltados para os assuntos europeus (Inglaterra, Bélgica, Alemanha ou Rússia). Quanto à delinquência ordinária, esta só excepcionalmente é noticiada fora da França, coisa que contribui para dramatizar a situação denunciada no país. Somente a delinquência exótica ou o banditismo colonial (Argélia e Marrocos em particular) são objeto de notas breves.

Em compensação, os suplementos semanais são muito mais abertos às notícias internacionais, às quais dedicam quase um quarto das gravuras criminais. Apesar do forte cunho nacional, essas publicações oferecem tradicionalmente representações coloridas e muitas vezes edificantes do exterior aos leitores. O crime não escapa à regra: piratas chineses ou bandidos macedônios, niilistas russos ou anarquistas espanhóis povoavam com seus costumes pitorescos, sempre reconstituídos com fartura de minúcias, uma espécie de diário de viagem ou almanaque

---

1 *Le Petit Parisien*, 11 fev. 1905; 18 fev. 1908.

mundial do banditismo. Os jornais dão atenção especial às penas capitais: "Mulher enforcada na Grã-Bretanha", "Garrote na Espanha", "Execução na Abissínia", "Suplício marroquino" ou, naturalmente, o tradicional "Suplício chinês".[2] Interesse pelo exotismo, é claro, mas também uma maneira – para publicações que não escondem sua propensão ao charlatanismo – de afirmar a universalidade de um modo de punição que na França, aliás, é aplicado com infinitamente menos crueldade que alhures.

Fiéis às representações em voga na imprensa popular, a literatura e o cinema policiais também são muito ligados ao quadro nacional. Para além das diversas traduções e plágios cuja ação se situa no submundo de Londres ou de uma América estereotipada, a maioria dos romances policiais transcorre na França, e as poucas incursões ao estrangeiro são meras peripécias secundárias. Embora o romance que inaugura suas aventuras transcorra num transatlântico a caminho de Nova York,[3] Arsène Lupin é um "ladrão nacional", chauvinista e revanchista; e o grande repórter Rouletabille elucida na França os "mistérios" que lhe dão fama.[4] Quanto a Zigomar, Martin Numa, Toto Fouinard e outros heróis da produção policial francesa, eles são inseparáveis de um imaginário exclusivamente nacional, quando não parisiense. Apenas a série *Fantômas*, em parte influenciada pelo cosmopolitismo dos *serials* americanos, con-

---

2 *Le Petit Parisien*, Supplément Illustré, 30 jul. 1899; 14 jan. 1900; 6 set. 1903; *Le Petit Journal*, Supplément Illustré, 16 ago.1908; 11 out. 1908.

3 "L'arrestation d'Arsène Lupin", *Je Sais Tout*, 15 jul. 1905.

4 Leroux depois o enviaria ao exterior (*Rouletabille chez le tsar, Rouletabille à la guerre*), mas esses textos só indiretamente são romances policiais.

cede amplo espaço ao exterior: mais de um quinto dos crimes relatados no romance são cometidos fora da França.

Cidade/campo

Se bem que a França da "Belle Époque" seja um país essencialmente rural, é na cidade que se monta o cenário privilegiado da delinquência e do crime. Opaca e insondável, a cidade sempre causou temor e suscitou discursos obsessivos. Espaço contranatural, ao mesmo tempo fascinante e monstruoso, foi percebida durante muito tempo como o lugar de todas as perversões e de todas as patologias da desordem social. No século XIX, porém, o fenômeno adquire um peso inédito. Associado à instabilidade econômica, à amplidão das migrações, ao vigor do crescimento urbano e às disfunções por ele engendradas, desenha-se o surgimento de novas camadas urbanas desarraigadas e pauperizadas. Não mais rural, a delinquência se instala no centro das angústias e preocupações urbanas. Sabe-se que a Paris pré-haussmaniana contribuiu muito para fixar essas representações.[5] As topografias morais apontadas por pesquisadores e observadores sociais encontram eco nos romances de Balzac ou Sue, bardos do universo do crime que a cidade industrial parece ter se tornado. É a época dos assassinos, dos ladrões, dos "faquistas", cortiços e porões, a fossa de trevas e dor que Victor Hugo lamenta em *Os miseráveis*.

Se nesse fim de século o imaginário urbano tende a se inclinar para a imagem de uma cidade tentacular e mecânica, o crime e a delinquência continuam a ser o apanágio das cidades. Para

---

5 Chauvaud, *De pierre Rivière à Landru*, p.147-53; Chevalier, op. cit.

Henry Joly, plubicista renomado e especialista em questões criminais, a criminalidade só se explica pelo "desenraizamento", que altera a consciência, e pela "transplantação" para o clima insalubre e corruptor da grande cidade.[6]

Com exceção de alguns casos ruidosos, como os crimes de Vacher (1897) ou a chacina de Jully (1909) – o assassinato de uma família inteira de agricultores por dois pastores suíços –, a criminalidade urbana representa a quase totalidade dos *faits divers* criminais. A própria Córsega, apesar de reconhecida unanimemente como o lugar por excelência do banditismo rural, ocupa um espaço marginal nas notícias de *faits divers*. Sem fontes diretas, os jornais relutam em despachar enviados especiais ao local, porque na cidade abunda material vivo e barato. Somente as campanhas por segurança pública de 1907-1912 incitam os diários a multiplicar as investigações e as reportagens sobre as "pragas rurais" (vadiagem e nomadismo), ou mesmo o "retorno das grandes companhias".[7] É o caso dos bandidos de Hazebrouck, que "aterrorizam" os departamentos setentrionais em 1907, ou o dos "fogueiros" do Drôme,[8] que ficam famosos no ano seguinte e dão azo a relatos prolixos, mas em

---

6 Joly, "La science criminelle et pénitentiaire", *Revue Internationale de l'Enseignement*, jan.-jun. 1889, p.483. Cf. também *La France criminelle*.

7 Grandes companhias: bandos de mercenários (estrangeiros ou não) recrutados entre os séculos XII e XIV que, desempregados nos períodos de paz, vagavam pelo campo e viviam à custa das populações. (N. T.)

8 Fogueiros do Drôme: bandidos que aterrorizaram a área rural de Valence e Romans-sur-Isère, no departamento do Drôme, entre 1905 e 1908. Costumavam entrar nas casas durante a noite e queimar os pés dos moradores nas brasas da lareira (daí o apelido de "fogueiros") para obrigá-los a revelar o lugar em que escondiam suas economias. (N. T.)

ambos os casos trata-se de malfeitores profissionais, cujos crimes pouco têm a ver com as formas tradicionais da transgressão camponesa. A pequena criminalidade rural provoca mais ecos nos suplementos ilustrados (um terço das gravuras), nos quais a tradição do *canard* e o peso do público leitor rural impõe as cenas habituais: ciganos e mendigos, caçadores clandestinos e contrabandistas, "dramas na floresta" e assaltos a diligências.

O interior teria se tornado seguro? Em 1908, analisando os registros judiciais do distrito rural de Joigny, o jurista Paul Cassemiche é otimista: baixo índice de criminalidade e, sobretudo, de reincidência, papel decisivo inverso ao desenraizamento (57% das condenações são pronunciadas fora do departamento de origem do acusado).[9] No âmbito nacional, o número de interioranos julgados em ações penais tende a recuar paulatinamente: 43,9% dos acusados em 1881-1885, 38,1% entre 1896 e 1900.[10] Depois de 1860, as formas endêmicas de delinquência e insubordinação rurais (desacato, contrabando, roubo à mão armada, resistência ao fisco, delitos florestais, violências coletivas) recuam, mesmo nas regiões mais remotas do Sul.[11] Livres da dificuldades legais, simplificadas por um êxodo maciço e o fim dos particularismos, submetidas a um controle social eficaz pelo Segundo Império e, depois, pela República, as sociedades camponesas se acalma-

---

9 Cassemiche, *Étude sur la criminalité dans un arrondissement rural de France*.
10 *Compte général de l'administration de la Justice Criminelle (1900)*, p.ex. Mas esses números não levam em conta os acusados "sem domicílio fixo": 10% do total em 1881-1885, 12,9% em 1896-1900.
11 Weber, *La fin des terroirs*; Soulet, *Les Pyrénées au XIXe siècle*; Thibon, *Le Pays de Sault*.

ram. A ordem pública reina na aldeia e, se ainda há homicídios, agressões ou roubos, é por questões de família ou brigas de vizinhos.[12] Criminalidade ordinária e desordens cotidianas que não ultrapassam os limites da imprensa local.

Quanto ao romance policial, é lugar-comum dizer que ele é, por natureza, o produto da sociedade industrial e urbana. Mas as paisagens rurais não estão ausentes desses romances, e em particular os castelos, símbolo por excelência do lugar privado e do lugar fechado. A força da tradição, tanto a dos bandidos honrados do Ancien Régime como a do romance gótico, a qual eles modernizam e à qual ao mesmo tempo eles se submetem, continua fornecendo cenários. O ciclo dos *Arsène Lupin*, por exemplo, só é compreensível no mundo provincial dos castelos, das abadias, das falésias de Caux, no qual o herói, verdadeiro bandido senhorial, tem suas raízes. E, das herdades isoladas às ruínas e charnecas ermas, a sombra do romance *noir* tem um grande peso em muitas dessas narrativas.[13]

Se os espaços industriais (fábricas, oficinas, armazéns) continuam bastante raros, a estrada de ferro aparece como um lugar privilegiado da "periculosidade" urbana. No Segundo Império, "crimes ferroviários" espetaculares chamavam a atenção para esse novo tipo de delito – que parece particularmente incongruente e escandaloso, pois afeta um dos símbolos da modernidade, como se os criminosos exprimissem com ele sua insolente capacidade de se adaptar à era industrial. "Nada

---

12 Cf. Chauvaud, *Les passions villageoises au XIXe siècle*.
13 O castelo de Langrunes (*Fantômas*, t.I) ou do Glandier (*O mistério do quarto amarelo*), as ruínas de Hercule (*O perfume da dama de negro*), a sinistra charneca bretã (*A prisão de Fantômas*, t.XII).

é mais fácil do que matar um homem num trem; basta embrulhar uma pedra num lenço, bater na cabeça dele e jogar o corpo pela porta", declara Charles Jud, o assassino do magistrado Poinsot, presidente de câmara da Corte de Paris (6 de dezembro de 1860).[14]

Esse caso ruidoso, que incitou os poderes públicos a preconizar – sem sucesso, aliás – diversas medidas de segurança nas ferrovias (controle de itinerário, comunicação entre compartimentos, campainhas de alarme), repetiu-se 26 anos depois, por ocasião do assassinato de Jules Barrême, chefe de polícia de Eure, na ferrovia do Oeste. Cristalizando diversas angústias, a via férrea é acusada de ser o lugar de todos os crimes ("punguismo" crônico, vigarice "internacional", homicídios, banditismo "à americana"), inaugurado aparentemente pelos malfeitores mascarados que, de revólver em punho, assaltaram o expresso Paris-Toulouse em julho de 1897.[15] E não se começou também a detectar "batedores de carteira no metrô"?[16] A angústia do viajante solitário torna-se um tema obsessivo,[17] levado ao paroxismo em 1909 pelo caso Gouïn. Embora pouco numerosos, os crimes cometidos nos trens são considerados

---

14 *Le Petit Parisien*, 6 dez. 1895. Sobre esse caso, cf. Sussan, "Le fait divers dans l'art et la littérature", *Mélanges de la Bibliothèque de la Sorbonne*, n.4, p.110-1. Cf. também o repertório anedótico fornecido por Girard, *L'indicateur du fait divers*.

15 *Le Petit Journal*, 23 jul. 1897. Cf. as palavras alarmistas do senador Bérenger, *Journal Officiel de la République Française*, Sénat, Débats, 26 dez. 1911, p.1686.

16 *Le Journal*, 2 jan. 1903.

17 Cf., por exemplo, Bernard, "Le compagnon de voyage" (1905), in: *Amants et voleurs*, p.221-8.

o filé-mignon das redações e costumam ser longamente noticiados. Os suplementos ilustrados não perdem nenhum. Nos romances policiais, que repercutem amplamente essas representações, agressões num vagão podem constituir até mesmo o principal argumento da narrativa.[18] No cinema, e principalmente em Feuillade (*Juve contra Fantômas*), ela rivalizará com a perseguição automobilística como um dos recursos indispensáveis à dinâmica policial.

Paris/província

Lacassagne, segundo relata Edmond Locard, distingue três tipos de criminalidade; a rural, a urbana e a parisiense.[19] Evidentemente, esta última domina a geografia das representações criminais naquele início de século. Cidade por excelência, Paris só pode ser a cidade do crime. No *Petit Parisien*, como em outras folhas da imprensa popular, cujos repórteres e *fait-diversiers* encontram material abundante na "ronda" das delegacias, os crimes da capital representam mais de 40% dos casos relatados, e têm uma estabilidade notável. Do "drama da Avenue Henri-Martin" ao "crime da Rue de Malte", nenhuma ruela parisiense parece escapar ao frenesi criminal desses anos superexaltados.

---

18 É sobretudo o caso de numerosos folhetins do *Matin*, como *Justice*, de F. Oswald (7 ago.-25 nov. 1886), *Les noces d'Adrienne*, de Fonbrune (10 fev.-20 abr. 1892), *Quand on aime*, de Decourcelle (20 dez. 1906-9 abr. 1907), *Le spécial de minuit*, de Burford Delannoy (26 dez. 1906-9 abr. 1907).

19 Apud Videlier, "Les ancêtres des 'Ils'. Invariances", *Autrement*, n.104, p.35.

No entanto, a ênfase progressiva na delinquência apache concentra a atenção nos lugares considerados mais perigosos da Paris pós-haussmaniana. Em setembro de 1907, *Le Matin* mapeia os feudos dos apaches parisienses.[20] "Eles estão por toda parte", observa o redator na introdução; mas o centro da capital (Jardim das Tulherias e Palais-Royal, o perímetro do mercado Les Halles e do Boulevard de Sébastopol) é a zona mais vulnerável. Em janeiro de 1909, o caso Liabeuf – o assassinato do policial Deray por um "apache" que se julga injustamente acusado de proxenetismo – transforma a rue Aubry-le-Boucher, onde se deu o acontecido, no epicentro da Paris-Apache. Depois da execução de Liabeuf, é ali que aparecem os "vingadores", os "liabouvistes". A imprensa noticia que, em abril de 1911, mais de um ano após os fatos, o dono de um café, "espécie de comandante do exército do crime", ainda alimenta a memória do mártir vendendo cães antipoliciais aos apaches.[21] Singular recorrência, se considerarmos que, segundo Frégier, o centro, os Arcis, os bairros suburbanos de Saint-Antoine, Saint-Honoré e Saint-Jacques formam o essencial da Paris criminosa de 1840.[22] Se o centro continua perigoso, apesar da destruição sob o Segundo Império de suas áreas mais densas e deterioradas, é porque, à noite, os bares miseráveis e as calçadas atraem apaches e prostitutas. Os bares do mercado Les Halles, por gozarem de certo privilégio administrativo, são os únicos que podem ficar abertos a noite toda.

---

20 *Le Matin*, 2 out. 1907.
21 "Une rue livrée à l'apache", *L'Éclair*, 1º jul. 1910; *Le Petit Parisien*, 26 nov. 1911.
22 Frégier, *Des classes dangereuses de la population dans les grandes villes et des moyens de les rendre meilleures*, p.134-6.

A progressiva migração das populações operárias do centro da capital para os bairros periféricos delineia o quadro de um novo espaço criminoso. "A partir da rotunda da Villette, que é perigoso por toda parte, não existe segurança alguma [...]. Ai daqueles que não se deixam roubar sem se defender: os socos-ingleses e a faca não tardam a silenciá-los", observa um repórter em 1895.[23] São os bairros do Mail, da République e da Bonne-Nouvelle, mas também o Leste e o Sul parisienses (Charonne e Belleville, Épinettes e Batignolles, Ménilmontant, Villete, Bercy ou Grenelle), limitados pelo horizonte cinzento dos "fortes" e da "zona", onde a polícia descobre periodicamente cadáveres e restos macabros. Cercando o espaço parisiense, os bosques de Vincennes e Boulogne também são bolsões ativos de delinquência.

Para além desses limites, estende-se o espaço indeciso, com fama de incontrolado, das comunas da periferia. Lá o crime se aclimata lentamente, no ritmo do crescimento demográfico e urbano. Os repórteres e *faits-diversiers* passam a ser designados com frequência cada vez maior para a "cobertura" das delegacias suburbanas. No *Petit Parisien*, o número de relatos de periferia aumenta regularmente até chegar a cerca de um terço dos casos criminais na década anterior à guerra. Em sua maioria, esses casos recebem notas breves em seção (rixas, agressões, assaltos a mansões), mas a tendência é de crescimento. A partir de 1899 e, sobretudo, de 1907-1908, o "banditismo" ou a "insegurança na periferia" tornam-se assuntos muito apreciados, conferindo ao conjunto das comunas periféricas o *status* de lugar altamen-

---

23 *Paris-Journal*, 18 ago. 1895.

te criminógeno. Os jornais enfatizam a "periculosidade" e, em particular, a insuficiência notória de efetivos policiais, o que atrai delinquentes parisienses, sem autorização de permanência e condenados foragidos. "Quando se sentem vigiados em Paris, os malfeitores, os apaches, os malandros se refugiam nas comunas da periferia, onde a vigilância é menos ativa", declara o parlamentar Athanase Bassinet na Câmara dos Deputados.[24] Aos reiterados assaltos dos quais são vítimas as residências da periferia oeste somam-se os homicídios e as agressões que proliferam nas comunas do Norte e do Leste. Consequentemente, Paris e região acabam representando mais de dois terços dos relatos criminais na imprensa popular.[25]

Em consequência, o espaço dedicado aos crimes cometidos nos departamentos é bastante pequeno e tende a diminuir. O desprezo que os moradores de Paris têm pelos correspondentes locais incita as redações a inserir suas notícias em seção e mandar um enviado quando um caso parece interessante, o que contribui para diminuir, em número e tamanho, os crimes ou delitos provinciais. Ao contrário sobretudo da crônica parisiense, a seção "Nos Departamentos" funciona em ondas e descontinuamente.

Embora nenhuma cidade grande pareça escapar aos olhos atentos dos *faits-diversiers*, alguns lugares se destacam mais facilmente. Em primeiro lugar, Marselha, "cidade em poder dos malfeitores, [...] porto de matrícula do crime universal que avança sobre Paris e o mundo", é sistematicamente apresenta-

---

[24] *Journal Officiel de la République Française*, Chambre, Débats, 13 jun. 1911.
[25] 71,7% no *Petit Parisien* nos anos 1905-1914.

da como um lugar perigoso.[26] Os jornais falam à exaustão da zona portuária e do crescimento da população, sobretudo de elementos estrangeiros e "flutuantes"; e a insuficiência de policiais faz das docas, da Canebière e dos bairros de Saint-Barthélemy e Belle-de-Mai o paraíso dos *sicários*. Também falam muito das grandes cidades portuárias, como Bordeaux, Nantes, Brest, Saint-Malo e Toulon. Lyon, ao contrário, é geralmente descrita como um refúgio de segurança. A cidade tem os seus "malandros", os famosos "cangurus", e seus lugares perigosos (o parque Tête-d'Or, Saint-Fons e Vénissieux), mas ninguém hesita em afirmar que "a segurança é completa em Lyon".[27] Modo de dizer, sem dúvida, que está mais do que na hora de imitar o modelo lionês e estatizar a polícia marselhesa, que foi municipal até 1908.

Esses lugares-comuns do crime, um pouco mais acentuados talvez, formam o essencial do cenário do romance policial. O quadro parisiense é amplamente predominante, oscilando entre a opulência dos "bairros nobres" (o 7º, o 8º, o 16º distritos e seus prolongamentos na periferia oeste) e o horror do submundo, a Paris "do prazer e do crime" dos bairros periféricos. A eliminação dos espaços intermediários (o comentário valeria também para os grupos sociais) é evidentemente uma imposição própria do gênero. Excluindo os elementos que não parecem estritamente necessários à ação, a literatura popular privilegia o universo polarizado dos extremos.[28] No entanto,

---

26 *Le Matin*, 7 abr. 1904. Em abril e setembro de 1907, *Le Matin* institui uma seção episódica intitulada "Marselha Perigosa".
27 *La Petite République*, 27 set. 1907.
28 Couégnas, op. cit., p.107-20.

a retórica policial e sua exigência de oposição maniqueísta acentuam essa divisão mecânica dos personagens e dos lugares. Por exemplo, a série *Fantômas*, elogiada pelos poetas Max Jacob e Desnos como o "verdadeiro romance" da capital, justapõe as residências luxuosas do Oeste parisiense às espeluncas de Montmartre, Belleville ou Ménilmontant.[29] A herança do romance popular instiga os autores a privilegiar a Paris misteriosa da *"zone"*[30] ou dos subterrâneos: as pedreiras e as cavernas de Montmartre, os esgotos e as catacumbas. Esse parisianismo exclusivo, do qual só os ciclos maiores se esforçam para mostrar as nuances, condena a província a fornecer apenas cenários breves e fugazes. No entanto, *Fantômas*, a mais variegada dessas séries, percorre o Hexagone[31] levando seu quinhão de delitos e assassinatos a cada uma das 31 cidades que ela visita. Um recorde que não impede os autores, constrangidos quando a ação se prolonga, de apelar para alguns apaches, símbolos de uma delinquência bem parisiense.

Interior/exterior

O crime era mais frequente fora do que dentro, noturno do que diurno? A leitura dos *faits divers* não permite uma resposta categórica. Embora a perspectiva focada na delinquência apa-

---

29 Vareille, "Le Paris de Fantômas. Du pittoresque à l'inquétant", *Nouvelle Revue des Études Fantômassiennes*, n.1, p.69-94.
30 *Zone* (zona): modo como os parisienses se referiam à periferia degradada da cidade. (N. T.)
31 Le Hexagone: o Hexágono, designação do território francês em relação à Europa, cuja forma geográfica lembra um hexágono (três lados terrestres e três marítimos). (N. T.)

che e o grande número de narrativas do tipo "Paris à noite" ou "Ataques noturnos" enfatizem, sobretudo a partir de 1900, a periculosidade da via pública, crimes e delitos cometidos na esfera privada continuam muito frequentes. Em compensação, as gravuras dos suplementos ilustrados constituem um indicador mais preciso: a grande maioria das cenas de crime se dá em espaços públicos, na rua e, em menor grau, nas aldeias ou estradas rurais. Somente os crimes passionais e os assaltos continuam a perturbar a paz de um espaço íntimo cada vez mais seguro. Contudo, é lá que as cenas são mais e mais violentas. Como se, na origem da angústia moderna, a irrupção do crime na intimidade do lar venha necessariamente acompanhada de um excesso de violência e brutalidade. Mais curiosamente, é durante o dia que a rua parece mais perigosa quando representada nas gravuras. Sem dúvida, outra maneira de se referir à audácia crescente dos criminosos, coisa que a imprensa cotidiana também frisa — e indigna-se, sobretudo a partir de 1909, com o número crescente de agressões perpetradas em pleno dia.

 O imperativo dramático e a preocupação com o mistério incentivam o romance policial a privilegiar a noite e o lugar fechado. Por exemplo, a maioria dos crimes parisienses cometidos na série *Fantômas* ocorrem na intimidade, e muitas séries policiais a imitam nesse ponto. Todavia, tal característica não é dominante, e estamos longe do *whodunit* britânico, que exacerba o modelo na década de 1920. Na tradição do folhetim criminal, agressões e sequestros, cenas de rua ou perseguições (e especialmente as perseguições de automóvel, que depois do caso Bonnot, em 1911, se tornam passagens verdadeiramente notáveis) continuam a fornecer numerosíssimos motivos, que o espaço crescente dedicado à delinquência apache se encarrega de acentuar.

Apesar das lógicas de representação próprias de cada tipo de relato, crime e insegurança possuem seus lugares, e as convergências que vêm à tona são manifestas ali. A geografia criminal que se descobre dessa forma mostra ao mesmo tempo o peso da tradição e de certas mutações essenciais. Verdadeiro flagelo nacional (o estrangeiro nunca é evocado a não ser com fins pitorescos, edificantes, ou com o intuito de mitigar momentaneamente a falta de inspiração dos autores), o crime na França é apresentado sobretudo como uma especificidade urbana. Ponto focal da violência e do vício, a cidade, Paris em primeiro lugar, monopoliza mais do que nunca as representações. Embora menos opacas, as ruas da capital continuam sendo as "ruas assassinas que matam impunemente" evocadas por Balzac em *Ferragus*, desenhando um espaço ameaçador que não havia mudado muito desde o século XVIII.[32] Selvagem e sanguinário, o crime, porém, ganhou a intimidade do privado e passou a ameaçar a paz do lar. Mas, sem dúvida, é no enfraquecimento relativo dos crimes rurais e no surgimento desse espaço novo de periculosidade criminal, ou seja, a periferia parisiense, que melhor se exprimem as mutações da virada do século.

---

32 Balzac, *Ferragus* (1834), in *Histoire des Treize*, p.29. Sobre a rua parisiense no século XVII, cf. Farge, "Un espace obsédant: le commissaire et la rue à Paris au XVIIIᵉ siècle", *Révoltes Logiques*, n.6, p.7-23; "L'insécurité à Paris: un thème familier ao XVIIIᵉ siècle", *Temps Libre*, n.10, p.35-43.

Capítulo 5
O motivo do crime

Homicídios, rixas, agressões, furtos, assaltos ou fraudes, nenhuma transgressão da ordem cotidiana parece escapar aos olhos vigilantes dos contemporâneos. No entanto, nem todas afetam na mesma medida a consciência e o imaginário social. Certos tipos de delitos e crimes retêm e "superexpõem" mais a atenção, revelando assim os principais polos nevrálgicos, os pontos de discórdia ou ruptura em torno dos quais se concentram a reprovação, os temores e as angústias sociais.

O corpo ameaçado

Como atesta o senso comum, o crime é, em primeiro lugar e antes de mais nada, o atentado ao corpo e à integridade física. Todos os relatos o dizem, sobretudo os da imprensa popular, que dá um grande espaço aos crimes e delitos contra a pessoa. No *Petit Parisien*, por exemplo, representam 60% dos casos e 75% da superfície da crônica criminal. E a impressionante estabilidade desses números salienta bem que se trata aqui de uma espécie de imperativo de representação, sem vínculo real com as flutuações da criminalidade, seja ela "real" ou "legal", isto é, notificada.

Dominando grandemente o conjunto (um bom terço dos relatos), os homicídios se impõem naturalmente. Crime por excelência, o assassinato, que os repórteres enunciam em todas as suas formas, do tradicional drama familiar ao homicídio crapuloso, constitui o alimento privilegiado da crônica e o principal tema de interesse – ou reputado como tal – do público. Por conseguinte, mais de cinco crimes de sangue são oferecidos diariamente ao leitor, e esse número cresce regularmente, e um mesmo crime tem tendência a suscitar cada vez mais relatos. Isso permite dar verossimilhança à ideia incessantemente repisada de um insuportável aumento dos homicídios. Como denunciou um publicista, não se vivia na época a era do "assassinato triunfante"?[1] Essa preponderância do crime de sangue aparece ainda mais nitidamente sob a óptica da paginação. O homicídio impera na primeira página (dois terços dos relatos) e representa mais da metade da superfície dedicada ao *fait divers*. Seu prestigio se acentua ainda mais com o aumento da paixão pela investigação.

Os relatos de agressões, roubos ou assaltos cometidos com violência, ou seja, principalmente os atos de delinquentes, apaches ou outros "malfeitores profissionais", constituem a segunda grande parte dos atentados a pessoas noticiados pela imprensa. O número duplica no período, avançando muito mais depressa do que o dos assassinatos. Na véspera da guerra, *Le Petit Parisien* relata entre três e quatro desses casos por dia. Fortemente amplificados, são particularmente propícios às in-

---

[1] Vital-Mareille, *L'assassinat triomphant*.

venções e aos *canards* dos *fait-diversiers*. A partir de 1900, e mais ainda de 1907, tornam-se o símbolo da criminalidade urbana, cujo crescimento é incessantemente deplorado. "Só se fala em apaches", observa sem nenhuma ironia um repórter parisiense em janeiro de 1910.[2] Burgueses assaltados ou molestados, bolsas arrancadas de suas proprietárias, transeuntes derrubados por causa de alguns centavos: no dizer da imprensa cotidiana, o ataque noturno é a principal calamidade das grandes cidades, provocando preocupação e comentários alarmistas.

Rixas, brigas sangrentas, golpes e ferimentos, embora noticiados com frequência em seção, aparecem sub-representados e raramente são objeto de comentários. Trata-se sobretudo de enfrentamentos e rixas entre pessoas alcoolizadas, entre operários ou diaristas, entre franceses e italianos, e também "entre italianos". Enquanto a estatística judiciária registra uma forte alta da violência física simples e da violências doméstica – alta devida essencialmente ao aumento dos recursos à Justiça e do número de queixas –, sua presença na imprensa aumenta de forma muito moderada, fato que mostra bem a pouca reprovação desse tipo de delito na consciência social. Raptos, sequestros ou desaparecimentos, que, no entanto, são assuntos propícios às "investigações pessoais", também são pouco frequentes.

Só os crimes sexuais, os atentados ao pudor e, sobretudo, os estupros têm um aumento notável nas colunas dos jornais.[3] Estas os mencionam sucintamente e de modo sempre muito

---

2 *Le Matin*, 12 jan. 1910.
3 Eles representam, no *Petit Parisien*, 0,5% dos ataques a pessoas nos anos 1895-1903, 2,2% nos dez anos seguintes e 2,9% em 1914.

eufemizado ("horrível", "infame" ou "odioso" ultraje, "caso delicado", moça "desonrada"), mas essa progressão demonstra a elevada sensibilidade ao tema, sobretudo no caso das meninas, cuja violação é percebida como um crime cada vez mais intolerável.[4] O relativo comedimento sexual, a atenção crescente com a infância e o modelo preponderante da intimidade burguesa convidam a um maior interesse por esse tipo de caso. Entretanto, apesar do lugar outorgado a alguns crimes espetaculares – Vacher em 1897, Vidal em 1902 e sobretudo Soleillant, o assassino da pequena Marthe Erbelding em fevereiro de 1907 –, ainda estamos longe dos números registrados pelo *Compte général de l'Administration de la Justice Criminelle*, que recenseia uma média anual de 473 estupros e atentados ao pudor cometidos entre 1891 e 1913. Contrariamente à regra referente ao assassinato ou à agressão, a "publicidade" parece incongruente e deslocada nesse domínio.

Entre os motivos desses crimes tão díspares, delineiam-se algumas tendências convergentes. Muito presente, a criminalidade vindicativa ou impulsiva – brigas, discussões, vinganças ou dissensões – continua a perturbar a paz e a ordem cotidianas. Chega a ser surpreendente o grau de violência que rege as relações de vizinhança ou de trabalho e a grande quantidade de conflitos que ainda se resolvem a murros, facadas ou foiçadas. Se acrescentarmos os tradicionais crimes passionais, as violências sexuais, os abortos e os infanticídios, as tragédias

---

4 Lacassagne, "Des attentats à la pudeur et des viols sur les petites filles", *Archives d'Anthropologie Criminelle*, p.58-68. Cf. igualmente Sohn, que também assinala o aumento do número de queixas de atentados ao pudor, "Les attentats à la pudeur sur les fillettes en France", *Mentalités*, n.3, p.71-111.

"de loucura" ou "alcoolismo", é precisamente na esfera privada, da família, da vizinhança ou do círculo íntimo, que reside a principal ameaça. Pouco espetaculares, esses crimes íntimos ou domésticos nunca originam investigação ou inquérito, com exceção talvez dos crimes passionais, acerca dos quais os repórteres e os redatores se estendem de bom grado. Trata-se, porém, de um conjunto abundante que agrupa a metade dos relatos publicados na imprensa.

Quanto ao mais, seja o motivo claramente crapuloso, seja por maldade ou gratuidade – e vale recordar que malfeitores e apaches matam com frequência por provocação ou diversão, e às vezes pelo simples prazer de fazer mal –, seja desconhecido, misterioso ou incompreensível, ele é atribuído à "maré crescente" da criminalidade profissional e enseja discursos proliferativos. A ela também se associam os casos provocados por medo, fuga ou "legítima defesa", praticamente inexistentes nos *faits divers* da década de 1890, mas cujo crescimento é perceptível a partir de 1906. Quanto aos crimes políticos (atentados ou assassinatos anarquistas, essencialmente), sempre apresentados como obra de malfeitores profissionais, continuam a ocasionar relatos muito prolixos, tanto no país quanto no exterior.

Essa "super-representação" dos crimes contra a pessoa é fortemente realçada nos suplementos ilustrados, nos quais a proporção chega a quase 90%. Atentos ao movimento, à ação e ao sangue, os gravuristas procuram dar às imagens uma espécie de violência imediata e emocional, em que o espetáculo da agressão parece onipresente. Assim, homicídios e ataques noturnos dominam um conjunto em que se comprimem todos os padrões do *fait divers*. A tradição do *canard*, cuja influência é mais forte aqui do que na imprensa cotidiana, impõe sua cota de cenas recorrentes: criminalidade familiar e privada, crimes passionais, parricídios, sequestros e raptos de crianças. Mas, a partir de 1905, a força do consenso incentiva os gravuristas a multiplicar os crimes de ladrões e apaches, cujas representações são definidas por eles – e durante um bom tempo.

A mesma ênfase na violência e no assassinato se acha naturalmente nas ficções criminais. Apresentada como um mistério inicial nas mais "policiais", e marcando o curso da narrativa nas mais "folhetinescas", somente a supressão física, o atentado violento contra a vida de outrem, constitui uma ruptura suficiente para fornecer um pretexto à narrativa e manter a dinâmica. Portanto, os assassinatos são o fundamento de toda trama policial, mesmo que, uma vez iniciada, ela multiplique peripécias e transgressões paralelas. Em especial os grandes ciclos, que se pretendem "epopeias do crime", empenham-se em apresentar a criminalidade em todas suas as formas, o que ainda permite renovar periodicamente o interesse romanesco. É o caso de *Nick Carter*, *Zigomar* ou *Fantômas*, ricos em toda sorte de delitos. *Fantômas*, por exemplo, totaliza 552 crimes e delitos, dos quais dois terços são perpetrados contra pessoas. Mesmo que o número de homicídios seja ligeiramente menor em comparação com as agressões físicas, a encenação e descrição de assassinatos, cruéis e minuciosas, não deixam a menor dúvida quanto a sua função na ordem do relato. Raptos e sequestros também são úteis para manter a tensão e adensar o mistério. Mas é evidentemente o homicídio, suprassumo da transgressão, que governa o romance policial. Crimes perversos, na maioria, mas também maquinações sombrias, movidas por loucura ou orgulho, ou mesmo, na tradição do super-homem prometeico reivindicado por certos ciclos, vontade de poder e domínio por parte do herói

(*Ténébras, Zigomar, Fantômas*), que são também encarnações do mal e máquinas de matar, sedentos de vingança e morte.

Portanto, monopolizando o imaginário do crime, os atentados contra a pessoa focalizavam os medos e as apreensões. No entanto, sabemos que a criminalidade ao longo do século XIX é marcada por uma lenta diminuição dos atentados contra a pessoa em proveito dos crimes contra os bens e dos casos "engenhosos". Para nos restringirmos ao duplo decênio de 1894-1914, o conjunto de crimes ou delitos contra a pessoa não chega a representar 16,9% do total dos casos julgados em tribunais penais ou correcionais.[5] Mesmo levando em conta os casos que não chegam a ser objeto de ação judicial ou são abandonados, os famosos "crimes impunes" que tanto deleitam a crônica criminal e que, no que se refere aos homicídios, representam até 60% dos casos,[6] a relação está longe de se inverter. Como evidencia um documento de maio de 1912 do Ministério da Justiça, os crimes e os delitos contra a propriedade, essencialmente os roubos, representam o maior contingente de crimes impunes.[7] Mas, numa sociedade cada vez mais preocupada com a sua intimidade, na qual o corpo começa a

---

5 Esse número leva em conta o total de crimes contra a pessoa julgados em tribunais penais, assim como lesões e agressões, atentados aos costumes, abandonos, supressões ou exposições de crianças julgados em tribunais correcionais (*Compte général de l'Administration de la Justice Criminelle (1894-1913), passim*).

6 62,9% nos anos 1894-1907 (*Compte général de l'Administration de la Justice Criminelle (1906)*, p.XVI-XVII), 63,9% na sequência 1901-1910, segundo o documento citado na próxima nota.

7 "Mouvement statistique sur les dix dernières années portant sur les crimes et délits intéressant particulièrement l'ordres et la sécurité publique" (Archives Nationales, BB18 2491).

ser considerado um bem supremo e todos reconhecem o progressivo domínio sobre os instintos e os costumes, a violência e o atentado físico são percebidos cada vez mais como agressões inaceitáveis. Contrariamente às ideias disseminadas por certos contemporâneos, esse é também o sentimento dos júris penais, que reprimem severamente os crimes contra a pessoa.[8] Sensível, atento ao eu individual e corporal, o homem da virada do século rejeita a violência e o horror das agressões físicas.[9] No entanto, apesar de unanimemente rejeitadas, mais do que nunca elas se mostram, como se o seu recuo paulatino só pudesse vir acompanhado de um fascínio mórbido por elas.

Bens em perigo

Nesse contexto, crimes e delitos contra a propriedade parecem consideravelmente sub-representados. É como se essa criminalidade ordinária, vista como um mal deplorável, mas inevitável, fizesse parte das falhas naturais da sociedade e, portanto, estivesse sujeita a uma reprovação menor. E, se atinge um burguês ganancioso ou um comerciante ingênuo, é rapidamente transformada num moralíssimo *fabliau*.[10]

No *Petit Parisien*, os crimes contra os bens representam apenas um terço dos relatos de *faits divers*. Contudo, em média

---

8 Cf. Gruel, *Pardons et châtiments*, p.32 et seq., que denuncia a ficção do "júri distinto e proprietário".
9 Corbin, "Le secret de l'individu", in: Perrot (Org.), *Histoire de la vie privée*, t.III, p.419-501. Cf. também Chauvaud, *De Pierre Rivière à Landru*, p.235-51.
10 *Fabliau*: breve romance medieval em verso, geralmente grosseiro e muitas vezes escatológico ou obsceno. (N. T.)

cinco casos são noticiados por dia e esse número aumenta lentamente, no ritmo da inflação natural da crônica. É um número considerável, se levarmos em conta que, com exceção dos roubos ou fraudes ruidosas que podem dar margem a relatos "em episódios", cada ocorrência corresponde a um caso diferente. Sem dúvida, estamos longe da massa de crimes julgados nos tribunais correcionais, mas as seções dos jornais representam um espaço específico, em que pululam as pequenas transgressões comuns. Há roubo de tudo: carvão, perdizes, barris no cais do Sena, sapatos nos trens, carne nos matadouros, roupas no colégio Jeanson-de-Sailly, pólvora na Escola Politécnica, fios telefônicos, sem esquecer, naturalmente, cabelo na cabeça das mulheres. Os jornais também gostam de apresentar tipologias do roubo que, além de pitorescas, não deixam de ser um convite à vigilância do leitor. Mas os relatos, confinados nas seções, continuam breves e sem comentários, salvo as trapaças e os arrombamentos, obras do "exército do crime", e sobre as quais pesa um grave olhar de reprovação. São raros os que, em tais condições, conseguem chegar à primeira página. Para tanto, é preciso que a qualidade dos protagonistas seja notável – gente chique ou "bandidos internacionais" –, que o objeto do roubo seja excepcional – a *Mona Lisa* – ou que a trapaça seja gigantesca. O famoso caso Humbert, fraude monumental envolvendo uma herança, ou a aventura menos conhecida do policial Galley, que no verão de 1905 foge com a sua amante, a bela Merelly, e 2 milhões de francos, não são banais.

Não obstante, dois tipos de caso crescem consideravelmente. Os estelionatos, em primeiro lugar, que muitas vezes estão ligados à "alta delinquência" e suscitam no cronista ora reprovação ora admiração técnica. Os arrombamentos, em segundo lugar, cujas narrativas se tornam cada vez mais prolixas e alarmistas. Ataque à vida privada, obra de ladrões ou profissionais do crime, tais delitos, dos quais se diz com naturalidade que levam diretamente ao homicídio, aparecem como um dos principais fatores da crescente insegurança, sobretudo na periferia parisiense.

Cometidos sem violência, os ataques à propriedade são raros nos suplementos ilustrados, como se fossem um crime corriqueiro, uma transgressão demasiado banal para ter acesso à memória viva do crime que essas publicações representam. Devemos frisar, no entanto, a permanência de algumas cenas tradicionais, sobretudo caça e pesca clandestinas e contrabando, e o crescimento dos assaltos espetaculares ("Os arrombadores de muralha") ou particularmente macabros ("Os saqueadores de cadáveres").[11] No entanto, mesmo quando são apresentadas de maneira anódina, a sombra da violência, da destruição e da morte sempre pairam sobre as ilustrações.

Quanto ao romance policial, o argumento não pode se reduzir ao simples ataque à propriedade, apesar do prestigioso precedente de *Le Dossier 113*, de autoria de Gaboriau (1867), que se apoia nas consequências de um roubo. Mesmo para um personagem como Arsène Lupin, bandido honrado e ladrão de casaca que tem horror a qualquer derramamento de sangue, o roubo e a trapaça só podem produzir novelas simples. Por mais que se roube a caixa do Banque de France (*Zigomar*), do cassino de Monte Carlo ou o ouro da cúpula do palácio dos Invalides (*Fantômas*), a ação, quando ganha consistência, é necessariamente acompanhada de situações que envolvem risco

---

11 *Le Petit Journal*, Supplément Illustré, 19 fev. e 18 jun. 1905.

de morte. Embora sejam abundantes nas grandes séries francesas ou estrangeiras (e em especial *Nick Carter* e seus múltiplos avatares), os roubos, os desvios de herança ou as trapaças não são capazes de organizar o espaço narrativo por si sós. Tanto em número como em superfície, outros delitos ocupam um lugar apenas marginal nos jornais. Por exemplo, os atentados à ordem pública (rebeliões ou evasões, desacato, vadiagem e mendicância, que, no entanto, estão no centro das preocupações das áreas rurais) continuam raros; noticiados sucintamente, geram poucos comentários na imprensa. Mais frequentes na iconografia, na qual vagabundos e ciganos, evasões ou rebeliões de presidiários podem periodicamente apresentar algum interesse, não passam de peripécias secundárias na literatura policial, com exceção talvez das evasões, sempre muito apreciadas, que às vezes formam a trama de alguns relatos (*L'évasion d'Arsène Lupin*, o ciclo *Chéri-Bibi*, de Gaston Leroux).

O crime, o verdadeiro, o único, é em primeiro lugar o ataque intolerável ao corpo e à intimidade pessoal. Homicídios, agressões e, em menor escala, arrombamentos, esse atentado intolerável à integridade do lar, aparecem como plagas superexpostas, nas quais se exprimem as preocupações de uma sociedade que toma juízo e se policia, instalando-se pouco a pouco no conforto material e moral do privado. E se ainda prevalece certa criminalidade familiar ou doméstica, vindicativa ou impulsiva, são os casos perversos que originam discursos e representações mais alarmistas. Nisso reside a ameaça, mais inquietante quando parece provir de malfeitores que, às vezes, receia-se que formem uma terrível e misteriosa sociedade paralela.

Capítulo 6
A arma do crime

Descrita muitas vezes de forma insistente, a arma aparece como um elemento central da cenografia do crime. Afinal, não é em torno dela que se desenrola o momento crucial? É notória a dimensão simbólica, fetichista até, desse acessório do crime que os colecionadores chegam a disputar em leilões (o fogão de Landru!).[1] Quando é comum e usual, fornece título ao artigo: "Drama do revólver", "O vitríolo", "Morta a golpes de...". Inabitual, dá corpo ao relato para o qual fornece a trama. E se é insólita ou misteriosa, não tarda a se transformar em indício, objeto de investigação, hipóteses ou especulações. Em todos esses casos, é objeto de discursos prolíficos que cristalizam angústias e obsessões. É ela que define os tipos de crimes que assombram a imaginação social e, às vezes, esboça a psicologia ou a sociologia do criminoso.

---

1 Henri Landru, o Barba Azul de Gambais, usava um fogão a lenha para incinerar os corpos de suas vítimas. (N. T.)

Armas ocasionais

Apesar da atenção crescente que se dá aos "acessórios do crime", matar ou agredir não implica necessariamente o recurso a um instrumento específico. Nas mãos do criminoso, tudo ou quase tudo pode se transformar em objeto de violência e morte, a começar por seu próprio corpo. Em toda a imprensa popular, os assassinatos e as agressões cometidos com as mãos nuas dominam a crônica criminal. As mãos que batem ou violam, as mãos que estrangulam ou afogam impõem-se como a principal ameaça, aquela pela qual se expressa a animalização da figura do criminoso, patente em tantos relatos. Arma masculina, leal e ao mesmo tempo bestial, onipresente em brigas, rixas ou agressões sexuais, mas também em muitos homicídios e ataques noturnos, as mãos revelam também a primazia da criminalidade ocasional ligada à esfera privada. E, se tendem a aparecer menos da iconografia, é porque a importância do gestual requer que o braço agressor esteja armado. Já o romance policial, embora aprecie os estrangulamentos pela forte carga de angústia (um terço dos assassinatos e agressões na série *Fantômas* são perpetrados com as mãos vazias), prefere armas mais materiais, as que deixam indícios e vestígios.

No entanto, sendo assassinas, as mãos aceitam qualquer instrumento cortante ou contundente que aumente sua violência. Ávidos por esses objetos inusitados ou paradoxais, os jornais os mencionam imediatamente, e não hesitam em dedicar pesquisas ou editoriais às inovações mais extraordinárias. Como sucedeu, por exemplo, em dezembro de 1901, depois que o inglês Gilmour utilizou um "saco de areia" para assassinar a sra. Kolb.[2] Armas de contato em sua maioria, as mãos formam um arsenal impressionante e heteróclito que nunca terminaríamos de enumerar. As pessoas se matam ou se agridem com, entre outras coisas, golpes de arpão, baioneta, barra de ferro, bengala, bíblia, caneta, cassetete, chave, clava, eixo de carrinho de mão, enxada, enxó, estaca, estilete, foice, forcado, gadanha, garrafa, guarda-chuva, lâmina de barbear, lima de três quinas, maça, machadinha, machado, martelo, mola, navalha, pá, pau, pedra, picareta, podão, porrete, pua, sabre, saco de areia, soco-inglês, taco de bilhar, tesoura, tijolo, vidro, sem esquecer, é claro, água fervente e brasas jogadas no rosto da vítima.

Enumeração um tanto atrapalhada, mas mostra bem a infinidade de recursos empregados pela impulsividade criminosa, tanto no campo quanto na cidade. Cerca de 10% dos homicídios ou agressões noticiados pela imprensa semanal ou diária são perpetrados com a ajuda de instrumentos diversos e contundentes, ao qual convém acrescentar objetos cortantes, fogo e gás. A espingarda, geralmente de caça, também serve como arma ocasional, da qual se apodera o vigia do castelo ou o camponês exasperado. Arma campesina, aparece com frequência nas gravuras dos suplementos, que, mais do que os jornais diários, privilegiam os crimes rurais. Tal como é, esse conjunto heterogêneo representa mais de um terço das menções. Se lhe acrescentarmos boa parte das facas, das quais nem todas são navalhas e punhais, típicos dos profissionais do crime, mas simples facas de cozinha ou de ponta ("A faca usada pelo assassino é uma faca de mesa, sem fio; o cabo de metal foi completamente removido, sem dúvida em virtude do esforço que o

---

2 Graz, "Les accessoires du crime", *Le Petit Parisien*, 7 dez. 1901.

assassino precisou fazer"),³ a arma que prevalece é incontestavelmente a faca "de uso", como prevalecem, aliás, as múltiplas formas de criminalidade impulsiva e comum. No entanto, o romance policial, que não desdenha as "armas silenciosas", para resgatar a expressão de Gaston Leroux,⁴ faz muito pouco caso dessa criminalidade trivial para lhe dar o lugar de protagonista.

Os instrumentos de agressão

É diferente no submundo, que se tornou especialista na arte do ataque noturno e possui um arsenal específico: "o canivete, o soco-inglês, o pingalim, o cassetete, o porrete, a maça, a atiradeira, o saco de areia", como recorda um deputado, que se esquece de passagem do osso de carneiro.⁵ Em meio a todo esse equipamento, a faca é, até pelo menos a década de 1910, a arma por excelência dos bandidos. "Homem usa faca, não revólver", declara um veterano do "exército do crime" a jovens apaches. "Tem de sangrar. Com o revólver, você faz um buraquinho quase invisível, não sai uma gota de mosto. O mosto é como vinho tinto, essa é a única verdade."⁶ Rejeição da arma de fogo que exprime tanto o apego aos objetos familiares do mundo operário, do qual provêm os jovens "malandros", quanto o mito do "macho", que é muito forte nesse ambiente.

---

3 *Le Rappel*, 10 abr. 1901.
4 Leroux, *Le mystère de la chambre jaune*, p.19.
5 [Escápula do carneiro, usada como soco-inglês. (N. T.)] *Journal Officiel de la République Française*, Chambre, Documents, 1911, annexe n.748, p.157.
6 Apud Chevalier, *Montmartre du plaisir et du crime*, p.298.

A faca estabelece uma relação quase íntima entre o agressor e o agredido, da qual o sangue, seiva por excelência, é a confirmação mais evidente. Verdadeiros "sangradores" à imagem de Chéri-Bibi, personagem de Gaston Leroux que é ele próprio uma paródia do "faquista" de Sue, os ladrões dos *faits divers*, os apaches dos suplementos e os delinquentes dos folhetins brandem o punhal fatal ou, na ausência dele, a navalha ou a faca de trinchar. Mas é preciso saber usá-la. Porque a lâmina se ajusta ao braço de quem a usa. Nobre e leal ao desafiar autoritariamente o adversário, torna-se mais pérfida quando se trata do punhal ou do estilete armado nas sombras pelas mulheres criminosas (Dolorès Kesselbach em *813*, de Maurice Leblanc), e até mesmo covarde e sorrateira nas mãos dos miseráveis marginais que a cravam nas costas do transeunte atrasado. Cenas que se repetem nas gravuras dos suplementos ilustrados, para os quais a faca, com sua gestualidade larga e ampla, é um acessório muito apreciado.

No entanto, ainda que faça tremer, a faca continua sendo uma arma honorável, incomparavelmente superior ao revólver ou aos inúmeros acessórios que o progresso técnico, verdadeiro sacrilégio, põe a serviço do crime. É o caso em particular dos narcóticos e do clorofórmio, popularizado pela quadrilha do "químico", que, além disso, opera "em vagões".[7] E, certamente, do automóvel, cujo uso nos roubos preocupa desde 1908,[8] e que os crimes de Bonnot e seus cúmplices transformam em

---

7 *Le Matin*, 15 jan. 1910.
8 "Na noite em que um roubo foi cometido, ouviu-se quase o tempo todo o barulho de um motor", escreve em 24 de fevereiro de 1908 o prefeito de Montmorillon, que preconiza a organização de uma grande batida nacional nas estradas da França (Archives Nationales, BB18 2363/2).

obsessão nos três anos anteriores à guerra. Deputado de Ille-et-Vilaine, Alexandre Lefas propõe, em 1912, que não haja circunstâncias atenuantes para malfeitores que utilizem automóveis em seus crimes.[9]

Outro soldado do exército do crime, o anarquista torna-se especialista em "máquinas", dinamite e explosivos diversos que tanto alarmam os parisienses nos anos 1893-1894. Com exceção de uns poucos delinquentes atípicos, que organizam roubos sensacionais ou assassinatos com dinamite,[10] ele é o único a utilizar explosivos. Só é encontrado com frequência, portanto, nos suplementos ilustrados, que declararam guerra sem quartel ao anarquismo e acompanham com atenção os atentados perpetrados no estrangeiro. Naturalmente, não aparece no romance policial, que o evoca apenas em alguns episódios "terroristas" (*Rouletabille chez le tsar*). Somente a sede de destruição que anima os "gênios do crime" mais alucinados da literatura policial (Fantômas, Zigomar) leva-os a incluí-lo em seu arsenal de terror, aliás, já bastante abarrotado: aos mosquitos propagadores de peste, jiboias estranguladoras, flores ou macarrão envenenado, vaporizadores vitriolados, gases mortais ou injeções mumificantes, eles associam a banana de dinamite para destruir, por exemplo, os reservatórios de água de Montmartre ou, recurso mais sofisticado, amarrar prisioneiros.[11]

Para a violência feminina, a tradição reserva o vitríolo e o veneno, armas de vingança que condizem com o caráter su-

---

9 *Revue Pénitentiaire*, 1912, p.590-1.
10 *L'Intransigeant*, 3 maio 1901; *Le Journal*, 15 jul. 1901.
11 Respectivamente: *Zigomar*, fasc. 13; *Fantômas*, t.II; *Zigomar*, fasc. 8; *Fantômas*, t.XXIII; *Zigomar*, fasc. 16; *Fantômas*, t.IX; *Zigomar*, fasc. 23; *Zigomar*, fasc. 28; *Fantômas*, t.XXIII; *Zigomar*, fasc. 7.

postamente pérfido e malévolo das criminosas. Embora seja o recurso preferido das amantes abandonadas e das esposas traídas, o vitríolo – um "punhal líquido" cuja queimadura faz as vezes do estigma vergonhoso da sífilis no rosto do homem – é pouco frequente nos *faits divers* diários. Em compensação, quando é usado por um homem, escândalo lógico *oblige*, é sempre copiosamente comentado.[12] Considerando-se a grande parte que reservam aos crimes passionais, causa surpresa que seja pouco representado nos suplementos ilustrados. Mas o gesto, que carece de amplidão e espetáculo, ajusta-se mal à gestualidade necessária às gravuras.

O mesmo vale para o envenenamento, apesar de unanimemente reconhecido como um instrumento de duplicidade e dissimulação próprio das mulheres. Se é ocasião propícia para evocar figuras célebres, como a marquesa de Brinvilliers ou Marie Lafarge, o envenenamento é um motivo pouco frequente na imprensa cotidiana, que só dá destaque de fato a dois grandes casos (femininos, obviamente): o envenenamento de Marselha, em dezembro de 1903, e o de Saint-Clar, em outubro de 1904. Arquetípicas, as imagens da mulher vitrioladora ou envenenadora parece marcar passo nesse começo de século. Passionais, vindicativos ou infanticidas, os crimes cometidos por mulheres são em sua maioria de mãos nuas (a ogra Jeanne Weber!) e mais tarde – sinal dos tempos – com a ajuda de um revólver insidiosamente dissimulado no fundo da bolsa ou da bainha.

---

12 Cf., por exemplo, "Un mari vitrioleur", *Le Petit Journal*, Supplément Illustré, 30 jun. 1901, ou, mais atípico ainda, "Un homme vitriole son rival", *Le Matin*, 1º jan. 1897.

A era do revólver?

> Um bêbado não é servido como deseja? Bangue!... Uma moça não cede aos avanços de um pretendente? Bangue!... Dois operários discutem por um motivo fútil? Bangue!... Um marido fica sabendo, por carta anônima ou mexericos, de revelações íntimas sobre sua consorte? Bangue!... Verdade ou mentira, pouco importa! Bangue!... Etc. etc. Bangue!... Bangue!... Bangue!... Tal é o argumento hoje em dia.[13]

Essa carta de um cidadão ao ministro da Justiça mostra claramente a ideia que se impõe progressivamente na França dos anos 1910: a de um intolerável e brutal aumento dos atentados cometidos a bala. O país entra na "era do revolverismo",[14] febre mortífera que, no dizer da imprensa, não para de crescer: "O cidadão revólver fala demais", "O *browning* em Vincennes", "E a loucura do revólver continua".[15] *Revolvériser* [revolverizar] se torna o verbo da moda.[16] Relator de diversas propostas de regulamentação das armas de fogo em 1911, Raoul Perret avalia em "várias centenas de milhares o número de revólveres atualmente nas mãos dos cidadãos" e denuncia a espantosa facilidade com que as pessoas brincam com eles na rua, em

---

13 Archives Nationales, BB18 2363/2. Carta datada de 10 set. 1910.
14 "Âge du revolvérisme", título do artigo de M. Prax no *Le Matin*, 26 jan. 1911.
15 *L'Intransigeant*, 1º ago. 1912; *Le Journal*, 23 jul. 1913; *L'Intransigeant*, 24 ago. 1912.
16 *Le Journal*, 26 ago. 1911. Ver também o número especial que *L'Assiette au Beurre* dedica ao revólver, 12 nov. 1910.

casa, nos tribunais e até mesmo no próprio Parlamento.[17] No mesmo ano, o Conselho Geral do Sena queixa-se da banalização do porte de revólver.[18]

Nos jornais, embora mais propensos a condenar o uso crescente das armas de fogo, as propagandas de revólver, que vêm acompanhadas em geral de discretos convites à autodefesa, torna-se mais insistente. "Contra os malfeitores, defenda-se! Com o *Fracassant*, revólver de doze tiros, 35 metros de alcance, preço 60 francos, ou o *Redoutable*, de cinco tiros, [...] balas blindadas, [...] sem fumaça, mata a 80 metros."[19] Queda dos preços e pagamento a prestações colocam-no à disposição dos bolsos mais modestos: 20 francos por um revólver de cartuchos blindados Lebel; 38 francos por um revólver de bolso Quillet; também 38 francos (dez parcelas mensais de 4 francos) por um *browning* de bolso. E *Le Petit Journal*, como brinde, oferece um revólver de seis tiros a leitor que comprar *L'histoire générale de la guerre de 1870-1871*.[20]

Adaptada às novas condições da criminalidade urbana, essa arma "de bolso" aparece sobretudo como um instrumento perigoso, de manejo fácil, limpo demais e moderno demais. Por matar à distância, é considerada uma arma de covardia e impunidade, que nega o cara a cara do enfrentamento viril ou a mácula do corpo ferido.[21] Ainda que seja menos frequente que

---

17 *Journal Officiel de la République Française*, Chambre, Documents, 1911, annexe n.784, p.156.
18 Apud Zeldin, *Histoire des passions françaises*, t.V, p.163.
19 *Le Journal*, 16 jan. 1903.
20 "Fabrique centrale d'armes", *Le Petit Parisien*, 1º abr. 1908; "La sécurité sur soi", *Le Petit Parisien*, 2 mar. 1910; 6 abr. 1914; 5 jan. 1909.
21 *Journal Officiel de la République Française*, Chambre, Documents, 1911, annexe n.748, p.156.

a faca, o revólver é cada vez mais citado nos *faits divers* diários. No *Petit Parisien*, o grupo das armas de fogo, amplamente dominado pelo revólver, aumenta de forma bastante regular até representar mais de um quarto das armas assinaladas às vésperas da guerra. E se malfeitores, bandidos e apaches o adotam sem demora, sinal da paulatina profissionalização da ladroagem, o que alimenta os discursos mais preocupados é sobretudo o uso pelos cidadãos (crimes passionais ou vinganças privadas). O revólver também domina as gravuras dos suplementos, em detrimento das facas e das armas ocasionais. Reflexo fiel dessas mudanças, o romance policial o transforma em arma por excelência, discreta e anônima, do assassino moderno.

A estatística judiciária, que desde o início do século registra um aumento perceptível e contínuo de processos por porte de armas proibidas, confirma amplamente essa constatação. Entretanto, o fenômeno tem mais a ver com a intensificação da repressão, preconizada pelo poder público, do que com a proliferação do delito. Em 1910, perante o clima de preocupação e os discursos que denunciam o "enervamento" do ilícito, o Ministério da Justiça recomenda aos magistrados intensificar a repressão. Em 20 de agosto de 1912, uma circular do ministro da Justiça indica que "o uso de armas proibidas e, sobretudo, do revólver, tende a se tornar um fator preocupante de criminalidade juvenil" e que "a frequência crescente dos atentados cometidos com o auxílio do revólver tem comovido a opinião e preocupado o poder público". Lamentando a indulgência dos tribunais, convida-os a se mostrar mais firmes na aplicação da lei.[22]

---

[22] Apud *L' Intransigeant*, 23 ago. 1912.

Conquanto o emprego do revólver avance, sua participação, que afinal é modesta no conjunto dos *faits divers* relatados, não permite que os franceses do começo do século sejam identificados com aqueles "arsenais ambulantes" que os jornais gostam de descrever. Os discursos alarmistas e um tanto forçados da imprensa têm sobretudo a finalidade de apoiar o esforço dos que desejam regulamentar o comércio e o uso das armas de fogo. A questão, apresentada por Félix Chautemps em 1907, em plena campanha antiapache, concretiza-se no outono de 1910. Dois projetos de lei são apresentados: o do deputado Boury, do Eure, preconiza a criação de uma licença para o porte de armas e o armamento dos cidadãos; o de Georges Berry, deputado de Paris e adversário resoluto da licença, restringe-se a regulamentar o comércio.[23] Apesar das divergências, os dois projetos partem da mesma constatação: se os malfeitores representam perigo, é porque estão armados. A luta contra a criminalidade depende, portanto, da complexa legislação da matéria.

Em teoria, todos os franceses estavam autorizados a portar armas desde a noite de 4 de abril, porém diversas proibições limitavam o princípio: toda condenação judiciária levava à perda do direito; o porte era proibido em feiras, mercados ou trens; e, sobretudo, certas categorias de armas eram "proibidas". Além de estiletes, bacamartes e outros citados especificamente pelo código penal, o código visava as "armas ofensivas ocultas ou secretas". A imprecisão da formulação ocasionava

---

23 *Journal Officiel de la République Française*, Chambre, Documents, 1911, annexe n.748, p.155-8. Um terceiro projeto, apresentado pelo deputado Grandmaison, é acrescentado em 25 de março de 1911 (*Journal Officiel de la République Française*, Chambre, Débats, p.1471).

chicanas intermináveis. Na verdade, a noção era regida por um número tão grande de leis, decretos, regulamentações ou ordenações (a mais antiga datava de 23 de março de 1728) que o juiz acabava tendo uma liberdade de interpretação quase total. A lei de 14 de agosto de 1885, que determina a liberdade total de fabricação e comércio de armas, com exceção das armas de guerra, não altera a controversa definição de "armas proibidas", ainda aplicada em meio à mesma confusão jurídica. Tudo isso provoca interrogações na imprensa.[24] Sempre à espreita de reportagens sensacionais, *Le Matin* tenta demonstrar *ab absurdo* o caráter inepto da lei. De espingarda de caça na mão e cartucheira a tiracolo, dois repórteres desfilam na Place du Théâtre-Français. Presos, protestam: aquelas armas, estando visíveis, não são proibidas.[25]

Dos debates de 1910 e 1911 surgem várias orientações.[26] Para alguns, como Boury, é preciso desarmar os apaches e armar as pessoas honestas, ou seja, atribuir automaticamente uma licença de porte aos políticos eleitos e aos funcionários públicos, assim como aos cidadãos condecorados com a Legião de Honra, a medalha militar, distinções universitárias ou mérito agrícola. Os demais cidadãos, cuja solicitação deve ser justificada – morar em casa isolada, bairro perigoso, circular frequentemente à noite –, seriam submetidas a um inquérito moral e pagariam uma taxa anual. Além de criminalizar os "marginais" pelo mero delito de portar uma arma, a medida ainda oferecia a vantagem de definir explicitamente o perfil do

---

24 Cf., por exemplo, *Le Temps*, 14 dez. 1896 e 25 abr. 1898.
25 *Le Matin*, 26 fev. 1911.
26 *Revue Pénitentiaire*, 1910, p.1043-7; 1911, p.317-74.

"partido das pessoas de bem", que são convidadas a se armar para se defender.

Apoiada por grande parte da imprensa popular, a ideia foi veementemente combatida pelo mundo judiciário, que a via como uma incitação à justiça privada e o prelúdio de uma matança generalizada. Por acaso é fácil estabelecer a fronteira entre as "pessoas honestas" e os malfeitores? "Permitir ao burguês portar revólver e proibi-lo aos demais" é transformar o porte de arma em um novo privilégio de classe.[27] Vale mais a pena limitar a existência de armas por uma "lei de segurança social" que revogue as disposições de 1885 e proíba a fabricação, a venda e o porte de armas não visíveis. Para outros, convém regulamentar a venda e proibi-la nos bazares e nos mercados de pulga, que, segundo diziam, estavam nas mãos dos malfeitores, em proveito da venda por correspondência, com atestado da Chefatura de Polícia e entrega em domicílio. A comissão da Câmara adere à ideia, acrescida da agravação da pena para crimes e delitos cometidos à mão armada.[28] Quanto às armas proibidas, elas seriam definidas por decreto para pôr fim aos erros anteriores.

Não obstante, é um projeto muito diferente que a Câmara examina em plenário.[29] Sob a pressão da indústria de armamento e do sindicato dos fabricantes de armas de Saint-Étienne, a comissão desvirtua as propostas iniciais num segundo rela-

---

27 É particularmente a opinião de Garçon, in *Revue Pénitentiaire*, 1910, p.350.
28 *Journal Officiel de la République Française*, Chambre, Documents, 1911, annexe n.748, p.155-8.
29 Ibid., Débats, 11 jul. 1911, p.2764-8.

tório.[30] Todas as disposições relativas às "armas de bolso" e à regulamentação do comércio são adiadas e são preservados apenas os aspectos penais, como a agravação das penas por crimes ou delitos cometidos com arma de fogo. O Senado, que examina o projeto em dezembro de 1911, reconhece esse deslize. Segundo a expressão do relator Étienne Flandin, o texto se tornou uma "lei necessária de segurança pública", expressamente dirigida contra os apaches e os proxenetas.[31]

No entanto, a questão da regulamentação não estava enterrada. Apoiando-se numa investigação realizada em diversos países e na tese de Edmond Debruille récem-concluída, a Sociedade dos Presídios apresenta um relatório em março de 1912 em que defende o princípio da regulamentação da venda e do porte.[32] E certos jornais, como *L'Intransigeant*, que vilipendiam os sindicatos de fabricantes de armas, abrem suas colunas para os partidários da regulamentação. Georges Berry escreveu:

> Que os deputados não fiquem de braços cruzados, assistindo impassíveis aos crimes e aos assassinatos devidos diariamente ao revólver. Disso depende a vida de centenas de cidadãos, não menos. E que os representantes do povo considerem que, em certos casos, a inação se transforma em cumplicidade.[33]

Essa também é a opinião do comitê de legislação do Ministério da Justiça. Em maio de 1913, o presidente da 4ª Câmara

---

30 Ibid., Documents, 1911, annexe n.906, p.279-80.
31 *Journal Officiel de la République Française*, Sénat, Débats, 26 nov. 1911, p.1684-91.
32 *Revue Pénitentiaire*, 1913, pp.328-44; Debruille, *Le port des armes prohibées*.
33 *L'Intransigeant*, 10 ago. 1912.

do Tribunal de Paris admite implicitamente a responsabilidade "penal" dos fabricantes que vendem armas sem a devida prudência. E por ocasião das exéquias do agente Rouglan, morto por um anarquista em abril de 1914, o chefe de polícia Célestin Hennion exige a regulamentação do comércio de armas.[34]

Chamando para si uma parte importante da reprovação social, a arma do crime traça muitas vezes a fronteira entre o admissível e o inadmissível. Sem premeditação aparente, as armas ocasionais ou "de uso", ainda que mais frequentes e mais letais, quase não suscitam preocupação, a não ser que demonstrem selvageria ou perversidade inaudita. Matar-se a socos ou golpes de barra de ferro faz parte, de certo modo, da natureza das coisas, e a progressiva civilização dos costumes se encarregará de abrandá-la. Caso muito diferente são os instrumentos de agressão: a faca do delinquente, a bomba do anarquista, o vitríolo da amante abandonada. Sua especificidade assusta, porque confere à violência criminosa um profissionalismo intolerável. E é o cúmulo que este último ainda venha acompanhado dos atributos da modernidade. Nesse sentido, os "bandidos trágicos", que agem de automóvel e revólver em punho, marcam um verdadeiro paroxismo no exercício da violência e do crime.

---

34 *Revue Pénitentiaire*, 1914, p.690.

Capítulo 7
O autor do crime

Se lugares, armas e motivos esboçam os contornos da angústia social, é em torno do homem criminoso que ela se cristaliza. Homem criminoso! Não é justamente para ele que convergem todos os olhares? O olhar da "ciência criminal", depois da célebre obra do antropólogo Lombroso em 1876, mas também os da imprensa e das letras, dos filantropos, dos moralistas e dos publicistas. Obviamente, nem todos os criminosos dessa galeria de retratos extraordinariamente complexa composta pela profusão de relatos consagrados a ela carregam a mesma carga de preocupação. Essencial, a distinção entre criminalidade primária e "exército do crime", aquela cantilena obsessiva desde que as estatísticas trouxeram à tona o perigo da reincidência, determina a primeira fronteira, a mais tangível. Afinal, para o pensamento penal, ela não é a categoria em torno da qual se organiza gradualmente todo o aparato repressivo? No entanto, outras avaliações, às vezes até mais pregnantes, vêm se juntar permanentemente a essa noção. Avaliações técnicas e estéticas, em primeiro lugar, porque entre o trapaceiro ou o falsificador com saberes e competências específicos e o ladrão da periferia não há convergência possível; em segundo lugar, a avaliação social, que dissocia radicalmente os criminosos que atuam no bojo de uma ordem civilizada dos que são confinados às margens do não social ou do infrassocial.

Criminosos ocasionais

Por mais que os discursos denunciem a maré crescente de criminosos profissionais, os *faits divers* apresentam principalmente aqueles que, desde a lei de sursis, a justiça chama de criminosos "primários". Mesmo em sua acepção mais ampla (vagabundos e nômades, anarquistas, ladrões, malandros e outros malfeitores por profissão), o "exército do crime" representa somente uma pequena parte dos criminosos apresentados na imprensa, menos de um quinto no *Petit Parisien*, proporção que dificilmente podemos suspeitar que seja subestimada, dada a grande complacência com que são apontadas as menores de suas "façanhas". Portanto, mais de três quartos dos delitos e dos crimes, sejam impulsivos, vindicativos ou perversos, são obra de criminosos ocasionais.

Se nenhum desses transgressores é moralmente desculpável, com exceção talvez do caçador ou do pescador clandestino, fraudador incorrigível, mas bom rapaz, ou do ladrão faminto, raramente apresentado e naturalmente desculpado,[1] os criminosos homens ou mulheres não recebem em geral mais do que

---

[1] Cf. a série de artigos de Henri des Houx, "La justice et l'équité", que comenta no *Matin*, em janeiro de 1901, as decisões do juiz Magnaud de Château-Thierry e a "lei do perdão" proposta por Millerand e Morlot.

algumas linhas em seção e não suscitam nenhum comentário alarmista. Um silêncio que dissimula, se não a indulgência, pelo menos a ausência de indignação. Porque o camponês enfurecido, o operário embriagado ou a mulher abandonada, por mais criminosos que sejam, respeitam os papéis e as normas da ordem social à qual estão decentemente integrados. Lamentáveis, seus atos, que devem ser punidos com rigor, são turbulências que se dissipam por si sós. Portanto, esses criminosos comuns não merecem as honras das gravuras semanais nem, *a fortiori*, as dos enigmas policiais.

Operários

É o caso em especial dos operários ou diaristas, envolvidos na maior parte das rixas, crimes de vingança, cólera ou paixão e de muitos crimes perversos. Por isso a imprensa se restringe a apresentá-los brevemente, indicando nome, idade e qualidades. Já se foi o tempo em que o operário era considerado suspeito por natureza. A causa do crime não é nem a miséria nem a pobreza, mas a preguiça e o vício: o divórcio das classes laboriosas e das classes perigosas está consumado. O mundo operário foi descriminalizado. Honesto; virtuoso e trabalhador, distanciou-se do "lamaçal social" constituído por malfeitores, delinquentes autônomos e profissionalizados. A associação entre miséria e crime, que os folhetinistas e os investigadores sociais impuseram no lugar do modelo anterior, o da criminalidade de exceção, é ideia morta. Com ela desmorona o modelo descritivo herdado da época romântica. Dali por diante, o delinquente não é mais o operário e passa a ser aquele que se recusava a sê-lo, o rebelde ao trabalho, o vagabundo, o malandro, o proxeneta, o grevista ou anarquista.

Estrangeiros

Em compensação, o estrangeiro, embora também seja operário, continua a aparecer como um criminoso em potencial. Se bem que sejam poucos os que transgridem a lei (menos de 4% em nossa amostra), a nacionalidade do criminoso é sistematicamente mencionada no título do artigo ("Italiano assassino", "Português homicida" etc.) e frequentemente apresentada como circunstância agravante. "É bom salientar que os indivíduos de origem estrangeira formam um contingente apreciável desses totais", frisa um redator do *Temps* em 1899, ao comentar as estatísticas das prisões efetuadas no Sena. Cresce a opinião segundo a qual os estrangeiros "não passam de bandidos",[2] ou, em todo caso, suspeitos que devem ser vigiados. Esse também é o parecer do inspetor Sébille, da Sûreté, que em 1913 chama a atenção num relatório para a forte proporção de estrangeiros estabelecidos em determinada comuna provençal e conclui: "É preciso fazer uma depuração".[3]

O estrangeiro criminoso é, em primeiro lugar e sem sombra de dúvida, o italiano. O entrefilete: "Os italianos no nosso país" introduz infalivelmente uma rixa, briga ou *vendetta*, mais raramente roubos ou assassinatos. Em certas regiões com forte concentração de italianos, como Marselha ou Lyon, o discurso é mais insistente e salienta a coincidência entre o aumento da criminalidade e a imigração italiana. Todavia, um levantamento realizado em 1895 pelo consulado italiano mostra que, apesar

---

2 Carta de um relojoeiro do Doubs ao ministro da Justiça, em 1912 (Archives Nationales, BB18 2476/2).
3 Archives Nationales, BB18 2339/2.

do fluxo imigratório constante, o número de italianos condenados na França diminuíra muito.[4] O volume retrospectivo do *Compte général* chega a essa mesma constatação em 1900. Mas as conclusões das estatísticas, apesar do crédito infinito que lhe é outorgado, não conseguem mudar as certezas do "pensamento social", para o qual o afluxo de operários italianos é uma ameaça criminal. Em Marselha, a imprensa associa sistematicamente a comunidade italiana à criminalidade. Em um relatório de agosto de 1900, o procurador-geral de Aix enxerga os cerca de 100 mil italianos residentes na cidade como um dos fatores essenciais de sua insegurança. "É inquestionável que a maioria desses estrangeiros é gente ruim, refugiada na França em consequência de condenações em seu país de origem", acrescenta numa nota de 28 de junho de 1902.[5]

Há também, no outro extremo da escala social, o mundo dos "aventureiros" ingleses, americanos, alemães ou "rastaqueras", termo ambíguo e impregnado de racismo que designa o indivíduo moreno, talvez peruano ou argentino, às vezes egípcio, mas geralmente de origem indefinida ou suspeita. Praticante de "alta delinquência" financeira ou fraudulenta, ou especialista em proxenetismo e tráfico de mulheres brancas, o "rastaquera" é particularmente valorizado pelo romance policial, no qual suscita comentários naturalmente xenófobos e, às vezes, ligeiramente antissemitas. Apesar de seu engajamento a favor de Dreyfus, o patrioteiro Maurice Leblanc adora atacar os ban-

---

4 Boletim italiano do Ministério das Relações Exteriores, apud *Revue Pénitentiaire*, 1896, p.1179-80.
5 Archives Nationales, BB18 2363/2.

queiros judeus (o barão Cahorn, o financista Repstein) e os estrangeiros duvidosos (Kesselbach, Essarès Bey).

Por mais insistentes que sejam, tais apreciações raramente são sistematizadas. A opinião de um Dallier, que ataca a "turba cosmopolita", os indivíduos "de sotaque exótico, de estado civil indefinido", e em 1914 estima que "a nossa segurança está ameaçada por elementos perigosos, que são atraídos por nossas riquezas e não se intimidam diante de nossas leis indulgentes", é marginal.[6] Apenas na forma extrema do nômade confinado no infrassocial é que o estrangeiro enseja os discursos mais agressivos.

Mulheres

Criminosas ocasionais, as mulheres se misturam à massa de casos comuns. Além disso, participam escassamente da crônica criminal, sempre abaixo dos 13% recenseados pelo *Compte général*. Muitos "crimes" femininos, sobretudo os abortos e os infanticídios, nunca são noticiados. As ladras de grandes lojas, embora suscitem análises prolíficas por parte de médicos, criminalistas ou literatos, também não são mencionadas; muitos desses delitos são resolvidos amigavelmente e os contratos de publicidade entre as grandes lojas e os jornais preveem em geral uma cláusula "de silêncio" relativa a essa propaganda inútil.[7]

---

6 Dallier, *La police des étrangers à Paris et dans le département de la Seine*, p.2. O autor reserva à criminalidade estrangeira uma parte de seu terceiro capítulo (p.197-205).

7 Varda, *La délinquance féminine de grand magasin avant 1914*; dr. Dubuisson, *Les voleuses de grand magasin*; Thinet, *Histoires de voleurs*, p.255.

A maior parte das criminosas é favorecida por certo prisma conciliador. Mãe, esposa ou amante assassina, ainda que tenham transgredido a lei, dificilmente saem do papel que a sociedade lhe atribui e, no fim das contas, respeitam seus usos e códigos. Apesar da ladainha convencional sobre a indulgência deplorável dos júris, a "comoção justiceira" da mulher suscita a benevolência dos cronistas. Além do mais, esse tipo de criminalidade (maternal ou sexual) não é reincidente ou profissional, com exceção das ladras de grandes lojas — que a cleptomania, doença da moda, se encarrega de desculpar — e das "aventureiras" ou prostitutas — que são relegadas às trevas do insocial. Aliás, devemos chamar a atenção para o número pequeno de mulheres acusadas de delitos perversos. Se algumas matam para roubar, como certa Frichot, que estrangula uma estalajadeira de Charenton em outubro de 1902, ou certa Boch, que matou uma jovem a machadadas para roubá-la em julho de 1909, elas só podem ser loucas. É o caso das raras assassinas do romance policial (como Dolorès Kesselbach, de 813, por exemplo).

Isso não impede que cronistas e repórteres, desde que haja ocasião, dissertem longamente sobre a especificidade da criminalidade feminina, apesar de todos os especialistas a considerarem uma "ficção criminal".[8] Assim, todo "belo crime" em que a presença da mulher é indispensável repete os mesmos clichês: duplicidade e perversidade de atos movidos pela vingança, crueldade e complicação na execução, contradições e inverossimilhanças do sistema de defesa. O caso Steinhel (1908) chega ao ápice dessas representações. A mulher, que apresenta

---

8 Granier, *La femme criminelle*, p.69.

um tipo particular de distúrbio que parecia estar a meio caminho entre a doença e a loucura,[9] permanece tão enigmática no crime quanto na vida.

Monstros

Não obstante, é justamente no bojo dessa criminalidade comum que surgem periodicamente os criminosos mais monstruosos. Os mais odiosos são os que perturbam a ordem sagrada da família. Pais indignos que maltratam os filhos, assassinam ou sequestram familiares são rejeitados com o mesmo horror, porque a inversão dos papéis sociais nesses casos é radical. Em 1901, a descoberta em Baume-les-Dames e Poitiers de duas mulheres sequestradas pela própria família (a segunda, Blanche Monnier, ficou famosa graças ao opúsculo de André Gide) provoca uma indignação profunda no país.[10] Idêntica repulsão ao parricida, acusado do "crime dos crimes", como ainda diz a lei, que exige que ele seja conduzido ao cadafalso descalço e encapuzado. Piores são os tarados e os estupradores, mais reprovados ainda porque os jornais só mencionam o estupro de meninas. Mais até do que Vacher, cuja condição de vagabundo o assimila a um profissional do vício, o operário Soleillant, que viola e assassina uma menina de onze anos em 1907, é percebido como "um monstro".

---

9 "Le crime féminin", *Le Petit Parisien*, 20 out. 1903.
10 Gide, *La séquestrée de Poitiers*. Esses dois casos provocam a apresentação de um projeto de lei para prevenir sequestros de indivíduos praticados por pessoas privadas (*Journal Officiel de la République Française*, Chambre, Documents, n.2367, p.439).

A tinta e o sangue

O que são então esses homens que não pertencem ao mundo miserável do exército do crime, mas cometem os delitos mais abjetos? Só a demência pode explicar um ato tão odioso. "O crime frequentemente tem origem em uma deformação congênita do cérebro", recorda um editorial de Thomas Grimm no *Petit Journal*, "os assassinos, em sua maioria, poderiam ser qualificados de loucos".[11] Atavismo, degenerescência e hereditariedade são incansavelmente convocados para explicar por que esses seres, "nascidos essencialmente corrompidos, estão destinados a viver fatalmente à margem da sociedade".[12] Repudiada pela universidade, a análise de Lombroso continua viva na imprensa, que se recusa a ceder aos *distinguo* sutis dos criminalistas e dos antropólogos. Repetindo à exaustão que o indivíduo "pode nascer criminoso, assim como o lobo nasce carnívoro e a serpente, venenosa", ela multiplica os retratos de criminosos "movidos pelo espírito atávico dos animais selvagens".[13] Entre eles Anastay, moço de boa família condenado à morte por assassinato em 1892: "Sua fisionomia é brutal e falsa, e, entre as marcas que o caracterizam, notamos em particular as orelhas denunciadoras". Lá estão os bandidos de Neuilly, que "levam no rosto o estigma do vício", e seu chefe, Koch, "tem cabeça de ave de rapina [...] e lábios finos de gente má". Há ainda Tery, o tarado de Rodez: "Parece que todas as taras, todos os vícios que o cérebro de um ser primitivo, criado

---

11 Thomas Grimm, "Les criminels et la science", *Le Petit Journal*, 13 out. 1898.
12 *Le Petit Parisien*, 15 jan. 1904.
13 *Le Petit Journal*, 13 out. 1898.

como um animal em estado selvagem, é capaz de engendrar se desenvolveram nesse monstro".[14]

Mais do que os *faits divers* diários, as gravuras dos suplementos ilustrados difundem à saciedade esse mesmo retrato hediondo. De pé, em primeiro plano, o criminoso que elas põem em cena vê a maioria dos efeitos, e principalmente da iluminação, se concentrar em seu rosto. Muitas vezes desenhado de perfil ou três quartos, como para melhor revelar seu caráter dissimulado, o semblante grosseiro, de maxilares quadrados e cabeleira abundante, resume-se quase sempre aos olhos ou ao olhar que lhe dá vida. Olhos ferozes, redondos e esbugalhados, injetados de ódio, dão ao personagem um caráter cruel e oblíquo. Os bandidos mascarados, muito prezados pelos gravuristas, são mais terrificantes ainda, pois só revelam a íris dos olhinhos maldosos. Retratos exemplares, portanto, associação de estereótipos fisionômicos, cuja finalidade é lembrar uma categoria, classificar os seres num quadro convencional e codificado. Grande quantidade de rostos que, no fim, compõem uma espécie de constante e obsessivo retrato sintético, um pouco à maneira da imagem de Galton, que inventou, entre outras coisas, a "fotografia composta", com a qual esperava descobrir o "homem criminoso", sobrepondo a uma mesma prova vários clichês de malfeitores.

O romance policial também gosta de pôr em cena essas figuras de monstros ou feras que a metáfora da caçada torna quase natural ao tema. A animalização do criminoso em bicho malfazejo e repugnante, urso, tigre, réptil, vampiro ou lobiso-

---

14 Dépêche Dalziel (Archives Nationales, BB18 1882); *Le Petit Parisien*, 7 jan. 1899; 29 set. 1910.

mem, é uma constante.[15] O deputado Daubrecq, adversário de Arsène Lupin, "um gorila de estatura colossal, [...] um animal feroz", ou o carniceiro Jean-Marie, personagem de Souvestre e Allain, o louco bestial e demoníaco cuja única volúpia é ver "sangue escorrer", oferecem, sem dúvida, os exemplos mais impressionantes.[16]

Soldados e policiais

Não há tampouco nenhuma indulgência para com os policiais ou soldados acusados de inversão sacrílega dos papéis definidos pelas normas sociais. Se os jornais se calam sobre os diversos "abusos" cometidos por certos policiais ou até se admiram diante dos 2 milhões do policial Galley, é ultrapassar os limites do tolerável um representante da força pública "passar para o lado do inimigo". Conhecido como Nick Carter, o inspetor Warzée, que se tornou chefe de uma quadrilha especializada em roubo, proxenetismo e falsificação de dinheiro, e foi encarregado de "prender a si próprio", não passa de um "policial apache", segundo a expressão do *Matin*.[17]

Mais grave ainda são os crimes cometidos por soldados. Rixas e brigas fazem parte dos percalços da vida militar, mas devem parar aí as transgressões daqueles que têm a missão de preservar a defesa e a honra do país. Portanto, é com assombro que os jornais descobrem o número crescente de roubos e

---

15 Seguimos aqui as observações de Vareille, *Filatures*, p.48-53.
16 Leblanc, *Le bouchon de cristal*, p.58 e p.81; *L'arrestation de Fantômas* (t.XI), *passim*.
17 *Le Matin*, 20 abr. 1911.

assassinatos perpetrados por soldados. O ordenança Marius Chrétien, monstro cínico que, em janeiro de 1904, estupra e assassina a esposa do tenente Trouilh, ainda é um caso isolado.[18] Mas a existência, em Cherbourg, de uma tropa de marinheiros apaches que roubam, estupram e esfaqueiam à vontade, revelada pelo *Matin* em 1907, dá a esses horrores uma importância inquietante.[19] Ela chega ao paroxismo em 1909, com o assassinato da viúva Gouïn por Graby e Michel, ambos acantonados no quartel de Melun, e depois com o crime de Nolot e Tisseau, que, em outubro de 1911, matam uma idosa de La Flèche para roubá-la. "Comoção legítima", título do *Petit Parisien* ao revelar a existência de 13 mil criminosos condenados no Exército, ao passo que *Le Temps* abre uma investigação e *Le Journal*, uma seção específica.[20] O fato de o exército do crime tender a abranger o da nação passou a ser, portanto, um pavor obsessivo que em breve invadiria o recinto do Parlamento.

Colarinhos-brancos

Representada com naturalidade, a alta delinquência dos criminosos de "colarinho branco", tabeliães, industriais, banqueiros ou financistas, também é objeto de comentários muito negativos. Porque se a pobreza não absolve o crime, a riqueza o agrava. Cometidos pelos poderosos do mundo, bem adaptados à ordem social, os roubos, as fraudes, os abusos de confiança

---

18 *Le Petit Parisien*, 15 jan. 1904.
19 *Le Matin*, 21 abr. 1907.
20 *Le Petit Parisien*, 8 nov. 1909; *Le Temps*, 18 out. 1910; *Le Journal*, maio 1910.

e as trapaças são inaceitáveis. Para além das clivagens sociais, o populismo dos jornais a um centavo associa a alta e a baixa escória em sua negação comum das regras sociais mais elementares. No fim das contas, entre Thérèse Humbert e Casque d'Or, há apenas uma diferença de grau.[21] O mesmo ponto de vista, apenas um pouco realçado, é adotado no romance policial, que recupera as figuras dos aristocratas subornadores ou dos vigaristas da alta sociedade tão caras à literatura popular. Em *Lupin*, por exemplo, os verdadeiros "bandidos" são sempre os poderosos, os banqueiros desonestos, os deputados corruptos e os barões alemães; nos ciclos dos *Zigomar* ou dos *Fantômas* abundam as figuras desonradas, banqueiros sem escrúpulos e burgueses sem moral.

O "exército do crime"

A expressão, que designa o conjunto dos "criminosos profissionais", ficou famosa em 1890 graças à obra de Félix Platel.[22] Utilizada desde então de maneira abusiva, não tarda a designar todas as formas de marginalidade, supostamente ligadas a uma grande organização subterrânea. A imagem, impressionante, contribui para fazer da "segurança pública" um desafio capital: o que existe entre o crime e as pessoas honestas é precisamente uma guerra. Embora o estado-maior desse exército da corrupção seja representado sob uma luz ambígua,

---

21 Cf. o suplemento ilustrado do *Petit Journal*, de 11 de janeiro de 1903, que apresenta os dois retratos em díptico.
22 Platel, *L'armée du crime*, completado no mesmo ano por Dauray, *L'armée du vice*.

o grosso do batalhão forma, no plano moral e no social, uma tropa infame e irrecuperável. De "mentalidade mais baixa, mais simples e mais grosseira", forma um mundo paralelo, "o canalha, a corja, a grande tribo rebelde, vagabunda, para a qual tudo quanto seja social é estranho".[23] Inadaptados sociais, fazendo o contrário das expectativas e das regras coletivas, constituem o grande perigo e o fundamento de uma intolerável criminalidade crônica.

Ladrões, trapaceiros, arrombadores

Mesmo que essa "indústria" – e o termo já atesta certo reconhecimento da atividade – seja moralmente condenada, os trapaceiros e os vigaristas constituem uma espécie de aristocracia do crime. Por desprezarem a faca e o lucro modesto, gozam de certo crédito, e até de uma complacência admirada. Afinal, mesmo o burguês mais honesto tem uma vigarice de que se arrepender.

Três elementos sobretudo determinam a avaliação: a natureza do dinheiro roubado, a natureza da vítima e a habilidade. O dinheiro roubado, sendo anônimo ou coletivo, parece menos escandaloso. O falsário, por exemplo, que demonstra aptidões óbvias, não é percebido como um patife. A trapaça, quando astuciosa e praticada à custa dos "trapaceiros legais" (financistas ou tabeliães), pode ser até mesmo "genial", como a de um precursor de Thérèse Humbert, ao qual os bancos abrem todos os créditos porque ele tirara a "sorte grande".[24] O es-

---

23 Aymard, *La profession du crime*, p.12 e p.31.
24 *Le Petit Parisien*, 13 fev. 1901.

pecialista em falsificação de obras de arte chega a ser tratado como "caro senhor".[25] Cometidos contra burgueses ingênuos, roubos ou trapaças ganham às vezes um tom divertidíssimo. O comerciante de gado embebedado e "aliviado", o negociante engambelado por uma cocote tiveram o que mereciam! Afinal, como escreve Pierre Souvestre em *Le Soleil*: "A burrice extrema não merece castigo?"[26] A engenhosidade do estratagema ou a beleza da ação, sua avaliação técnica e estética contrabalançam incessantemente a apreciação moral. Mesmo porque os "engenhosos intrujões", nos quais se pode reconhecer talento, são com muita frequência pessoas elegantes, bem tratadas, de "primeira classe". Os dândis carteiristas ou do roubo "no tranco", que gatunam os burgueses nos hipódromos, demonstram uma "destreza extraordinária", uma "maestria incomparável".[27] Quer usando disfarces, trocando de identidade ou dizendo coisas engraçadas, eles logo viram "bons ladrões", enquanto suas vítimas não passam de "otários" que precisam ser alertadas contra os procedimentos de semelhantes malandros.

Os "ladrões internacionais", que operam nos trens rápidos ou nos hotéis de luxo, formam uma confraria de elite que mais fascina do que assusta. É o mundo misterioso e equívoco do "roubo de alto nível": "vigaristas, estrangeiros perdulários, camarilha de bandidos de um gênero novo".[28] Usando cartola ou a faixa preta do rato de hotel, esses indivíduos que "trabalham"

---

25 Ibid., 9 nov. 1901.
26 *Le Soleil*, 11 set. 1905.
27 "Une école de pickpockets", *Le Petit Journal*, 23 mar. 1901; "Voleurs et pickpokets", *Le Petit Parisien*, 28 set. 1897.
28 *Le Petit Parisien*, 31 jul. 1901.

sem barulho, sem violência e ostentam um luxo insolente dão asas à imaginação. Além disso, os jornais não deixam de frisar o caráter "romântico" de sua existência. Regido por uma espécie de liberdade inacessível, o modo de vida fascinante desses "larápios" confunde as referências habituais e transfigura os papéis sociais. É o que demonstra em especial o lugar ocupado pelas mulheres nesse universo intangível.

Audaciosa e elegante, a "aventureira" transgride tanto o *status* da mulher quanto o da criminosa. Personagem real como "a Condessa", alma de uma quadrilha de trapaceiros internacionais especializados no roubo de joias e na falsificação de dinheiro,[29] ou heroína de romance (a mulher loura, de Maurice Leblanc, Lady Belthan, de Souvestre e Allain, Irma Vep, de *Os vampiros*, e outras *Possédées de Paris* [Possuídas de Paris], para retomarmos o título do romance que Georges de Labruyère dedicou, em 1910, às mulheres da sombra), a aventureira simbolizava toda a carga de mistério, paixão e fantasia atribuída a esse mundo paralelo. No entanto, o jogo segue perigoso. Apesar das boas maneiras e do profissionalismo de suas atividades, os aventureiros e as aventureiras correm incessantemente o risco do crime máximo, o homicídio, ao qual conduzem fatalmente as regras perigosas do jogo à margem da sociedade. Eles caem então no horror do crime, como o inglês Gilmour, "um aventureiro que até agora viveu do roubo e do jogo".[30]

O ladrão arrombador, em compensação, goza de uma imagem muito mais negativa. É verdade que os jornais salientam a habilidade notável demonstrada por alguns, sua "en-

---

29 Ibid., 25 abr. 1908.
30 Ibid., 29 nov. 1901.

genhosidade", suas "façanhas", julgadas amiúde à luz de um arsenal descrito com riqueza de detalhes. Às vezes admiram o êxito do "roubo científico".[31] Quando os gatunos se abstêm de degradação inútil, são elegantes, sensatos e divertem a plateia, chegam a suscitar certa admiração. É o caso em especial do roubo cometido "em nome da lei", por ladrões disfarçados de policiais, no hotel Panisse-Passy em 1905. Ou o dos falsos funcionários da companhia de gás que, durante uma semana, fecham uma rua de Paris para roubar canos e fios de chumbo e zinco.[32] Gras, vulgo L'Anguille [o Enguia], o assaltante brincalhão, ou os "ladrões chiques", que deixam cartões de visita ou inscrições humorísticas nas paredes ("Procure, Bertillon, procure!"), são personagens "divertidas".[33] Chega a ser uma pena que tais "artistas" acabem atrás das grades. Arsène Lupin, lançado em 1905, simboliza esse tipo ideal de ladrão asseado, requintado e, afinal, muito honesto, já que nunca derrama sangue e, no mais das vezes, surrupia o dinheiro mal ganho de um personagem poderoso ou pouco simpático. Ao mesmo tempo homem da alta sociedade, aventureiro, justiceiro e adepto de um roubo "considerado uma das belas-artes", ele é a síntese ideal de todas as formas de criminalidade de elite.[34]

Mas tais figuras são excepcionais. Atacando o sagrado dinheiro do patrimônio, entrando por arrombamento na intimidade do lar, o assaltante comete um ato sacrílego. Aliás, os

---

31 *Le Matin*, 13 e 14 jun. 1902.
32 *Le Soleil*, 11 set. 1905.
33 *Le Petit Parisien*, 21 nov. 1911; 23 ago. 1901; *Le Matin*, 29 set. 1913; *Le Rappel*, 14 abr. 1901.
34 Cf. também Dekobra, *Les mémoires de Rat-de-Cave ou Du cambriolage considéré comme un des beaux-arts*.

limites entre roubo e assassinato são cada vez mais imprecisos, o que denota bastante bem a recorrência do título "Assaltantes assassinos". Honrado quando estripa cofres-fortes, o pé de cabra torna-se odioso quando aturde o morador. O arrombamento cometido pelo vagabundo ou pelo apache, seus principais praticantes, tende a se "crapulizar": passa a ser tosco, selvagem, sanguinário. Depois do assassinato de um casal de aposentados numa vila de Colombes, Paul Leconte resume o sentimento geral no jornal *Le Radical*:

> Que o arrombamento seja uma "indústria moderna", é admissível; que deva ser visto como consequência da civilização, a qual comporta inúmeras vantagens com alguns inconvenientes [...], é aceitável em virtude do princípio segundo o qual se deve saber fazer concessões à sua época. [...] Mas que eles nos metam bala na cabeça, na barriga, nas costas, durante as operações, isso não podemos tolerar.[35]

Apesar das imagens estampadas por certos escritores, o arrombador na virada da década de 1910 não passa de um ser desprezível e indesculpável. Tanto quanto o ataque noturno, seu gesto suscita pavor.

Vagabundos e nômades

Com os andarilhos, vagabundos, errantes ou nômades, entramos de vez no horror do infrassocial. O vagabundo, soldado raso do exército do crime, se bem que em lento processo

---

35 *Le Radical*, 8 jan. 1909.

de extinção,[36] está sujeito a uma criminalização constante. Embora raro nos *faits divers* diários, reúne em sua pessoa um conjunto de julgamentos que contribuem para transformá-lo num dos principais artesãos da desordem, ocioso, incorrigível e disposto a tudo. Porque, se "a visão do homem esfarrapado, carregando uma sacola e um cajado", assombra as populações rurais, "certamente não é sem motivo", comenta um jornalista em 1903.[37] As pessoas não se esquecem de que se trata de ladrões e larápios, incendiários, parasitas sociais e propagadores de tifo que passam o inverno à custa do contribuinte, numa "confortável" prisão departamental.

Numa sociedade em que somente o "fato de trabalhar e ter domicílio permite ser um cidadão", a vagabundagem constitui sobretudo "a escola primária do delito e do crime", "o estágio preparatório pelo qual a criança sempre passará para se tornar delinquente".[38] Soleillant, o monstro criminoso, não desertou da escola para vagabundear aos seis anos de idade?[39] Malfeitores e apaches também não são acusados de "vagabundagem especial", como é designado o proxenetismo a partir da Lei de 1885? Inadaptado social, arredio ao trabalho e aos modelos da ordem industrial, o vagabundo é uma "praga social" cuja presença residual atrasa o advento do mundo moderno.[40] Ademais, é notório que a vagabundagem é "menos um ato crimi-

---

36 Cf. Perrot, "La fin des vagabonds", *L'Histoire*, n.3, p.23-33.
37 *Le Petit Journal*, 4 mar. 1903.
38 *Gazette de Tribunaux*, 1º jul. 1898; Hélie, *Le vagabondage des mineurs*; apud Untrau, *Le vagabondage des mineurs à Paris de 1870 à 1914*, p.67 e p.106.
39 Hesse, *Les criminels peints par eux-mêmes*.
40 Beaune, *Le vagabond et la machine*, especialmente p.63 et seq.

noso do que um gênero de vida que a lei desejava reprimir", ou até mesmo uma doença, forma derradeira da patologia social batizada de "automatismo ambulatório" por Charcot.[41] A vontade de integrar as populações "flutuantes" à ordem industrial transforma essa questão num desafio apaixonado, principalmente a partir de 1880. A publicação em 1910 da obra do dr. Pagnier, *Un déchet social, le vagabond* [Dejeto social, o vagabundo], representa ao mesmo tempo o paroxismo e o ponto culminante dessa vontade.

É evidente que nem todos os vagabundos carregam uma carga tão negativa. Escapa desse retrato caricatural a "corporação interessante" dos vendedores ambulantes, bem como os trapeiros e os sucateiros, úteis e simpáticos. Convém excluir também os "infelizes", enfermos ou idosos, que merecem assistência e misericórdia. Certos nômades são ainda percebidos como personagens folclóricos e inofensivos, como Bouzille, o amável mendigo perambulante que atravessa a saga de *Fantômas*, "presenciando os piores crimes, sem nunca deles participar, arriscando a prisão a todo instante e, apesar de tudo, conservando-se honesto e sempre sorridente".[42] Mas, como escreve Jules Méline no *Petit Journal*, esses indivíduos são pouco numerosos e o velho engraçado cede lugar "ao vagabundo jovem e alerta, ao andarilho temível, que não tem medo de nada, que dá tão pouca importância à própria vida quanto à alheia, e que não hesita em puxar a faca quando tentam prendê-lo".[43] Arquéti-

---

41 Testut, *Le vagabondage des mineurs*, apud Untrau, op. cit., p.68; Beaune, op. cit.
42 *La disparition de Fandor* (*Fantômas*, t.XVI, p.46).
43 *Le Petit Journal* 22 jan. 1908.

po do monstro e do animal hediondo, sádico e sem remorso, Vacher vem a calhar em 1897 para ressuscitar esses temores ancestrais. "Andarilho do crime" que semeia cadáveres em sua sinistra viagem pela França, ele simboliza a barbárie em estado bruto, e sua crueldade se reflete em toda a sua confraria.

Monstrengo social, objeto do pavor camponês, o nômade é o mais odiado de todos esses marginais.[44] Os entretítulos de um artigo do *Matin* dedicado ao "perigo errante dos ciganos e dos vagabundos" recordam as linhas gerais desse retrato irracional: "vagabundos, saqueadores, propagadores de epidemias, ladrões, assassinos, envenenadores, incompreensíveis, fora da lei".[45] Ficam de fora da lista apenas as acusações de roubo de crianças e espionagem, também frequentemente disseminadas. Ameaça à segurança, à moral e à saúde pública, o nômade é o bode expiatório por excelência. É "o ladrão que passa rápido, em silêncio, na ponta dos pés, fantasmagórico, quase invisível".[46] É, acima de tudo, o Outro, o Excluído, o Estrangeiro, o membro de uma raça maldita de "tribos de sangue suspeito" e o flagelo do campo, esse substrato da identidade francesa. "Na realidade, não existem seres humanos abaixo deles", recorda um jornalista.[47] Cultivadas durante muito tempo pela literatura de *colportage*, essas palavras de rara violência, extremamente racistas, continuam a alimentar a crônica e, mais ainda, as gravuras dos suplementos semanais, que retomam periodicamente a ofensiva contra aqueles que são denunciados como a "praga do campo".

---

44 Vaux de Foletier, *Les Bohémiens en France au XIXe siècle*.
45 *Le Matin*, 4 mar. 1907.
46 *Le Petit Parisien*, 12 jan. 1901.
47 *Le Petit Jounal*, Supplément Illustré, 8 set. 1907.

Nos limites da mistificação, o romance criminal intensifica esses medos ancestrais. Criminoso proteiforme e luciferino que reina sobre a quadrilha dos Z, o *Zigomar* de Léon Sazie faz em 1909 o terrificante e espetacular amálgama entre o apache, o estrangeiro e o cigano. Explorando a homofonia entre a antiga palavra *"zigue"* [comparsa] e o termo *"tzigane"* [cigano] (*zingari* em italiano, *Zigeuner* em alemão), ele explica assim a origem da quadrilha:

> Nós somos descendentes dos filhos do universo! [...] Somos os djinns, os tziganes, os gitanos, os gitanes, os gypsy, nós somos os romanichéis, os ramogiz! [...] Ramogiz que por tradição, invertendo o nome, nós chamamos Zigomar!... Zigomar é o grito dos ramogiz![48]

A ideia não é nova. Em 1895, um cigano russo dá a entender que um chefe enigmático chamado Flousch Boumbay dirige uma organização secreta que agrupa a maioria dos nômades do país. A Sûreté leva tão a sério essa afirmação que trata de empreender minuciosas investigações, em vão.[49]

A fantasmática ideia de uma aliança de todos esses marginais progride de tal modo que, em 1897, uma comissão extraparlamentar a avalia em 400 mil almas.[50] Número suspeito, que incorpora todos os tipos de "ambulantes", inclusive forasteiros e operários itinerantes, e em geral os recenseia várias vezes durante a sua marcha, mas autoriza os discursos mais alarmistas.

---

48 *Le Matin*, 9 jan. 1910.
49 Vaux de Foletier, op. cit., p.178.
50 *Le Petit Parisien*, 13 jul. 1897.

A forte concentração dessas "populações flutuantes" nos departamentos rurais ao redor de Paris acentua a ideia de perigo. "Se os andarilhos espalhados por todos os caminhos da França se reunirem, poderiam recriar as Grandes Companhias da Idade Média", alerta Jules Delafosse na Câmara.[51] Em 1905, o procurador-geral de Orléans, que julga que a maioria desses indivíduos não oferece perigo, observa, porém, que a eles se juntam, por contingência da estrada, indivíduos proibidos de permanência ou detidos postos em liberdade.[52]

A partir de 1907, com o surgimento das quadrilhas rurais organizadas, a preocupação e o medo de que se associem tornam-se obsessivos. Apesar da personalidade do chefe do bando, Abel Pollet, frequentemente apresentado como o grande mestre do roubo à mão armada, "os bandidos de Hazebrouck" não são um amontoado heteróclito de assaltantes e vagabundos? Pior, a caravana de Pépère, uma tropa de ciganos "parasitas dos campos" a que se juntaram foragidos, reincidentes e gente sem autorização de permanência, não é um indício da audácia crescente do exército do crime? Preso em junho de 1907 pela "brigada volante" do comissário Vignolle, que já havia surpreendido Pollet, essa companhia moderna dá vazão a todos os medos.[53] Dessa vez comprovada, a associação criminosa de assaltantes, vagabundos e ciganos é incessantemente lembrada. Os sinistros "foguistas" de Alost em março de 1903 e os do Drôme em 1908, que atacam idosos solitários, o bando de Bouchery

---

51 *Journal Officiel de la République Française*, Chambre, Débats, 18 jan. 1898, p.90.
52 Archives Nationales, BB18 2311.
53 *Le Matin*, 5-7 jun. 1907.

no Sudoeste, os bandidos do Aisne em 1909 e a quadrilha de Peyrand no Ardêche despertam a ideia de uma pilhagem baseada na aliança de todos os marginais.

A invenção do apache

Ao vagabundo do interior corresponde, mais hediondo ainda, o vagabundo das cidades, o malfeitor, "o homem da faca, aquele que mora na periferia, lota as tabernas e os bares sórdidos".[54] Herdeiro dos salteadores de Villon e dos bandoleiros da Monarquia de Julho, segue povoando a "fossa das trevas e da dor" balzaquiana ou hugoana que a revolução haussmaniana não conseguira eliminar. Franco-atirador do exército do crime, o vagabundo – termo incerto que designa todos os excluídos da ordem industrial – torna-se, à medida que a sociedade urbana se civiliza, uma escória inadmissível. O medo que provoca exacerba-se no fim da década de 1890.

Nesse aspecto, a invenção do termo "apache" é decisiva, porque de súbito possibilita a associação de todas as formas de delinquência urbana num amálgama tenaz. "Sob esse vocábulo, reuniram-se o trapaceiro, o gatuno, o ladrão de barreira, o malandro de punhal, o homem que vive à margem da sociedade e está disposto a tudo para não realizar um trabalho regular, o miserável que arromba uma porta ou estripa um transeunte", resume um jornalista.[55]

No entanto, a existência de jovens operários que caem para classes inferiores e progressivamente passam para a delinquên-

---

54 Latzarus, op. cit., p.527.
55 *Le Gaulois*, 13 set. 1907.

cia não é um fenômeno novo, mas reuni-los sob a bandeira "apache" permite apontar de súbito um grande perigo e lhe dar uma amplitude desconhecida até então. A partir dali todos os marginais parisienses se tornam "apaches", vagabundos de grandes cidades sempre prontos a aplicar um golpe.[56] Agora dotado de identidade claramente estabelecida, o apache passa a ser onipresente. Lê-se no *Petit Journal*:

> O número de apaches cresce sem cessar. Eles pululam, superabundam; há bandos em toda a parte, do centro à periferia; e Paris encontra-se, atualmente, nas mãos de uma vasta organização criminosa cujos roubos à mão armada, assassinatos, brigas intestinas e luta contra os agentes da polícia são manifestações cotidianas.[57]

Embora a origem da palavra "apache" remeta ao mito romântico dos bárbaros e à voga do *roman de la prairie*, sua paternidade direta é contestada. São citados jornalistas, como Victor Morris do *Matin* e Arthur Dupin do *Journal*, e policiais, como o escrivão do comissariado de Belleville, que um dia teria dito a um vagabundo: "Mas é um verdadeiro procedimento de apaches!".[58] Para outros, o termo teria surgido espontaneamente entre os vagabundos do Leste parisiense.[59] Empregado bem antes do caso Casque d'Or, que o populariza em janeiro de

---

56 *Larousse* (1928). Apud Cousin, *Les apaches*.
57 "Les pays des apaches", *Le Petit Journal*, 22 set. 1907.
58 Latzarus, op. cit., p.527; Montaron, *Histoire du milieu de Casque d'Or à nos jours*, p.19; *Le Petit Journal*, Supplément Illustré, 23 jan. 1910.
59 Interrogatório de J. Mercie, vulgo "la Souris de Belleville" ["Rato de Belleville"], pelo delegado Pélatan (*Le Matin*, 31 out. 1900).

1902, é adotado desde o verão de 1900 por uma quadrilha de Belleville, cujo sinal de reconhecimento era uma pinta tatuada sob o olho ou na bochecha direita.[60] Em dezembro de 1900, o assassinato de dois operários bêbados na rue Piat torna-o bruscamente famoso. Essa popularidade repentina incita os jornais, e em particular *Le Matin*, a multiplicar os relatos. Num artigo de 1900 intitulado "Os 'apaches'" (a presença de aspas realça o caráter ainda inusitado do termo), Henry Fourquier dá uma primeira definição:

> Temos a vantagem de possuir, em Paris, uma tribo de apaches para a qual as ladeiras de Ménilmontant são as montanhas Rochosas, [...] povo seminômade de jovens sem família, sem trabalho e sem residência fixa, que constitui o que a própria Chefatura de Polícia denomina como exército do crime.[61]

Em 1902, o caso Casque d'Or – "uma história extraordinária, um romance-folhetim ao estilo de Ponson du Terrail, um drama para o [teatro] L'Ambigu", como escreve um jornalista[62] – confere-lhes celebridade. Mas nem Manda nem Leca, os dois heróis da aventura, são apaches, mas "tipinhos" de Belleville, Charonne ou Orteaux. Arthur Dupin, porém, qualifica muito rapidamente Leca de "apache de Popincourt", e *Le Matin* explica que Manda, a segunda faca da quadrilha de Charonne, deu ao bando o nome "apaches" depois de ter se tornado o

---

60 "La bande de malfaiteurs dit bande des apaches", *Le Petit Parisien*, 28 jul. 1900; "Encore les apaches", *Le Matin*, 28 jul. 1900.
61 *Le Matin*, 12 dez. 1900.
62 Ibid., 19 jan. 1902.

chefe. Explicações contraditórias, mas que preservavam o essencial: o folhetim pode se intitular "Os apaches".

Desde então, a palavra se propaga a uma velocidade prodigiosa. A partir de 1902, *Le Matin* assinala apaches em Puteaux, e em junho na Rive Gauche; em setembro, *Le Petit Parisien* descobre-os em Aubervilliers. Em 1903, "apache" é um termo genérico que designa todos os delinquentes da capital. Mas Lyon já possui os seus. No ano seguinte, é a vez de Bordeaux e Marselha. Pouco depois, descobre-se que há apaches nas colônias, depois no Exército e, por fim, em toda a parte. O termo sai rapidamente do âmbito jornalístico. "A denominação fez carreira", explica o ministro da Justiça, Guyot-Dessaigne, "subiu à tribuna da Câmara; é de uso corrente tanto no Ministério do Interior quanto no da Justiça."[63] Em 1911, no Senado, por ocasião do debate sobre as armas de bolso, Étienne Flandin evoca os "malfeitores que a linguagem popular se acostumou a reunir sob a denominação genérica de apaches", mas discorda de que o termo figure no texto da lei. "Tudo, senhor relator, precisa de um começo", retruca o senador Delahaye. "A palavra apache é perfeitamente francesa. Todo mundo sabe que ela não designa os povos que vivem do outro lado do oceano, mas aqui mesmo, e cometem crime após crime."[64]

O argumento não convence, mas o caso mostra como o termo está em voga na época. Fala-se em apachismo, em "apachice" e até em "apachocracia".[65] Somente os *"nervis"* marse-

---

63 Ibid., 3 maio 1907.
64 *Journal Officiel de la République Française*, Sénat, Débats, 26 dez. 1911, p.1684-5.
65 *Larousse mensuel illustré*, 14 abr. 1908, apud Cousin, op. cit.; *La Liberté*, 17 ago. 1902.

lheses conseguem preservar seu particularismo. Em junho de 1902, o procurador-geral de Aix explica:

> Em Marselha, o termo *"nervis"* designa uma categoria de malfeitores que não se dedicam a nenhum tipo de trabalho, moram no bairro reservado à prostituição das mulheres da vida, das quais são cafetões, e praticam todos os gêneros de roubo, porém mais particularmente o roubo à mão armada na via pública e assalto com arrombamento.[66]

O parentesco é nítido. Esse antigo termo provençal, registrado desde 1804 como "carregador" ou "capanga", impõe-se nesse início de século como a versão marselhesa do apache.[67] Apoiando-se no caso Casque d'Or, o apache conserva durante algum tempo o caráter pitoresco que faz dele um delinquente honrado. "Rainha dos apaches", Casque d'Or é a nova coqueluche de uma elite parisiense disposta a se perverter. Há canções e peças dedicadas a ela, o jornal *Gil Blas* publica suas revelações e o *Fin de Siècle*, suas memórias. Ela é domadora de leões, posa de seios nus para cartões-postais licenciosos, exibe-se nos braços de milionários excêntricos.[68] "Bela Helena moderna", segundo *Le Matin*, Casque d'Or não demora a ter rivais. Em abril de 1902, aparece Blanche Baudon, que obviamente dizia ser a verdadeira Casque d'Or; surge em seguida uma

---

66 Archives Nationales, BB18 2363/2.
67 Imbs (Org.), *Trésor de la langue française*, p.95.
68 O caso suscita uma literatura abundante. Cf., entre outros, Lanoux, *Casque d'Or ou la sauvage de Paris*; Talbot, *Casque d'Or*; Drachline e Petit-Castelli, *Casque d'Or et les apaches*.

Casque d'Ébène [Cabeleira de Ébano] e depois uma Casque d'Encre [Cabeleira de Tinta].[69]

A história de Casque d'Or, sobretudo, abre as portas do universo marginal e proibido da Paris apache, da qual ela simboliza o exotismo e o fascínio. Cria-se um folclore, uma etnografia em torno desse novo pária que suscita um vivo entusiasmo. "Ele faz parte das curiosidades parisienses tanto quanto a Torre Eiffel ou os Invalides", observa um jornalista em 1908.[70] As reportagens que jornais e revistas multiplicam com um voyeurismo complacente relatam minuciosamente a vida "dos homens da indolência e das mulheres da preguiça".[71] Da relva calva dos fortes abandonados aos terrenos baldios da rue de la Glacière, dos bailes populares da Bastoche,[72] às espeluncas do Sébasto,[73] o território apache é percorrido com a esperança de surpreender uma glória do punhal ou uma princesa do *trottoir*. A descrição de seus usos e costumes não tem fim. A moda apache faz furor, com seus *"deffes"* [boinas] e echarpes, jaquetas cintadas e calças boca de sino, topetes de "morrião", uma moda que as gravuras dos suplementos ilustrados registram para a posteridade. Os três dialetos da língua apache – javanês,

---

69 *Le Matin*, 12 abr. 1902; *Le Petit Parisien*, 8 fev. 1904; *Le Journal*, 24 jan. 1906.
70 *Le Matin*, 26 nov. 1908.
71 Alguns exemplos entre muitos outros: Latzarus, op. cit.; Matter, "Chez les apaches", *Revue Politique et Littéraire*, out. 1907, p.626-30; "Les conscrits du crime", *Lectures pour Tous*, jul. 1908, p.831-40; "Le règne de l'apache", *Lectures pour Tous*, jan. 1912.
72 Assim era denominado popularmente o bairro da Bastilha, em Paris. (N. T.)
73 O autor refere-se ao Boulevard de Sébastopol. (N. T.)

louchebem e *verlan* – e as 350 maneiras de *"estourbir"* [matar] um burguês causam espanto nas pessoas de bem. Os bandos, principalmente, fascinam com suas leis, sua justiça e sua meticulosa concepção de honra. Admiração no mínimo equívoca, mas que impõe a um público entre assombrado e atemorizado essas provocantes silhuetas de terrores e músculos fortes. Nova versão do Pátio dos Milagres,[74] o apache, cuja figura se funde num entrelaçamento de imagens e significações, alimenta uma mitologia ambígua que inflama a imaginação. "Hoje não se sabe mais se o apache, criação recente, produziu certa literatura ou se certa literatura produziu o apache", observa com lucidez um jornalista do *Gaulois*.[75]

A moda apache persiste até a guerra: em janeiro de 1912, ainda há "bailes apaches" na avenue de Ternes e, no ano seguinte, os "janotas de Marigny e os tipinhos da Plaine-de-Monceau" são alvo de zombaria.[76] Mas entra em lento declínio e, sobretudo, as representações tornam-se menos pitorescas. O malandro de bom coração é substituído pelo facínora e pelo proxeneta. O homem da faca, violento e sanguinário, é seu companheiro de calçada. O exotismo se torna psicose. O apache não é mais do que o jovem delinquente, o bandido, o criminoso condenado, o malfeitor perigoso, o próprio símbolo da criminalidade urbana. Crápula desprezível e sanguinário,

---

[74] Região da Paris medieval povoada por mendigos, ladrões e prostitutas. Ficava na área do mercado Les Halles. Era assim designada porque, durante o dia, seus habitantes pediam esmola, fingindo-se de cegos ou enfermos, mas à noite, já em casa, recuperavam *milagrosamente* a saúde. (N. T.)

[75] *Le Gaulois*, 13 set. 1907.

[76] *Excelsior*, 21 jan. 1912; *Le Journal*, 2 jan. 1913.

mais aterroriza do que fascina. Diz-se que são 30 mil só na região parisiense, mas alguns arriscam 100 mil.[77] A partir de 1903, começa a frequentar a crônica que denuncia sem trégua o "reino do apache".

Embora seja possível estabelecer uma hierarquia de sua selvageria – os apaches dos bairros periféricos, Chapelle, Grenelle ou Villette, são reputados os mais sanguinários –, todos correspondem ao mesmo retrato caricatural: "frouxo de caráter, cafetão por profissão, jovem de idade".[78] Se escolhe a delinquência, são os maus instintos e a falta de fibra, em suma, seu próprio temperamento, que o conduzem a abandonar a escola e a oficina. "Criatura capaz de tudo, menos do bem", ele é antes de tudo indolente, incapaz de trabalhar. Começa com pequenos furtos, mas a preguiça e a libertinagem o levam a desencaminhar a jovem operária, que ele maltrata e põe para trabalhar no *trottoir*.

Tornando-se proxeneta, o apache pode se dedicar exclusivamente aos seus prazeres: beber, dançar, jogar baralho ou dados. Apenas quando muito necessitado é que se resigna a "trabalhar": transforma-se no embusteiro das rampas dos fortes abandonados, batedor de carteira ou ladrão de loja. Animando-se, faz ataques noturnos, nos quais demonstra grande violência. Armado de faca ou revólver, impõe extorsões periódicas no bairro; por alguns francos, "derruba" com punhal ou cassetete o transeunte atrasado ou a mulher sozinha, pois sua covardia o leva a atacar exclusivamente pessoas incapazes de se defender.

---

77 *Le Petit Journal*, Supplément Illustré, 20 out. 1907; *Le Journal*, 4 set. 1904.
78 Matter, op. cit., p.627.

Não recua diante de nada, corta com navalha as orelhas das mulheres para roubar os brincos, estupra e mata indiscriminadamente. Despreza a vida, professa uma crueldade gratuita, mata por desafio, aposta ou simples gloríola. Os mais audaciosos multiplicam pilhagens e assaltos, o que os leva ao homicídio e ao cadafalso. Mas o principal inimigo do apache é o policial, a "vaca", a quem vota um ódio feroz e agride gratuitamente. Cínico, libertino, de uma "estupidez incomensurável", o apache também é profundamente orgulhoso. A altivez, a bazófia e a sede de publicidade do apache não conhecem limites.

Quanto à mulher apache, ela não passa de um "ganha-pão": é ela que fornece com a sua prostituição os rendimentos essenciais ao equilíbrio financeiro dessa sociedade delinquente. Os bandos de "viragos de bíceps poderosos", que às vezes são vistos agredindo a faca os transeuntes da avenue de Saint-Ouen são raros.[79] Simples "aliciadora" que o homem explora e espanca periodicamente, a mulher apache não é menos perigosa: o perigo venéreo que ela encarna parece, física e moralmente, ainda mais insidioso e terrível.

Tudo recai sobre o apache; não há nenhuma defesa estética ou técnica que se possa invocar, e a amplitude do consenso esboçado nessas representações é surpreendente. Ele é o culpado por excelência, evidentemente e mecanicamente culpado, a encarnação de todos os crimes. "Podemos pensar que o próprio fato de ser apache merece ser erigido em delito", acredita o dr. Lejeune. Alcoólatra e sifilítico, possui "o aspecto geral da escória da humanidade": a tez pálida e doentia, a máscara trágica, os membros franzinos, o talhe frágil. É um ser degenerado, "um

---

[79] *Le Matin*, 19 maio 1909.

produto regressivo da atividade humana".[80] Impressão idêntica em Barrès, que os vê como "degenerados [...] atravancados de taras ignóbeis [...] decaídos da humanidade".[81] O apache é, portanto, incorrigível e irrecuperável por natureza. Às vésperas da mobilização, o ministro da Justiça pede que os tribunais sejam extremamente vigilantes com relação aos delinquentes aptos a servir a nação.[82]

Duas circunstâncias agravantes vêm completar esse retrato sem matizes. Vagabundo de má índole, o apache é jovem e prefere viver em bando. Para ele, delinquência rima com adolescência, essa nova idade da vida que começa a surgir na época. Muitas vezes menor de idade, tem entre 16 e 25 anos, é um garoto, um "biltre imberbe", um "recruta do crime". Mais tarde, muda de vida ou desaparece nas profundezas do cárcere. Julgados em janeiro de 1899 no Tribunal Penal do Sena por roubos com arrombamento, ataques noturnos e assassinatos, os trinta acusados da quadrilha de Neuilly não chegam a 20 anos em média. Muitas vezes são ainda mais jovens, como o rufião de 14 anos, membro dos "Saguis da Colina".[83] Às vezes não passa de um menino, "uma criança que promete", preparado desde os 8 anos para furtar em lojas, bater carteiras ou espreitar para assaltos. Em pouco tempo será uma daquelas "crianças que matam", e cuja maré crescente será percebida como uma ameaça terrível.

Com os apaches, cresce a imensa preocupação que a questão da infância e da adolescência criminosa suscita desde a década

---

80 Lejeune, *Faut-il fouetter les apaches?*, p.30 e p.17-24.
81 *Journal Officiel de la République Française*, Chambre, Débats, 3 jul. 1908, p.1539.
82 Archives Nationales, BB18 2450.
83 Vital-Mareille, op. cit., p.35.

de 1880.[84] Qual será a situação em vinte ou trinta anos, quando os jovens delinquentes tiverem gerado novos criminosos?[85] Às vezes a questão aparece vinculada a intenções políticas. Essa não é a primeira geração formada pela República? Evidentemente a juventude em questão é a das classes populares, o que se finge não ter relevância. Implicitamente, portanto, a constatação acusa o mundo operário de abandonar os jovens à própria sorte e negligenciar a educação, esse pilar da cultura burguesa. E embora os jornais hesitem entre representações de uma juventude "perigosa" e representações de uma juventude "em perigo", no mais das vezes preferem estigmatizar a pouca idade dos apaches com discursos rancorosos e alarmistas.

Supõem-se, sobretudo, que o jovem delinquente pertença a quadrilhas, verdadeiras contrassociedades representadas como "uma franco-maçonaria baseada numa estreita aliança no mal".[86] No entanto, policiais e magistrados salientam o caráter informal desses grupos, contra os quais não se pode invocar a circunstância agravante de formação de quadrilha. Eles "não têm entre si nenhum regulamento, nenhum contrato, nenhum acordo de perpetuação dos crimes ou delitos que cometem", esclarece o procurador-geral de Aix.[87] Os próprios interessados negam sua organização em bandos hierarquizados. "Chefe? Não sei o que o senhor está querendo dizer. Chefe de quem? De quê? Ficaram me repetindo isso a instrução toda. Eu não sou chefe de nada", insurge-se Koch, da quadrilha de Neuilly, durante o processo.

---

84 Duprat, *La criminalité de l'adolescence*.
85 Drillon, *La jeunesse criminelle*, p.4.
86 *Le Matin*, 30 set. 1907.
87 Archives Nationales, BB18 2363/2.

De fato, esses "bandos" não passam de mera solidariedade de bairro ou oficina, sem estrutura ou organização, flutuando ao sabor dos encontros e das amizades. Mas os jornalistas, que não se abalam com contradições, não dão a mínima para tais sutilezas. Os apaches formam "uma organização, um verdadeiro exército, com chefes e disciplina, que tem por finalidade o assassinato e o roubo", e, se a lei não consegue provar, é porque seus termos são muito restritivos.[88] Portanto, incessantemente e sem nuances, os bandos são jogados aos leões. De nomes pitorescos, possuem postos avançados espalhados pela linha dos fortes, estrutura e senhas. "Basta um assobio de um deles para que, das trevas circunvizinhas, surjam legiões dessas larvas perniciosas", escreve um repórter.[89]

Verdadeiro imperativo de representação, com suas tradições, historiografias e heróis, o bando se apresenta em extraordinário vigor. O romance criminal, que gosta sobretudo das sociedades do crime, brande a ameaça a cada página virada: quadrilha dos Números e dos Tenebrosos, bando dos Z, da Mão Vermelha, dos Vampiros, da Seita Negra etc.[90] Sem eles, a noção de "exército do crime", que supõe a pavorosa capacidade de organização dos diversos componentes antissociais, perde força. Quando não existe quadrilha, a saída é inventá-la, como mostra o caso dos "bandidos de Pégomas", que ocupa a crônica do verão de 1906 ao verão de 1914. Enquanto os 992

---

88 *L'Éclair*, 1º nov. 1906; *Excelsior*, 20 fev. 1912.
89 *Le Petit Parisien*, 19 abr. 1902.
90 *Fantômas*; *Zigomar*; *Le mystèrieux Docteur Cornelius*, de Gustave Le Rouge; *Les vampires*, de Feuillade e Meirs; *La fiancée de la secte noire*, de Teramond.

"atentados" desordenados e sem motivo aparente (incêndios, pedradas, disparos, profanações de sepultura, tentativas de assassinato e assassinatos) agitam a pequena aldeia provençal, indicando presumivelmente brigas e acertos de contas,[91] a imprensa propaga a ideia de uma quadrilha organizada, de "bandidos desconhecidos".

Em compensação, guarda-se silêncio sobre a origem operária do apache, embora todos sejam oriundos do mundo das fábricas ou das oficinas. Manda, por exemplo, é filho de um telhadista e de uma lavadeira do 20º distrito de Paris. Foi aprendiz de polidor e, depois de nove anos de reformatório, servente de pedreiro. Dispensado, decide ir trabalhar na Suíça, mas acaba preso por vagabundagem. É então que se torna "malfeitor".[92] Os "bandidos sinistros", ou seja, os trinta acusados da quadrilha de Neuilly, são, na realidade, operários em atividade: telhadistas, pintores, serralheiros, seleiros, correeiros, bate-chapas etc. No processo, somente nove são declarados "sem profissão".[93] E a existência de apaches de luxo, como o "pai dos Grandalhões da Chapelle", rentista e proprietário de dois imóveis em Paris, é naturalmente percebido como um contrassenso.[94]

Os jornalistas nunca se referem à origem dos apaches, a não ser para frisar que, saídos de famílias operárias honradas, abandonam as oficinas para varar a noite na farra com mulheres.

---

91 Relatórios do procurador-geral de Aix e relatórios do inspetor da Sûreté (12 jan. 1913) (Archives Nationales, BB18 2339/2).
92 "La jeunesse de Manda", *Le Matin*, 20 fev. 1902.
93 *Le Petit Parisien*, 2-5 jan. 1899.
94 *Le Gaulois*, 13 maio 1905.

São apaches, ponto final. Essa recusa em examinar as causas profundas da delinquência é acompanhada da complacência com que pormenorizam a "personalidade" dos apaches e a transformam em traços "naturais" dos motivos tradicionais da representação. O apachismo é um estado, decidido e profissional, e aquilo que é inadaptação à norma econômica ou social, às vezes rejeição ruidosa de uma sociedade,[95] é percebido como patologia. Indivíduo mórbido, o delinquente é um enjeitado social, concentrado na faixa estreita de uma marginalidade que se quer separada das classes populares. É como se os relatos procurassem inverter o paradigma descritivo tradicional do mundo operário, consumar a ruptura entre o crime e a miséria. Entre o trabalho e o submundo, entre a pobreza e o vício, não há nem comunhão de destino nem fronteiras indefinidas. Ao operário honesto e virtuoso opõe-se o apache, cujos vínculos com ele são cada vez mais tênues.

Evidentemente, a literatura popular se apodera prontamente desse personagem que se parece estranhamente com as figuras da ralé que ela sempre apregoou. Os romances policiais mais "populares" se povoam de apaches e quadrilhas sinistras. Sombra fugidia que assassina sob a escuridão, ou belo coadjuvante que auxilia os diversos "gênios do crime" que surgem nesse período, o apache de romance policial corresponde traço por traço, talvez apenas um pouco mais gordo, àquele difundido pelos diários populares. Os "recrutas do crime" são profissionais da devassidão, seres "equívocos" avessos a toda iden-

---

[95] Cf. Perrot, "Dans la France de la Belle Époque, les apaches, premières bandes de jeunes", in: *Les marginaux et exclus dans l'Histoire*, especialmente p.399.

tificação social, mesmo que aqui e acolá surjam registros que permitem vê-los como operários desclassificados.[96]

Em alguns anos, o apache se impõe como um protagonista indispensável à sociologia e à economia do romance, e mais tarde do cinema "criminal". É interminável a lista de folhetins que ambientam sua ação na sociedade dos apaches. Os dois ciclos dos *Zigomar* e dos *Fantômas* são verdadeiras enciclopédias do apachismo. Alegorias do crime, os dois personagens tornam-se "padroeiros" dos apaches, mão de obra contratada e dispensada, paga... ou não. Enumeramos ao menos sessenta na saga dos *Fantômas*, prostitutas alquebradas ou malfeitores sinistros, com "todos os estigmas do vício, do cinismo e da crueldade".[97] Aparecendo em vagas sucessivas (é possível identificar três gerações, centradas em torno de alguns papéis secundários que atravessam toda a série), constituem um grupo homogêneo que se encontra em todos os episódios, a contar do segundo. Indispensável para dar ao romance uma dose de pitoresco, exotismo social e conotações grand-guignolescas, o apachismo também se torna símbolo absoluto da nova delinquência.

Tal e qual, o apache se perpetua na imprensa e na literatura até o início da guerra. Entretanto, o termo "bandido", menos impregnado de parisianismo, ressurge em 1911, o que também traduz o progresso da profissionalização do submundo e sua lenta transformação em "meio", já visível em regiões como Marselha ou Montmartre.

---

96 Cf. meu estudo "Monde ouvrier, monde délinquant dans la saga de *Fantômas* (1911-1913)", a ser publicado em Bellet (Org.) *Mémoire historique et récit populaire au XIXe siècle*.

97 *Juve contre Fantômas* (*Fantômas*, t.II), p.7.

Anarquistas

"O anarquismo é uma longa sucessão de crimes e delitos de direito comum", declara o procurador-geral Fabre no processo dos cúmplices de Bonnot.[98] A formulação reflete o sentimento geral difundido pela imprensa contra criminosos aos quais se nega todo e qualquer *status* político. Lombroso via-os como criminosos natos, Tarde como "malfeitores de direito comum tentando dissimular seus atentados sob a máscara de teorias sociais tão insensatas quanto perigosas", e certos jornalistas como simples dementes: "Os crimes anarquistas [...] apresentam todas as características da alienação mental".[99] Sua adesão ao exército do crime não deixa a menor dúvida. Mesmo porque eles praticam todas as formas de ilegalidade. "Depois da bomba e do punhal, a era do roubo", escreve *L'Éclair* em 9 de dezembro de 1894, ao noticiar a prisão de Louis Gallan, ex-diretor do jornal anarquista *Le Père Peinard*, e de catorze "assaltantes anarquistas".

Para além da veemente reprovação ao encontro do anarquismo – "De olho na anarquia",[100] declara a imprensa popular, que acompanha com a mais extrema atenção os crimes por ela cometidos –, podemos nos perguntar até que ponto o anarquista, que escolheu deliberadamente o "lado de fora", não constituiu o próprio princípio e essência do crime. A menos

---

98 *Le Petit Parisien*, 19 fev. 1913.
99 Tarde, "Les hommes et les théories de l'anarchie", *Archives d'Anthropologie Criminelle*, apud Kaluszynski, *La criminologie en mouvement*; *Le Petit Journal*, 13 out. 1898.
100 *Le Matin*, 21 fev. 1894.

que seja o inverso e todo criminoso não passe de um anarquista potencial. Vacher não se proclamou o "anarquista de Deus"? No processo contra a quadrilha de Neuilly, não havia a suspeita de que os sinistros assaltantes "participaram de diversos atentados anarquistas"?[101] E o apachismo, explica a imprensa popular, não é a "filosofia da ação direta, da intrépida aplicação prática dos conselhos dados pelos teóricos dos partidos de vanguarda"?[102] Alicerçada numa cenografia da ordem social em perigo, a sociologia criminal que se esboça na época enfatiza a sombria e aterrorizante aliança entre o crime e o anarquismo, a delinquência e a subversão. Rebeldes também no trabalho, o anarquista, o sindicalista e o "grevista" juntam-se ao apache nas profundezas do infrassocial. E, enquanto Jacob e seus "Trabalhadores da noite", formidável associação de dezenove bandidos hábeis, inteligentes e experientes, de extraordinária coragem e audácia a toda prova, beneficiam-se durante algum tempo de um olhar mais positivo,[103] Bonnot e seus cúmplices, assassinos de policiais e fuziladores de transeuntes, atiçam esses novos temores até a psicose.

Jovens, citadinos, antissociais e subversivos é o que parecem ser, nesse começo de século, as figuras que assombram o imaginário do crime. Se acrescentamos a obsessão da quadrilha, da organização secreta, da aliança formidável entre as forças da desordem social, chegamos às imagens terríveis que arrebatam as consciências e alimentam os medos. Exaltado e medonho, esse

---

101 *Le Petit Parisien*, 3 jan. 1899.
102 Ibid., 7 abr. 1907.
103 Ibid., 20 abr. 1904.

imaginário exige personagens a sua altura, capazes de assumir todos os delitos do mundo. Vagabundo, estuprador, assassino e anarquista, Vacher é o protótipo, faltando-lhe apenas a dimensão urbana. Com poder virtual e mecânico de desencadear a agressão, o apache assume essa função de maneira exemplar. E Bonnot, que lhe adiciona explicitamente a subversão social do anarquismo, constitui o seu paroxismo. Ao criar, segundo a tradição de *Rocambole*, figuras impenetráveis e proteiformes, verdadeiras alegorias e gênios do Crime (*Zigomar, Ténébras, Fantômas*), a literatura "policial" dá a suas representações a consistência atemporal da ficção e do mito. Heróis da sombra e forças do caos, todos podem reivindicar o programa enunciado por Fantômas: "Travar o grande combate de ódio e ferocidade contra tudo que existe, vive, possui...".[104]

> ### Bandos de "apaches"
>
> Os jornais populares se contentam no mais das vezes em mencionar um bando de "rufiões", "vagabundos", de "apaches" ou "ex-condenados", mas revelam um enorme apetite quando se trata de nomes de bandos. Degustam o pitoresco, o exotismo e até mesmo a poesia selvagem desses nomes. Para a maioria das obras jornalísticas, eles contribuem muito para a mitologia ambígua que vinha se disseminando na época. Apresentamos aqui uma lista não exaustiva e majoritariamente originária de Paris e região.
>
> Abutres da Courtille (1906)
> Apaches (1900)
> Aristocratas (1898)

---

[104] *Le bouquet tragique* (*Fantômas*, t.XXIII), p.525.

Bando da Fechadura (1909)
Bando da Fechadura (1912)
Bando da Goutte d'Or (1895)
Bando da Tulipa (1901)
Bando das Gardênias (1901)
Bando de Auteuil (1907)
Bando de Belleville (1900)
Bando de Montsouris (1904)
Bando de Neuilly (1899)
Bando de Vanves (1899)
Bando do "Trabalho Fino" (1900)
Bando do Cri-Cri de Saint-Mandé (1899)
Bando do Milo do Canal Saint-Martin (1900)
Bando do Nan-Nan (1904)
Bando do Nonor de Nanterre (1909)
Bando do Raincy (1899)
Bando dos Falsos Estivadores (1900)
Bando dos Ladrões Alemães (1895)
Bando dos Ladrões de Igreja (1896)
Bando dos Moleques (1895)
Bando dos Mosquitos (1907)
Bando dos Peregrinos (1913)
Bando dos Vendedores de Bricabraque (1900)
Bando Vermelho de Austerlitz (1901)
Braços Novos de Arcueil (1908)
Capacetes Cinza do 19º (1912)
Capacetes Pretos de Vincennes (1899)
Capacetes Verdes (1908)
Capacetes Verdes de Montsouris (1902)
Caras Queimadas de Charenton (1903)
Cavaleiros da Arrombada (1900)

Cavaleiros da Goteira (1901)
Cavaleiros do Pega-Rapaz
Cavaleiros do Saque (1908)
Cavaleiros do Sol (1899)
Cinco Pontos (1914)
Comunistinhas da Maub' (1911)
Corações de Aço (1902)
Corações de Aço de Clichy (1910)
Corações Grandes de Toulouse (1910)
Corsários de Aubervilliers (1899)
Corvos da Ilha Saint-Louis (1905)
Degoladores da Mouzaïa (1912)
Elegantes (1896)
Encobridores do 12º (1900)
Escoceses (1897)
Estranguladores do Gobelins (1894)
Exterminadores da Râpée (1901)
Exterminadores de Puteaux (1913)
Fantoches (1908)
Filhos de Luís XI (1907)
Gatunos de Batignolles (1906)
Golas de Veludo (1900)
Hábitos Negros (1906)
Lobos do Monte (1911)
Marabus de Montmartre (1903)
Matulões da Villette (1900)
Meios Sifões de Ménilmuche (1908)
Pintas (1903)
Punhos de Sangue de Saint-Ouen (1910)
Ratos de Cave (1900)
Sacristãos (1897)

Saguis da Colina (1910)
Saltadores da Glacière (1908)
Segadores (1912)
Tatuados de Montmartre (1902)
Tatuados de Reuilly (1902)

Capítulo 8
Vozes dissonantes

Ainda que demonstrem um consenso de alcance surpreendente, essas imagens comuns da delinquência e do crime não conseguem esgotar as representações. Outras vozes, dissonantes, vêm temperar esses quadros homogêneos, e às vezes denunciar o discurso normativo de uma moral burguesa detestável. Duas ideias animam tal propósito. A primeira, herança do romantismo social, é a de que a miséria "leva ao crime"; patente nas canções populares e nas transposições literárias efetuadas sobretudo pela boemia de Montmartre, ela é a origem de certa "poesia do marginal", sombria e trágica. A segunda, centrada na coragem, na energia moral e na liberdade heroica, supostamente atributos do criminoso, exprime-se essencialmente no discurso anarquizante e nos escritos da vanguarda cultural de inspiração libertária, que encontra na *Revue Blanche* seu lugar privilegiado de expressão.

A permanência de uma poesia do marginal

Sombrio, arisco, desiludido, o destino dos "marginais", mulheres da vida e outros "errantes da noite" continua alimentando as imagens recorrentes de um romantismo trágico. Entre a miséria e a grandeza, os marginais exalam para alguns uma poesia selvagem e desesperada. Na angústia e na indigência de sua vida, na liberdade ao mesmo tempo altiva e grotesca que eles reivindicam, lê-se toda uma poesia primitiva.

Do lamento à canção "realista"

Associado a todas as "causas célebres", o lamento é companheiro de longa data do assassino. Publicações ocasionais e *canards*, cuja tradição se prolonga até o fim do século, sempre acompanham o texto de uma gravura ou lamento.[1] As melodias tristes e chorosas, e a moral simples e ingênua defendiam a triste sina dos assassinos perante a alma popular. Cantado a meia-voz nas ruas e nas praças públicas, esse gênero "eminentemente francês", como recorda um editorial do *Petit Parisien*,[2] é uma espécie de museu popular do crime.

Se o gênero é antigo (a tradição o faz remontar à morte de Joana d'Arc), o século XIX, mais do que qualquer outro, o populariza. Não há assassinato famoso, crime sensacional ou atentado notável que não gere um lamento. Modelo do gênero, o lamento de Fualdès inaugura em 1817 o século criminal; desde então, é seguindo seu timbre que se canta o sombrio destino dos homicidas célebres. Como os *canards*, o lamento chega ao auge sob a Restauração e a Monarquia de Julho, quando muitos de seus autores vivem das sentenças de morte anunciadas pela

---

1 Cf. Seguin, "Les feuilles d'information non périodiques ou 'canards' en France".

2 "La complainte", 30 mar. 1904.

justiça. Adaptando-se apenas à morte e ao trágico, o lamento nasce ao pé do cadafalso. É de lá que relê a vida do criminoso.

Se o texto se demora no horror do crime e exige o castigo justo para o criminoso, a referência a suas motivações psicológicas ou sociais, ainda que rápida, relativiza o ato. O uso da primeira pessoa, que permite que o criminoso se confesse e se explique, acentua esse aspecto. Polissêmico, o lamento procede da mesma reversibilidade do olhar que caracteriza as ficções criminais da *Bibliothèque bleue*.[3] Tal como elas, é marcado por uma inflexão progressiva, da morte expiatória do criminoso arrependido a formas mais ambivalentes, às vezes com um toque de contestação.[4] Ao celebrar a morte do criminoso, exprime tanto a sua glória quanto a sua infâmia: de sua morte depende sua posteridade. Sob a aparente ingenuidade está a sanção da rua ao veredicto da justiça.

Na virada do século, porém, o lamento perde fôlego e começa a decair lentamente. Os contemporâneos julgam-no ultrapassado e acusam os que ainda resistem de falta de sinceridade, de não passar de "fantasia". No entanto, o lamento sobrevive e continua acompanhando muitos crimes. O último grande caso apregoado desse modo foi o crime de Violette Nozière.[5] O caso Dreyfus, por exemplo, inspira um grande número de canções, mas os crimes rurais é que suscitam os lamentos mais tradicionais. O de Vacher, em 1897, recupera os tons mais antigos:

---

3 Literalmente, biblioteca azul. Designação da primeira forma de literatura dita "popular" surgida na França no início do século XVII. (N. T.)

4 Lüsebrink, "La letteratura del patibolo. Coninua et tranformazioni tra 600' e 800'", *Quaderni Storici*, n.49, p.285-301.

5 Monestier, *Les grandes affaires criminelles*, p.130-1.

Ele estripava suas vítimas
Com uma faca muito comprida
Arrancava-lhes as tripas
Nunca semelhantes crimes
Inspiraram mais horror...[6]

Em 1903, o processo dos assassinos e saqueadores de Marguerite, na Argélia, gera vários lamentos, evocando o crime e a expiação, mas também a necessária magnanimidade do público. Em 1907, o crime de Soleillant ainda ocasiona diversos lamentos, dentre os quais um de Antonin Louis.[7]

Se o lamento começa a se esgotar, o crime e a delinquência suscitam outras formas de canção. Não é o caso das canções socialistas ou militantes, liberadas a partir de 1906. Elas denunciam as injustiças de uma sociedade criminógena, a brutalidade e o abuso policial, o homicídio legal da morte na guilhotina, mas quase não falam em crime ou criminosos. O mesmo vale para a canção anarquista, exclusivamente voltada para o *"grand soir"*[8] e a defesa das "ideias".[9] Somente as canções de barreira,

---

6 *Le Petit Parisien*, 4 nov. 1897. ["Il éventrait ses victimes/ Avec un très long couteau/ Il leur sortait les boyaux/ Jamais de semblables crimes/ N'ont inspiré plus d'horreur." (N. T.)]

7 Archives Nationales, BB18 2192; *Le Petit Journal*, 24 jul. 1907.

8 No fim do século XIX, a "grande noite", palavra de ordem anarquista, exprimia a esperança de uma mudança radical e súbita que resultaria no fim da ordem social vigente e no nascimento de um mundo regenerado. Essa visão insurrecional influenciou muito os sindicalistas revolucionários. (N. T.)

9 Asholt, "Chansons anarchistes et sociales de la Belle Époque", in: Rieger (org.), *La chanson française et son histoire*, p.225-60.

canções de marginais e vagabundos, oferecem amplas evocações da sociedade delinquente e substituem os lamentos tradicionais. Marcado por figuras prestigiosas – Aristide Bruant, Yvette Guilbert, a estreia de Fréhel –, o gênero vive sua primeira idade de ouro, dando origem a uma "poesia do marginal" da qual é o principal vetor.

Aristide Bruant representa bastante bem o espírito cancionista dessa virada de século. Embora seja o arquétipo do cancionista "popular", o personagem é contestado. Acusavam-no de explorar cinicamente a miséria da periferia para a Paris elegante e abastada, de ocultar o mundo operário em proveito da escória, de destilar um populismo vago e reacionário. O programa de sua candidatura neoboulangista, em 1898, é violentamente revanchista, antiparlamentar e antissemita. Outros, ao contrário, veem nele o autêntico simpatizante dos desclassificados e dos excluídos. Sob o pseudônimo de Legras, Zola faz um retrato elogioso de Bruant em *Paris* (1898); Francis Carco ou Yvette Guilbert, que o consideram "um santo", contam que ele não hesita em ajudar prostitutas, ladrões e detentos.[10]

O renome de Bruant deve-se muito à imagem que ele soube construir de si mesmo, o perfil lendário que Toulouse-Lautrec imortaliza (casaco de veludo *côtelé*, camisa vermelha, cachecol, botas e chapéu largo). Mas, do chique cabaré Le Chat Noir de Salis ao Mirliton, ele impõe uma atmosfera e um estilo, zombeteiro e provocante, perceptível em muitos outros repertórios, especialmente nos de Léon Bercy ou Xavier Privas. Explorando o universo patético dos "errantes da noite", pequenos delin-

---

10 Rieger, "A. Bruant et la chanson naturaliste fin de siècle", in: *La chanson française et son histoire*, p.205-6.

quentes e prostitutas de rua, rufiões e mulheres fáceis, insubmissos e revoltados, jogando na cara da alta sociedade toda a lama da periferia, Bruant é quem simboliza melhor a poesia dos malandros e das meretrizes, que ainda não são apaches, mas assemelham-se a eles como dois irmãos. De resto, os imitadores logo formam legiões, como Alexandre Leclerc, rapidamente apelidado de "o ruidoso Alexandre".[11]

As cerca de setecentas canções compostas ou interpretadas por ele (um grande número desses textos devem muito à inspiração de Oscar Méténier, então subsecretário de uma delegacia parisiense e seu conselheiro em assuntos "marginais") mostram um número reduzido de motivos principais. Sempre muito bem estruturada, na maioria das vezes em torno de uma trama cronológica, a canção é um breve relato centrado na biografia do delinquente: o desenrolar de uma vida inteira ou uma pequena janela aberta pelo viés do *fait divers*. Nos dois casos, o ato criminoso é inseparável de um destino individual. O recurso ao "eu", presente em quase metade dos textos, permite que intérprete e ouvinte (e todo ouvinte é um intérprete em potencial) se identifiquem com o delinquente, assumam seus atos e motivações e relativizem seu impacto.

Nesse aspecto, são muito características as cartas de prisão (*À Saint-Lazare, À la Roquette, À Mazas* etc.). Além da carga sentimental e patética que destila, o procedimento tende sobretudo a reumanizar o universo delinquente. Enquanto as representações comuns fazem de tudo para dissociar o criminoso do mundo social, a canção "de marginais" reinsere-o no "grande

---

11 Ibid., p.218.

rebanho humano". Amizade dos homens, paixão terna ou desenfreada das mocinhas pelos "ruivos de suíças", o amor filial dos "terrores" ou dos "fortões", Bruant reivindica toda a gama de sentimentos "humanos" para seus cafetões e raparigas.

Nesses destinos breves e patéticos, sem julgamento ou moral visíveis, transparece sobretudo a recusa a dissociar a sociedade delinquente do universo popular. A comunhão de destino entre o mundo operário e a sociedade do submundo e o papel da miséria na gênese do ato delinquente se reafirmam a todo instante. Inscrevendo-se na tradição romântica, o vagabundo de Bruant é, em primeiro lugar, um deserdado, um miserável, um "sujeito que deu errado", para retomarmos a expressão de Gaston Couté. A rua, rua do povo e rua da miséria, serve de cenário para todas as canções. Aparecendo já no título (*À Batignolles, À la Villette, Belleville-Ménilmontant, À la Glacière* etc.), a rua é onipresente e, com sua presença, marca o compasso do refrão, que o povo repete em uníssono. Universo em si, com sua lógica e seu destino, ela é antes de mais nada um aprendizado:

> A gente pega guria aos quinze anos
> Depois cresce sem
> Perder de vista
> Pois é, eu gosto de dormir
> Não posso trabalhar
> Trabalho aborrece. (*Lézard*)[12]

---

12 "On prend des magniè' à quinze ans/ Pis on grandit sans/Qu'on les perde/ Ainsi, moi j'aime bien roupiller/ J'peux pas travailler/ Ça m'emmerde." (N. T.)

Do nascimento ao beco sem saída do cadafalso erguido de frente para o público, a rua dita a sua lei. Cantar a vida como ela é *Dans la rue* [Na rua], ancorar esses destinos ordinários num universo topográfico e social é a preocupação da maioria das canções.

Suja, terrível, exigente, a rua é sobretudo a da miséria, a "lazeira" responsável pela queda na delinquência. O vagabundo de canção tem sempre o mesmo perfil. Em criança, é um "guri", um querubim famélico nascido de pais desconhecidos ou alcoólatras, que cresce "sem doces, sem brinquedos, sem roupas". Uma criança inocente, "anjo dos becos e dos pardieiros", que parece se confundir com os moleques de Paris que tanto atormentam Victor Hugo em *Os miseráveis*. Mais tarde, é um pé-rapado, "sem tostão, sem centavo", um "maltrapilho dos fortes abandonados", um pobre coitado "sem eira nem beira". Em semelhante contexto, como poderia escapar à pequena delinquência, ao roubo, ao meretrício ou mesmo ao assassinato? Se alguém se torna ladrão, é por necessidade:

> Em Paris tem bairro
> Onde moleque sem ocupação
> Vira marginal... (*À Saint-Ouen*)[13]

> Agora, aonde você quer que eu vá?
> Quer que eu trabalhe?
> Não posso... Nunca aprendi...
> Vou ter que roubar, matar...

---

13 "À Paris ya des quartiers/ Où qu'les p'tiots qu'ont pas d'métiers/ I's s'font pègre..." (N. T.)

A tinta e o sangue

Coragem! Alegria, não me viram... não me pegam... (*Dans la rue*)[14]

O mundo do crime e do submundo é, em primeiro lugar, da miséria, das ruelas escuras e dos bairros malditos, povoado de indigentes e "famélicos", velhas prostitutas descarnadas, aliciantes e marafonas. Nele a honestidade é um sonho, um desafio; o crime, uma banalidade, simples contingência da vida nas ruas que se pratica como um trabalho comum. Quem mata é porque tem fome:

> Numa noite em que não tinha comido
> Vagava como um furioso
> Para roubar uns tostões
> De um condutor de ônibus
> Rasgou a pança e a sacola (*À la Bastoche*)[15]

Ao contrário do lamento, essas canções nunca põem em cena o castigo final. Percebido como inevitável ("Faut y passer, quoi! C'est not' rente" ["Tem que aguentar, qual é? É o nosso juro"], *À Mazas*), o castigo está no horizonte da vida, atado ao destino do delinquente. O castigo é a vida. A miséria, a fome, o *trottoir* e a morte lenta. Afinal, "*I'fait moins froid dans la Nouvelle qu'à la Chapelle*" ["Faz menos frio na prisão nova do que

---

14 "À présent, où qu'vous voulez qu'j'aille?/ Vous vouderiez-t'y que j'travaille?/ J'pourrais pas... J'ai jamais appris.../ Va falloir que j'vole ou que j'tue.../ Hardi! Joyeux, pas vu... pas pris...". (N. T.)

15 "Un soir qu'il avait pas mangé/ Qu'i' rôdait comme un enragé/ Il a, pour barboter l'quibus/ D'un conducteur des omnibus/ Crevé la panse et la sacoche". (N. T.)

na santa capela"]. O determinismo, a submissão e o fatalismo social delineiam um universo em que reina uma lucidez trágica e sem saída. Aqui não existe livre-arbítrio; cada qual aceita sua sina, e paga como vive, na desilusão e na resignação: *"Et sur la bascule à Charlot/ Il a payé, sans mot dire"* ["E na guilhotina do Charlot/ Ele pagou, sem dizer uma palavra"][16] (*À la Bastoche*).

Sem dúvida, essa vida também tem suas felicidades e alegrias; e também, sem dúvida, orgulhosos da independência de que gozam, alguns desses *gaiatos* podem encontrar ocasião para bancar os espertalhões: *"Paris est à nous!"* ["Paris é nossa!"] (*La ronde des marmites*). No entanto, silenciosamente, sob o cheiro tenaz do absinto, a sombra dos Bat' d'Af,[17] da guilhotina ou de Caiena pesa sobre o destino desses homens. Dessas trevas nasce a poesia, ainda acentuada por melodias chorosas e repetitivas. Porque a canção, longe de ser simples justaposição, nasce do encontro de texto, de timbre e de gestual, o que a mera análise textual expressa imperfeitamente.[18]

Entre um romantismo tardio e um naturalismo ainda na moda, os textos se singularizam pela preocupação em penetrar a fundo o universo do delinquente. Também lhe dão uma dimensão social, ainda que seja a de um pitoresco caricatural. Ao

---

16 Charlot (de Charles) é o nome dos quatro primeiros carrascos da família Sanson (o ofício passou de geração em geração de 1688 a 1814).

17 Bat' d'Af: designação popular dos Batalhões de Infantaria Leve da África, unidades francesas de infantaria e construção que serviam no Norte da África e eram constituídas de presidiários ainda sujeitos a serviço militar ou soldados com graves problemas disciplinares. (N. T.)

18 Cf. Calvet, *Chansons et société*, p.33 et seq.

contrário dos relatos habituais, que escondem sistematicamente toda e qualquer perspectiva social, neles a questão criminal nunca é uma questão moral. No entanto, as imagens também são fixas e convencionais. Resignada, a poesia que se extrai delas oferece apenas a perspectiva do exotismo ou da submissão.

Que pensar de seu público e de sua incidência? Sem dúvida, a canção, que delineia outro circuito de difusão – o do cabaré e do café-concerto naturalmente,[19] mas sobretudo o da rua, lugar de encontro passageiro e efêmero com aqueles que a povoam –, possui um forte potencial de mobilização emocional e leva a um olhar compreensivo. Mas esse mundo, que pertence mais ao espetáculo do que ao real, pode ser percebido como outra coisa que não uma representação? Na pior das hipóteses, o estado de espírito que essas canções emprestam dos delinquentes não é o de uma "fera humana", uma espécie de "cio do imundo"? Nada nos impede de imaginar que o público podia aplaudir as canções de Bruant e concordar com as insinuações ordinárias propagadas pela imprensa. O sucesso do gênero fez do destino sombrio dos marginais e das mulheres da vida uma espécie de motivo fixo e artificial, desenvolvendo-se, apesar de designado como "realista", num registro que era o do imaginário. A voz rouca de Fréhel ou Damia ainda prolongou durante muito tempo o seu eco.

Transposições literárias

Poetas e literatos não são insensíveis a essa epopeia da periferia. Mirbeau, Daudet e Loti aplaudem tais cantos de de-

---

19 Sobre esse tema, cf. Richard, *Cabaret, cabarets*, e Condemi, *Les cafés-concerts*.

sesperança e Zola, fascinado com Yvette Guilbert em *Fleur de Rogue*, de Jean Lorrain, garatujou às pressas: "Todo um mundo se me evocou, metade real, metade fantástico".[20]

Tristes e melancólicos, esses quadros parisienses inspiram os poetas. Muito tempo antes, Jean Richepin se tornara o porta-voz dos "desafortunados", dos "desabrigados", e seu *Chanson des gueux* [Canção dos pobres], publicado em 1876, teve inúmeras reedições. Reivindicando a vagabundagem como uma arte de viver, Richepin, o "refratário" que se diz descendente de ciganos turanianos, exalta os "pobres", os mendigos errantes e a beleza selvagem, a alma bravia e a poesia secreta dos nômades e dos romanichéis.[21] Num registro vizinho, Gaston Couté e Jehan Rictus cantam a miséria dos "humildes" e dos "proletas". Libertário autêntico, filho de ricos moleiros de Beauce, Couté multiplica as canções em que a tradição oral dos serões camponeses se une ao tom acusador, ao mesmo tempo terno e ácido, de Villon.[22] Rictus, um dos fundadores da revista *Mercure de France*, também se apresenta como poeta dos "pobres" e "desafortunados", e ficou famoso declamando o *Soliloque du pauvre* no cabaré Quat'z'arts em 1896. Publicado em 1914, seu *Coeur populaire* reúne "poemas, queixas, baladas, lamentos, relatos, cantos de miséria e amor" por ele escritos em "linguagem popular" entre 1900 e 1914.

Ainda que essas canções representem pouco o mundo delinquente propriamente dito, todas tendem, à semelhança de

---

20 Apud Chevalier, *Montmartre du plaisir e du crime*, p.185
21 Richepin, *Le chemineau*.
22 Couté, *La chanson d'un gars qu'a mal tourné*; Saint-Denis, *Le vent du ch'min*. Sobre Couté, cf. Pillet, *Ta gueul', Moignieau!*.

Bruant, porém com menos zombaria, a reconciliar o povo consigo mesmo, o marginal e o operário. Todas se esforçam para valorizar o universo e a "cultura" da rua. Escola primária do delito e do vício? Talvez. Mas, com seus pequenos ofícios e solidariedades, seus aprendizados e amizades, ela é também a escola da sobrevivência para a criança do povo. Às vésperas da guerra, esses motivos se encontram em toda a literatura populista e infantil: *Didier, l'enfant du peuple*, de Maurice Bonneff, ou o ciclo de *Alfred Machard*, dedicado à infância de rua, *L'épopée au faubourg*, verdadeiro negativo urbano de *A guerra dos botões*, de Louis Pergaud.[23]

Apesar das acusações que os poetas da "mendicidade" lançam uns contra os outros, impõem-se um estilo e uma sensibilidade tão pouco subversivos, no fim das contas, que a imprensa popular aceita publicar suas imagens ao lado da crônica ordinária. Citemos, de um número muito grande de contos, novelas ou artigos de opinião, as "histórias de ladrões" publicadas por Richepin no *Temps* ou o editorial de Paul Ginisty, no *Petit Parisien*, exaltando a estranha e selvagem poesia dos boêmios e dos ciganos, "criaturas humanas rejeitadas em toda parte, os derradeiros párias modernos".[24] O próprio apache é tratado às vezes, se não com benevolência, ao menos com compreensão. Armand Vilette descreve em 1905, no *Gaulois*, a vida dos apaches parisienses perseguidos pelos agentes de Lépine e, em 1913, Léo Claretie publica no *Petit Parisien* um conto intitulado "Un apache", em que mostra como um jovem bacharel,

---

23 Cf. Manning, *Le "mal-faire" et les abords de la déliquance à travers quelques images littéraires françaises (1900-1914)*.
24 *Le Temps*, 4, 6 e 8 out. 1898; *Le Petit Parisien*, 6 set. 1906.

doce e sensível, "desceu um a um todos os degraus da miséria e [...] cometia assaltos como outrora fazia a contabilidade".[25] Representações divergentes decerto, mas é duvidoso que tenham conseguido alterar o sentido e o alcance dos *faits divers* que as aproximam. Que convergência existe entre os artifícios da literatura e os da autuação do real?

Embora celebrem o reencontro do povo consigo mesmo e realcem o papel da miséria na passagem para o crime, tais textos e poemas deixam pouco espaço para o delinquente, que no mais das vezes é apenas entrevisto. Na verdade, só com a juventude boêmia, que no início do século passa a frequentar a colina e as espeluncas de Montmartre, é que os vagabundos e os apaches adquirem um espaço próprio de representação. Para os artistas do Bateau-Lavoir ou os poetas da rue Ravignan, malfeitores e prostitutas são parte da paisagem familiar. O cabaré Lapin Agile, onde os poetas gostam de se encontrar, foi conhecido durante muito tempo como Aux Assassins [Aos Assassinos]. Ali, como recorda Dorgelès, "os pilantras fraternizam com os intelectuais".[26] Francis Carco, que para Léon Daudet é um "escritor apache", Pierre Mac Orlan, André Salmon ou Max Jacob, para citarmos apenas os mais famosos, convivem com eles numa atmosfera que dizem carregada de mistério e angústia. "*Les becs de gaz des mauvais coins/ Éclairent des filous en loques*" ["Os bicos de gás dos cantos errados/ Iluminam os vigaristas em farrapos"], escreve Maurice Rollinat.[27] Orgu-

---

25 "La chasse aux apaches", Le Gaulois, 13 maio 1905; "Un apache", Le Petit Parisien, 5 maio 1913.
26 Dorgelès, *Le château des broillards*, p.41.
27 Apud Carco, *La Belle Époque au temps de Bruant*.

lhoso da camaradagem duvidosa que, desde Villon, une poetas e bandidos, cada qual descreve à sua maneira as mulheres, os malfeitores e os *doces canalhas* com quem cruzam nos bares ou na neblina da noite. "Lembre-se bem, Marcel, não há apaches, há apenas jovens malcriados se divertindo."[28]

Apesar dessa avaliação unanimemente aceita pelos poetas de Montmartre, os vagabundos de sangue quente, os ladrões sem glória e as moças perdidas que povoam suas narrativas são em geral pálidos figurantes. "Essas pessoas erravam pela nossa vida como sombras", observou com lucidez Mac Orlan em *La Rue Saint-Vincent*.[29] "Entre Mac e os rufiões, as meretrizes [...] e os condenados de todo tipo que povoam sua obra, há a distância que separa a realidade e a literatura, o *trottoir* que a moça percorre e o papel branco sobre o qual a pena do poeta corre", acrescenta André Billy.[30] A observação vale, sem dúvida, para o conjunto das representações. O que importa acima de tudo é a atmosfera pesada e trágica que esses "bandidos geralmente cruéis" imprimem à paisagem parisiense, a atmosfera "de miséria e violência em que os revólveres disparam toda noite, em que é comum achar navalhas ensanguentadas na rue des Saules". Só ela "nos impunha a absolvição da culpa" dos bandidos.[31] "Todo o lodo do submundo subia à superfície", escreve Francis Carco, nessa espessa névoa literária, sombria poesia do povo da noite na qual já desponta o "fantástico social" que Carné e Prévert tentarão transcrever.[32]

---

28 Salmon, *Tendres canailles*, p.11
29 Mac Orlan, *La Rue Saint-Vincent*, p.114.
30 Ibid., p.51.
31 Ibid., p.112-4.
32 Carco, *De Montmartre au Quartier Latin*, p.104.

A maior parte dessas páginas, porém, consiste em recordações tardias, reminiscências e reconstruções do pós-guerra em que se exprime a saudade de um mundo perdido. A "Belle Époque"! Somente *Jésus-la-Caille*, publicado por Carco em 1914, é verdadeiramente contemporâneo. A força do romance, que sintetiza bastante bem a alma do Montmartre da delinquência e do crime, reside na preocupação em evitar os temas mais recorrentes do exotismo do submundo. Ele escapa apenas em parte. Junto com a luz glauca e suja da rua, os amores trágicos e os ódios sórdidos que animam os protagonistas, heróis fracos e sem relevância, produzem, mais do que em Bruant, a tristeza e a languidez que se supõem típicas do mundo da delinquência. Nesses quadros deserdados pelo heroísmo, a poesia nascia do desespero ou do desencantamento, dos dias mornos em que as pessoas bebem para se atordoar, da miserável arrogância que "tem um não sei quê de enternecedor".[33] A atmosfera turva e fatal, a gíria afetada dos personagens, uma mescla de linguagem suburbana com preciosismos que produz aquele estilo "poético-popular" artificial, uma espécie de versão literária do folclore das barreiras.[34]

Mas seguindo os passos de Jésus-la-Caille, "embusteiro" de "aparência indefinível", isto é, jovem prostituto homossexual, o romance se situa nas margens da marginalidade. Vítima do desprezo tanto dos "Homens" como dos ladrões de barreira, rejeitado por toda a sociedade delinquente, Jésus permite que Carco aponte de dentro e de baixo um universo razoavelmente demarcado e, assim, privilegiar nos antípodas das representa-

---

33 Ibid., *Jésus-la-Caille*, p.186.
34 Wolf, *Le peuple dans le roman français*, p.147-9.

ções habituais do "exército do crime" a complexidade dessa microssociedade. Entre Jésus ou os seus, a aristocracia delinquente desse "meio" nascente, encarnada pelo Corso ou por Pépé-la-Vache e os poucos "terrores" que atravessam o romance, como o garotinho Loupé (cujo nome já vale um discurso), a disparidade e a rivalidade se impõem como os únicos modos de descrição possíveis. E, se o submundo descrito é ainda muito popular, se a delinquência é ainda o drama social produzido por um meio criminógeno, dali por diante tudo acontece na periferia, mesmo que seja a da poesia.

O heroísmo delinquente

Ao tema da miséria "que leva ao crime" acrescenta-se um mais violento, que enfatiza a coragem, a energia e o vigor moral do delinquente, cuja liberdade altaneira e heroica é celebrada. Apesar das críticas incessantemente feitas à imprensa e ao romance populares, que supostamente contribuem para essa heroicização, não é propriamente nesse registro que se exprimem tais propósitos. Embora ausentes do discurso socialista, eles nutrem, em compensação, o pensamento anarquista. Unidos na tradição literária da estética ou da metafísica do crime, influenciam as vanguardas intelectuais que há muito tempo já se encontravam impregnadas do ideal libertário.

Os socialistas protegem os apaches?

"O sr. Jaurès protege o apache, era inevitável", diz a manchete do *Matin* em outubro de 1907, no dia seguinte ao da publicação, no *Humanité*, de um artigo que denunciava "a exploração do medo" pela imprensa popular e pela Chefatura de Polícia.[35] A ideia é antiga, mas ressurge quando os socialistas decidem apoiar o projeto governamental de abolição da pena de morte em 1906. "Sim, dizem que nós somos os advogados dos apaches, os cafetões dos cafetões", declara algum tempo depois na Câmara o deputado Allemane.[36]

Apesar das acusações, o tema do heroísmo delinquente é singularmente ausente do discurso socialista, excetuando-se os posicionamentos de certos militantes revolucionários, que afinal são mais próximos dos meios anarquistas do que da SFIO[37] nascente. Marx, no entanto, frisou a utilidade econômica de um crime que, exacerbando a concorrência e rompendo "a monotonia e a segurança cotidiana da vida burguesa", é fator de desenvolvimento.[38] Todavia, as diversas facções de um movimento socialista em vias de se unificar oferecem poucos relatos de crimes e menos ainda representações da sociedade delinquente. Naturalmente, todas associam a questão criminal à questão social, percebem a origem do crime na miséria engendrada por um sistema econômico iníquo e comparam os criminosos da miséria com os criminosos legais. À prevenção, única ação concebível nessa matéria, acrescenta-se sobretudo uma visão escatológica em virtude da qual só as promessas de uma ordem social mais justa permitem erradicar o crime e a delinquência.[39] A análise exorta os socialistas a tomar posição em três direções principais:

---

35 *Le Matin*, 9 out. 1907; *L'Humanité*, 8 out. 1907.
36 *Journal Officiel de la République Française*, Chambre, Débats, 24 mar. 1910, p.1596.
37 Seção Francesa da Internacional Operária. (N. T.)
38 Marx, *Théories sur la plus-value*, t.I, p.452-3.
39 Meunier, operário, *Le crime, réquisitoire social*.

a crítica virulenta à exploração dos *faits divers* criminais pela imprensa popular, a denúncia da arbitrariedade policial e o apoio constante às propostas liberais em relação aos procedimentos judiciais e às políticas penais.

Se vimos anteriormente quanto espaço um jornal como *L'Humanité* sacrifica ao *fait divers* criminal, os socialistas são unânimes em denunciar a responsabilidade da imprensa pelo crescente mal-estar na "segurança pública". "Quem afinal criou os apaches, senão a imprensa?", declara Dejeante na Câmara.[40] A esquerda estende a análise, enfatizando a exploração política do fenômeno: "A linha direta do *Matin* não parte da Tour Pointue?".[41] Mantido pela Chefatura de Polícia, o "terror apache" é percebido como uma manobra política para justificar a arbitrariedade policial, intensificar a repressão ao movimento operário e destituir o país das liberdades individuais mais elementares.

Vítimas da arbitrariedade policial, os socialistas são unânimes ao denunciar seus excessos. Além das propostas que exigem da Câmara a supressão das "leis celeradas", dos delegados especiais e dos fundos secretos da Sûreté Générale, os deputados socialistas, revezando-se com jornais simpatizantes, associam-se a todas as campanhas dirigidas contra a polícia de costumes e manifestam-se a cada violação das liberdades.[42] Condenam severamente a política de batidas e "depuração" implantada por Lépine e denunciam periodicamente o cará-

---

[40] *Journal Officiel de la République Française*, Chambre, Débats, 11 set. 1908, p.2207.
[41] [Tour Pointue (Torre Pontuda), gíria para referir-se à Chefatura de Polícia de Paris. (N. T.)] *L'Humanité*, 8 out. 1907.
[42] Berlière, *La police des moeurs sous la IIIe République*.

ter "liberticida" dessas medidas. Mas jamais as propostas socialistas se associam a pontos de vista favoráveis à sociedade delinquente.

Ligados ao humanismo e ao racionalismo herdados do Iluminismo, os socialistas também se interessam por questões de ordem jurídica e penal, as quais *L'Humanité* se encarrega de repercutir.[43] Tanto em matéria de organização e procedimento judicial quanto de política penal, eles defendem as posições mais liberais. É por isso, por exemplo, que se associam ao vasto projeto de reorganização judicial apresentado à Câmara por Paul Magnaud em 1906, que preconiza, entre outras coisas, eleição para os magistrados, democratização do recrutamento de jurados e extensão de seu papel aos tribunais correcionais.[44] Também é incansável o apoio socialista às propostas ou projetos de lei para reformar o código de instrução criminal.[45] Profundamente hostis às políticas penais exclusivamente fundadas no princípio repressivo, são favoráveis a uma prisão mais "saudável" e "corretiva", à abolição das colônias penais, do degredo por reincidência, do degredo infantil e dos conselhos de guerra. Em novembro de 1908, são os únicos a se engajar maciça e entusiasticamente a favor da abolição da pena de morte.

---

43 Logeais, *La gauche et la justice pénale (1870-1940)*.
44 *Journal Officiel de la République Française*, Chambre, Débats, 26 dez. 1906, p.3427 et seq.
45 Machelon, op. cit., e Belirère "L'article 10 du Code d'Instruction Criminelle sous la IIIe République, un danger permanent pour la liberté de chacun", *Bulletin du Centre d'Histoire de la France Contemporaine*, n.12, p.5-27.

As posições defendidas pelo "bom juiz" Magnaud, presidente do tribunal de Château-Thierry, resumem bastante bem as concepções socialistas nessa matéria. Paul Magnaud, que, a partir de 1906, une-se às fileiras da esquerda radical e radical-socialista da Câmara – apesar de ter sido eleito em Paris com os votos socialistas, inclusive os dos socialistas revolucionários –, ficou famoso no dia 4 de março de 1898 por uma decisão do tribunal de Château-Thierry que absolveu Louise Ménard, operária desempregada e mãe de vários filhos que, impelida pela miséria e pela fome, cometeu o crime de roubo. Reincidente, Magnaud toma a partir de então decisões semelhantes, defendendo uma interpretação bastante ampla do Artigo 64 do Código Penal, que dá ao juiz uma grande liberdade de interpretação.[46] Em maio de 1899, apresenta duas petições à Câmara para que as circunstâncias atenuantes sejam tomadas como "direito de perdão" e que, dali por diante, sejam levadas em conta as "necessidades da existência". Alexandre Millerand e Émile Morlot transformam essas petições em projeto de lei, conhecida como lei "do perdão", dando ao juiz o poder de absolver o acusado, mesmo que os fatos que motivaram a perseguição sejam considerados exatos.[47] Devolvido à comissão, o projeto nunca entrou na ordem do dia. Questionando parcialmente o direito de punir, e configurando uma espécie de versão esquerdista da "defesa social", as posições de Magnaud sintetizam as ideias e a filosofia defendidas nesse domínio por toda a esquerda socialista.[48]

---

46 Guillouard, *De l'état de nécessité et du délit nécessaire*.
47 *Journal Officiel de la République Française*, Chambre, Documents, 1906, annexe n.2996, p.75-8.
48 Logeais, op. cit., especialmente p.62-63 e p.124-36.

Afora essas posições, as raras descrições da sociedade delinquente divulgadas pela imprensa socialista são extremamente consensuais. Vê-se ali "a agitação da turba de malfeitores que fervilha no submundo e é uma ameaça permanente às pessoas de bem".[49] Os poucos retratos de apaches que nela encontramos quase não se distinguem das representações usuais. Evidentemente, tais análises se explicam em parte pela hostilidade dos socialistas, e sobretudo dos mais marxistas, ao *"Lumpen"*, que desvia a consciência operária de seu dever revolucionário, e pela condenação indiscutível da ociosidade e da imoralidade. A essas considerações teóricas acrescenta-se, no contexto exacerbado da década anterior à guerra, o temor de serem percebidos como defensores dos apaches e acabarem excluídos dos meios populares, sensíveis às alegações difundidas pela grande imprensa.

Apesar das múltiplas acusações contra a imprensa socialista, é inútil procurar nela a menor apologia do crime e do criminoso. E muito embora tais considerações sejam sustentadas às vezes por jornais socialistas, como *Le Républicain Sancerrois*, que em outubro de 1899 denunciou em termos bastante acerbos a miséria e a fatalidade econômica responsáveis pela queda no crime, elas continuam sendo raras: "Se você cair na miséria, não se preocupe; trate de farejar um bom burguês, com a carteira bem recheada, espere-o na esquina da Pont-Neuf, meta a mão no dinheiro e deixe o otário liso".[50]

---

49 *La Parole Socialiste*, 3 fev. 1901.
50 *Le Républicain Sancerrois*, 13 out. 1899. Processado por apologia e incitação ao assassinato, o jornal obteve o arquivamento do processo, já que não era anarquista.

Os diversos números da revista *L'Assiette au Beurre* podem dar uma boa ideia das concepções dos socialistas nesse domínio.[51] Nela encontramos as mesmas críticas virulentas contra o aparato policial, contra a arbitrariedade e a brutalidade da polícia, contra a inflexibilidade repressiva da república clemencista. A mesma denúncia das "duas justiças", com seus privilégios de classe, magistrados corruptos e perseguição dos pobres. A mesma rejeição da imprensa popular, venal e sensacionalista, e sobretudo do *Matin*, "jornal policial" contra o qual a revista luta incessantemente de 1904 a 1908. Em compensação, no terreno da sociedade delinquente, *L'Assiette au Beurre* se mostra claramente menos subversiva. Sem dúvida, vez por outra assoma o clima frio e sinistro dos "desaventurados" e da rua, muito próximo das narrativas de Richepin ou Rictus. Mas, de todos os marginais, só as prostitutas são encaradas com indulgência: a revista hebdomadária dedica dez números a esse "flagelo social". Só ela aparece como uma vítima, cujo horizonte desesperado é limitado pela doença e pela morte. O apache, embora seja associado com frequência ao meretrício, tem uma imagem muito negativa; é um crápula, um bruto, inescrupuloso e indesculpável. Inteiramente dedicado ao "Apache e seus cúmplices", o número de 26, de outubro de 1907, é característico das posições defendidas pela revista. O que se deve denunciar são os cúmplices do apache: os policiais da chefatura, a imprensa popular e o romance judiciário, a Paris abastada pronta a se aviltar, o patronato pernicioso, os juízes de instrução, os dirigentes políticos. O apache continua o ser cínico e desprezí-

---

51 Cf. Dixmier e Dixmier, *L'Assiette au Beurre, revue satirique illustrée*.

vel que sempre foi, o explorador de mulheres e o assassino de transeuntes que a revista condena inapelavelmente.

A personalidade do responsável pelo número em questão, Maurice Radiguet (o pai de Raymond), que também colabora no *Matin* e no *Petit Journal* antes de abandonar as referências socialistas, explica em parte o tom do número. Mas o mesmo espírito volta a se manifestar nos números subsequentes. Em julho de 1906, a publicação semanal não demonstra nenhuma piedade pela "mendicância profissional". Em março de 1907, grita com os lobos: "Abaixo Soleillant! Corruptores de menores não merecem compaixão!". Mais espantoso revelou-se o número dedicado ao degredo (5 de outubro de 1907), que apresenta Caiena como "uma espécie de terra prometida, uma Canaã", em que os criminosos encontram "uma vida nova, sem miséria nem preocupações". Habituais na imprensa popular, tais alegações, aqui, parecem no mínimo desconcertantes. No número de 12 de novembro de 1910, dedicado às "armas proibidas", Radiguet apoia discretamente o armamento dos cidadãos antes de se entregar a uma apologia quase mística da guilhotina. Contudo, o número sobre a pena de morte (9 de março de 1907) é muito mais reservado. Representações espantosas, no geral, que convém situar num contexto tenso, marcado pela preocupação de dissipar a miragem do anarcoilegalismo na classe operária e neutralizar as críticas provenientes da imprensa popular. Somente Jaurès, exaltando-se durante os debates sobre a pena capital, arrisca-se a declarar na Câmara: "Nós somos solidários com todos os homens, mesmo no crime".[52]

---

[52] *Journal Officiel de la République Française*, Chambre, Débats, 18 nov. 1908, p.858.

Crime e anarquismo

Os anarquistas, apoiados pelo setor mais radical dos socialistas revolucionários nessa questão, são os únicos a oferecer representações radicalmente divergentes do crime e da sociedade delinquente. Como se sabe, a partir da década de 1880, o anarquismo caíra parcialmente na delinquência[53] e tinha uma visão diferente do crime, amplamente tributária das diversas teorias relativas à propriedade e ao roubo, e em especial à sua forma revolucionária da "recuperação individual".[54] O caso Duval em 1885, seguido do caso Pini em 1889, ambos amplamente comentados por jornais libertários como *Le Révolté*, permitiram que os anarquistas afinassem suas concepções a respeito da função revolucionária do roubo, o "direito dos que nada têm de tomar dos que possuem", segundo a expressão de Duval no processo. A questão evidentemente dividiu os teóricos da anarquia. Se, em 1891, Paul Reclus avalia que "na nossa sociedade atual, o roubo e o trabalho não são essencialmente diferentes",[55] outros, como Jean Grave, negam qualquer valor revolucionário ao crime. Sobretudo os atentados, condenados quase unanimemente, e a repressão subsequente fortaleceram o campo dos adversários do ilegalismo. Sujeita a uma vigilância judiciária muito ativa, a imprensa anarquista também é obrigada a controlar o que diz.

A "recuperação", todavia, continua um tema importante e os anos 1907-1914 são marcados por uma recrudescência

---

[53] Cf. Maitron, *Histoire du mouvement anarchiste en France*, t.I; *Ravachol et les anarchistes*.
[54] Ver sobretudo o artigo "Le voleur", *Le Révolté*, 21 jun.-4 jul. 1885.
[55] Apud Maitron, *Ravachol et les anarchistes*, p.23.

das atividades ilegalistas: roubos de comerciantes, calotes em aluguel, assaltos, dinheiro falso.[56] Para todos os "companheiros" que não acreditam no sindicalismo revolucionário, a "recuperação" é ao mesmo tempo uma ética e um modo de vida. Alexandre Jacob, durante o seu processo em Amiens, em 1905, apresenta a definição (e a apologia) mais magistral. Num contexto de luta de classes em que patrões e proprietários "se apressam a legalizar a rapina", o roubo evidentemente não é senão uma "restituição". Mas impõe-se sobretudo como uma necessidade moral, a única capaz de preservar a dignidade do homem livre, que recusa "a esmola do salário e o aviltamento da mendicância".[57]

No terreno da criminalidade comum, sem dimensão política, a análise libertária quase não difere da compartilhada pelo conjunto dos socialistas: o crime é fruto da miséria e de uma organização social viciada. Com exceção dos alienados, aos quais convém oferecer tratamento, os anarquistas recusam toda medida de ordem repressiva e rejeitam unanimemente o sistema judiciário.[58] Mas o discurso é menos categórico quando se trata de apaches e malfeitores. À contracorrente, predomina a ideia de que mesmo os piores delinquentes – inimputáveis porque socialmente sobredeterminados – são pessoas "interessantes". Estes dois trechos do *Libertaire* representaram bem a análise libertária:

---

56 Dhavernas, *Les anarchistes individualistes devant la société de la Belle Époque (1895-1914)*.
57 Archives Nationales, F7, 12518.
58 Cf. Grave, *La société mourante et l'anarchie*.

Mas os apaches, os terrores têm ao menos a desculpa da infância dolorosa que tiveram. São uns brutos, sim, mas brutos inconscientes, infelizes que foram condenados de antemão, que tinham, inevitavelmente, de se transformar no que se transformaram.

[...]

Entre os acusados e os juízes, entre as vítimas e os algozes, entre os assassinos por instinto e os funcionários que matam obedecendo a ordens, minha simpatia não hesita: é pelos inconscientes.[59]

A essas circunstâncias atenuantes acrescenta-se a ideia de que certos delinquentes demonstram uma energia, uma determinação e uma coragem que são capazes de suscitar a admiração de toda a classe operária. O caso Liabeuf, em janeiro de 1909, no qual anarquistas e socialistas revolucionários se veem numa posição comum, é um bom exemplo disso.

Em 1909, a despeito dos protestos de inocência, o sapateiro Jacques Liabeuf é preso pela brigada de costumes e condenado, por "vagabundagem especial", a três meses de prisão e cinco anos de proibição de permanência. Uma vez em liberdade, e decidido a se vingar dos dois policiais cujo testemunho causara sua condenação, ele dá um jeito de ser contratado por um sapateiro de Belleville, economiza para comprar um revólver e aproveita sua permanência na oficina para confeccionar um artefato espantoso: uma couraça e um par de braceletes de couro

---

59 "À qui la faute?", *Le Libertaire*, 16 jan. 1910; *Le Libertaire*, 18 jan. 1908.

com pontas metálicas. Assim equipado, no dia 8 de janeiro de 1910 sai à procura dos policiais em questão.

À porta de uma taberna da Rue Aubry-le-Boucher, Liabeuf é abordado por um grupo de policiais que fora alertado por um informante. Defende-se e fere gravemente vários deles, entre os quais o policial Deray, que falece dias depois em consequência dos ferimentos. O caso tem uma repercussão enorme. Para a imprensa popular, que na época superexplora a questão apache, Liabeuf, "o matador de agentes policiais", com sua couraça e seus braceletes, é um presente dos céus. No entanto, quem provoca o escândalo alguns dias depois é Gustave Hervé. Num artigo provocativo no jornal *La Guerre Sociale*, "O exemplo apache" (12 de janeiro de 1910), ele reconhece que não faltaram grandeza e beleza ao ato de Liabeuf:

> Trata-se de um apache, não resta dúvida, ou seja, um infeliz que, aos 19 anos, talvez tenha surrupiado um dia de folga; a prisão começou a apodrecê-lo, o Bat' d'Af concluiu o serviço. [...] Não peço o prêmio Montyon para esse apache. Mas acho que, neste nosso século de débeis e indolentes, ele deu uma bela lição de energia, de perseverança e de coragem à multidão de cidadãos honestos; mesmo a nós revolucionários, foi um belo exemplo. [...] Ó, cidadãos honestos!, deem a esse apache a metade de sua virtude e peçam-lhe em troca um quarto de sua energia e de sua coragem.

Desde então, e durante mais de seis meses, o "caso Liabeuf" ocupa o centro de todos os números da *Guerre Sociale* e desencadeia grandes polêmicas. No dia 19 de janeiro, Hervé volta a atacar, acusando em especial Jaurès e os socialistas "parlamentares" de se manter em silêncio. Suas posições, longamente comentadas pela imprensa popular, dão um aval inesperado aos que veem os socialistas como os defensores dos apaches. "Será que o partido unificado vai aceitar essa solidariedade no elogio à vagabundagem especial e ao assassinato?", pergunta *La Petite République* em 13 de janeiro de 1910. "A imprensa reacionária tenta nos fazer crer que o apache Liabeuf encontrou apoio aos seus atos na classe operária organizada", exagera *L'Humanité* alguns dias depois.[60]

Em 15 de janeiro são empreendidas ações judiciais contra Hervé e o diretor da *Guerre Social* por "cumplicidade na apologia do crime de homicídio e delito de provocação sem consequência ao crime de homicídio".[61] Mas nem o processo judicial nem a argumentação da imprensa socialista abalam a determinação de Gustave Hervé. Enquanto *La Guerre Sociale* continua a denunciar a "infâmia policial" e os "apaches dos costumes",[62] o artigo que pôs lenha na fogueira começa a se espalhar na imprensa revolucionária. Por exemplo, em 14 de janeiro é reproduzido pela folha anarquista *Germinal*; no dia 22 de janeiro é a vez do *Travailleur Socialiste de l'Yonne*. Em 23 de fevereiro, o tribunal penal do Sena condena Hervé a quatro anos de reclusão e mil francos de multa. Em novembro de 1911 são acrescentados dois anos por cumplicidade na apologia do crime de homicídio e, em janeiro de 1912, três meses por injúria contra o Exército.

---

60 *L'Humanité*, 17 jan. 1910.
61 Archives Nationales, BB18 2430.
62 *La Guerre Sociale*, 1º fev. 1910.

Ao todo, e sem confusão de penas,[63] Hervé é condenado a mais de seis anos de cadeia.[64]

Os jornais que reproduziram o artigo são absolvidos, mas Gustave Hervé é encarcerado no dia 21 de maio. O objetivo é impedi-lo de assistir à conferência prevista para 24 de maio para assumir a defesa de Liabeuf, condenado à morte em 4 de maio de 1910. De fato, *La Guerre Sociale* lançara uma verdadeira campanha à qual aderira toda a imprensa anarquista e socialista revolucionária. Toda semana, o jornal exige o indulto do operário e publica uma análise substancial do caso Liabeuf. Consegue apoios prestigiosos, especialmente os de Francis de Pressensé e Anatole France, que declara ao jornal: "Penso do caso Liabeuf o mesmo que vocês e o mesmo que disse Hervé a seu respeito".[65]

Apesar das pressões da Chefatura de Polícia, que sente que o indulto de Liabeuf significará a condenação da polícia de costumes, o movimento se propaga rapidamente e numerosos grupos ou comitês revolucionários defendem o gesto do sapateiro. Em março de 1910, o Partido Socialista Revolucionário Puro (*sic*) planeja uma reunião em Saint-Brieuc, que é declarada proibida pelo município. O grupo distribui um panfleto explicando que "os apaches nascem dos vícios sociais, como o

---

63 "Quando, por ocasião de um mesmo processo, a pessoa acusada é reconhecida culpada de várias infrações em concurso, cada uma das penas incorridas pode ser pronunciada. Todavia, quando se incorre em várias penas de mesma natureza, pode-se pronunciar apenas uma única pena dessa natureza no limite máximo legal mais elevado" (Art. 132-3 do Código Penal francês). (N. T.)

64 Archives Nationales, BB18 2430.

65 *La Guerre Sociale*, 8 jun. 1910.

verme do esterco", que Liabeuf fora condenado injustamente e sua vingança era legítima: "Sim, Liabeuf é um apache. Mas os apaches não se criaram sozinhos. Eles têm autores: essa gente da alta sociedade, que possui fortunas imensas, acumuladas amiúde por meios ilícitos, só se dedica a dar o mau exemplo e disseminar a corrupção ao seu redor".[66]

A proximidade da decisão presidencial acelera a campanha. Na *Guerre Sociale* de 15 de junho, Hervé, no presídio de La Santé, escreve uma carta aberta ao presidente Fallières e, ao mesmo tempo, um "comitê de defesa social" organiza um comício, em Paris, a favor do condenado. A maioria dos socialistas, ainda que não justifiquem o gesto de Liabeuf, acabam se associando ao pedido de indulto, apoiado agora por *La Petite République*, *L'Action*, *L'Humanité* e alguns outros jornais. Organizado por iniciativa da Federação Socialista do Sena, o comício realizado na sala de espetáculos do Tivoli-Vauxhall, que reúne no fim de junho personalidades como Jaurès e Lavaud, deputado do Sena, e conta com o apoio de Anatole France, adota a seguinte ordem do dia:

> Oito mil cidadãos reunidos na sala do Tivoli-Vauxhall protestam, em nome do direito e da razão, contra a execução de Liabeuf, que foi impelido à revolta pela condenação injusta que lhe infligiram com base em um relatório mentiroso da polícia de costumes. Comprometem-se a dar continuidade à campanha para poupar desse crime a República e os homens.[67]

---

66 Archives Nationales, BB18 2430.
67 *Revue Pénitentiaire*, 1910, p.827.

La Gerre Sociale de 29 de junho lança um apelo ao presidente, acompanhado de uma petição com 4.700 assinaturas. O anúncio da rejeição do indulto por Fallières acentua a agitação. Com a aproximação da execução, que ocorreu na noite de 1º para 2 de julho, uma edição especial do jornal convida "todos a se reunirem diante da guilhotina". Intitulada "A morte de um bravo", uma nova edição especial é publicada no dia seguinte à execução. Além de um retrato de Liabeuf e das palavras virulentíssimas de Victor Méric, apresenta um artigo de Hervé, assinado com seu pseudônimo habitual (Um sem-pátria), que professa ameaças abertas ao presidente Fallières:

> O presidente Carnot não se mostrou mais cruel com Vaillant do que o presidente Fallières com Liabeuf quando um dos nossos camaradas italianos se encarregou de lembrá-lo brutalmente que o direito de indulto comporta certas responsabilidades pessoais e há outras lâminas além da de Deibler.[68]

La Guerre Sociale também convoca uma delegação para junto do túmulo de Liabeuf e chama uma manifestação sob os muros de La Santé. Há disparos de revólver entre gritos de "Viva Liabeuf!" e, na pancadaria que se segue, um policial é ferido.[69] Acontecem tumultos parecidos em outras localidades, como em Saint-Quentin, onde os "vingadores de Liabeuf" agridem policiais.[70] Ainda datada de 29 de junho, uma quarta edição

---

68 Referência a Louis Antoine Stanislas Deibler (1823-1904), carrasco-chefe. (N. T.)
69 *Le Gaulois*, 2 jul. 1910.
70 *Revue Pénitentiaire*, 1910, p.828.

especial da *Gerre Sociale*, também ilustrada com um retrato de Liabeuf, mas dessa vez acompanhada de uma canção de Gaston Couté, *Que le sang retombe sur vous* [Que o sangue caia sobre vós], faz o balanço dessa "história de um crime". Liabeuf, a "vítima", é comparado com seus "assassinos", o policial Maugras, Lépine, Briand e Fallières, e do "cúmplice" deles, Deibler.

Intensa nas semanas subsequentes à execução, a agitação "liabouvista" (nome que a imprensa se apressa a dar aos "vingadores de Liabeuf") monopoliza as atenções durante todo o mês de julho de 1910. Na verdade, associou três componentes muito diferentes. Para a maior parte dos socialistas, a execução do sapateiro, considerada um "atentado à dignidade humana",[71] relança a campanha contra a polícia de costumes e a pena de morte. Reunido nos dias 15 e 16 de julho de 1910, em Paris, o VIII Congresso Nacional da SFIO inclui na ordem do dia "a organização de uma manifestação internacional contra a pena capital".[72] A campanha ainda é retomada em 29 de julho, quando é anunciado o indulto de Fallières a Graby, um dos soldados assassinos da sra. Gouïn. "Por que Graby e não Liabeuf?", indaga *L'Humanité* em 30 de julho. Para *La Guerre Sociale*, a decisão significa sobretudo "o triunfo do meganha": sob pressão da Chefatura de Polícia e do setor de costumes, explica o jornal, o presidente Faillières, cujas convicções abolicionistas[73] são conhecidas, sacrificou a cabeça de Liabeuf.[74]

---

71 *Le Travailleur Socialiste de l'Yonne*, 2 jul. 1910.
72 Apud Logeais, op. cit., p.23.
73 Abolicionista, neste contexto, significa partidário da abolição da pena de morte. (N. T.)
74 *La Guerre Sociale*, 27 jul.-2 ago. 1910.

Mas, na esteira dos comentários de Hervé, certos anarquistas e socialistas revolucionários veem no caso uma oportunidade de lançar uma onda de agitação e atentados. Em 2 de julho, perante cerca de cem pessoas reunidas em Reims para um comício do "Comitê de Defesa Social" dedicado a Liabeuf, um orador declara: "Agora podemos compreender o gesto de Caserio".[75] Sob o título "A voz do sangue", *Le Devoir Socialiste* de 10 de julho é ainda mais ameaçador: "Fallières recorreu à a pena do talião, mas Liabeuf tem um irmão. Ele ouvirá a voz do sangue?". As declarações diretas da imprensa popular e a forte repressão que se abateu sobre os defensores de Liabeuf (no dia 3 de julho, a 21ª Câmara Correcional de Paris pronunciou numerosas e severas condenações contra os manifestantes liabouvistas)[76] certamente contribuem para intensificar a agitação.

Mas o grande verão do liabouvismo, que está apenas começando, parece ser sobretudo o verão dos bandidos e dos delinquentes, que veem o caso Liabeuf como um pretexto para manifestar seu ódio ao "meganha". Em 4 de julho, um policial é atacado aos gritos de "Viva Liabeuf!".[77] Em 8 de julho, três operários agridem um cabo na rue Aubry-le-Boucher e declaram: "Nós vingaremos Liabeuf!".[78] No dia 11, um indivíduo preso por gritar "Viva Liabeuf!" é condenado a quinze dias de

---

75 [O anarquista Sante Geronimo Caserio apunhalou o presidente francês Marie François Sadi Carnot em 24 de julho de 1894. O presidente morreu três horas depois do ataque. (N. T.)] Archives Nationales, BB18 2430.
76 *Le Gaulois*, 3 jul. 1910.
77 Ibid., 5 jul. 1910.
78 *L'Éclair*, 9 jul. 1910.

prisão sem sursis.[79] Teatro da tragédia original, a rue Aubry-le-Boucher se torna um lugar simbólico onde se reúnem os vingadores de Liabeuf; dizem até mesmo que há um prêmio pela cabeça do policial Ferrier, que dominara Liabeuf.[80] No dia 21 de julho, o apache Robastin, tendo com ele a fotografia e o testamento de Liabeuf, ataca um policial; outra agressão ocorre quatro dias depois.[81] Em 1º de agosto, novas brigas ocorrem na rue Aubry-le-Boucher entre apaches e policiais. No dia 4, duas bombas "liabouvistas" explodem em Levallois-Perret, num imóvel ocupado por um policial. No dia seguinte, um jovem matador de La Villette, também invocando Liabeuf, mata dois policiais na esquina da rue Réaumur com o boulevard de Sébastopol.[82]

Apesar dos excessos, que cessam na metade do mês de agosto, Liabeuf é um símbolo para muitos anarquistas e revolucionários. Vítima da ordem burguesa, vítima da polícia de costumes, cuja brutalidade e ilegalidade estão plenamente comprovadas, vítima da iniquidade presidencial, o sapateiro Liabeuf deu a todos, até do alto do cadafalso, uma lição de coragem e dignidade. Se o caso Liabeuf ilustra bem a visão dos militantes mais radicais a respeito dos delinquentes, também confirma os receios da SFIO. Explorado *ad nauseam* pelos grandes jornais, permite sobretudo reafirmar a tão temida aliança do movimento operário com a delinquência. "A corporação dos liabouvistas", observa um jornalista no verão de 1910, "ainda

---

79 *Le Gaulois*, 12 jul. 1910.
80 Ibid., 20 jul. 1910.
81 Ibid., 22 e 25 jul. 1910.
82 *Le Petit Journal*, 26 jul. 1910.

não se sindicalizou nem se afiliou à CGT, mas isso ainda vai acontecer."[83] Tais posições decerto contribuem para aprofundar a fratura que separa os anarquistas e o mundo operário. Entretanto, uma análise parecida é feita por certas folhas libertárias e por Gustave Hervé acerca dos "bandidos trágicos" de 1912. Sem dúvida, Hervé reconhece, como, aliás, o conjunto da imprensa anarquista, que Bonnot e seus cúmplices são "bandidos e nenhuma doutrina poderia justificar ou desculpar abominações como o degolamento de dois idosos em Thiais, o assassinato do motorista de Montgeron e dos empregados do banco de Chantilly", mas enxergava neles a mesma energia e determinação:

> Diante de quinhentos revolucionários como Bonnot, [...] que peso teria a polícia de Paris [...]? Acontece, porém, que homens de coragem e gente "de ataque" só se encontram entre os bandidos. Os operários honestos são demasiado poltrões, demasiado lerdos ou demasiado entorpecidos.[84]

Um "espírito" de Revue Blanche

É, contudo, nos escritos das diversas vanguardas da virada do século que se manifestam as representações mais divergentes. Neles desabrocha a imagem do proletário que, pela delinquência, é capaz de transcender sua condição e alcançar a liberdade heroica que lhe é negada por uma sociedade estática e compartimentada.

---

83 *L'Éclair*, 10 jul. 1910.
84 *La Guerre Sociale*, 1º-7 maio 1912.

Sabemos quanto o ideal libertário impregna, nesse período entre dois séculos, o mundo das artes e das letras. Para muitos artistas e jovens intelectuais da década de 1890, o entusiasmo e, a seguir, a adesão à "ideia" aparecem rapidamente como o único recurso possível.[85] Criada no *culto do eu* barresiano, alimentada com o individualismo e o nietzschianismo balbuciantes, toda uma geração se reconhece na anarquia, em sua rejeição à moral burguesa, em seu ideal de revolta absoluta, em sua estética da violência e do "belo gesto". "Éramos anarquistas porque tinha estilo, tinha romanesco [...] e a etiqueta escondia todos os nossos motivos de descontentamento", escreve Camille Mauclair.[86]

Embora esse anarquismo, professado por jovens que muitas vezes só retêm da ideia a estética ou o gosto pela insubmissão, esteja ligado em parte à pose ou à inconsciência exaltada, ainda assim ele marca uma geração. Autores prestigiosos como Paul Adam, Séverine, Laurent Tailhade, Octave Mirbeau, Remy de Gourmont ou Lucien Descaves declaram-se anarquistas em algum momento de suas carreiras; outros como Charles-Louis Philippe, Félix Fénéon, Georges Darien, Alfred Jarry ou Michel Zévaco destilam ao longo de seus textos um anarquismo latente, e revistas como *Mercure de France* ou *Revue Blanche*, que não escondem suas simpatias libertárias, aparecem rapidamente como seus principais tribunos.

Apesar da disparidade, as representações do crime e dos criminosos na obra desses autores manifestam no mais das

---
85 Cf. Herber, "Les artistes e l'anarchisme", *Le Mouvement Social*, n.36, e Maricourt, *Histoire de la littérature libertaire en France*, p.79-85.
86 Mauclair, *Servitudes et grandeurs littéraires*, apud Weber, *Fin de siècle*, p.151.

vezes um mesmo *parti pris* libertário. O crime, como o define Darien, é um "gesto de fera, mudo e terrível", um "gesto de animal [que] só pode responder [...] às afetações dos Tartufos da civilização, às contorções beatas dos carcereiros do presídio chamado Sociedade".[87] Mas suas representações também têm raízes numa longa tradição literária, a do assassinato "considerado uma das belas-artes", para retomarmos a expressão célebre de Thomas De Quincey, e cuja função estética e metafísica é incensada de longa data.

Recorrente, em parte restaurada pelo romantismo, essa ideia encontra na imaginação decadente desse fim de século um quadro à sua altura.[88] A influência crescente do pensamento darwinista e a recepção acrítica das concepções de Sorel ou Nietzsche só podem contribuir para acentuá-la. É a hora daqueles que Octave Mirbeau chama de "intelectuais do assassinato".[89] À *Felicidade no crime*, de Barbey d'Aurevilly, e à função estética do homicídio, acrescenta-se aquilo que se quer ver como sua dimensão moral e metafísica: substituir o maniqueísmo tradicional por novas equações fundadas sobretudo na oposição entre princípio de energia e princípio de inércia. Os artigos sobre a questão publicados por Mirbeau no *Écho de Paris* e no *Journal* entre 1892 e 1899, e reproduzidos em 1899 no "Frontispício" de seu *O jardim dos suplícios*, comprovam a persistência e o vigor dessas análises na virada do século.

É nesse contexto duplo que se inclui a maioria dos contradiscursos das vanguardas literárias da época sobre o crime ou

---

87 Darien, *Le voleur*, p.384.
88 Cf. Pierrot, *L'imaginaire décadent*.
89 Mirbeau, "Divagations sur le meurtre", *Le Journal*, 31 maio 1896.

os criminosos. Em todos se configura a mesma inflexão do social do individual nas representações do ato criminoso. O peso das contingências, ainda que não desapareça, tende a se tornar menos pregnante. Mais além, uma espécie de espírito comum une essas representações, ao mesmo tempo preocupadas em denunciar o consenso mesquinho da moral burguesa, a efervescência espalhafatosa e mistificadora dos jornais diários, e oferecer imagens do delinquente que, se não são sempre heroicas, pelo menos são independentes das sentenças comuns. Sem dúvida, a *Revue Blanche*, que desde sua criação em 1889 até seu desaparecimento em 1903 acolhe quase todos esses autores (Mirbeau, Jarry, Fénéon, Philippe, Gide, Tristan Bernard), é o lugar privilegiado que, melhor do que qualquer outro, simboliza o ecletismo anticonformista e o tom ao mesmo tempo autêntico e mundano, insolente e ingênuo desses homens de letras.[90]

O discurso sobre o roubo e os ladrões pouco se diferencia das apreciações irônicas tradicionalmente apresentadas sobre a questão, como as que Balzac, por exemplo, expressou em 1825 no seu *Código dos homens honestos*.[91] Membro de uma classe industriosa e comerciante, o ladrão é apresentado como "um homem raro", dotado de um sangue frio, de uma audácia e de um talento notáveis. Sua atividade, sobretudo, é considerada uma função indispensável, uma espécie de "óleo das engrenagens" necessário ao movimento da ordem social. Tais análises, que quase não são mais consideradas subversivas, são com-

---

[90] Cf. Jackson, *La Revue Blanche (1889-1903)*, assim como a antologia recentemente apresentada por Barrot e Ory (orgs.), *La Revue Blanche*.
[91] Balzac, *Code des honnêtes gens, ou l'art de ne pas être dupe des fripons*.

partilhadas, como vimos, por muitos redatores da imprensa popular. Em *Vingt et un jours d'un neurasthénique* (1901), Octave Mirbeau faz de Arthur Lobeau um ladrão elegante e um conversador mundano que definia a profissão de larápio como um ato moral: "Enfim, senhor, pratico lealmente e diretamente aquilo que todo mundo faz por desvios tortuosos".[92] Esse tipo de afirmação também alimenta o espírito incisivo e vagamente anarquizante de um humor *fin de siècle* que zomba da estupidez e do conformismo burgueses. Em "Le phénix cellulaire", um dos contos de *Le sourire*, Alphonse Allais evoca com temor a perspectiva de uma "greve dos ladrões" e preconiza a criação de um novo tipo de seguro para eles.[93]

Em compensação, *O ladrão*, de Georges Darien, publicado em dezembro de 1897, parece mais complexo. Se nele o autor retoma parte das análises clássicas da função econômica da gatunagem, acrescenta-lhe uma carga infinitamente mais "subversiva". Esta se deve, provavelmente, menos às conotações ilegalistas que atravessam o romance do que à sua interpretação exaltada do roubo como expressão absoluta da liberdade individual. Mais do que uma vítima revoltada ou um pária social, o ladrão é apresentado como "um ser à parte, completamente à parte, que existe por si só, independentemente de regras e *status*, [...] uma criatura simbólica, de ares misteriosos". Roubando por "obrigação moral", é solitário no agir e no viver. "Isso é torná-lo o último representante, abastardado se se preferir, da consciência individual." Representação tanto mais dissonante

---

92 Lebeau perseguindo Arsène Lupin? Cf. Chevrier, "Um précurseur ignoré d'A. Lupin", *Enigmatika*, n.33, p.3-14.

93 Allais, *Le bouchon et autres contes*, p.84-7.

quando o autor, recusando ao seu personagem toda legitimação técnica (Randal trabalha "mal e porcamente"), rompe com a imagem tradicional do ladrão audacioso e elegante. Contudo, a experiência acaba na perfídia e na desilusão. Repleta de figuras hediondas, a sociedade dos ladrões é tão gangrenada quanto o mundo que ela ataca. "Ignomínia de um lado, infâmia do outro. Tudo se encaixa e tudo se confunde." Sendo a última escapatória do indivíduo, o roubo se revela tão insignificante quanto a liberdade ilusória, e o pessimismo se impõe em última análise: "Hoje o indivíduo está fora não só da lei, como está quase fora do possível".[94]

Não obstante o discurso desencantado, a delinquência continua sendo, para muitos jovens escritores anarquizantes, a expressão de uma liberdade altaneira e sem entraves. Assim, o apache, cujo ilegalismo insolente parece desafiar a ordem social, pode aparecer como o herói estridente de uma mocidade rebelde, e tanto mais destemido quanto seu combate é sem saída.

Foi com *Bubu de Montparnasse*, de Charles-Louis Philippe, publicado em 1901 pelas Éditions de la Revue Blanche, que essa celebração se exprime melhor. Rejeitando trabalho e asseio, meras ilusões da era industrial, reivindicando orgulhosamente a superioridade da delinquência e da prostituição, Bubu se impõe como modelo do homem forte. Embora no romance persista certo miserabilismo da rua, ou até mesmo uma religiosidade latente (a redenção através da aversão), *Bubu* mostra novas encenações da delinquência. Ele simboliza também

---

[94] Darien, op. cit., p.107, 108, 339, 474.

o fracasso da educação republicana.[95] Apache, rufião, Bubu não é, na verdade, nem um miserável nem um marginalizado. Ao contrário, frequentara a escola até os 16 anos, aprendera o ofício de marceneiro, "depois compreendeu que os trabalhadores que penam e sofrem são uns otários". Sua passagem para a delinquência não é resultado do vício ou da depravação, mas de uma escolha deliberada, protesto livre do indivíduo contra a lei e a ordem. À imagem de seu irmão mais velho, o Grande Jules, "um daqueles que ninguém consegue dobrar, porque a vida deles, mais nobre e mais bela, comporta o amor ao perigo", é pela delinquência e pela insubmissão que Bubu ascende à categoria de homem livre, herói do prazer e da vontade. "Ele caminha despreocupadamente pelas ruas das cidades, enquanto uns sofrem e outros penam", e acha graça "estar com os cotovelos na mesa", vendo a miserável tropa humana desfilar. Valorizando a vida livre e fácil do delinquente, enaltecendo a sífilis, prova iniciática e marca de glória que fortalece a alma e torna o corpo aguerrido, o romance desenvolve um contradiscurso duplo e radical.[96]

Os diversos *"faits divers"* que Philippe publica subsequentemente na *Revue Blanche* e na revista literária *L'Ermitage* acentuam, num clima de extrema brutalidade, essa ideia da liberdade heroica do criminoso.[97] "Dou razão aos assassinos porque são ativos e introduzem o acaso em sua vida", escreve a André Ruyters.[98] "Há jovens tão puros que a vida deles é um cristal

---

[95] Wolf, op. cit., p.145-7.
[96] Philippe, *Bubu de Montarnasse*, p.43, 38, 70, 37; Corbin, "Le péril vénérien au début du siècle", *Recherches*, n.29, p. 245-83.
[97] Republicados com *Contes du Canard Sauvage*, em suas *Oeuvres complètes*.
[98] Apud Barrot e Ory (orgs.), op. cit., p.215.

que reflete o que pensam", diz em 1901 de Czolgosz, que assassinou o presidente McKinley "porque ele não gostava dos operários".[99] Philippe, que não esconde sua origem "de classe", denuncia nesses *faits divers*, mais do que em *Bubu*, o papel determinante da miséria, da humilhação do pobre num mundo de abundância ou as disfunções de uma sociedade que reprime os marginais que ela mesma produz. Mas os que ele celebra são antes de mais nada os heróis da vontade. "Eis os homens que fizeram uma escolha", salienta em *Deux crimes*.[100]

Exaltando "a liberdade dos belos dias", proclamando que "tudo pertence a quem sabe tomar", "La bande des Épinettes" é incontestavelmente o mais violento de todos esses *contre-faits divers*.[101] Combate desesperado de dez cavaleiros do submundo, sozinhos contra um mundo, "desafiando a prisão e a morte", o relato ganha aqui contornos épicos: "Quem é que falou em fim das grandes aventuras e morte dos heróis, se dez rufiões lutam contra uma polícia poderosa e implacável?". Os cerca de oitenta contos e *faits divers* que Philippe escreve a seguir para *Le Canard Sauvage* (março-outubro de 1903) e *Le Matin* (1909-1910) parecem menos categóricos. Neles, a inspiração é mais social, populista até, e o tom é mais lacrimoso. No entanto, a ideia do crime como expressão suprema da liberdade individual continua em vigor. Transposta para um registro mais literário, fornece a Gide o argumento central de *Os porões do Vaticano* (1914). Gratuito, sem outra razão além de cometê-

---

99 *L'Ermitage*, dez. 1901.
100 Apud Wolf, "Le voleur évalué", in: Reuter (org.), *Le roman policier et ses personnages*, p.14.
101 *La Revue Blanche*, 15 jan. 1902.

-lo sem nenhuma razão, o crime de Lafcadio é o crime de uma alma livre, de "uma alma que não tem mais nada em conta". "Ao ponto que vocês o levaram, ele é o que se chama: um homem livre."[102]

Entretanto, essa retórica extravagante está longe de ser considerada o instrumento mais eficaz para romper o consenso em torno da questão do crime. Mesmo professado por proletários, o imoralismo é um valor burguês. Alguns colaboradores da *Revue Blanche* preferem outras armas. Acerbo e corrosivo, o humor pode ser muito mais subversivo. As diversas "Spéculations" publicadas por Jarry se esforçam, à sua maneira, para desfazer os temores e os sustos propagados pelas folhas populares. Num filão semelhante, o do escárnio e da mistificação, Félix Fénéon, que durante anos foi secretário da *Revue Blanche*, procura desviar o *fait divers* de sua função inicial.

Outros, como Tristan Bernard, empenham-se em banir a provocação para se acercar o máximo possível das realidades da sociedade delinquente. Os numerosos relatos que ele dedica ao tema a partir de 1905 se sobressaem pela moderação e pelo senso das nuances.[103] Raramente heroicos, os apaches e os assassinos que povoam *Amants et voleurs* são seres fracos e vulneráveis, pobres diabos sem talento e energia, atropelados pela vida e confrontados com um universo que eles não dominam. Intitulado originalmente *Héros misérables et bandits à la manque* [Heróis miseráveis e bandidos fracassados], os 23

---

102 Gide, *Les caves du Vatican*, p.817 e p.839.
103 Tristan Bernard, *Amants et voleurs* (1905, reed. 1988); *L'affaire Larcier* (1907); *L'étrangleuse* (1908), representada na "Boîte à Fursy"; *Mathilde et ses mitaines*, publicado em folhetim no *Journal* em 1911 e depois em livro por Ollendorff em 1912 (reed. 1986).

relatos que compõem a coletânea se esforçam para olhar "com um pouco de simpatia esses tímidos canalhas e heróis sem valentia", como escreve Tristan Bernard em sua dedicatória a Romain Coolus. Sem nenhuma tentação épica, a ênfase é dada ao peso do acaso. Mais do que "terrores" ou heróis da vontade, os criminosos de Bernard são vítimas maltratadas pela vida, pegas de surpresa pela situação ou pela necessidade. O argumento desenvolvido em "Firmin, Gris-Gris et Achille" reflete o sentimento do autor. Tramado por um dos herdeiros da vítima, o crime é cometido por três jovens marginais sem caráter nem vontade, "inocentemente" esmagados por uma maquinação que são incapazes de compreender. "Esses, dirá o senhor, não eram interessantes. Estavam destinados, cedo ou tarde, a fazer a travessia da ilha Nou[104] e talvez ir mais longe, numa viagem definitiva..."

Encontramos inspiração análoga no sutilíssimo *Mathilde et ses mitaines*, publicado por Tristan Bernard em 1911. Além da figura da heroína, a primeira mulher detetive do "policial" francês, o romance se singulariza pela análise do risco criminal. Apesar do medo obsessivo dos apaches e outros vilões, e de tudo acusar suas sombras assustadoras, o verdadeiro perigo provém da "alta delinquência" burguesa e organizada. "Não existem apaches ali", acabamos reconhecendo.

Afastando-se do padrão oficial difundido em altas doses pela literatura popular, certos romances policiais atípicos exploram um filão semelhante, chegando a pôr em cena alguns

---

[104] Ilha Nou (Nova Caledônia): estabelecimento penitenciário em atividade entre 1864 e 1924 para o qual foram deportados mais de 20 mil presidiários. (N. T.)

apaches simpáticos. Em *L'énigme de la rue Cassini*, de Georges Dombres (1911), dois vigaristas da alta sociedade conseguem disfarçar seu crime de apache. Reles cafetão de bairro, Nenesse Bec Auer arrisca o pescoço por um assassinato que não cometeu. Recrutados pelo policial amador que conduz a investigação, os Corvos do Maine tornam-se detetives para confundir os verdadeiros assassinos. "Parece que agora a escória é que vai bancar a polícia." Nesse mundo às avessas em que o apache é ao mesmo tempo vítima, bode expiatório e justiceiro, a noção de exército do crime vacila.

Quer se pintem de cores sociais, quer adotem o tom ácido da zombaria ou o tom glorioso da epopeia, esses contradiscursos têm um alcance limitado. Dirigindo-se a um punhado de militantes ou a uma *intelligentsia* que cultiva cuidadosamente sua imagem de "à margem", eles parecem ter pouca importância em comparação com as representações mecanicamente propagadas pela imprensa ou pela literatura popular. Na melhor das hipóteses, podem despertar dúvida, semear confusão no bojo de um pensamento circular que, como vimos, elimina metodicamente toda representação discrepante. Na pior, contribuem para manter o alarmismo dos que denunciam com um pavor mais ou menos inocente a monstruosa aliança entre o anarquismo, os apaches e o mundo literário. Intensamente explorado, o argumento lembra que as fraturas fundamentais não separam mais as classes dominadas das classes dominantes. Ao contrário, elas opõem os defensores da ordem pública, preocupados com a integração e com o solidarismo, a um "partido dos malfeitores", claramente localizado fora da legalidade republicana.

Parte III
Leituras do crime

Onipresentes, invasivos, os próprios relatos de crimes são objeto de discursos prolíferos cujo clamor recobre permanentemente o de suas encenações. Sábio e erudito, às vezes trivial e prosaico, amiúde contraditório, todo um sistema de argumentações é elaborado em torno deles: denominados "criminógenos", são acusados de obstaculizar a ação pública ou estimular crimes futuros, por contágio ou sugestão; seu papel nocivo, que enaltece o criminoso e corrompe o senso moral, é sublinhado; dizem que eles explicam a insegurança crescente que supostamente reina no país, mas também são acusados de dramatizar a situação e provocar uma efervescência fictícia em torno da "segurança pública"; alguns, em contrapartida, chegam a ponto de vê-los como um fator de evolução e progresso social. Em suma, disserta-se sobre esses relatos quase tanto quanto eles mesmos dissertam sobre o crime. E, sem dúvida, é nesse persistente jogo de espelhos que melhor se lê, *en abîme*, a obsessão pelo crime na virada do século.

Capítulo 9
Relatos "criminógenos"?

Acusados de constituir uma ativa escola do homicídio, os relatos de crimes estão no centro de um debate interminável no qual se reconhece afinal a responsabilidade desses relatos na "crise moral" que o país atravessa. Cresce a opinião, cada vez mais unânime, segundo a qual eles constituem uma obra perniciosa de desmoralização, sobretudo para os jovens e as classes populares, e participam ativamente do processo de degradação nacional. Embora não seja nova, a ideia tem um alcance inaudito. Emanando dos mais diversos horizontes, o requisitório se sustenta em três grandes artigos de acusação: primeiro, a ação nefasta dos repórteres, cujas indiscrições e práticas espalhafatosas impedem a ação pública; segundo, os relatos são acusados de heroicizar o malfeitor e envaidecê-lo, corrompendo, consequentemente, o senso moral das pessoas de bem; mais grave ainda, a insidiosa perversidade de relatos, merecidamente denominados criminais, terminam provocando, por contágio ou sugestão, o irreparável.

Obstrução da ação pública

Os jornalistas atrapalham a investigação da polícia, divulgam o segredo da instrução e falseiam o senso moral dos processos ou das execuções. Todos os dias, suas práticas, consideradas intempestivas, são acusadas dos piores males. E, apesar das contrapartidas que a imprensa pode oferecer às instituições policiais e judiciárias, sua irrupção num campo que supostamente não é o dela é percebida sobretudo como ilegítima.

O repórter e o policial

Entre o repórter e o policial, em geral as relações carecem de confiança. Há muito tempo que a polícia reprova as "indiscrições" dos jornalistas e procura controlá-los. Em 1836, o chefe Gisquet recomenda aos delegados que não deem aos jornais nenhuma informação suscetível de comprometer o bom andamento dos processos.[1] Desde então, todos os chefes de polícia multiplicaram as circulares a fim de chamar a atenção dos funcionários para o seu dever de sigilo. Retenções de salário de dez ou quinze dias, às vezes até mesmo suspensões, sancionam os escrivães tagarelas.[2] O serviço especial de comunicação com a imprensa, que responde diretamente do gabinete do chefe de polícia, é encarregado de dar fim aos vazamentos, mas, como vimos, os jornalistas e os policiais contornam o setor, que acusam de sonegar informações ou divulgá-las arbitrariamente.

---

1 Circular de 24 de junho de 1836 (Archives de la Préfecture de Paris, D/B 27).
2 Archives de la Préfecture de Paris, D/B 27.

Considerando a multiplicação dos títulos e a audácia crescente dos repórteres, o fenômeno toma proporções espetaculares na virada do século, levando a Chefatura de Polícia e o ministro do Interior a reagir.[3] Por exemplo, no dia 10 de setembro de 1906, Clemenceau envia aos delegados de polícia uma nova circular relativa ao segredo profissional, proibindo os funcionários, sob pena de processo judicial, de divulgar informações obtidas durante o seu serviço.[4]

No entanto, são raros os casos em que o malogro de uma investigação ou de uma operação policial pode ser imputado à ação dos repórteres. Cá e lá, há alguns erros – como a "indiscrição" de um jornalista marselhês que, em 1894, provocou a fuga inopinada de uma quadrilha de falsificadores de dinheiro –, mas tais casos são excepcionais.[5] Aliás, os policiais reconhecem muitas vezes a ótima qualidade das investigações jornalísticas. Goron recorda em suas memórias que a leitura dos *faits divers* e a investigação dos repórteres foram um "precioso auxílio" para ele nos casos Pranzini e Gouffé.[6] Mais do que uma rivalidade hipotética, o que irrita e desperta a hostilidade da instituição policial é ver exibidos em praça pública suas disfunções ou desvios de conduta. Na verdade, a imprensa só a incomoda de fato quando divulga seus deslizes. Em março de 1912, por exemplo, uma investigação foi aberta depois que diversos jornais publicaram pormenores de uma operação que seria realizada contra

---

3 Id., D/B 422; Archives Nationales, BB18 2505.
4 *Le Petit Parisien*, 21 set. 1906.
5 Archives Nationales, BB 18 1968.
6 Marie-François Goron, *Mémoires de M. Goron, ancien chef de la Sûreté*, p.196-8.

os cúmplices de Bonnot e que, afinal, não ocorreu.[7] Preocupada com a sua imagem, e consciente de ser uma das principais engrenagens da síntese republicana, a polícia deseja controlar as representações de si própria que a imprensa oferece ao público e, portanto, tende a se mostrar cada vez mais severa com os funcionários cujas indiscrições possam comprometê-la. Em 1914, um delegado é punido com retenção de salário de oito dias por ter publicado uma "consulta jurídica" no *Le Matin*.[8]

No entanto, com exceção da imprensa nacionalista ou socialista, os jornais falam da instituição policial com extrema benevolência. Ainda que concordem que há insuficiência de meios e efetivos, e às vezes em deplorem a rivalidade entre os setores, eles também reconhecem que os policiais são "boa gente" e fazem um trabalho admirável. O único motivo verdadeiro de discórdia tem a ver com as prisões e as detenções arbitrárias, que sempre provocam indignação generalizada, sobretudo quando se trata da polícia de costumes.[9] É um bom negócio para os diários populares desencadear campanhas de "interesse público" quando fica demonstrado um erro ou ilegalidade da polícia. Foi o que aconteceu, por exemplo, em agosto de 1901, depois que um pacato burguês foi preso pelos agentes da Sûreté por um equívoco de descrição.[10] As grandes batidas realizadas pela chefatura, embora sejam consideradas úteis, provocam tanto desprezo que os jornais passam a contestá-las. Mas essas críticas, em geral tardias ou puramente formais, visam mais facilmente aos juízes de instrução, com os quais as relações são mais difíceis, do que aos

---

7 Archives de la Préfecture de Paris, D/B 27.
8 Ibid. Cf. também *Le Matin*, 1º mar. 1914.
9 Berlière, op. cit.
10 "Les erreurs de la police", *Le Journal*, 3 set. 1901.

policiais. Com exceção dos "policiais apaches", sempre julgados com muita severidade, os erros, as brutalidades ou os abusos dos procedimentos policiais quase não são condenados. No dia 5 de janeiro de 1908, em consequência de um "deplorável acidente" (um rapaz é mortalmente ferido por um agente), *Le Petit Parisien* limita-se a salientar a aflição profunda do policial e a elogiar a sua ficha de serviço.

As relações entre policiais e repórteres são em geral mais cordiais do que se diz. Sem dúvida, a impaciência e o tom peremptório de alguns jornalistas irritam os policiais, que muitas vezes tentam "expulsar" os *fait-diversiers* inoportunos. E, sem dúvida também, os relatos espalhafatosos, que denunciam tanto os atentados contra as liberdades individuais quanto as deficiências de uma repressão considerada incapaz de conter a "maré" de delinquência apache, são muito mal recebidas. Mas os vínculos pessoais que cada qual acaba estabelecendo garantem relações corteses e corretas, e às vezes até excelentes. Estabelece-se progressivamente um *modus vivendi* no qual a cumplicidade, ditada por imperativos de ordem profissional, prevalece sobre a competição.

Porque, se a imprensa precisa da polícia para se manter informada, a polícia, por sua vez, não pode abrir mão da publicidade permanente que os jornais lhe garantem. Além do trampolim profissional que constitui para este ou aquele agente ambicioso, a imprensa também oferece serviços inestimáveis à instituição policial. Em 1896, Portalis denuncia o domínio que a polícia exerce sobre os jornais através da tirania dos *faits divers*.[11] Alguns anos depois, Léon Daudet critica a Chefatura e a Sûreté, "donas e tiranas da imprensa parisiense de informação", e o chefe Lé-

---

11 Apud Palmer, op. cit., p.81-2.

pine manda "os grandes jornais exaltarem suas qualidades".[12] A mesma constatação é feita pela imprensa socialista, que também acusa o *fait divers* criminal de servir ao poder. "A linha direta do *Matin* não parte da Tour Pointue?", pergunta *L'Humanité*, que condena o império "dos jornalistas policiais, e dos jornalistas alcaguetes".[13] Essa dependência é tanto mais preocupante, estimam os meios socialistas, quanto, por trás das medidas repressivas exigidas pela imprensa contra os criminosos, existem outras disposições, também liberticidas, mas dirigidas contra o movimento operário. É o que receia, entre outros, Ernest Tarbouriech, que se insurge no *Humanité* contra "a exploração do medo" pela Chefatura de Polícia e pelo governo:

> É apenas para aumentar suas tiragens, afagando a covardia do público, que os jornais capitalistas criam e alimentam o terror em relação aos "apaches"? Realmente é de se desconfiar, quando se lê no "jornal que tudo sabe" a explicação dos meios de sanear Paris, apresentada como se fosse oriunda dos leitores! Ele parece unir-se a um plano cuja realização não só impedirá a propagação da emancipação social como nos privará sorrateiramente das liberdades proclamadas pela Revolução Francesa e diariamente violadas pelos ministros que governam em seu nome.[14]

As queixas do magistrado

Os repórteres, em compensação, têm relações muito mais difíceis com a instituição judiciária, que não poupa críticas a

---

12 Daudet, op. cit., p.24.
13 *L'Humanité*, 8 out. 1907; 21 nov. 1908.
14 Ibid., 8 out. 1907.

eles. De fato, para juízes e magistrados, ciumentíssimos de suas prerrogativas, a irrupção do repórter é considerada em geral uma expropriação. A imprensa, observa em 1906 um cronista da *Revue Pénitentiaire*, "apropriou-se da profissão de juiz e, hoje, o verdadeiro mestre da investigação é o repórter, que procede segundo os sadios métodos do romance-folhetim".[15] Se ainda é possível conformar-se com os tradicionais cronistas judiciários, que geralmente são do "ofício", nenhuma colaboração parece possível com esse bando de necessitados, sem cultura nem formação, que acredita ter todos os direitos.

Os repórteres são acusados em primeiro lugar de vazar o segredo da instrução. Muito embora o Artigo 58 da Lei de 1881 proíba a publicação dos "autos de acusação e todos os outros autos do processo penal ou correcional antes de sua leitura em audiência", são cada vez mais numerosos os jornais que divulgam as peças de instrução. A profissão protesta contra esses "aproveitadores do crime",[16] e apresenta diversas propostas de lei para aumentar as penas em caso de contravenção.[17] Quando se trata de casos flagrantes ou muito significativos, as promotorias não hesitam em abrir processos. Em 1899, *Le Figaro* é condenado a 500 francos de multa por ter publicado trechos da revisão do processo contra Dreyfus. Em 1904, *Le Matin* é processado por ter publicado as cartas de Flourens aos Humbert.[18] Em junho de 1909, *Le Journal* e o médico legista cujo laudo foi apresentado num relatório de instrução são

---

15 *Revue Pénitentiaire*, 1906, p.752.
16 "Du reportage judiciaire", *La France Judiciaire*, 1894, p.156-8.
17 Por exemplo, a de Pourquery de Boisserin (*Journal Officiel de la République Française*, Chambre, Documents, 1894, p.270).
18 *La Gazette du Palais*, 11 jan. 1904.

condenados.[19] Em junho de 1914, *Le Temps, Le Figaro, L'Aurore* e *L'Action Française* são condenados por ter publicado *in extenso* o requisitório do processo Caillaux.[20]

Não obstante, os processos são raros e o Ministério da Justiça geralmente decide arquivá-los. A multiplicação de tais práticas, a preocupação de não fornecer publicidade suplementar aos jornais, e sobretudo o fato de que os artigos incriminados são reproduzidos por outras folhas, principalmente pelos diários provinciais, incitam à indulgência. Em 1908, a 10ª Câmara do Tribunal do Sena rejeita a queixa de um comerciante de vinho, réu num caso de malversação, que estava processando dois repórteres pelo vazamento do caso antes do julgamento.[21] Em outubro de 1909, as autoridades desistem de processar *Le Matin* e *Le Journal de Rouen*, e depois *La Dépêche de Rouen*, que publicaram os autos de acusação contra Marguerite Steinhel.[22] Os procuradores se habituam lentamente a tais publicações, ainda que sublinhem que elas possam ocasionar movimentos artificiais de simpatia ou rejeição pelos réus. Entrando com ação judicial por violação do segredo de instrução contra *Le Journal* – mas também contra *Le Petit Journal, Le Petit Provençal* e *Le Petit Marseillais*, que reproduziram o artigo –, um advogado marselhês explica perfeitamente bem a situação a que se chegou em 1912: suas medidas não são "de modo algum motivadas pela divulgação propriamente dita de um processo

---

19 Archives Nationales, BB18 2358/2
20 Ibid., BB18 2536.
21 *Revue Pénitentiaire*, 1908, p.430-1.
22 *Le Matin*, 16 out. 1909; *Le Journal de Rouen*, 17 out. 1909; *La Dépêche de Rouen*, 18 out. 1909; Archives Nationales, BB18 2369.

penal — coisa que já se tornou habitual nos dias de hoje —, e sim pela inexatidão das revelações".[23]

De modo que é sobretudo contra o "flagelo" das "investigações pessoais" que os magistrados lutam, deplorando que tais práticas não sejam perseguidas como é costume na Grã-Bretanha.[24] Esses pobres-diabos do crime, que se vangloriam de investigar, são criticados por quase tudo. Em janeiro de 1907, o senador Bérenger faz da tribuna do Palácio do Luxemburgo uma longa e virulenta acusação contra os prejuízos causados pela "reportagens intempestivas", resumindo bastante bem as queixas dos magistrados: inexatidão dos fatos ou declarações noticiadas, questionamento das testemunhas, interrogatórios, citações e interpelações intempestivas, raciocínios e hipóteses incongruentes.[25] Além dos transtornos que causam à instrução — antes mesmo que uma testemunha seja ouvida, suas "impressões" são publicadas, comentadas, analisadas por três ou quatro jornais —, tais práticas são sobretudo consideradas criminógenas. Para dramatizar, os repórteres suscitam opiniões que, amplificadas pelo formidável eco da imprensa popular, podem "sugestionar" as testemunhas, os jurados e até os juízes. E, no fim, há o espectro do erro judiciário. Portanto, para os magistrados, poupar a justiça da pressão da "opinião" não parece ser reflexo de uma profissão preocupada com suas prerrogativas, e sim uma necessidade imperiosa.

É verdade que alguns repórteres, barricados atrás do serviço à "opinião", do qual se julgam os únicos representantes,

---

23 Archives Nationales, BB18 2505/2.
24 *Revue Pénitentiaire*, 1906, p. 1259-60.
25 *Journal Officiel de la République Française*, Sénat, Débats, 16 jan. 1907, p.91-3.

não tomam muitas precauções. O fato de um diário ser capaz de anunciar: "A opinião pública acusa Jeanne Gilbert de novos crimes", para reconhecer dois dias depois que "não havia nenhuma acusação material" contra ela, aflige os magistrados.[26] Nos departamentos, nos quais abundam as folhas chantagistas, a intervenção da imprensa às vezes desencadeia movimentos violentíssimos, que naturalmente são prejudiciais ao curso da instrução.

Por exemplo, em novembro de 1891, *L'Écho de Crest* noticia um assassinato banal cometido na aldeia de Autichamps, perto de Grenoble. Acreditando prontamente no boato que incriminava o filho da vítima, contra o qual não havia nenhuma acusação, o jornal passa vários meses fazendo campanha ativa; volta à instrução, multiplica os rumores e anuncia periodicamente que possui provas irrefutáveis que confundiriam o "assassino". "Sem nenhum crédito", comenta em fevereiro de 1892 um funcionário da promotoria de Grenoble, o jornal "foi fundado por um barbeiro da localidade [...] e acata avidamente as informações enviadas por desmiolados ansiosos por alguma notoriedade".[27]

De fato, tais agitações, destinadas a favorecer as ambições de uma personalidade local qualquer, raramente são destituídas de intenções políticas. Depois do assassinato de Augustine Mortureux em maio de 1895, da qual ainda não se sabia que tinha sido uma das vítimas de Vacher, os boatos acusam o padre Grenier, que, no entanto, foi beneficiado por uma medida de improcedência. Durante todo o verão de 1895, de forma des-

---

26 *Le Petit Parisien*, 4 abr. 1908; 6 abr. 1908.
27 Archives Nationales, BB18 1836.

contínua até março de 1896, o diretor do *Bourguignon Salé*, um jornal satírico local, explora a dor da família Mortureux e as inimizades locais para fazer uma violenta campanha de difamação contra Grenier e a promotoria de Dijon. Reproduz cartas e petições, falsos testemunhos e denúncias caluniosas, chegando a obter um complemento de informação e chamando a atenção da imprensa nacional.[28] A operação possibilita sobretudo que ele ganhe três vezes a eleição para conselheiro distrital.[29] *Le Bourguignon Salé*, processado por difamação por Grenier, não só não é condenado como recebe o apoio da imprensa parisiense. O que um redator do *Petit Journal* escreveu a seu respeito diz muito sobre as regras geralmente admitidas nessa matéria: "Comete-se um crime; com ou sem razão, a opinião pública pronuncia um nome como sendo o do culpado; a imprensa se apropria dos rumores e os repete, *como é de sua função, sem se responsabilizar pela veracidade deles*".[30]

A efervescência é alimentada às vezes por um jovem repórter ambicioso. Foi o que aconteceu, por exemplo, de maio a junho de 1907, na cidadezinha de Eygurande, na Dordonha. Depois da descoberta do cadáver de um jovem, um repórter do jornal *La Petite Gironde* lidera uma campanha de opinião pública que nega a versão oficial de suicídio. O diário faz a mãe da vítima contratar um agente da Sûreté para fazer uma investigação paralela e se oferece para pagar parte da despesa. Entrega à vindita pública um suspeito na pessoa do padrasto da vítima. Em pouco tempo, o caso ganha caráter passional.

---

28 *Le Matin*, 2 ago. 1895.
29 Archives Nationales, BB18 1990.
30 *Le Petit Journal*, 4 jun. 1896; grifo nosso.

Abalada pelos artigos exaltados do repórter, que acredita ter nas mãos o grande caso de sua carreira, a população de Eygurande é tomada de súbito de uma agitação intensa. Ergue uma capela expiatória para a vítima; manifestações convocadas por iniciativa do jornal chegam a reunir 3 mil pessoas diante da casa do "culpado"; cafés e ambulantes se instalam no "local da tragédia". No dia 5 de junho, um gendarme encontra na capela, entre coroas funerárias e velas pretas, uma guilhotina em miniatura e uma estatueta desmembrada. Preocupado com esses excessos, o chefe de polícia da Dordonha acaba pedindo ao diretor do *Petite Gironde*, Gounouihou, que modere o ardor do repórter e tente acalmar a população.[31] Embora esse caso tenha se alimentado dos rancores e tensões locais, ele mostra também o papel do repórter, que, com o apoio de uma direção interessada em aumentar a tiragem e a clientela, logra manter durante dois meses tal clima de tensão.

Dois exemplos famosos demonstram com mais clareza os efeitos prejudiciais da ação dos repórteres nas investigações em andamento. Durante o caso Jeanne Weber em 1906-1908, as incessantes mudanças de opinião dos jornalistas, sempre muito hostis à magistratura, criam em torno da instrução um clima passional e pouco propício ao seu bom funcionamento. Apresentando-se como a consciência da "opinião", os jornais primeiro excitam a vindita pública contra a "assassina de crianças", e exigem sua cabeça. Depois da absolvição da ré em janeiro de 1906, orquestram um forte movimento a seu favor, o que ajuda a confundir as pistas no momento em que estoura, em maio de 1907, o segundo caso em Châteauroux e

---

31 Archives Nationales, BB18 2358/2.

ocorre a segunda acusação. Quando o juiz de instrução Belleau, convencido da culpa da "ogra", manda encarcerá-la, todos os jornais populares, liderados pelo *Matin*, multiplicam os artigos em que clamam a inocência da pobre Jeanne e atacam "o carrasco" Belleau. "Jeanne Weber torturada pela obstinação do juiz Belleau", diz *Le Matin* em 5 de janeiro de 1908. Nesse contexto, a improcedência da ação é percebida como um triunfo. Mas em maio do mesmo ano, quando se descobre finalmente que Jeanne Weber é, sim, uma assassina de crianças, os jornais mudam uma última vez de opinião. *Le Matin* exige "a questão da ogra Jeanne" e escreve: "Ela precisa sofrer tanto quanto fez sofrer".[32] Para a instituição judiciária, empenhada em preservar os privilégios de uma profissão ameaçada tanto pela ofensiva dos médicos quanto pela dos jornalistas, o caso é um exemplo cabal do fracasso dos especialistas e da desorientação dos repórteres.[33]

Mais grave ainda, o caso Steinhel, em 1908, mostra a que ponto o entusiasmo de certos repórteres pode chegar a falsear uma instrução em andamento. Manipulada por Marguerite Steinhel, a intervenção dos jornalistas do *Matin* consegue levar momentaneamente para a prisão o criado Remi Couillard, que não tem nada a ver com os acontecimentos.[34] Quando o caso, que remonta a maio de 1908, está prestes a ser esquecido, é bruscamente desenterrado no outono pelo *Écho de Paris* e, em seguida, pelo *Matin*. Mais do que ao estado de espírito de uma

---

32 *Le Matin*, 16 maio; 18 maio 1908.
33 Sobre o papel dos médicos no caso Jeanne Weber, cf. Darmon, *Assassins et médecins à la Belle Époque*, p.250-71.
34 Archives Nationales, BB18 2369, que contém todos os elementos para acompanhar esse folhetim alambicado.

"heroína" querendo se desculpar das acusações que pesam sobre ela, essa brusca mudança se deve às manobras de certas celebridades do jornalismo parisiense. Em dificuldades financeiras, Marguerite Steinhel aceita a proposta de Marcel Hutin, então repórter do *Écho de Paris*, de publicar suas memórias. Depois de muitas negociações, *Le Matin* vence a parada e Georges de Labruyère, que já era autor das memórias de Merelly e do padre Delarue, é incumbido de reunir as recordações da "viúva trágica". Ele, naturalmente, se aproveita de seu papel de confidente para abrir, sem o conhecimento da interessada – e talvez a serviço da Sûreté, como observa um relatório do Ministério da Justiça –, uma instrução oficiosa.

No entanto, Marguerite Steinhel, simulando uma nova confissão, consegue manipular os jornalistas, que se acotovelavam a sua porta. No dia 19 de novembro, fala a Paul Dubot, do *Paris-Journal*, de suas suspeitas sobre Remi Couillard, um dos empregados da mansão Steinhel. Ela arquitetara um estratagema cuja cena final consistia em "descobrir" na carteira do criado, e na presença de dois jornalistas do *Matin* (Henry Barby e Georges de Labruyère), uma das joias roubadas por ocasião do assassinato. Para Remi Couillard, que é preso no dia seguinte, a acusação é arrasadora. Mas a emoção não dura muito. Perdida em contradições, Mag Steinhel confessa dias depois que colocara pessoalmente a pérola acusadora na carteira do empregado. Para os repórteres, que se deixaram ludibriar por uma profissional da mentira, é um descrédito de bom tamanho. Com exceção de alguns jornais hostis ao *fait divers* (*L'Autorité*, *L'Humanité*), os grandes títulos da imprensa popular preferem silenciar o deslize dos repórteres do *Matin*; acham melhor se perguntar por que Marguerite Steinhel não é presa e atacar um alvo mais tradicional, o juiz Leydet, que acusam de prevaricação.

Os repórteres também são considerados responsáveis pelo clima de tumulto em que transcorre a maioria dos processos. Enquanto a crônica foi o feudo dos periódicos especializados (*La Gazette des Tribunaux, La Gazette du Palais*) ou da aristocracia do jornalismo composta pelos membros da Associação da Imprensa Judiciária, foi possível conservar a moderação. Mas a irrupção de bandos de tarefeiros no pretório transforma o ambiente judiciário em cena teatral. Para os magistrados, o processo de Merelly, em 1906, é um pesadelo tão horrendo que, no fim, o Ministério da Justiça é obrigado a lembrar os promotores que convém recusar salvos-condutos, cartas de acesso e lugares privilegiados.[35] Em 1908, o conselho geral do Ródano sugere proibir a entrada de assistentes nas salas de audiência, e a ideia é retomada na Câmara pelo deputado Justin Godard.[36] Em novembro de 1909, o processo de Marguerite Steinhel supera em "dramaticidade" tudo que se conhecia até então. Aquela que Rochefort apelidou de "Sarah Bernhardt dos tribunais" encontra um cenário à sua altura. Para os magistrados e certos jornais mais comedidos, como *Le Temps*, *Le Journal des Débats* ou *Le Figaro* (edições de 15 de novembro de 1909, data do encerramento do processo), os escândalos em audiências são apenas o prolongamento natural das reportagens intempestivas que os jornais vêm apresentando desde o início do caso. No *Matin* de

---

35 *Journal Officiel de la République Française*, Chambre, Débats, 2 mar. 1906, p. 1161.
36 Archives Nationales, BB18 2369. *Journal Officiel de la République Française*, Chambre, Débats, 20 out. 1908, p.1816.

18 de novembro, o ministro da Justiça, Louis Barthou, manifesta o desejo de reformar o funcionamento das audiências e dos debates criminais e, no dia 20 de novembro, nomeia uma comissão para esse fim.[37] Considerados uma vergonha, os excessos do público adquirem um aspecto ainda mais doentio nas execuções capitais. Obviamente, todos reconhecem que a origem do fenômeno não é a imprensa, mas a repercussão que os jornais dão a esses "espetáculos ignominiosos e degradantes" o pioram. "Silenciem a nossa imundície!" Nunca as palavras de Zola foram tão justas.

Vilipendiados pelos magistrados, os repórteres revidam sem a menor indulgência. As réplicas, longe de ser sutis, não tardam a descambar em provocação. Eles acusavam os juízes, gente de espírito obtuso, de serem repetitivos, lerdos e incapazes. "Somos obrigados a refazer o trabalho mal feito do juiz de instrução", escreve com regozijo um jornalista. "O que a promotoria de Étampes não sabe fazer, *Le Matin* fará", exagera a redação, que conclui algum tempo depois: "A promotoria hesita, o repórter age".[38] Quando a questão da "segurança pública" chega ao paroxismo nos anos 1907-1912, a imprensa atribui a responsabilidade ao aparato judiciário, acusado de sentimentalismo e pusilanimidade.

Essa hostilidade virulenta aos magistrados também é ditada por imperativos de ordem profissional. Mais "jornalófobos" do que os policiais, o meio judiciário se recusa a fornecer à imprensa as informações que a polícia lhe comunica em geral com mais boa vontade. Há verdadeiros confrontos entre os

---

37 *Revue Pénitentiaire*, 1909, p.1290-4.
38 *Le Matin*, 13 ago. 1906; 12 ago. 1906; 20 jan. 1896.

magistrados, que se recusam a dar a menor informação aos repórteres, e os jornais, em troca, atacam a incompetência dos juízes. O caso da rue Créqui – o assassinato de uma velha limonadeira em Grenoble, em dezembro de 1895 – dá a medida de tais conflitos, assim como das ambições da imprensa.[39] Nesse processo complexo, em que delegado de polícia e juiz de instrução entram em confronto como de costume, os jornais tomam prontamente o partido da polícia, que lhes passa as informações negadas pela magistratura. Eis como *Le Réveil du Dauphiné* justifica a ação dos repórteres:

> Em todos os casos criminais, cuja solução interessa à segurança geral, nós temos, na qualidade de órgão de opinião pública, o direito e o dever de manifestar os clamores da vindita pública.
> [...]
> E, apesar do berreiro dos répteis oficiais, prosseguiremos com nossa tarefa até o fim, certos de que o público aprovará a obra de limpeza e justiça a que nos obrigamos.[40]

Levado pelo ressentimento, *Le Réveil du Dauphiné* trava uma batalha feroz – apresentada ao público como o justo combate da opinião, da imprensa e da verdade – contra um juiz de instrução incompetente. Contudo, tais excessos são bastante raros. Os outros jornais, aliás, incitam à moderação. "Se a opinião pública não obtém satisfação, se a instrução judiciária não tem êxito, não será em parte em razão da ingerência excessivamente indiscreta de certos jornais nesse caso desafortuna-

---

39 Archives Nationales, BB18 2026.
40 *Le Réveil du Dauphiné*, 10 jan. 1896; 20 jan. 1896.

do?", pergunta, por exemplo, o jornal *La Croix*.[41] "Em breve, se o nosso confrade apresentar a demanda ao ministro da Justiça, teremos novidade no tribunal penal: o assento de um jornalista que terá o direito de interrogar, acusar e refutar", prossegue *Le Républicain du Dauphiné*.[42] Entretanto, parece difícil evitar o exagero. Alguns dias depois, o mesmo *Républicain du Dauphiné* pede ao juiz de instrução que aja com firmeza.[43]

Em janeiro de 1910, o caso Durand – uma rentista idosa é esfaqueada em seu apartamento na Place Garibaldi, em Nice – oferece outro tipo de animosidade.[44] Não há dúvida de que as autoridades judiciárias cometem erro sobre erro: naquele domingo, dia do crime, o procurador estava doente, seu substituto assistia às corridas de cavalos e o juiz de instrução estava na ópera; ele chegou ao local do crime oito horas depois da descoberta do cadáver. Mas a imprensa os acusa de maneira excessiva, beneficiando a polícia nicense, que, como de costume, tem péssimas relações com a magistratura. Também nesse caso, a hostilidade dos repórteres do *Petit Niçois* e, sobretudo, a do *Éclaireur*, explicam-se pela diferença de tratamento: a delegacia não lhes esconde nada, já o tribunal é bem menos cooperativo. É o que admite sem rodeios um jornalista nicense num artigo "manifesto", revelando o clima de tensão que reina entre juízes e repórteres:

> Em Paris, onde os juízes de instrução são magistrados talentosos, a imprensa colabora na busca da verdade e muitas vezes

---

41 *La Croix*, 4 jan. 1896.
42 *Le Républicain du Dauphiné*, 11 jan. 1896.
43 Ibid., 23 jan. 1896.
44 Archives Nationales, BB18 2433.

consegue levar aos assassinos, como comprova o caso Gouïn. Em Nice, por puro capricho e baseando-se numa circular do sr. Briand, da qual teremos oportunidade de voltar a falar [...], certos magistrados tratam os representantes dos jornais de modo mais do que arrogante [...]. Pois bem, nós estamos fartos dessa maneira de proceder. O juiz de instrução se recusa a nos informar? Pois procuraremos alhures e, cada vez que um crime ficar impune – como o da rua Gounod –, nós identificaremos os responsáveis. A opinião pública, a qual representamos, quer saber se pode contar com os encarregados de defender a sociedade. Nós a informaremos escrupulosamente.[45]

Uma intervenção considerada ilegítima

Por trás dessas críticas, muitas das quais injustificadas – a grande maioria dos *faits-diversiers* se contenta em relatar fielmente as informações comunicadas pelos tribunais –, dissimula-se sobretudo a má vontade de aceitar a intervenção da imprensa no campo judiciário e considerar o repórter um ator do processo penal. Má vontade exacerbada, na medida em que a ambição dos jornais de se apresentar como consciência da opinião pública e contrapoder é tida como inadequada e pretensiosa. Opinião! Raramente um termo foi tão solicitado. Para os repórteres e os jornalistas que reivindicam o papel e a função de representante, defensor e guardião da "opinião pública", esse é o argumento supremo.

Armados dessa legitimidade, os jornais fazem questão de se apresentar como um contrapoder, cuja função salutar é decla-

---
45 *L'Éclaireur*, 20 jan. 1910.

rada de utilidade pública. Estamos em pleno caso Dreyfus, e a imprensa, que se impõe nesse momento como um dos principais instrumentos do debate público, quer muito fazer valer o seu poder. O crime, sob essa perspectiva, aparece rapidamente como uma entidade privilegiada. Informar o leitor dos perigos que o ameaçam, participar da busca da verdade, denunciar a insegurança no país é matéria inesperada e sempre nova. Incentivadas com arrogância pelo repórter, rejeitadas com desprezo pelo magistrado, essas "pretensões" estão no centro do conflito entre as duas profissões.

Sem dúvida, acontece de descobrirmos sob a pena de certos jornalistas críticas bastante severas à reportagem criminal. Em 1894, um editorial do *Petit Journal* a vê como "uma maquinação dramática do prático".[46] Em 1897, *Le Temps* se levanta contra as conclusões apressadas e contraditórias das investigações jornalísticas e condena o plebiscito permanente, sem nenhuma garantia, que é promovido pelos jornais populares.[47] Algumas semanas depois, Gaston Deschamps denuncia nas mesmas colunas "os progressos espantosos e as aberrações cometidas pela reportagem".[48] Durante o caso Galley em 1905, Rochefort critica abertamente a "reportagem exasperada", em que tudo é repleto de indignação, descrições, testemunhos e ilustrações.[49] De fato, a concorrência entre os jornais populares muitas vezes leva as redações a condenar nos outros práticas que, no entanto, são generalizadas.

---

46 *Le Petit Journal*, 8 set. 1894.
47 *Le Temps*, 29 set. 1897.
48 Ibid., 12 dez. 1897.
49 *L'Intransigeant*, 26 ago. 1905.

No mais das vezes, os jornalistas se esforçam para justificar o caráter salutar de suas intervenções. Em 1911, num editorial intitulado "A imprensa e a informação", a equipe do *Petit Parisien* (Jean Frollo) dá respostas que lhe parecem decisivas "às acusações tão levianamente dirigidas ao desenvolvimento da informação nos jornais".[50] Frisa em primeiro lugar que "a imprensa, órgão vivo da opinião, não faz senão obedecer à pressão do público, cada vez mais exigente, e que esperava de sua folha diária que o informasse de tudo o que acontece". Ainda que se deva admitir que às vezes há "abusos deploráveis", sobretudo durante "a instrução pela imprensa" (*sic*) de certos casos criminais, são erros excepcionais. Via de regra, a ação dos jornais "fortalece, quando não precede, a da Justiça, para o maior benefício do interesse social". Longe de se apresentar como concorrente de fato, o repórter só pensa na "revelação da verdade". Identificar os malfeitores, prevenir as pessoas honestas contra seus estratagemas, apontar os erros judiciários ou as prisões arbitrárias, "fatos que mostram até que ponto o jornal, mediante pesquisas, averiguações e investigações empreendidas com tenacidade, pode prestar serviços importantes à sociedade". Quanto ao juiz de instrução, conclui a argumentação *pro domo*, se às vezes pragueja contra o repórter sensato, "no fundo lhe é grato pela ajuda prestada à Justiça e é o primeiro a reconhecer que a imprensa só é incômoda porque amiúde age muito rápido e muito bem".

A esse tipo de justificação, incessante sob a pena dos jornalistas, acrescentam-se os comentários triunfantes quando um repórter consegue contribuir com um elemento novo. Em

---

50 *Le Petit Parisien*, 21 mar. 1911.

outubro de 1904, por ocasião do caso Rachel Galtié, a envenenadora de Saint-Clar, um jornalista obtém, com base num rumor público, a exumação do cadáver. E um repórter, graças ao testemunho do boticário, encurrala Jeanne Gilbert, a envenenadora de Saint-Amand, em abril de 1908. Da autossatisfação, a imprensa escorrega rapidamente para a autoglorificação:

> A descrição dos suspeitos corresponde exatamente à dos indivíduos vistos [...] descrição que demos no *Petit Parisien*.
> [...]
> Mistério esclarecido graças ao *Journal* [...] ao retrato de semelhança impressionante que permitiu identificar o malfeitor.
> [...]
> Uma jovem rica e honrada presa, jogada num carro da polícia e enviada a Fresnes. *Le Matin* a tirou de lá.[51]

Em janeiro de 1910, não foi "graças ao *Petit Parisien*", que deu crédito à tese de assassinato e divulgou uma recompensa de 25 mil francos, que se logrou identificar e prender os assassinos da sra. Gouïn? Não foi graças ao *Journal* que os jovens assassinos de Jully foram identificados? E em Eysines, perto de Bordeaux, em janeiro de 1910, não foram dois repórteres que conseguiram levar à prisão do criminoso?[52]

Junto com entrevistas e depoimentos que os repórteres solicitam insistentemente, a presunção das palavras alardeadas

---

51 *Le Petit Parisien*, 11 jan. 1899; *Le Journal*, 24 mar. 1903; *Le Matin*, 24 mar. 1908.
52 *Le Petit Parisien*, 5 jan. 1910; *Le Journal*, 5 jun. 1910; *Le Matin*, 19 jan. 1901.

sem nenhuma moderação contribui para azedar as relações com uma autoridade judiciária que as vê como provocação. A pretensão de posar como representante ultrajado da opinião pública ("A opinião sensibilizada solicita uma investigação)[53] é considerada inadequada. Os que mais irritam são os enviados especiais: vigiam as prisões, comentam os julgamentos e dão repercussão nacional a cada deslize da instrução. Pior, alguns chegam a invocar "segredo profissional". Tal atitude, sem dúvida, é excepcional e a maioria dos jornalistas a considera inadmissível. "Segredo profissional só vale para os padres. Em todas os outros, é apenas palavra sonora e vazia", afirma um editorial do *Petit Journal*.[54] No entanto, em 1906, o caso do *Moniteur d'Oise* desencadeia uma violenta polêmica. Um repórter de Beauvais cita em seu artigo elementos importantes, que a instrução desconhecia, e é convidado a se apresentar perante o juiz. Invocando segredo profissional, nega-se a falar. Condenado pela justiça, recorre sem sucesso ao Comitê Geral das Associações de Imprensa, mas provoca um debate que divide a profissão.[55]

Tal como o júri, nessa primeira incursão do profano no segredo do tribunal, a imprensa é percebida como uma intrusa, cuja intervenção só pode enfraquecer a instituição judiciária. As absolvições escandalosas geram relatos escandalosos. Complexa, essa percepção é herança intelectual do Iluminismo, que opõe os erros do "número" às virtudes da "razão".[56] Porém,

---

53 *Le Petit Parisien*, 4 abr. 1907
54 *Le Petit Journal*, 8 set. 1894.
55 *Revue Pénitentiaire*, 1906, p.1260-4
56 Cf. Rosanvallon, *Le sacre du citoyen*, p.450-2.

essa hostilidade deixa transparecer sobretudo a má vontade da magistratura, que se recusa a considerar o jornalista um ator de pleno direito do processo penal e resiste a aceitar as formas novas de regulamentação que começam a alterar a ordem e a economia tradicionais do judiciário.

Mas o papel de contrapoder que a impressa tanto gosta de alardear é real? É no terreno das liberdades individuais que a ação dos jornais é mais sistemática. Eles não esperam a ocasião para se colocar a serviço do público e denunciar a figura odiosa do juiz de instrução. No caso Rameix – preso em 12 de setembro de 1897 após uma denúncia caluniosa, ele só foi interrogado em 25 de outubro e, considerado inocente, libertado em 5 de novembro, ou seja, 54 dias depois do encarceramento –, foi a publicação de um artigo do *Matin* que levou à sindicância.[57] Numa pergunta ao ministro da Justiça em 1906, o deputado Paul-Meunier destaca o papel salutar da imprensa em diversos casos de prisões arbitrárias. Cita em especial o caso do juiz de instrução que demorou três dias para examinar o álibi de um suspeito que mandara encarcerar. Um repórter do *Matin* verificou o álibi, que era verdadeiro.[58] Cenário parecido em Tours em 1911, quando Jacques Duhr, repórter do *Journal*, conseguiu a liberação de uma doméstica que ficou detida trinta horas por roubo, como reconheceu na Câmara o ministro da Justiça, Théodore Girard.[59] Os jornais também têm um papel ativo na luta contra o "mandado em branco", tão frequente nas batidas

---

57 Archives Nationales, BB18 2074.
58 *Journal Officiel de la République Française*, Chambre, Débats, 5 abr. 1906, p.1659-61.
59 *Le Journal*, 4 fev. 1911; *Journal Officiel de la République Française*, Chambre, Débats, 17 fev. 1911, p.761-4.

realizadas em Paris. Foi sobretudo em consequência de uma campanha do *Petit Parisien*, em setembro de 1909, que Briand e Lépine decidem eliminar a prática.[60]

Embora esse gênero de intervenção não seja muito frequente, os esclarecimentos da imprensa sobre tal acontecimento "escandaloso" tem um papel benéfico, ainda que apenas por incitar a autoridade judiciária a ser mais vigilante. De fato, é com extrema atenção que os tribunais e o Ministério da Justiça examinam diariamente os jornais – imprensa nacional, sem dúvida, mas também as folhas provinciais ou locais. E o menor entrefilete que sugira uma irregularidade provoca inevitavelmente um pedido de informação. Sinal de que, apesar de seus equívocos, a imprensa começa a assumir pouco a pouco a função de contrapoder. No entanto, muitas dessas intervenções tardias são motivadas sobretudo por razões comerciais: lançar ou apoiar campanhas ruidosas "de interesse público", cuja função é antes de mais nada gerar lucro. E onde as liberdades individuais são efetivamente ameaçadas, quando se trata, por exemplo, de adversários do regime (antimilitaristas, anarquistas ou nacionalistas vítimas de medidas de exceção), ou nos casos ainda mais delicados de alienados, prostitutas ou nômades, a imprensa não chega a brilhar por sua presença. Ao contrário, muitas vezes instiga os temores e incita medidas discriminatórias.

Ao fim e ao cabo, essa hostilidade entre juiz e repórter pode parecer artificial. Assim como ao policial, o jornal oferece um trampolim profissional ao magistrado. As incessantes circulares do Ministério da Justiça raramente impedem os repór-

---

60 Circular de 15 de outubro de 1909 (Archives Nationales, BB18 2418).

teres de encontrar interlocutores cooperativos nos tribunais: escrivães, intérpretes, auxiliares de justiça, peritos e, depois da reforma de 1897, advogados, mas também juízes e magistrados.[61] E é exatamente isso que se considera inadmissível. Ministro da Justiça em 1908, Aristide Briand cita com raiva essa "colaboração um tanto escandalosa", essa "colaboração íntima, cotidiana, entre certos gabinetes de instrução e a imprensa".[62] Durante o caso Jeanne Weber, foi um juiz que autorizou um repórter do *Matin* a falar com a detenta, que o acompanhou até a prisão e lhe permitiu fotografar a "ogra" em sua cela.[63] De resto, limitar a réplica a repreensões e sanções contra funcionários indiscretos é admitir, se não a legitimidade, pelo menos a irreversibilidade da ofensiva dos repórteres. E fora esse o sentido da resposta do ministro da Justiça, Guyot-Dessaigne, ao senador Bérenger em 1907[64] e, alguns anos depois, o da intervenção do deputado Pourquery de Boisserin na Câmara:

> Que os jornalistas em busca de notícias se dediquem a procurá-las *é direito deles e eles estão no exercício da profissão* [...], mas que os magistrados sejam seus auxiliares, que os escrivães facilitem essa triste tarefa e que os delegados de polícia virem secretários de jornalistas, isso eu não posso admitir.[65]

---

61 Archives Nationales, BB18 1968.
62 *Journal Officiel de la République Française*, Chambre, Débats, 3 jul. 1908, p.1538.
63 Archives Nationales, BB18 2358/2. A reportagem foi publicada no *Matin* de 18 de outubro de 1907.
64 *Journal Officiel de la République Française*, Sénat, Débats, 16 jan. 1907, p.91-3.
65 Id., Chambre, Débats, 10 nov. 1911, p.2943-4. Grifo nosso.

Às vésperas da guerra, a magistratura, obrigada a se defender, estava perdendo o combate contra a imprensa triunfante. Dali por diante, tanto o juiz como o policial terão de enxergar o repórter como um novo ator e esperar que ele encontre "em sua consciência o critério regulador de sua própria responsabilidade". Formulada em 1913 pelo congresso da imprensa italiana, essa aspiração é a mesma dos profissionais franceses.[66] Provavelmente, policiais e magistrados também começam a perceber que a imprensa – mas a observação vale igualmente para os textos de ficção – oferece contrapartidas substanciais às autoridades. De fato, os relatos de *faits divers* se apresentam no mais das vezes como representações em ato da instituição policial ou judiciária. Embora apontem ocasionalmente suas disfunções, também mostram sua legitimidade e onipotência – e essa é a regra geral. Lembram dia após dia que o crime não compensa e o castigo é inevitável. "A arte de punir deve repousar numa tecnologia da representação", escreve Michel Foucault.[67] A observação se aplica tanto melhor à polícia e à justiça modernas quanto seu poder e funcionamento repousam em encenações narrativas. A tal ponto que parecem incapazes de prescindir de representações de si mesmas.

Heroicizar o criminoso

Ao processo intentado por policiais e magistrados acrescenta-se o processo – ainda mais severo – de moralistas e criminalistas que acusam os relatos de crimes de desmoralizar

---
66 *Revue Pénitentiaire*, 1913, p.463.
67 Foucault, *Surveiller et punir*, p.106.

o espírito público, particularmente o da juventude popular, considerada mais sensível a sua mensagem deletéria. Não contentes em excitar a vaidade dos criminosos, enaltecidos por tais relatos, estes corrompem o senso moral e enveredam inexoravelmente pelo caminho do mal.

De fato, há muito tempo o relato de crime se inscreve num registro ambíguo, em que dois princípios contraditórios se enfrentam: a grandeza da transgressão, de um lado, e o horror do crime e a necessidade de disciplina social, de outro. Esse é o sentido em especial de muitas ficções do Ancien Régime, jornais ocasionais, *canards* e folhas volantes, relatos de *gueuserie* ou *Bibliothèque bleue*. As relações equívocas que esses relatos têm com o crime se colocam, evidentemente, em termos muito diferentes na França da "Belle Époque", mas as acusações apresentadas contra eles revelam o mesmo temor: ao mesmo tempo que se deve fazer tudo para dissociar as classes populares da delinquência, essas narrativas contribuem para manter no público um gosto duvidoso pelo crime e pela transgressão. Questão tanto mais premente quando o anarquismo, voluntariamente ilegalista, se esforça para celebrar o encontro do crime com a subversão. "Vejam o que acontece quando é preso um delinquente", deplora em 1907 o chefe da polícia municipal, Touny. "Se o agente proceder à prisão em frente ao terraço de um café do bulevar, ouve-se o resmungo das pessoas contra o rigor da polícia. Se for num bairro popular, os operários tomam partido contra a polícia, mesmo sem saber do que se trata."[68]

Não obstante, essas palavras parecem um pouco exageradas. Sem dúvida, no interior da França, de onde todas as formas de

---

68 *Le Gaulois*, 13 set. 1907.

ilegalismo desapareceram, o fascínio pelo bandido honrado e sua revolta solitária contra a ordem social continua vivo. Por exemplo, em 1894 surge a lenda de Pierre Sourgnes, vulgo Antougnou, o ladrão de Corbières.[69] Nas cidades, para certos jovens operários que rejeitam o horizonte opressivo da fábrica, o apache, com seus desafios, pode aparecer como modelo.[70] Aliás, não dizem que o francês é naturalmente crítico e rebelde? Certos espíritos irrequietos, como Henri Cochin, consideram que o país manifesta nesse momento uma verdadeira "doença social".[71] Por mais que a integração social e a normalização dos comportamentos tenham progredido, persevera a ideia de que os relatos de crime alimentam velhos demônios e constituem um jogo perigosíssimo.

Le fait divers *e o criminoso*

No entanto, é difícil afirmar que o *fait divers* heroiciza o malfeitor. Com exceção de alguns casos cujo caráter divertido ou espetacular pode suscitar complacência, a maior parte dos delinquentes é representada de maneira muito hostil. Moralmente condenados, são também socialmente desqualificados, como se o objetivo fosse dissipar nas classes populares toda e qualquer miragem ilegalista. "Sucede que, depois de assimilar outrora heróis como Mandrin, Cartouche, Poullailler e outros que tais, nós não sentimos mais nenhuma admiração por esses cavalheiros de gancho e pé de cabra que hoje são seus êmulos", observa

---

69 Ver Blanc e Fabre, *Le Brigand de Cavanac*.
70 Perrot, op. cit., especialmente p.400.
71 *Revue Pénitentiaire*, 1897, p.1179.

com lucidez o *Petit Parisien*.[72] Também se pode acusar os jornais de pôr em cena criminosos que desafiam as autoridades. Como observa o antropólogo Léonce Manouvrier, são sempre "crimes descobertos, cujos autores estão presos ou sendo procurados, perseguidos e caçados...".[73] De fato, os repórteres, cujas fontes são em geral policiais, privilegiam os casos resolvidos (cerca de três quartos dos casos retratados nos *faits divers*) e, portanto, celebram o triunfo da lei.

Somente alguns publicistas católicos ou juristas intransigentes acusam o *fait-diversier* de heroicizar os criminosos ou "exaltar indiretamente sua coragem", como escreve um professor de direito penal acerca de Bonnot.[74] Em regra, os comentários se contentam em dizer que o *fait divers* dá ao delinquente um destaque que ele não merece. "Nós nos queixamos de que o apache é rei", escreve Georges Montorgueil em 1910, "mas esquecemos que não fazemos nada para disputar com ele essa realeza; no fundo, somos nós que a oferecemos ele."[75] "Quem acredita que o bandido tem socialmente mais importância do que o sábio ou o artista ou mesmo o simples homem decente?", indaga em 1913 um cronista católico, traduzindo bastante bem o sentimento geral.[76]

Essa publicidade abusiva tem ao menos três consequências desagradáveis. Ocupado em investigar o universo do crime e do submundo, o jornal "nos faz crer que o mundo está infes-

---

72 *Le Petit Parisien*, 28 set. 1897.
73 *La Revue*, 15 fev. 1911, p.504.
74 Nast, *Revue Pénitentiaire*, 1912, p.843.
75 *L'Éclair*, 27 jul. 1910.
76 *Romans-Revue*, 1913, p.915.

tado de maldade e bandidos".[77] Negando o bem por omissão, provoca a banalização do crime. "Assim, os espíritos fracos que leem os jornais acostumam-se lentamente com o crime. Parece ser o estado normal, pois só falam dele."[78] Excessivamente numerosos, excessivamente precisos, os delitos noticiados pelos jornalistas são instruções aos aprendizes de malfeitor e, sobretudo, às crianças. Enfim, já que todos sabem que o desejo ardoroso de todo criminoso é ver seu nome no jornal, o *fait divers* não acaba sendo um prêmio à imoralidade? Em todo caso, a constatação é clara: "Essa publicidade insensata dos criminosos aumenta em proporções inquietantes a já altíssima taxa de criminalidade".[79]

Romance policial, romance de delinquente?

Mais do que o *fait divers*, a literatura popular, com o romance policial à frente, é acusada sobretudo de glorificar o criminoso. "Atualmente, o que resulta da leitura dos folhetins é que o melhor papel é o do ladrão, o do apache, o do homem que não tem medo, que escapa da polícia, o papel do fora da lei em guerra com a sociedade", declara na Câmara o socialista Marcel Sembat.[80] "Monitor oficial do crime e da depravação",[81] o romance policial é responsável por todos os males. Não só "toma por tema o mundo especial da desordem", e faz ostentação de cos-

---

77 Langevin, *Le Journal*, p.88.
78 *Romans-Revue*, 1912, p.399.
79 Guitet-Vauquelin, *Revue Européene*, fev. 1910, p.165.
80 *Journal Officiel de la République Française*, Chambre, Débatas, 4 nov. 1908, p.2048.
81 *Romans-Revue*, 1908, p.706.

tumes abomináveis ou exemplos depravados, como também se dedica à apologia de uma violência apresentada como uma regra comum de vida e comportamento.[82] Exaltando a imaginação em detrimento dos outros sentidos, desviando o espírito e turvando o senso moral, ele embrutece e perverte. No geral, como afirma um cronista católico, "os grandes romances policiais, os folhetins ultrassensacionalistas, que noticiam um assassinato por coluna, disseminam com mais ou menos consciência um ideal bárbaro de vida libertária".[83]

O fato de certos romancistas escolherem deliberadamente um malfeitor como herói (*Arsène Lupin*, *Zigomar*, *Fantômas* ou *Chéri-Bibi*) excede todos os limites. A menção desses poucos exemplos "escandalosos" oculta evidentemente a grande maioria dos relatos, cujo sistema de personagens é bem menos ambíguo: os homens da lei, policiais ou detetives, repórteres ou justiceiros geralmente ocupam a frente do palco nesses relatos. "Hoje é o policial que é o ídolo dos meninos; todos sentem que nasceram para detetive, e seu caminho de Damasco passa pela rue de Jerusalém",[84] observa Charles Chassé em 1910.[85] Estudando as figuras e as representações de criminosos no romance judicial, e especialmente em Gaboriau, o sociólogo Enrico Ferri reconhece que o criminoso, "quase sempre relegado ao segundo plano", cede lugar ao "verdadeiro protagonista [...] o agente astuto, genial e sutilmente lógico".[86]

---

82 Abade Bethléem, *Romans à lire et à prescrire*, p.44 e p.92.
83 *Romans-Revue*, 1910, p.441.
84 A Chefatura de Polícia de Paris funcionou até 1871 na rue de Jérusalem. (N. T.)
85 *L'Opinion*, 15 jan. 1910, p.77.
86 Ferri, *Les criminels dans l'art et la littérature*, p.61.

Contudo, esse olhar é bem raro. Contentando-se com uma análise descritiva dos conteúdos, os contemporâneos não notam o deslocamento progressivo do relato do crime para o da investigação. Ora, é justamente nessa inflexão, que determina a própria natureza do texto policial, que reside sua função "dissuasiva":[87] escamoteando a figura do criminoso e apresentando apenas o horror do ato, o texto policial transforma o criminoso num ser automaticamente culpado, cujo ato não pode ser explicado ou relativizado; a investigação, ao contrário, triunfa, e isso comprova o caráter infalível do dispositivo repressivo. Mas a ênfase recai em geral nas filiações, aliás reais, com os folhetins tradicionais ou os melodramas criminais. Na melhor das hipóteses, os contemporâneos reconhecem que tais relatos legitimam a ordem e a moralidade, mas à custa de peripécias que privilegiam o crime acima do castigo. Escandalosa, a transgressão inicial oblitera o castigo final.

Ladrão simpático e espirituoso, o personagem Arsène Lupin geralmente é o alvo principal desses ataques. Não contente em heroicizar o malfeitor, o texto também lhe oferece um modelo e uma legitimação, como deplora Maurice Prax, que acusa no *Matin* "os extraordinários romances policiais publicados de uns anos para cá" de dar aos ladrões "a loucura da grandeza": "Eles os persuadiram de que são artistas, diletantes, poetas, cavalheiros, heróis".[88] Críticas embaraçosas, pois o herói de Maurice Leblanc também passa por uma transposição "conveniente" (coisa que acaba sendo mais perniciosa ainda) para o ilegalismo libertário. Paradigma da "retomada", Lupin não

---

87 Cf. Eisenzweig, *Le récit impossible*, especialmente p.259-70.
88 *Le Matin*, 9 set. 1913.

aparece em julho de 1905, apenas dois meses depois do processo de Alexandre Jacob, do qual tomou emprestados alguns traços? Aos reproches usuais acrescenta-se mais um: a propaganda pelo texto.

Mas Arsène Lupin não é um herói anarquizante; ele ignora tudo a respeito do social e cultiva um estoicismo pseudonietzschiano que o conduz ao culto do super-homem. Ele aparece sobretudo como herdeiro dos "bandidos honrados" do Ancien Régime.[89] Procedendo menos de Alexandre Jacob do que de Cartouche e Mandrin, seu itinerário se inscreve num tempo lendário e cíclico saído diretamente da tradição cavalheiresca. E se ele prefere denunciar a delinquência da alta-roda ("Eu roubo em apartamentos; você rouba na bolsa"),[90] é menos como prática de "retomada" revolucionária do que como justiça imanente, uma espécie de ordem moral que nunca interfere na ordem social. Quando esta vem à tona, a ilusão se dissipa brutalmente: o herói se revela proprietário, nacionalista e revanchista. Modernizando a figura do bandido de bom coração, Arsène Lupin recupera a ambiguidade inerente a esse tipo de ficção. Animado por uma natureza de exceção e projetado na dimensão do espetáculo, seu ilegalismo se desloca da prática para o discurso, ou mesmo para a estética. Impraticável e inofensivo, ele só serve para fazer "a galeria rir".

Portanto, é inútil procurar o caráter subversivo desse gênero de série. Mesmo que em seu lançamento o texto tenha se beneficiado da moda anarcomundana cultivada por certa elite

---

89 Cf. Kalifa, "Illégalisme et littérature, le cas Arsène Lupin", *Cahiers pour la Littérature Populaire*, n.13, p.7-21.

90 Leblanc, *813*, p.23.

endinheirada, e tenha se tornado o emblema dos libertários de fraque, a "heroicização" do criminoso nesses textos é no mínimo artificial e convencional. Como escreve um redator do jornal *L'Opinion*, Arsène Lupin não passa de "um policial que se finge de ladrão", e o próprio Maurice Leblanc conta a um jornalista que submeteu o manuscrito ao chefe da Sûreté para saber se não ridicularizaria demais os policiais![91]

Sem dúvida, essas narrativas cumprem de modo menos gritante a função dissuasiva do romance policial. E também, sem dúvida, admitem a existência de uma "ilegalidade" legítima, mantendo, sob uma ambiguidade geral, o reflexo crítico, a dúvida, o sarcasmo. Mas isso não vai além de uma espécie de Grand Guignol adaptado ao público adulto. Na verdade, o único ilegalismo desses relatos parece ser de ordem literária. A transposição vitoriosa da figura do bandido honrado para o "sistema policial" permite que a produção francesa resista parcialmente ao imperialismo do modelo anglo-saxão e possibilita o desenvolvimento de um subgênero original e especificamente francês.

Nesse sentido, a verdadeira indisciplina desses textos é a resistência a qualquer "imperativo identitário". Quando a identidade dos indivíduos aparece como prioridade numa sociedade perturbada pelo anonimato crescente causado pela urbanização, os heróis mais barulhentos da gesta policial francesa afirmam em alto e bom som que rejeitam todo mapeamento. Apesar da diversidade de inspiração, as séries mais apreciadas (*Arsène Lupin*, *Zigomar*, *Fantômas* ou *Chéri-Bibi*), seguindo a esteira do *Rocambole* de Ponson du Terrail, põem em cena persona-

---

91 *L'Opinion*, 15 jan. 1910, p.77; *Excelsior*, 29 jan. 1911.

gens intangíveis, verdadeiros nômades sociais cuja existência proteiforme desafia permanentemente as leis da identidade. Fregolis[92] do crime, mudam de nome, de aparência, de fisionomia ou de sexo conforme a necessidade, num frenesi de travestismo e mistificação.[93] À pergunta obsessiva do ser e do parecer sempre presente nesses textos, os personagens respondem desaparecendo e reaparecendo, por evanescência e ubiquidade. Nisso reside o único aspecto "subversivo" desses romances. Mais do que o heroísmo libertário, é a necessidade da liberdade heroica que eles exaltam. A mensagem "programática" é a que Arsène Lupin confidencia a Pierre Leduc: "Você é livre. Sem empecilho! Não precisa carregar o peso do seu nome! Você apagou o número de matrícula que a Sociedade marcou nas suas costas com ferro incandescente".[94] Liberdade improvável e inacessível, sem dúvida, mas que desenha no horizonte um espaço equívoco, adequado ao investimento do imaginário.

O criminoso enaltecido pela tela

A expansão do cinema policial suscita preocupações ainda mais vivas. À medida que ele se emancipa e abandona o registro das conformistas "cenas da vida real", surgem denúncias

---

92 Referência a Leopoldo Fregoli (1867-1936), imitador e mágico italiano dotado de grande talento para a imitação e a personificação, capaz de mudar rapidamente de voz ou fisionomia. Especializado na representação de figuras conhecidas da política e das artes, encenava sozinho um julgamento inteiro – juiz, júri, promotor, advogado de defesa e réu – com alternâncias instantâneas de personagem. (N. T.)
93 Blonde, *Les voleurs de visages*.
94 Leblanc, op. cit., p.100.

sobre as "elucubrações às vezes estranhas e geralmente de gosto duvidoso" que o cinema oferece ao público popular.[95] A partir de 1907, a adaptação para a tela dos principais heróis da gesta policial provoca críticas virulentas. O seriado *Zigomar*, de Victorin Jasset, é acusado de glorificar o banditismo, de enaltecer o mal e o malfeitor no imaginário juvenil. Em 1913 e 1914, é a vez do *Fantômas*, de Feuillade.

No entanto, mais do que os filmes em episódios, as reconstituições inspiradas nos *faits divers* é que suscitam ataques violentíssimos, sobretudo as diversas variações sobre o "bando de Bonnot" que Victorin Jasset filma para o estúdio L'Éclair: *L'auto grise* e *Les hors-la-loi*. Mas é outro filme, *Les bandits en automobile*, que desencadeia a polêmica. Acusado de fazer uma apoteose dos malfeitores,[96] é alvo de uma das primeiras censuras cinematográficas.

Disposto a criar o fantástico a partir do comum, desenterrar a poesia selvagem escondida sob a ordem cotidiana, o jovem cinema policial se apodera da figura do criminoso de maneira muito mais explícita do que a literatura. Terrível e cruel, o destino do bandido se divide entre as exigências de um roteiro "policial" e de uma espécie de onirismo trágico e revoltado que às vezes dá às aventuras um tom apocalíptico. "Em cada esquina de Paris, descobríamos um episódio dessa obra formidável e, no fundo dos nossos sonhos, revíamos aquele canto do Sena onde, sob um céu vermelho, explode a barcaça, e ao lado um jornal relata as últimas façanhas do bando de Bon-

---

95 *Le Magasin Pittoresque*, 15 fev. 1913.
96 *Revue Pénitentiaire*, 1912, p.919.

not", recorda Desnos acerca dos *Fantômas*, de Feuillade.[97] Isso significa que o cinema absorveu os heróis da gesta anarquista? Numa época em que os espectadores ainda se manifestam ruidosamente durante as projeções, e a adolescência popular, rebelde e criativa procura um modelo, esse é o grande temor dos notáveis e das autoridades, preocupados com os excessos que esses filmes podem provocar.

Também se critica o excesso de realismo dessas *mises en scène*, o ensinamento prático que oferecem: "É a revelação, explicitada pela imagem, de todos os meios que um malfeitor pode empregar para cometer um delito ou crime, com o máximo de chances de sucesso e o mínimo de riscos de fracasso", observa Bertrand de Laflotte, alguns anos depois, diante do Comitê de Crianças Julgadas.[98] Para as elites, o cinema também fracassou. Longe do seu "cargo de almas", está a um passo de se transformar numa das mais ativas escolas de assassinato.

Incitação ao ato proibido

Se a heroicização do malfeitor é considerada tão perniciosa é porque se acredita que provoca tamanha perversão do senso moral que induz inevitavelmente, por contágio ou sugestão, à repetição do gesto criminoso. Sem dúvida, os críticos reconhecem que existe uma gradação na responsabilidade (a imagem mais do que o texto, a ficção mais do que o *fait divers*) e nem todos os públicos são igualmente influenciáveis, mas a ideia

---

[97] Desnos, *Les rayons et les ombres*, p.84.
[98] Laflotte, "Les films démoralisateurs de l'enfance", *Le Correspondant*, 25 mar. 1917.

de que esses relatos são criminosos tanto nos fatos como na inspiração suscita um amplo consenso.

Relatos culpados

"O jovem apache que se apresentou recentemente perante o tribunal penal de Liège por ter estrangulado um rapaz de 16 anos assinava Zigomar. O mesmo elegante pseudônimo foi adotado por uma quadrilha de ratoneiros que agiu ao longo de semanas no bairro de Robemont."[99] Escolhido entre muitos, esse entrefilete mostra bem o tom da ofensiva contra os relatos de crimes na virada do século. A questão, evidentemente, não é nova. Em 1840, *Le Journal des Débats* chamou a atenção para os efeitos desastrosos do *fait divers* criminal sobre "imaginações frágeis e inflamadas".[100] Embora esse julgamento venha em grande parte da tradicional hostilidade das elites à expansão de uma cultura de massa dificilmente controlável,[101] o fato de se tratar de delinquência e crime dá ao argumento uma espécie de justificação suprema.

De fato, acredita-se que os *faits divers* e os romances policiais, quando não glorificam o mundo criminoso, mantém com ele uma cumplicidade latente nos costumes que é capaz de causar

---

99 *L'Express de Liège*, 21 nov. 1913.
100 *Le Journal des Débats*, 29 jul. 1840, apud Junosza-Zdrojewski, *Le crime et la presse*, p.29.
101 Ver especialmente Queffelec, "Le débat autour du roman-feuilleton sous la Monarchie de Juillet", in: Centre de Recherches sur les Littératures Populaires, *Littérature populaire*, p.49-73, e Haro, "Un épisode de la querelle du roman populaire, la circulaire Billault de 1860", *Romantisme*, n.53, p.49-57.

um "contágio infame". "Familiarizando a mente com a ideia do crime, vocês a predispõem ao crime, do mesmo modo que as profissões em que as pessoas se habituam a derramar o sangue dos animais fornecem um número maior de homicidas", alerta Alfred Fouillée.[102] Para demonstrar o argumento, multiplicam-se os exemplos desoladores de jovens delinquentes "perturbados por suas leituras": um garoto incendeia a residência da família porque as leituras policiais lhe enfiaram "o crime na cabeça"; dois jovens de Nantes presos por roubo confessam que a vocação nasceu da leitura de *Arsène Lupin* e *Nick Carter*.[103] Os assassinos de Jully, em dezembro de 1909, não admitiram que foram "impelidos ao crime" pela leitura de romances policiais? Exemplos que permitem afirmar sem hesitação que "o crescimento da criminalidade juvenil é, em grande medida, consequência da literatura criminal".[104]

Muito embora a ficção, que age diretamente sobre a imaginação, seja considerada a mais perigosa, admite-se que existem nuances na sua nocividade. As melhores (*Sherlock Holmes*, *Arsène Lupin*, *Rouletabille*) são julgadas com menos severidade. Esses romances, às vezes "de leitura agradável, [...] não contêm muitos crimes atrozes", mas pervertem a imaginação e "a moralidade das jovens gerações".[105] A uma leitora interessada em saber se é adequado pôr um *Arsène Lupin* nas mãos de uma moça, a *Romans-Revue* responde que "a influência desse tipo de romance é perturbadora e daninha", na medida em que levava

---

102 *La Revue*, 15 dez. 1910, p. 715.
103 *L'Écho de Paris*, 17 ago. 1912; *Le Rappel*, 12 nov. 1910.
104 *Revue Pénitentiaire*, 1913, p.329.
105 *Romans-Revue*, 1912, p.607; 1911, p.197.

imperceptivelmente para o caminho do crime.[106] Mais categórico, Adolphe Brisson afirma a respeito de Lupin: "Sim, declaro que a influência desse tipo de romance é perturbadora e perniciosa".[107]

Evidentemente, tais posições são defendidas pelos círculos católicos, cujos guias de leitura, que acompanham com certa complacência as publicações "corruptoras", declararam guerra à literatura "criminal". No famoso livro *Romans à lire et à prescrire* [Romances para ler e proscrever], o padre Bethléem, que dirige a *Romans-Revue*, acha a quase totalidade dos "romancistas do crime" perigosa, classificando-os ou na categoria "para proscrever em virtude da lei natural da moral cristã" (Eugène Chavette, Jean de La Hire, Oscar Méténier, Jules Lermina), ou na categoria dos romances para "pessoas de idade e juízo maduros" (Ponson du Terrail, Gaboriau, Du Boisgobey, Félix Duquesnel). Todos são autores "suspeitos", abordam temas escabrosos e os pormenorizam em peripécias imorais. Entretanto, fora do meio veementemente conservador, esse tipo de romance é considerado menos perverso.

O mesmo não acontece com a produção de revistas e fascículos policiais, condenada de forma unânime. Os mais atacados são os fascículos Eichler e em especial *Nick Carter*, que faz muito sucesso entre os garotos. Da direita católica aos círculos libertários, a série é projetada no centro de uma verdadeira síndrome, da qual só escapam as vanguardas poéticas que apreciam tanto *Nick Carter* quanto *Fantômas*. Desencaminhando a imaginação, provocando "uma diminuição do valor intelectual

---

106 Ibid., 1908, p.512.
107 *Les Annales*, 6 set. 1908.

e moral da personalidade", essa literatura é considerada "cancerosa" porque vem de uma Alemanha (Eichler é um editor de Dresden) que envia semanalmente para a França mais de doze toneladas de revistas policiais.[108] Aqui, o inimigo moral coincide com o inimigo nacional. Aliás, a Suíça, bastião do puritanismo, tomou medidas contra esses fascículos. Numa conferência dedicada a *Buffalo Bill, Nick Carter e Cia*, o padre Devaud, inimigo incansável das literaturas imorais, criticou "o embrutecimento das jovens inteligências e o desenvolvimento extraordinário da brutalidade". Em fevereiro de 1910, a Assembleia de Genebra sugere ao Conselho de Estado que a legislação antipornografia em vigor seja estendida às revistas policiais. Já os conselhos comunais de Friburgo, Bulle, Neuchâtel, Zurique e Basileia proíbem a venda a menores e a exposição desse tipo de revista nos quiosques; um mês antes, o cantão de Friburgo manda retirá-las das livrarias de estação ferroviária.[109] Exemplos que muitos adorariam ver copiados na França.

Com o imaginário criminal, que dizem ser capaz de "impressionar" o cérebro de modo ainda mais direto, a "periculosidade" cresce um grau. Afinal, não foi contemplando um retrato de Ravachol que o anarquista Vaillant concebeu seu crime?[110] Portanto, é contra as ilustrações criminais que é apresentado em dezembro de 1908 um projeto de lei – o único sobre o tema.[111] O autor, Maurice Viollette, prefeito de Dreux e depu-

---

108 *Romans-Revue*, 1908, p.314-20; segundo uma pesquisa de *La Liberté de Fribourg*, apud *Romans-Revue*, 1910, p.441-4.
109 Ibid., 1910, p.424-6 e p.441-4.
110 Vital-Mareille, op. cit., p.265.
111 *Journal Officiel de la République Française*, Chambre, Documents, 1908, annexe 2090, p.55-6.

tado republicano-socialista do Eure, certamente preferia combater todas as formas de relato. Porém, a gravura, que ele julga a mais perigosa, parece o melhor ângulo de ataque.[112] Afinal, o objetivo dessas ilustrações é "perturbar o mais violentamente possível o sistema nervoso dos leitores". Sugestionados, estes ficam como alucinados. O fato de beberem, e matarem, explica a exposição dos motivos. O projeto prevê modificar a lei de julho de 1881 para proibir a publicação de qualquer ilustração (cartaz, gravura ou fotografia) que "represente cenas de morte e crime reais ou imaginárias".

Embora adote unanimemente o projeto, a comissão da reforma judiciária limita consideravelmente o alcance da lei.[113] Decide que ela só poderá ser aplicada aos homicídios que tenham sido objeto de instrução encerrada há menos de dez anos (seria possível proibir representações do assassinato de Marat?). Também desiste de "se preocupar com a reprodução do crime imaginário". Já não é suficiente enfrentar a onipotência dos diários populares nesse terreno restrito? Adotado pela Câmara no dia 11 de fevereiro de 1910, o projeto foi imediata e efetivamente enterrado sob pressão do sindicato da imprensa parisiense, que mostra o perigo que ele representa para a liberdade de imprensa.[114] "Como vocês querem que aceitemos semelhante lei, se quando acontece um crime sensacional nós publicamos 100 mil exemplares a mais?", teria declarado o diretor de um grande jornal cotidiano.[115] É preciso render-se à evidência: é tão

---

112 *Gil Blas*, 26 fev. 1910.
113 *Journal Officiel de la République Française*, Chambre, Documents, 1909, annexe 2240, p.25-6.
114 *L'Éclair*, 27 jul. 1910.
115 *Revue Pénitentiaire*, 1913, p.706.

irrealista proscrever a publicação de cartazes de crimes quanto foi, dois anos antes, proibir aos menores de idade o espetáculo das audiências. Assim, embora denunciado como o cúmulo do horror, o cartaz de lançamento de *Chéri-Bibi*, de Gaston Leroux, pôde ser exibido nos muros de Paris em 1913.

Mas o pior é o cinema, o último dos veículos de contágio. Porque, segundo se acredita, o "realismo" e a mobilidade das imagens decuplicam os efeitos deletérios atribuídos ao texto. O escândalo estoura em janeiro de 1909: apesar das precauções tomadas pelas autoridades, um *cameramen* da Pathé-Actualités conseguiu filmar a execução dos quatro condenados de Béthune. Sobre um tema tão delicado e num clima muito tenso – a sociedade francesa estava saindo do debate parlamentar do outono de 1908 e o presidente Fallières, abolicionista convicto da pena de morte, teve de recusar o indulto –, o filme desencadeia uma polêmica clamorosa. Cria-se uma censura empírica, deixada a cargo das autoridades municipais, às quais a lei de abril de 1884 dá o poder de proibir no território da comuna "espetáculos e representações de caráter escandaloso ou imoral".

A primeira grande ofensiva municipal começa na primavera de 1912 e afeta as diversas reconstituições cinematográficas do caso Bonnot. O prefeito de Belley toma a iniciativa e suspende por decreto a projeção de *Bandits en automobile*, "um espetáculo essencialmente desmoralizante, que só pode satisfazer as curiosidades mais doentias ou despertar os piores instintos".[116] Aplaudido por milhares de católicos, o exemplo é rapidamente seguido em Lyon (onde Édouard Herriot baixa um decreto similar em 14 de junho), Bordeaux, La Rochelle,

---

116 Entrevista dada a *Le Temps*, 7 jun. 1912.

Toulon, Lille, Rouen, Le Mans, Reims e, naturalmente, Dreux, cidade de Maurice Viollette.[117] Em novembro de 1912, é a vez da Gironda proibir "em todo o território do departamento [...] as representações de cenas de anarquia e banditismo pelo cinematógrafo".[118] No ano seguinte, o lançamento de *Fantômas*, de Feuillade, reacende o debate. O Ministério do Interior e a Chefatura de Polícia publicam, respectivamente em 19 e 30 de abril de 1913, circulares proibindo "a exibição de qualquer filme que represente crimes recentemente cometidos, execuções capitais e espetáculos repugnantes ou bárbaros". Em Lyon e Bordeaux, e depois nos departamentos do Loire e da Charente-Inférieure, decretos proibem esses filmes perniciosos.[119]

A guerra, que se esforça para recrutar crianças usando representações de rara violência,[120] intensifica a ofensiva. Em 1915, o sucesso de *Os mistérios de Nova York* e de sua versão francesa, *Os vampiros* de Feuillade, traz ainda mais preocupações. No dia 18 de maio de 1916, o deputado Brénier, do Isère, apresenta na Câmara um pedido de interpelação "sobre as medidas que o ministro do Interior pretende tomar para [...] proibir representações cinematográficas nas quais, sob o pretexto de aventuras fantásticas, se ensinam os meios mais hábeis de matar ou roubar".[121] Em março de 1917, duas brochuras comentam, com o apoio

---

117 *Romans-Revue*, 1912, p.557; *Revue Pénitentiaire*, 1912, p. 919 e p.1080; 1913, p.873.
118 Apud Champreux, "L'année du Maître de l'Effroi", *1895*, p.262.
119 *Archives d'Anthropologie Criminelle*, 1913, p.439, apud Kaluszynski, op. cit., p.556.
120 S. Audoin-Rouzeau, *La Guerre des enfants (1914-1918)*, p. 439. *Apud* M. Kaluszynski, op. cit., p.556.
121 *Journal Officiel de la République Française*, Chambre, Débats, 1916, p.1149.

de exemplos, o crescimento "paralelo" dos *serials* criminais e da delinquência juvenil:[122] a fama das publicações não tarda. O movimento é tão amplo que as companhias cinematográficas se preocupam e se alinham, a começar pela Gaumont. Depois de *Os vampiros*, Feuillade filma em 1916-1917 a série *Judex*, um justiceiro inequívoco. Em julho de 1919, a instauração da classificação cinematográfica simplifica o procedimento.

De fato, a questão do contágio criminal é o tema da moda. Periodicamente, revistas e jornais diários lançam amplas e minuciosas enquetes sobre ela. Dedicado à influência dos "operários do pensamento" sobre o comportamento popular, o debate iniciado em 1896-1897 pela revista de Alexandre Lacassagne, os *Archives d'Anthropologie Criminelle*, já salientara a existência de um forte consenso nesse domínio. No ano seguinte, a série de artigos que a *Revue Bleue* dedica à imprensa, "grande corruptora da consciência moderna", é bastante grande. Suscitada pela matança de Jully, abre-se outra consulta em 1910 pela *Revue*, que convida as principais autoridades intelectuais e morais do país a dissertar sobre "a influência da imprensa sobre o desenvolvimento contagioso da criminalidade". Em 1913, enfim, a Sociedade dos Presídios inclui em seu programa a questão da "influência da imagem e da publicidade sobre a mentalidade dos criminosos".[123]

Sem dúvida, aqui e acolá surgem vozes dissonantes. A Sociedade dos Presídios assinala o risco de se discutir em vão.

---

122 Laflotte, op. cit.; Poulain, *Contre le cinéma, école du vice et du crime*. Cf. também os exemplos citados por Pourcher, *Les jours de guerre*, p.362-82.

123 Kaluszynski, op. cit., p.550-1; *La Revue Bleue*, dez. 1897-jan. 1898; *La Revue*, dez. 1910-fev. 1911; *Revue Pénitenciaire*, 1913, p.491-518 e p.674-709.

Julgando mais do que duvidosa a influência dos relatos sobre o crime, Durkheim, em *O suicídio* (1897), estima que sua supressão não modificaria em nada a "taxa social" da criminalidade.[124] "Longe de contaminar, esse gênero antes seria apto a imunizar", acrescenta Léonce Manouvrier. Mais radical, Marcel Prévost contesta tanto o aumento da criminalidade quanto a responsabilidade dos relatos de crimes; para ele, é grotesco querer proibi-los: "Convenhamos...! Tenhamos uma boa polícia, lutemos contra o álcool, uma boa moral e deixemos os jornais serem impressos".[125] Contudo, tais análises são bastante raras. Há um consenso básico em torno da ideia, considerada comedida, de que "a propaganda do crime por imagens e por jornais" tem pouco alcance sobre pessoas instruídas e sensatas, mas é determinante e desastrosa no caso dos neuropatas e, sobretudo, das crianças, às quais tais relatos fornecem um ideal e um modelo.

Consensual, a opinião transcende as clivagens comuns e penetra toda a extensão do espectro político. Geralmente admitida nos círculos conservadores, sobretudo no da Bonne Presse, ela é compartilhada também pela esquerda radical. Em 1908, Joseph Reinach recorda:

> [...] a publicidade que essa imprensa [...] concede aos crimes, a biografia que publica dos assassinos, as fotografias que reproduz, a engenhosidade com que alimenta a curiosidade pública, dia após dia, estão entre os elementos mais destrutivos e mais desmoralizadores que existem hoje.

---

124 Durkheim, *Le suicide*, p.136.
125 *La Revue*, 15 fev. 1911, p.504 e p.196-7.

Mais categórico, Eugène Réveillaud explica o aumento de assassinatos e estupros pelo "funesto crescimento" dos jornais.[126] Muito hostis à "imprensa de matadouro", os socialistas fazem a mesma constatação.[127] "Na forma de folhetins, na forma de ilustrações, na forma de cartazes", os jornais propagam a ideia do homicídio, sobretudo entre as crianças, e plantam "sementes do crime em sua memória e em seu cérebro", considera Marcel Sembat.[128] "Quantas vezes as crianças não são treinadas para o crime em leituras malsãs?", exagera Victor Dejeante, que também critica "a ação nefasta da imprensa".[129] Até mesmo os anarquistas, sempre tão dispostos a denunciar o consenso normativo da moral burguesa, denunciam "esse pasto depravador do folhetim que se tem o cinismo de chamar de literatura", assim como os *Fantômas*, os *Nick Carter* "e outros produtos vendidos em fatias todas as noites nos cinemas da periferia".[130] É bem verdade que, aqui, a ideia é diferente. Mais do que a imoralidade ou o risco de contágio, a imprensa anarquista deplora sobretudo a resignação que a "epidemia de sherlockismo" promove.

Entretanto, explorado pela oposição católica ou nacionalista, o argumento pode se tornar espinhoso. Criminosos e alcoólatras, os tais apaches de menos de 20 anos não são produto da moral republicana, da escola sem Deus e da imprensa

---

126 *Journal Officiel de la République Française*, Chambre, Débats, 3 jul. 1908, p.1538; 14 nov. 1910, p.2790.
127 A expressão é de Magnaud, in: ibid., 7 dez. 1908, p.2781.
128 *Journal Officiel de la République Française*, Chambre, Débats, 4 nov. 1908, p.2048.
129 Ibid., 11 nov. 1908, p.2207.
130 *Le Libertaire*, 6 dez. 1908; 20 set. 1913.

sensacionalista? E, no entanto, o escândalo nasce justamente das esferas influentes e quase oficiais do radicalismo, na pessoa de Alfred Fouillée. Ao destacar em janeiro de 1897, na muito acadêmica *Revue des Deux Mondes*, os vínculos entre "os jovens criminosos, a escola e a imprensa", Fouillée joga gasolina na fogueira.[131] O texto, que retoma parte da análise de Jacques Bonzon,[132] é bastante comedido. Poupando consideravelmente a escola, ele ataca a imprensa, o lugar onde "as crianças que aprenderam a ler completam sua instrução e sua educação", e que se tornara um instrumento lamentável de corrupção e dissolução social. Denuncia em termos duríssimos os *faits divers* sanguinários e os folhetins como o "principal agente de desmoralização popular".

En passant, o autor aponta o caráter às vezes excessivamente técnico e a falta de "energia moral" de uma escola laica que está mais interessada na instrução que na educação. Para a imprensa popular e os publicistas católicos, é um presente dos céus. Os jornais fazem um enorme barulho em torno da questão da escola e se esquivam do problema de sua própria responsabilidade, que para Fouillée é primordial. Quanto aos círculos católicos, eles encontram uma excelente oportunidade para retomar a ofensiva contra a escola da República. Por mais que Fouillée proteste e lamente as interpretações abusivas de seu texto, o movimento é relançado.[133] Alguns meses depois, o padre Delmont profere uma conferência em Aurilac que ficará famosa. Apoiado em estatísticas, critica a "escola sem Deus", sem moral

---

131 *Revue des Deux Mondes*, 15 jan. 1897, p.417-9.
132 Bonzon, *Le crime et l'école*.
133 Fouillée, *La France au point de vue moral*, p.155.

e sem princípios, a principal responsável pelo aumento da criminalidade juvenil.[134] Ainda que mais comedido, Henry Joly interpreta no mesmo sentido o artigo de Fouillé.[135] O debate causa tanta preocupação que Ferdinand Buisson, então diretor da Educação Primária, pede a opinião de Gabriel Tarde, autoridade inconteste e consensual. Num artigo muito prudente publicado pela *Revue Pédagogique*, Tarde frisa que a expansão da criminalidade juvenil é um fenômeno geral na Europa e não pode ser vinculado a considerações de ordem legislativa ou política; de modo que a escola laica, à qual presta sincera homenagem, não pode ser considerada responsável pelo aumento da criminalidade.[136] A polêmica recomeça ainda assim; retóricos menos brilhantes se encarregam de denunciar periodicamente a inferioridade moral da escola da República e proclamar sem nenhum constrangimento : "Os analfabetos são duas vezes e meia menos criminosos que os instruídos".[137]

Imitação, contágio, sugestão

A amplitude desse consenso é incompreensível fora do contexto intelectual da virada do século, fortemente marcado pelo sentimento de declínio nacional e pela progressiva medi-

---

134 Delmont, *Le crime et l'école sans Dieu*.
135 *Revue Pénitentiaire*, 1897, p.400-6; cf. também o relatório de Louis Rivière, in: ibid., p.686-711.
136 Tarde, "La jeunesse criminelle", *Revue Pédagogique*, n.3, p.193-215, e Buisson, "La jeunesse criminelle et l'éducation", *Revue Pédagogique*, n.4, p.295-308.
137 *L'Éclair*, 13 out. 1907.

calização dos fenômenos sociais.[138] Seja qual for o horizonte dessas críticas, todas concordam que a influência do ler sobre o fazer é decisiva, *a fortiori* nas classes populares e na juventude, ambas consideradas um público frágil e vulnerável. Visto sob uma ótica instrumentalista, atribui-se uma enorme influência a todo relato, tanto capaz de minar os fundamentos da ordem social quanto de contribuir para a elevação do espírito público. Portanto, o que se espera dele é que trace nitidamente a linha de separação entre o bem e o mal, o vício e a virtude; toda transgressão da ordem simbólica, toda situação atípica ou moralmente "intolerável" que não seja denunciada como tal é percebida como um "crime escrito". Afirmando em 1903 que "a influência do folhetim sobre as visões e os sentimentos populares" é "capaz de criar essa coisa assustadora que é a mentalidade popular", Maurice Talmeyr enuncia uma verdade aceita quase unanimemente.[139]

Essa análise é reforçada sobretudo pelos numerosos trabalhos dedicados na época à questão da sugestão ou da imitação. Arrimando-se nas teorias de Espinas, que mostrou a natureza contagiosa das emoções, e nas de Charcot, cujas conferências sobre o hipnotismo atraíram, na década de 1880, toda a *intelligentsia* parisiense à Salpêtrière, autores prestigiosos caracterizaram o fenômeno e explicaram seus mecanismos. Fouillée desenvolve a noção de "ideia-força" e Tarde, adepto da escola de Nancy, decodifica *As leis da imitação*.[140] Sobretudo para Tarde,

---

138 Cf. Nye, *Crime, Madness and Politics in Modern France*.
139 Talmeyr, "Le roman-feuilleton et l'esprit populaire", *Revue des Deux Mondes*, set. 1903, p.203-27.
140 Fouillée, *L'évolutionnisme des idées-forces*; *Psychologie des idées-forces*; Tarde, *Les lois de l'imitation*.

sugestão, imitação recíproca e "similitude social" constituem os principais mecanismos da fusão do homem na coletividade, senão os próprios fundamentos de toda relação social: "A sociedade é imitação, e a imitação é uma espécie de sonambulismo".[141]

Vulgarizadas, difundidas pelos trabalhos de Le Bon e pela expansão da psicologia social, essas ideias estão em voga.[142] "O cérebro é uma placa sensível que registra e conserva indefinidamente as sensações recebidas, as imagens percebidas, fortes ou fracas, conscientes ou inconscientes", explica um redator da *Romans-Revue*.[143] Como a criança, que vive de imaginação, poderia resistir à sugestão criminosa? "Ela contempla a cena sensacional que se grava em sua memória, fica presente em seus olhos, torna-se uma obsessão, uma sugestão que se impõe ao seu espírito frágil e a arrasta para o crime [...]", explica na Câmara o deputado socialista Doizy.[144] Durante trinta anos, médicos e criminalistas examinam todos os ângulos da questão. Em 1887, Paul Aubry reúne seus argumentos em *La contagion du meurtre* [O contágio do homicídio] e conclui que os relatos de crimes devem ser proibidos. Dois anos depois, Moreau de Tours retoma e completa a análise.[145] Dali por diante, há uma verdadeira explosão, uma espécie de exercício obrigatório para quem se interessa pelas questões criminais, e as obras ou artigos dedicados ao tema são publicados às dezenas. A questão

---

141 Tarde, *Les lois de l'imitation*, p.77.
142 Barrows, *Miroirs déformants*, especialmente p.103-43.
143 *Romans-Revue*, 1908, p.512.
144 *Journal Officiel de la République Française*, Chambre, Débats, 18 nov. 1910, p.2868.
145 Aubry, *La contagion du meurtre*; Moreau de Tours, *De la contagion du meurtre et de sa prophylaxie*.

provoca alguns calafrios: e se um criminoso vier a usar um inocente para cometer um crime em seu lugar?, pergunta a Sociedade de Medicina Legal em 1913.[146]

Se há um ponto em comum nesses diversos relatos, decerto é o olhar de hostilidade e desaprovação das elites. A ênfase nos conteúdos e a avaliação estritamente moral que resulta disso explicam em parte o caráter consensual dessas apreciações. As perspectivas se invertem nos anos seguintes, sobretudo por efeito da crítica marxista: de instrumentos de subversão social, criminógenos e perniciosos, os relatos se transformam em agentes do conservadorismo e da "alienação" popular. Nessa contradição aparente, vemos sobretudo as limitações desses julgamentos, que ignoram os contextos e as modalidades de leitura. Todavia, publicistas mais práticos percebem todo o interesse que esses relatos podem ter. Fino conhecedor do exército do crime, Félix Platel escreve em 1890:

> Sim, façamos a reportagem criminal aumentar em vez de diminuir! Ampliemos a perseguição generalizada ao prêmio oferecido a todo caçador que encontrar pistas do homem selvagem. Temos de nos defender. Não nos deixemos assassinar. Não podemos permitir que cães de diferentes raças se mordam perante os lobos na questão do crime e em outras questões sociais![147]

Obviamente, o apelo foi atendido.

---
146 Cabanes, "La suggestion jusqu'au crime?", *Le Petit Parisien*, 20 dez. 1913.
147 Platel, op. cit., p.61.

Capítulo 10
Inseguranças

"É muito natural que, depois de certo tempo, obcecado pelo relato dramatizado de crimes cometidos em Paris ou numa grande cidade, ou mesmo no campo, é muito natural que ele [o camponês] acabe por sentir sua segurança ameaçada", avalia em 1908 Aristide Briand, ministro da Justiça.[1] Não é diferente o sentimento de Jaurès quando explica em 1910 que é "porque os jornais propagaram minúcias de todos os crimes com cartazes sensacionalistas e sangrentos ou manchetes que impressionam todos os olhares" que o número de crimes "parece desmesuradamente grande".[2]

Para outros, em compensação, a profusão de relatos apenas traduz uma situação que se tornou intolerável: "É preciso ser cego para não se dar conta da recrudescência do crime ao ler os diários, que apresentam correntemente relatos de assassinatos, parricídios, infanticídios, homicídios, agressões e brigas,

---

[1] *Journal Officiel de la République Française*, Chambres, Débats, 11 nov. 1908, p.2215.
[2] Ibid., 24 mar. 1910, p.1600.

dramas e envenenamentos misteriosos", observa um jurista,[3] e Georges Berry faz eco a suas palavras ao declarar na Câmara em 1911: "Basta percorrer os jornais para saber de fonte segura e ver que, cotidianamente, os crimes estão aumentando de um modo assustador".[4] Os próprios relatos, cujas formas passam por uma inflexão, são cada vez mais rodeados de afirmações periféricas, originando uma retórica securitária cuja temática e argumentação vêm se ordenando pouco a pouco. Denunciam de roldão o insuportável crescimento do crime e da delinquência, a insegurança crescente das pessoas e dos bens, a incompetência das autoridades. Seja qual for a articulação com o real que lhes é atribuída, os relatos de crimes se projetam no âmago de um verdadeiro "mal-estar da segurança pública".[5]

O "mal-estar da segurança pública"

"A insegurança está na moda, é um fato", escreve um repórter em 1907.[6] No entanto, crime e delinquência não são preocupações novas na virada do século, muito pelo contrário; os primeiros anos da Restauração, a Monarquia de Julho e o período de 1881-1885, para nos restringirmos ao século XIX, registraram surtos intensos de preocupação. Mas é apenas no início do século, sob a convergência inédita de uma imprensa de massa e de uma democracia parlamentar, que a questão

---

3 Laurent, *Le fouet contre le crime*, p.8.
4 *Journal Officiel de la République Française*, Chambre, Débats, 11 jul. 1911, p.2767.
5 *Revue Pénitentiaire*, 1903, p.280.
6 *La Petite République*, 27 set. 1907.

realmente se complica. Concentrando o sentimento de insegurança, ainda que altamente multiforme, o crime e a delinquência são apontados como um dos maiores riscos da capital e alimentam discursos obsessivos que atingem o paroxismo nos anos do imediato pré-guerra.

1894: o perigo derrotado?

"Nós garantimos a segurança pública" (*aplausos entusiasmados*), proclama na Câmara o presidente do Conselho, Charles Dupuy, depois da votação da última das "leis celeradas" em julho de 1894.[7] A onda de atentados anarquistas causou profunda preocupação no país. Visto como "o Crime",[8] e afetando toda a nação através de seu representante mais ilustre – enquanto o assassino, jovem, estrangeiro e anarquista, é triplamente rechaçado do país legal –, o assassinato de Sadi Carnot marcou o paroxismo do ataque anarquista. Unanimemente condenado, o gesto de Caserio provocou comoção e indignação, sublinham um dia depois do crime chefes de polícia e delegados especiais.[9] Votadas com urgência, acompanhadas de reforço substancial do aparato policial, as leis de 1893-1894 puseram fim aos atentados e ao estado crítico da opinião pública. Apesar de propensa a denunciar o perigo anarquista, a imprensa popular baixou a guarda e a tensão diminuiu no fim de 1894.

Não obstante, os atentados marcaram uma etapa decisiva. Além da cenografia alarmista que inspiraram nos jornais, acres-

---

7 *Journal Officiel de la République Française*, Chambre, Débats, 27 jul. 1894, p.1629.
8 *Le Peuple Français*, 25 jun. 1894.
9 Archives Nationales, F7 12511.

centaram ao tema da ordem pública o corolário da segurança dos cidadãos.[10] "Nós que aqui nos reunimos temos responsabilidade por almas; devemos garantir a segurança pública", declarou na Câmara o jurista Leveillé.[11] Ameaçado por essa primeira ofensiva do exército do crime, o país conseguiu se mobilizar e promulgar leis de defesa e "segurança social".[12]

Uma vez derrotada a anarquia, a questão tende a se tornar menos pregnante à medida que os números sucessivos do *Compte général* apresentam uma constatação otimista: queda dos homicídios e, sobretudo, diminuição da reincidência como efeito benéfico da Lei de Sursis (1891). Em janeiro de 1895, por mais que o deputado Henry Boucher, do Vosges, denuncie o aumento da impunidade e essa "doença nacional" que é a reincidência,[13] nem os jornais populares, cujas colunas continuam repletas de crimes abomináveis, nem as autoridades consideram que a segurança esteja verdadeiramente ameaçada. Em abril de 1896, *Le Temps* registra "o fato da diminuição da criminalidade e da tranquilidade das nossas ruas". Um ano depois, *Le Petit Parisien* comemora "o crime em declínio".[14] Somente a Argélia, considerada vítima do banditismo cabila e da pirataria agrícola, continua sendo motivo de preocupação. Mas a questão incomoda menos, como se esses roubos e assassi-

---

10 Cf. Lequin et al., *L'assassinat du président Sadi Carnot et le procès de Ieronimo Caserio*.
11 *Journal Officiel de la République Française*, Chambre, Débats, 19 maio 1894, p.812.
12 Garraud, *L'anarchie et la répression*.
13 *Journal Officiel de la République Française*, Chambre, Débats, 1895, p.49-60 e p.80-5.
14 *Le Temps*, 18 abr. 1896; *Le Petit Parisien*, 9 nov. 1897.

natos cometidos longe da metrópole fossem normais. Salvo um ou outro entrefilete, e aquelas gravuras pitorescas de que tanto gostam os suplementos ilustrados, a "opinião" praticamente não se arrebata por um tema que ficou por conta dos profissionais da manutenção da ordem e das questões penais.[15]

É das profundezas da França rural, portanto, que o medo ressurge bruscamente. Descobertos em outubro de 1897, os crimes de Vacher, "o estripador do Sudeste", ressuscitam a questão "da vagabundagem e da mendicância". Evidentemente, essa "praga social" difusa e recorrente nunca deixou de atormentar a população rural. Em Paris, Georges Berry é ativíssimo porta-voz desses indivíduos. Em 1895, além do recenseamento do mês de março, o Ministério do Interior institui uma comissão extraparlamentar e lança com os conselhos gerais uma enquete nacional cujos resultados suscitam numerosos comentários.[16] Apoiando-se nesses relatórios, o padre Lemire solicita ao governo que tome as medidas necessárias para livrar o campo daqueles indivíduos maldosos: "O serviço de segurança pública é o mais importante de todos os que dependem do Ministério do Interior", declara na Câmara.[17]

Mas ainda falta o esclarecimento duro e a efervescência ruidosa da imprensa popular para que a questão alcance ao grau

---

15 Flandin, "La sécurité em Algérie et le budget", *Revue Politique et Parlementaire*, p.223-41; Paoli, "La sécurité en Algérie", *La France Judiciaire*, p. 333-52; Larcher, "La sécurité en Algérie", *Revue Pénitentiaire*, p.995-1027 e p.1194-224.
16 Reunidos por Crisenoy, *Annales des assemblées départamentales*.
17 *Journal Officiel de la République Française*, Chambre, Débats, 21 nov. 1896, p.1656-7.

de prioridade política e social. A enorme repercussão do caso Vacher traz o tema de volta à ordem do dia. Em novembro de 1897, constitui-se uma segunda comissão extraparlamentar, presidida pelo senador De Marcère, encarregada de analisar o problema conjunto da vagabundagem e da polícia rural.[18] Enquanto os chefes de polícia e os conselhos gerais intensificam as ações, e as intervenções se multiplicam na Câmara, médicos, juristas e criminalistas dedicam uma imensa bibliografia ao assunto.[19] A questão passa a ser decisiva, ao menos no plano local: "Durante o último período eleitoral, vários candidatos abriram espaço para essas preocupações em suas declarações e profissões de fé", observa um cronista da *Revue Pénitentiaire* em 1899.[20] Instalada à frente de um palco que ela só deixaria em julho de 1912, um dia após a votação da lei sobre a circulação de nômades, a questão alimenta uma preocupação difusa que ressurge periodicamente e constitui um substrato propício aos excessos securitários. Entretanto, sozinha ela não tem como deflagrar um movimento de opinião pública. Ainda que a França da virada do século continue um país rural, nada de decisivo acontece sem afetar ao mesmo tempo a periferia das cidades.

1900, novos perigos

Em dezembro de 1900, as grandes batidas realizadas pela Chefatura de Polícia em Paris ressuscitam a questão da delinquência urbana e ocasionam as primeiras grandes campanhas

---
18 *Revue Pénitentiaire*, 1898, p.498-506.
19 Vaux de Fletier, op. cit., *passim*; Beaune, op. cit., p.391-6.
20 *Revue Pénitentiaire*, 1899, p.572.

da imprensa a favor da "segurança pública". Embora furtos, assaltos noturnos e roubos sejam comuns, eles passam de repente a se beneficiar de tratamento especial. O encerramento da Exposição Universal deixou nas ruas parisienses um contingente de 2 mil indivíduos sem eira nem beira. "Aterrorizados pelas quadrilhas de bandidos e cafetões que atacam até nos bondes, sob os olhos de policiais impotentes, [os parisienses] não se atreviam mais a sair de casa após o anoitecer." Sentindo-se ameaçados, os habitantes de Belleville e Ménilmontant fazem petições e ameaçam organizar eles mesmos uma polícia contra os vagabundos.[21] Consequentemente, a "insegurança" e a "limpeza de Paris" passam a ser o tema da moda e instalam-se definitivamente na primeira página dos jornais.

Paris não é a única cidade onde é visível o retorno do medo. Em Nantes, no verão de 1901, o procurador estima que as ameaças à segurança pública (assaltos noturnos, prostituição, vagabundagem) são intoleráveis e exige medidas radicais, sobretudo proibições de permanência contra a "turba de malfeitores".[22] Na imprensa local, a "segurança na rua" é o tema cotidiano. Mesmo julgando exagerado o alarmismo dos jornais, o Conselho Municipal considera a situação preocupante e multiplica as batidas policiais. Em Rouen, a constatação não é diferente.[23] Em Marselha, a questão se coloca em termos ainda mais incisivos. "Falta absoluta de segurança nas vias públicas, Marselha dos 'degoladores', dirão alguns, sem medo de exagero", assinala em agosto de 1900 o procu-

---

21 *Le Journal*, 14 dez. 1900; 17 dez. 1900.
22 Archives Nationales, BB18 2198.
23 *Le Journal de Rouen*, 24 dez. 1900; Archives Nationales, BB18 2582.

rador-geral de Aix-en-Provence num relatório alarmante que enfatiza "a incapacidade da polícia de Marselha de garantir a segurança desta grande cidade".[24] E a imprensa regional, liderada pelo *Petit Provençal* e pelo *Petit Marseillais*, partilham o mesmo sentimento. É verdade que nesse caso a questão é acompanhada do virulento debate entre partidários e adversários da estatização da polícia.

A partir de 1902, a identificação do inimigo na fisionomia do apache permite que o discurso se estenda . Ele se reforça com críticas que, vindas de uma polícia disposta a acertar contas com a instituição judiciária, de criminalistas hostis às teorias da defesa social ou de publicistas contrários ao governo radical, culpam o liberalismo excessivo de uma justiça acusada de cometer "delito de humanitarismo". Apoiada por personalidades influentes como Henry Joly, e reproduzida por órgãos prestigiosos como *Le Temps*, a denúncia de uma "crise da repressão" se converte numa arenga obcecante: a indulgência dos tribunais, o "enervamento" das penas e a "fraqueza social" são diretamente responsáveis pelo aumento da criminalidade.[25]

"Absolvições demais! Arquivamentos demais! Indulgência demais na repressão! As pessoas honestas exigem ser protegidas contra os malfeitores! [...] Esse movimento de reação deveria fatalmente acontecer: quando surge a questão da segurança, os sistemas filosóficos falham", observa em 1902 um cronista

---

24 Archives Nationales, BB18 2363/2.
25 Joly, "Le krach de la répression", *Le Correspondant*, 25 fev. 1896, p.733-49; "L'accroissement de la criminalité et la diminution de la répression", *Le Correspondant*, 10 abr. 1902; "Assistance et répression", *Revue des Deux Mondes*, 1º set. 1905, p.117-51.

A tinta e o sangue

da *Revue Pénitentiaire*, enquanto *L'Éclair* deplora o afrouxamento da repressão "contra os inimigos da segurança pública". Em toda parte, vozes condenam a "corrente de simpatia pelos condenados".[26] Lançada em dezembro de 1902 por iniciativa do conselho geral de Vannes, uma petição denunciando a brandura dos tribunais e exigindo a aplicação rigorosa do banimento circula por todos os conselhos gerais, e sobretudo na periferia parisiense.[27] A identificação de Paul Magnaud (cuja simpatia pelos socialistas é notória) com a figura do magistrado "culpado" também politiza o debate.

A publicação em 1903 de um volume otimista do *Compte général* (anos 1880-1900) não consegue derrubar o movimento, e a ideia do rápido crescimento da criminalidade só faz progredir. A leitura do cômputo, cujos números são comentados em toda parte, parece funcionar em sentido único. Jornalistas e criminalistas redobram os esforços para detectar as armadilhas das estatísticas quando estas indicam diminuição da criminalidade – diminuição do rendimento policial, correcionalização, indulgência dos jurados e dos juízes –, como é o caso até 1905, mas ainda aceitam como evidente toda e qualquer constatação alarmista.

Por exemplo, em 1903, Tarde, que nunca foi suspeito de desconhecer o funcionamento do sistema, contesta a queda registrada pelo *Compte général* a partir de um pressuposto inicial que orienta toda a sua leitura: "Seria extraordinário que, à medida que a nossa época se desmoraliza momentaneamente em consequência de uma transformação crítica da moral, ela também

---

26 *Revue Pénitentiaire*, 1902, p.886; *L'Éclair*, 4 maio 1902; Lemaistre, *Criminalité-répression*, p.18.
27 Archives Nationales, BB18 2208, 2238 e 2265.

se descriminalizasse".[28] Notando a diminuição do número de prisões no Sena, acrescenta: "Seria um alívio para nós se esses números traduzissem fielmente o estado da segurança parisiense; mas, como somos esclarecidos sobre o tema, cabe-nos lamentar, ao contrário, que a progressão do número de prisões não tenha continuado". E, se concorda com a queda de homicídios, é para enfatizar imediatamente o aumento do número de impunes e casos arquivados sem processo. De fato, parece que ensinamentos da "criminalidade imaginária" vêm sistematicamente corrigir os da "criminalidade legal".

Em Marselha, a multiplicação de petições, manifestações ou queixas por uma maior "repressão dos crimes" acaba causando preocupação. No dia 28 de junho de 1902, o Ministério da Justiça pede ao procurador um novo relatório sobre os "delitos cometidos diariamente pelos *nervis* de Marselha". Reitera a constatação sobre "o estado de insegurança da cidade" e salienta outro perigo: qual seria a atitude da "população turbulenta, sedenta de desordem", caso houvesse perturbações sociais graves (as greves crescem em número, sobretudo as dos estivadores, fortemente sindicalizados)? Pior ainda: o que aconteceria se um dia o município caísse "nas mãos de um prefeito que não compartilha a visão do governo no tocante à ordem pública"? Um socialista no comando de Marselha, usando estivadores e *nervis* para demolir a ordem burguesa, é um cenário um tanto forçado, mas tem ao menos o mérito de mostrar claramente o que está em jogo no debate. Até a Lei de Estatização de 1908, a insegurança de Marselha continua sendo um tema mobilizador.

---

28 Tarde, "La criminalité en France dans les vingt dernières années", *Revue Pénitentiaire*, 1903, p.158-78.

Em Paris, alimentada pelo conflito entre Chefatura de Polícia e Conselho Municipal, a questão da insegurança permanece bem presente.[29] Em junho de 1904, uma petição é apresentada à Câmara para que as penas dos malfeitores sejam mais severas.[30] Em maio de 1905, os habitantes de Colombes protestam contra os vagabundos; em agosto e outubro, os comerciantes dos grandes bulevares pedem que as batidas policiais sejam mais frequentes.[31] Contudo, os jornais, cujas colunas continuam divulgando as proezas dos delinquentes, persistem nas fórmulas rituais e estabelecidas, uma espécie de imperativo da representação ao qual falta impacto, uma vez que as estatísticas, embora contestadas, exibem um "otimismo oficial". Em 1905, apesar da preocupação às vezes real em certas localidades, a "insegurança de Paris" parece mais lugar-comum do que manifestação de um mal-estar autêntico: "Tornou-se um clichê que os repórteres de *faits divers* têm empregado quase diariamente nos últimos tempos", observa Raymond Vilette no *Gaulois*.[32]

1907: o grande climatério

Dois anos depois, embora ainda veja a questão da insegurança como "a velha lenga-lenga", o mesmo cronista acrescenta:

---

29 Os conselheiros municipais L. Achille e E. Massard fizeram da "segurança pública" um de seus ângulos de ataque contra a Chefatura de Polícia (*Revue Pénitentiaire*, 1905, p.167-70). Cf. também Morel, "La sécurité publique à Paris", in: *La police à Paris*, p.241-75.
30 *Journal Officiel de la République Française*, 24 jun. 1904, p. 1647.
31 *Le Matin*, 13 maio 1905; *L'Intransigeant*, 5 ago. 1905; *Le Soleil*, 26 out. 1905.
32 *Le Gaulois*, 13 maio 1905.

E, no entanto, basta ler com alguma assiduidade a seção dos *faits divers* para notar a atualidade sempre entristecedora desse título. Não passa um dia, de fato, em que bandidos noturnos e ladrões [...] não operem com uma audácia desconcertante e um cinismo assustador, agredindo os transeuntes tardios à noite, manejando revólver ou faca.[33]

A partir de 1905, dois elementos vêm alterar os dados do problema. Após um longo período de queda, as estatísticas criminais apresentam oscilações mais preocupantes, essencialmente concernentes aos assassinatos e às agressões com lesões corporais. Publicado em 1906, o *Compte général* de 1904 registra aumento dos homicídios e, sobretudo, dos crimes impunes: é "um índice gravíssimo do ponto de vista da segurança pública". No ano seguinte, a publicação do *Compte rendu* de 1905 (retrospectiva de 1901-1905) confirma a "recrudescência alarmante dos crimes de sangue". Embora o número de crimes desse tipo tenha diminuído regularmente desde o início da década de 1880, ficando abaixo de 400, ele volta a subir pouco a pouco a partir de 1903 (458 em 1906, 471 em 1907), culminando em 568 em 1912. E o número dos crimes impunes segue uma curva proporcional. Dali por diante, a denúncia de insegurança poderia se fundamentar num suporte estatístico inequívoco.

Mas o fato determinante é de ordem política. Em novembro de 1906, respeitando os compromissos de Sarrien, o gabinete de Clemenceau apresenta um projeto de lei sobre a supressão da

---

33 Ibid., 3 jan. 1907.

pena de morte e sua substituição pela prisão perpétua.[34] A iniciativa desencadeia reações violentas. "Fala-se nisso em toda a parte", indica um jornalista, "na rua, nas fábricas, nos vagões dos trens."[35] Outrora pitorescos, os discursos sobre o crime tendem a se exacerbar e a se politizar. Aos ataques contra Clemenceau acrescentam-se outros contra o presidente Fallières, que indulta sistematicamente desde sua eleição, em janeiro de 1906.

Associado a um clima social tenso (a revolta dos viticultores do Sul), a exposição brutal que os jornais fazem do estado da criminalidade projeta o país num verdadeiro apocalipse. "Paris tem a reputação de ser um lugar perigoso e os estrangeiros declaram a quem quiser ouvir que no futuro não voltarão a pôr os pés aqui", conta um repórter. É "O terror em Marselha", diz a manchete do *Petit Marseillais* depois de uma sucessão de *faits divers* sangrentos. "Marselha se apavora. A segunda cidade da França oferece neste momento um espetáculo de exaltação e furor sem precedentes", exagera Maxime Vuillaume no *Aurore*.[36]

A julgar pelo que dizem os jornais, todas as cidades do país estão nas mãos do banditismo: Cherburg é aterrorizada pelos "*marsouins* apaches";[37] Nantes, Bordeaux e Toulouse são vítimas das atrocidades cometidas por vagabundos e marginais. "A questão da segurança começa a ser uma preocupação para

---

34 Cf. Frajberg, *La Peine de mort*.
35 *Le Journal des Débats*, 15 set. 1907.
36 *L'Aurore*, 1º set. 1908; *Le Petit Marseillais*, 6 set. 1907; *L'Aurore*, 9 set. 1907.
37 Os soldados de infantaria da Marinha francesa são conhecidos como *marsouins* (marsuínos ou tonhinhas), porque acampanham as embarcações, mas não fazem parte da tripulação. (N. T.)

a população de todas as nossas grandes cidades", comenta *Le Petit Journal* à sua maneira sempre um pouco ingênua.[38] O medo também invade o campo, onde a ação de várias quadrilhas organizadas se acrescenta ao mal recorrente da vagabundagem: Abel Pollet e os bandidos de Hazebrouck, a caravana de Pépère, os "fogueiros" do Drôme, os saqueadores de igrejas da quadrilha de Thomas em Haute-Vienne.

Com discursos de extrema violência, todos os jornais fazem a mesma constatação: refém de um exército do crime que a coloca a ferro e fogo, a França se transformou no "país dos apaches".[39] E, para completar o afresco trágico, o crime de Soleillant em fevereiro de 1907 – o estupro e o assassinato de uma menina de onze anos –, seguido do indulto "revoltante" do qual se beneficia em setembro, causa indignação geral em pais e mães de família.

Sem dúvida, esse quadro alarmista é, antes de mais nada, o de uma imprensa popular interessada em explorar uns poucos casos espetaculares. Arrastando em sua esteira a maioria dos títulos da imprensa nacional, as enérgicas campanhas do *Matin* (fevereiro e outubro de 1907) e do *Petit Parisien* (outubro) dinamizam o movimento e vulgarizam o tema: "maré" de delinquência, incompetência da polícia, indulgência dos tribunais, responsabilidade do presidente Fallières. Mas os jornais não são os únicos a manter a efervescência. Geralmente favoráveis à pena capital, juristas, criminalistas e "empreendedores morais" multiplicam artigos e publicações. Oriundas de conselhos municipais ou gerais, sindicatos de agricultores, comerciantes ou

---

38 *Le Petit Journal*, 29 set. 1907.
39 *Le Petit Journal*, Supplément Illustré, 22 set. 1907.

particulares, queixas e petições chegam aos tribunais. Os votos dos jurados favoráveis à pena de morte são tão numerosos que o ministro da Justiça decide, em outubro de 1907, proibir sua transferência para o Ministério.[40] Em Marselha, onde o assassinato de um comerciante pelo apache Anfriani provoca manifestações e "luto local", a Câmara de Comércio, a Associação dos Sindicatos Patronais, a Sociedade de Defesa do Comércio e da Indústria e o Sindicato dos Proprietários se mobilizam.[41]

O movimento toma tal magnitude que, em setembro de 1907, o ministro da Justiça decide abrir sindicância em certos tribunais de apelação (Aix, Paris) e na Chefatura de Polícia:

> Creio que devo chamar sua atenção para as queixas, às quais a imprensa faz eco, motivadas pela suposta insegurança na cidade e na periferia. Alegam que certos bairros, tanto durante o dia quanto, e principalmente, à noite, seriam invadidos por bandidos, malfeitores de todas as espécies (designados na linguagem corrente pelo nome de apaches), proxenetas e mulheres públicas, suas cúmplices.[42]

Embora contrastantes, e destacando a excessiva dramatização da imprensa, as repostas admitem ainda assim a existência de situações alarmantes.

Enquanto se intensifica o debate sobre o direito de acusação das associações e dos particulares,[43] vê-se a constituição de grupos de pressão: protestos públicos e populares que em

---

40 Archives Nationales, BB18 2363/2; *Le Temps*, 30 out. 1907.
41 Archives Nationales, BB18 2363/2.
42 Id.
43 Cf. Nourrisson, *L'association contre le crime*.

1907 difundem um "Apelo supremo às mães de família" a favor da pena de morte, a Liga de Proteção Social e, sobretudo, a Liga da Segurança Pública, fundada pelo conselheiro de Estado Henri Vel-Durand e cujo programa securitário tem a ambição momentânea de federar as diversas iniciativas nessa matéria.[44] Em 1910, o ex-prefeito de Reims Henri Henrot planeja a criação de uma Liga Anticriminosa Nacional.[45] Alguns publicistas recomendam que as pessoas se armem, criem corpos de voluntários, sindicatos de defesa social e até mesmo uma confederação geral da ordem pública.[46] Em rápida expansão, a polícia privada e as sociedades de vigilância investem no próspero mercado de segurança particular. O desenvolvimento é rápido em Paris, onde há tempos a questão agita o Conselho Municipal.[47] A partir de 1907, surgem numerosas empresas que, em troca de uma mensalidade, fornecem patrulhas noturnas para proteger lojas ou imóveis (Vigilantes Parisienses, Guardas Noturnos, União Geral para a Proteção e a Defesa dos Indivíduos e da Propriedade, Vigias do Sena, Detetives Parisienses, Vigias Parisienses).[48] O movimento migra para a província, sobretudo Lille e Nice.[49]

A questão também é apresentada na Câmara. Em 27 de fevereiro de 1907, Henri Cochin e Georges Berry interpelam

---

44 *Le Journal des Débats*, 15 set. 1907; *Revue Pénitentiaire*, 1909, p.282-4.
45 "De la necessité de créer une ligue anticriminelle nationale et des congrès internationaux", in: *XXXIXe Congrès de l'Association Française pour l'Avancement des Sciences*, p.69.
46 Vital-Mareille, op. cit., p.245-6.
47 Berlière, op. cit., p.717.
48 *Le Gaulois*, 3 jan. 1907; *La Gazette des Tribunaux*, 16-17 jan. 1911.
49 *Revue Pénitentiaire*, 1909, p. 769; *Le Matin*, 21 jun. 1909.

o governo, o primeiro acerca das quadrilhas rurais, o segundo a respeito dos apaches. Em outubro, o deputado Fernand David, da Alta Saboia, que pede esclarecimentos "sobre as medidas que o senhor presidente do Conselho, ministro do Interior, pretende tomar para garantir a segurança no campo e pôr fim às incursões dos bandos de ciganos que infestam nossa terra".[50] Os parisienses se embarricaram, declara o deputado Raoul Perret, não se atrevem a tomar o trem, vivem sob o pesadelo da agressão.[51] Em junho de 1908, Georges Berry, defensor da causa popular, multiplica os discursos sobre a "segurança pública" com o objetivo de acelerar o debate que o governo se esforça para postergar.[52] Com momentos de maior ou menor polarização, a efervescência dura até dezembro de 1908, quando os deputados rejeitam a proposta de abolição da pena de morte.

1912, os perigos enfeixados

Apesar do "restabelecimento" da pena capital e das medidas policiais tomadas pelo gabinete de Clemenceau em 1908 – a criação das brigadas móveis, a estatização da polícia marselhesa –, a questão da "insegurança" não se apazigua. Para a imprensa popular, trata-se de um tema fecundo, que lhe permite multiplicar os *faits divers* e ao mesmo tempo mostrar a utilidade

---

50 *Journal Officiel de la République Française*, Chambre, Débats, 28 fev. 1907, p.507-16; 29 out. 1907, p.1972-6.
51 "Protégeons-nous", *L'Aurore*, 1º set. 1908.
52 *Journal Officiel de la République Française*, Chambre, Débats, 12 jun. 1908, p.1176-7; 10 jul. 1908, p.1678-9.

pública do jornal. Alimentada por alguns casos espetaculares e pelo ligeiro aumento do número de assassinatos – que a retomada das execuções em janeiro de 1909 não consegue controlar –, a agitação persiste. Em janeiro de 1909, por exemplo, o crime de Colombes (o assassinato de um casal de rentistas) oferece aos jornais a oportunidade de fazer campanha contra a insegurança na periferia. O ano 1910 foi particularmente agitado. Depois do caso Gouïn, que ocasiona uma campanha contra "os apaches do Exército", as pilhagens cometidas durante as inundações e, sobretudo, a epidemia "liabouvista" (agressão contra policiais) que a execução de Liabeuf desencadeia no verão de 1910, o governo comunica que, após o recesso das câmaras, estudará um eventual reforço do aparato repressivo. A ideia inflama a imaginação da população e ressuscita a histeria antiapache. Em voga há alguns anos, apoiada por personalidades influentes como Lacassagne, a questão dos castigos físicos provoca debates acalorados.[53]

"Impressionados com a extrema juventude dos acusados", e induzidos pelo oficial reformado da Marinha Dunoyer de Segonzac, os jurados do Sena votam a favor da inclusão dos castigos físicos "nas leis para punir os atentados cometidos com violência contra a pessoa e a propriedade".[54] A ofensiva abre uma nova brecha contra o tal "humanismo judiciário" que "nos faz de otários".[55] Seguido por numerosos júris provinciais, o

---

53 Engelsted, "Des châtiments corporels", *Revue Pénitentiaire*, 1897, p.244-5; Lacassagne, *Peine de mort et criminalité*, p.143-5; *Le Temps*, 5 mar. 1906.
54 Archives Nationales, BB18 2363/2.
55 *Paris-Journal*, 10 jan. 1910.

voto do Sena inspira o ministro da Agricultura, Maurice Raynaud, que anuncia no fim de outubro sua intenção de apresentar uma proposição de lei nesse sentido, ou o deputado Eugène Réveillaud, que defende a ideia.[56] Advogado do Tribunal de Apelação de Lyon, e partidário fervoroso da medida, Hippolyte Laurent relança o debate em 1912.[57] Este persiste até a guerra: pena imediata – pode ser aplicada na sala de audiência e diante do auditório –, econômica e saudável, a chibata não é também um meio de revigorar um país esmorecido?

Nesse contexto, os crimes do "bando de Bonnot" marcam em 1912 uma espécie de paroxismo. Agindo em plena luz do dia e de automóvel, "fuzilando" transeuntes e assassinando policiais, Bonnot e seus cúmplices aparecem primeiro como "bandidos", um novo tipo de criminoso, muito mais perigosos que os tradicionais apaches, que parecem ignorar a marcha do século. Da rue Ordener à vila de Choisy, não se pode negar que está sendo escrita "uma página única nos anais do crime".[58] Acrescenta-se a isso o ressurgimento de temores esquecidos há quase vinte anos: o fato de esses malfeitores estarem em conluio com o anarquismo redobra o pavor por eles suscitado. Referidas com certa distinção por Alexandre Jacob, citadas com mais ferocidade por Liabeuf e seus defensores, as convergências entre o crime e o anarquismo encontram com Bonnot ou Callemin a fria confiança que, para muitos, explica a exacerbação do tema da segurança.

---

56 *Revue Pénitentiaire*, 1910, p.1069; *Journal Officiel de la République Française*, Chambre, Débats, 14 nov. 1910, p.2789.
57 Laurent, *Les Châtiments corporels*, assim como *Le Fouet contre le crime*.
58 *Le Petit Parisien*, 29 abr. 1912.

As campanhas organizadas pela imprensa, especialmente *Le Matin* e *Exelsior*, superam em intensidade tudo quanto se conhecia até então. Enquanto Lépine se desdobra em promessas ao Conselho Municipal, questões e interpelações se sucedem na Câmara: Georges Berry averigua as medidas que devem ser tomadas "para garantir a segurança dos cobradores de dívidas", e depois a "dos cidadãos"; Honoré Cornudet, as "medidas que o governo pretende tomar a fim de garantir a pessoa e a propriedade contra a audácia crescente dos malfeitores"; Joseph Desnais, as "medidas necessárias à garantia da segurança pública"; Franklin-Bouillon, "as medidas que finalmente garantam, a sério, a segurança pública em Paris e na periferia (*muito bem! muito bem!*)".[59]

Amplificada pela formidável caixa acústica que é a grande imprensa, a "segurança pública", que durante muito tempo esteve ausente dos programas políticos, está prestes a se tornar uma questão nacional. "Não deixem que suponham que vocês são indiferentes às questões de segurança pública. Seria um grande erro, porque se trata de uma questão eleitoral primordial", declara Honoré Cornudet, deputado progressista do departamento do Seine-et-Oise.[60] De fato, a questão estava sendo incubada havia alguns anos. Em 1882-1885, os debates sobre o degredo já haviam destacado sua importância: "O aumento da criminalidade tornou-se uma das alegações corren-

---

59 *Journal Officiel de la République Française*, Chambre, Débats, 1º fev. 1912, p.127; 7 mar. 1912, p.632; 4 mar. 1912, p.572; 5 mar. 1912, p.609; 25 mar. 1912, p.941. Todas essas intervenções foram reunidas no debate do dia 29 de março de 1912, p.1035-52.
60 Ibid., 20 mar. 1912, p.1040.

tes de toda oposição", explica em 1896 o advogado-geral Paul André. Em 1901, o almirante Rieunier acusa o governo de ser responsável pelo aumento do número de malfeitores e Lucien Millevoye, em 1906, culpa os "costumes republicanos".[61] Mas a enorme publicidade que os jornais oferecem aos movimentos de opinião dá uma intensidade e um significado novo ao fenômeno. Em 1912, o cronista judiciário da *Revue Pénitentiaire* escreve:

> A segurança social não parece assegurada e evidentemente o país se preocupa com isso. Se semelhante transtorno persistir por muito tempo – e nós estamos no mau caminho –, podemos afirmar com certeza que a França não suportará. [...] Nada cria mais animosidade contra um regime do que a insegurança pública. [...] Para o futuro da França, a questão da defesa social contra os malfeitores talvez seja, neste momento, muito mais importante do que a representação proporcional com ou sem aliança eleitoral.[62]

Se, com exceção dos socialistas, o argumento ainda transcende as divisões, sua progressiva estruturação tende a situá-lo no lado direito do tabuleiro político. Mesmo que os radicais, interessados em não deixar a oposição monopolizar a questão, tenham apelado para o tema da segurança a partir de 1908 (Réveillaud em novembro de 1910, Franklin-Bouillon

---

61 Schnapper, "La récidive, une obsession créatrice au XIXe siècle"; André, *Criminalité et civilisation*, p.10; *Journal Officiel de la République Française*, Débats, Chambre, 24 dez. 1910, p.2886; 18 jan. 1906, p.45.
62 *Revue Pénitentiaire*, 1912, p.711.

em março de 1912), a iniciativa volta no mais das vezes para o centro-direita, os progressistas e a Ação Liberal. Em 29 de março de 1912, os 51 signatários da resolução Cornudet sobre a segurança pública são majoritariamente do centro e da direita (União Republicana, progressistas, Ação Liberal, nacionalistas).[63] No centro de todos os debates, Georges Berry, deputado do Sena anti-Dreyfus e nacionalista, ligado ao progressismo e defensor do pequeno comércio e dos ex-combatentes, desenvolve uma atividade intensa para tornar a segurança pública uma questão nacional. Em 1910, em conjunto com Paul Beauregard, outro deputado progressista, propõe a constituição de um grupo parlamentar para refletir sobre os meios de refrear a criminalidade.[64]

Na primavera de 1912, o caso Bonnot deflagra a "crise da repressão", que vinha se insinuando havia muito tempo. Procurador-geral da região de Lyon, Guillaume Loubat sintetiza os argumentos em artigos que chamam a atenção.[65] Ainda que a conclusão seja clássica (o "sentimentalismo" da justiça provoca o aumento da criminalidade), a originalidade da análise de Loubat reside no desnudamento do "sistema" constituído, segundo ele, pelas leis penais da República: liberdade condicional, sursis, imputação da prisão preventiva, redução da maioridade penal etc. O recurso é simples: "Como a indulgência e a

---

63 *Journal Officiel de la République Française*, Chambre, Débats, 29 mar. 1912, p.1035-52.

64 *Le Matin*, 9 out. 1910.

65 Loubar, "La crise de la répression", *Revue Politique et Parlementaire*, p.434-56; "La crise de la répression", *Revue Pénitentiaire*, 1912, p.654-92.

brandura fracassaram, chegou a hora de experimentar a firmeza (*prolongados aplausos*)".[66]

Loubat procura sobretudo traduzir suas ideias em fatos, no interior da própria instituição judiciária. No dia 2 de maio, envia uma circular aos procuradores de sua jurisdição para pedir mais firmeza, o que é clássico, mas acrescenta que, dali por diante, não apresentará para promoções "nem para postos superiores magistrados que tiverem se destacado por falta de firmeza na repressão".[67] A iniciativa, que causa escândalo, vale uma reprimenda do ministro da Justiça, Briand. Mas a análise de Loubat continua fazendo sucesso. Altamente difundida pela imprensa, que defende as "ideias corajosas" do procurador lionês, é retomada pelo Ministério da Justiça, que em maio de 1912 decide iniciar uma investigação nos tribunais de apelação.[68] Embora contrastantes, a maioria das respostas realçam o excessivo relaxamento da justiça. Nesse domínio, como em outros, os anos anteriores à guerra são marcados por um nítido endurecimento da ordem moral e de suas exigências repressivas, motivado em parte pelas incertezas políticas e internacionais.

A reviravolta parece se delinear no dia seguinte à votação de dezembro de 1908, que afeta todo o sistema repressivo. Ao manter a pena de morte, os deputados não só põem um termo à ofensiva dos "humanitaristas", como também marcam o início de uma fase de reação generalizada. "Diante de uma segurança pública em perigo, não é mais hora de indulgência cega, e sim de resoluções enérgicas", recomenda Loubat, e o chefe

---

66 *Revue Pénitentiaire*, 1912, p.649.
67 Archives Nationales, BB18 2491.
68 *Le Temps*, 7 maio 1912; Archives Nationales, BB18 2491.

de polícia Lépine faz eco: "É hora de uma repressão enérgica, que proteja a sociedade e os que a defendem".[69] É um resumo bastante bom do consenso que, por convicção ou estratégia, começa a se concretizar. As concepções da defesa social se inclinam no sentido de uma maior penalização.[70] Apesar das disparidades doutrinárias, a maioria dos "criminalistas" franceses toma posição a favor de uma aplicação mais rigorosa das penas, com exceção dos menores de idade, para os quais todos preconizam medidas preventivas. A limitação das circunstâncias atenuantes e do sursis, a pena de morte e até mesmo os castigos físicos passam a ser vistos como indispensáveis ao arsenal da defesa social. As colônias penais e o degredo, cujo fiasco moral e econômico não deixa de ser apontado, também são aprovados em favor da "segurança pública" e da proteção da sociedade.[71] Do Ministério da Justiça emanam circulares convidando os promotores a bater mais forte nos reincidentes e, em Paris, o procurador-geral exige de seus substitutos uma "aplicação mais rigorosa da lei para os reincidentes incorrigíveis, que criam atualmente um perigo social com o qual temos toda razão de nos alarmar".[72]

A atividade legislativa é testemunho desse endurecimento. Em outubro de 1908, disposto a derrubar parte da argumen-

---

[69] Circular de 5 de outubro de 1910 (Archives Nationales, BB18 2491), apud Flandin, *Journal Officiel de la République Française*, Sénat, Débats, 26 nov. 1911, p.1685.

[70] Kalifa, "Concepts de défense sociale et analyses du fait délinquant au début du XXe siècle", in: Garnot (org.), *Ordre moral et délinquance de l'Antiquité à nos jours*, p.215-22.

[71] *Revue Pénitentiaire*, 1909, p.492-520; p.642-81; p.794-850.

[72] Circular de 11 de julho de 1910, apud *Revue Pénitentiaire*, 1910, p.1052; circular de 9 de fevereiro de 1910, ibid., p.288-9.

tação abolicionista, Georges Berry apresenta uma proposta segundo a qual "todo indivíduo que, sendo culpado de homicídio, for reconhecido como malfeitor profissional ou tiver matado pelo prazer de matar será qualificado como assassino e punido com pena de morte".[73] No mesmo registro, há a proposta "antiapache" de julho de 1911, resíduo dos debates sobre o comércio de armas, que amplia a definição de proxenetismo e endurece as penas por "vagabundagem especial" quando o rufião portar uma arma, "mesmo que não a tenha usado nem ameaçado usá-la".[74] A proposta é discriminatória, pois torna o proxeneta um indivíduo sobre o qual a lei se aplica com mais rigor. No dia 20 de agosto de 1912, uma circular do Ministério da Justiça recomenda aos tribunais que endureçam as penas por porte de arma proibida por "pessoas sem domicílio" e reincidentes. Modificado em novembro de 1912 pela comissão do Ministério da Justiça, que aumenta as penas incorridas, o projeto é apresentado somente em junho de 1914 e prontamente enterrado.[75]

Não obstante, duas outras leis são votadas nesse contexto. Modificando a Lei de Alistamento de março de 1905, a lei de 11 de abril de 1910 é apresentada como um "aparelho eliminatório", cuja finalidade é purgar o Exército dos "apaches que o infestam". Votada por todos os deputados, com exceção dos socialistas, essa "lei de depuração moral" pretende separar a juventude saudável da juventude mimada: reabilitação dos

---

73 *Journal Officiel de la République Française*, Chambre, Débats, 29 out. 1908, p.1965-6.
74 Ibid., 11 jul. 1911, p.2764-8; Documents, annexe n.906, p.279-80, para a exposição de motivos.
75 Ibid., 1912, annexe n.2293, p.101-2; Débats, 5 jun. 1914, p.2427.

Bat' d'Af e criação de "seções especiais" para soldados que sejam "um perigo para o valor moral da tropa da qual fazem parte".[76] Trata-se de uma boa tradução do novo conceito de "periculosidade". Já a lei de julho de 1912 sobre a "circulação de nômades" instaura um sistema discriminatório, de cunho amplamente xenofóbico e racista. "Me parece", diz o chefe da brigada móvel de Melun ao *Petit Parisien*, "que o legislador quer caçar o nômade para ele acabar desaparecendo. Acho que a aplicação dessa lei é o meio de fazê-lo."[77]

É difícil avaliar se o "mal-estar na segurança pública" que afeta o país nessa época monopoliza todas as atenções. Duas questões em especial permanecem sem resposta: a extensão "objetiva" dessa psicose tão complacentemente reportada e a da brutal recrudescência da criminalidade. Evidentemente, o fenômeno está ligado a temores reais. A multiplicação de queixas, petições, manifestações, atos de autodefesa, às vezes devidos à iniciativa de "empreendedores morais", também atestam sensibilidades exacerbadas ao risco criminal. Jules Renard evoca em seu diário o medo de encontrar um vagabundo, à noite, no bulevar.[78] Entretanto, extensas e profundas, apreensões reais teriam deixado mais rastros, sobretudo nos indicadores de opinião – delegados especiais, chefes de polícia, promotores – cujos relatórios são, no mais das vezes, muito discretos sobre essa questão. Válvula de escape, o tema da segurança pública serve sobretudo para alimentar os fantasmas de cada um. Diante de um crime, o republicano acusa a escola do padre;

---

76 Ibid., Débats, 24 mar. 1910, p.1590-602; 25 mar. 1910, p.1661-71; Documents, annexe n.3060, p.65-75.
77 *Le Petit Parisien*, 12 dez. 1913.
78 Renard, *Journal*, 8 fev. 1897.

o católico, a escola sem Deus; o antissemita, o judeu; e o ex-combatente, o prussiano, como comprovam as numerosas cartas mantidas nos arquivos judiciários.

A questão do aumento brutal da criminalidade também não é fácil de avaliar. Criada pelo Ministério da Justiça para os tribunais, a estatística informa muito mais sobre a atividade e o "rendimento" judiciários do que sobre o avanço da criminalidade.[79] Como observa Émile Garçon num debate tumultuado na Sociedade dos Presídios, o crescimento do número de casos (114 mil queixas, denúncias ou autuações em 1835, e 591 mil em 1913) procede sobretudo do avanço do "espírito de queixa" e do "espírito repressivo".[80] A propensão a levar à justiça casos que anteriormente nem chegavam perto dela, o aumento da eficiência ou do efetivo policial e, sobretudo, a diminuição dos níveis de tolerância podem provocar aumentos bruscos nas estatísticas, sem que os delitos correspondentes sejam mais numerosos. É caso das agressões físicas. Um fenômeno notável porque todo aumento, uma vez registrado, implica uma maior repressão que, por sua vez, alimenta a curva ascendente. A observação não vale para os crimes de sangue, cujo número se eleva de 1905 a 1912. Nas grandes cidades, onde o consumo de álcool cresce fortemente, o aumento da violência criminosa parecia inegável.

Temporário, limitado a assassinatos ligados em sua maioria à esfera privada, esta, porém, não basta para explicar a dimensão

---

79 Cf., sobre esse ponto, Perrot, "Délinquance et système pénitentiaire en France au XIXe siècle", *Annales ESC*, p.67-91; Robert, *Les comptes du crime*; Perrot e Robert, *Compte général de l'Administration de la Justice Criminelle* (1880).
80 *Revue Pénitentiaire*, 1903, p.280-7.

desse "mal-estar". A queda das taxas de mortalidade, o relativo aumento do nível de vida, o crescimento das medidas de proteção social, tudo convida a sociedade em processo acelerado de integração a exigir mais segurança. Reivindicação antiga, sem dúvida, que o século XVIII laicizou e, desde então, o Estado é convidado a assumir.[81] Menos opaco, marcado pela reorganização de suas sensibilidades, o corpo social aparece como mais sensível à violência criminosa, sentida como um atentado intolerável à intimidade pessoal na medida em que apresenta picos. A questão também é inseparável do forte sentimento de declínio nacional, uma espécie de ajuste da "neurose de fim de século"[82] ao novo contexto dos anos pré-guerra. Como o alcoolismo, o perigo venéreo ou o "declínio da raça", o crime e a delinquência, que afetam sobretudo os jovens, são percebidos como um horrível sinal de degenerescência, num momento em que as tensões sociais se exacerbam e as ameaças de guerra retornam. Mas a agitação e a mobilização que se vê na época devem muito às campanhas alarmistas orquestradas por uma imprensa sedenta de tiragem e "legitimidade", assim como às estratégias políticas que vêem nessa questão um tema fecundo e um ângulo de ataque inédito.

Fait divers e obsessão securitária

Polissêmica, a noção de insegurança remete a níveis de interpretação diferentes: a realidade objetiva (crime, delinquência);

---

[81] Ewald, *L'État-Providence*; Dourlens et al., *Conquête de la sécurité, gestion des risques*.
[82] A expressão é de Mayeur, *Les débuts de la III' République (1871-1898)*, p.159.

sua percepção individual ou coletiva (sentimento); as configurações discursivas que a sustentam; e, por fim, as práticas que a prolongam.[83] Formulando e ordenando temores difusos, o *fait divers* é evidentemente inadequado para constatarmos a insegurança real ou sentida, mas, em compensação, impõe-se como um dos principais artesãos e vetor essencial de uma retórica, ou mesmo de uma política da insegurança.

Medida da insegurança?

"Arrolei os assassinatos e tentativas de assassinato noticiados nos jornais desde o dia 1º de janeiro passado até hoje. Cheguei a 88 em 58 dias, o que corresponde a aproximadamente dois por dia", explica Georges Berry em 1907, antes de ler diante da Câmara alguns *faits divers* do *Matin*. O orador está familiarizado com essa prática. Em 1899, para mostrar ao plenário os delitos cometidos por nômades e vagabundos, citou longamente uma série de *faits divers* da época. Tais utilizações nada têm de excepcional. Em outubro de 1907, Fernand David lê excertos do *Journal* para apoiar sua interpelação; em 1910, Eugène Réveillaud cita *Le Siècle*.[84] Quanto aos diários, eles justificam o alarmismo de suas encenações retrucando com os relatos sanguinários que eles próprios publicam incansavelmente.

Espécie de versão oficiosa do *Compte général*, em contato direto com a "opinião pública", a crônica criminal tem em

---

83 Guillaume, "Les tyrannies de l'insecurité", *Temps Libre*, n.10, p.55. Cf. tambem Roché, *Le sentiment d'insécurité*.
84 *Journal Officiel de la République Française*, Chambre, Débats, 28 fev. 1907, p.509-10; 5 dez. 1899, p.2062; 29 out. 1907, p.1972; 14 out. 1910, p.2787.

mira noticiar a insegurança objetiva do país da qual é medida cotidiana. Uma medida "indiscutível", uma vez que enfatiza somente os delitos e os crimes que impactam efetivamente a "consciência pública" e não dá a mínima para as distinções sutis das estatísticas oficiais. "Que importância tem para o público se os crimes são chamados de morte ou assassinato?", pergunta um repórter do *Matin*. O que importa é "a frequência de facadas ou tiros [...] que ameaçam cada vez mais os pacíficos transeuntes".[85]

No entanto, essa ideia, que transforma a crônica em indicador do crime e de sua evolução, não resiste à análise. Editorial antes de mais nada, a lógica que rege a seleção e a publicação do *fait divers* só se preocupa muito secundariamente com as exigências do real. Seria evidentemente um exagero negar qualquer convergência entre a realidade dos fatos criminais e sua representação na imprensa. Salvo raras exceções, os casos noticiados podem ser exagerados ou deformados, mas nem por isso são menos reais. Todavia, apoiar-se na quantificação dos relatos publicados pela imprensa para mostrar o ritmo da criminalidade conduz necessariamente ao contrassenso. O exame da curva de homicídios – cuja definição legal ou social quase não evolui e cujo essencial é submetido à justiça – permite avaliar quanto a contagem da imprensa é inadequada para medir a evolução da criminalidade.

No *Petit Parisien*, por exemplo, o relato de homicídios tem um crescimento lento, mas contínuo, passando de cerca de quatro por dia em 1894 para cerca de seis às vésperas da guerra. Ora, as oscilações das estatísticas – casos julgados e casos aban-

---

85 *Le Matin*, 3 maio 1907.

donados – mostram que o número de homicídios na França permanece estacionário até 1903, raramente ultrapassando os mil, sofre um forte aumento a partir de 1904 (1.172 em 1904, 1.313 em 1905, 1.276 em 1906 e 1.436 em 1907)[86] e estabiliza-se em 1911-1912. A tendência é análoga no departamento do Sena, ao qual um diário como *Le Petit Parisien* é naturalmente mais atento. Paradoxalmente, essa forte autonomia de representação leva os jornais a não notar a recrudescência relativa dos crimes de sangue. O discurso, sem dúvida, torna-se mais preocupado, mas o número de relatos continua aumentando em ritmo normal.

Ainda que a curva ascendente dos relatos de crimes publicados na imprensa às vezes coincida com a do movimento ascendente das estatísticas, ela obedece em primeiro lugar a um imperativo interno, de ordem jornalística. Feita em geral por contemporâneos, essa constatação leva certos observadores a contestar a própria ideia de uma alta da criminalidade. Essa é, como vimos, a opinião de Jaurès e da maior parte dos socialistas. "Precisamos mostrar ao país que ele é amedrontado artificialmente", declara Marcel Sembat ao comentar o papel dos jornais durante os debates sobre a pena de morte.[87] Essa também é a opinião de muitos juristas que, como Émile Garçon, veem o aumento da criminalidade como um "preconceito" imposto pela imprensa barata.[88] É também o que observa, em 1910, um redator do *Petit Parisien*, que escreve,

---

86 *Compte général de l'Administration de la Justice Criminelle*, 1906, p.XVI-XVII.
87 *Journal Officiel de la République Française*, Chambre, Débats, 4 nov. 1908, p.2047.
88 *Revue Pénitentiaire*, 1903, p.280.

não sem certa ingenuidade: "Imagina-se erroneamente que o aumento é considerável, isso se deve à enorme publicidade do nosso tempo. Outrora, muitos fatos eram ignorados, agora são divulgados".[89]

Retórica da insegurança

No entanto, multiplicar relatos, mesmo os mais sanguinários, não significa motivar representações da insegurança. Mais do que o número, o que importa são as formas e as palavras. Conservando o tom horrorizado e ingênuo dos *canards*, muitos *faits divers* continuam lançando sobre o crime um olhar cru e simplório, preocupado sobretudo em moralizar ou edificar. Embora as histórias de delinquentes às vezes sejam narradas em tom irritado, a maioria dos relatos não faz comentários e se contenta em noticiar a criminalidade ocasional, familiar ou doméstica, passional ou impulsiva, que raramente se presta a discursos exasperados. É como se não existisse nenhum nexo entre as cenas "fixadas" pela tradição e a questão da insegurança. Em 1897, *Le Petit Parisien* pôs lado a lado na primeira página, com toda a naturalidade, um editorial intitulado "O crime em declínio" e quatro *faits divers* sanguinários. Mesmo ocupando mais de um terço da página, esses relatos, sem nenhum alarmismo, não contradizem a argumentação serena que está contígua a eles.[90]

A partir dos anos 1900-1901, porém, a progressiva diluição do relato na investigação e a vontade editorial de dar ao jornal uma missão de utilidade pública alteram o impacto de certos

---

[89] *Le Petit Parisien*, 8 jan. 1910.
[90] Ibid., 9 nov. 1897.

faits divers. De fato, "investigar" quase sempre envolve chegar à mesma e ameaçadora constatação. Como observa um repórter depois de relatar uma tragédia: "Semelhante estado de coisas chama evidentemente a atenção".[91] Assim, em torno do relato estabelece-se uma retórica triunfante, baseada num número limitado de constantes discursivas. Realçando em termos exagerados a onipresença da ameaça delinquente, ela denuncia a inércia dos poderes públicos e preconiza o recurso a soluções repressivas enérgicas. Embora nenhuma dessas ideias em si seja verdadeiramente nova, sua associação com um discurso argumentado, que faz do risco criminal seu principal paradigma, é em parte inédita.

a) Um discurso "absoluto"
"Os assassinatos parecem se multiplicar ao nosso redor no momento exato em que estamos falando", declara em 1910 o conselheiro municipal Ernest Caron nas exéquias de um policial morto por um delinquente. Noticiada pelos jornais, a frase traduz bastante bem o caráter ao mesmo tempo obsessivo e obsidional da retórica securitária. O crime não só passa por um crescimento intolerável, como sua ameaça sorrateira transforma a sociedade numa cidadela sitiada.[92] Excluindo a criminalidade impulsiva ou ocasional, o tema se concentra na criminalidade habitual da qual os dois atores principais, o andarilho vagabundo do campo e jovem delinquente da cidade, se associam nos mesmos estereótipos. "O apache é o flagelo de

---

91 *Le Petit Parisien*, 10 jan. 1899.
92 *Le Petit Journal*, 13 jan. 1910. Cf. sobre este ponto as análises de Jeudy, op. cit.

Paris", "O andarilho é o flagelo do campo", afirma em díptico o suplemento do *Petit Journal*.[93]

Excluído do mundo social, envolvido numa identidade genérica e simbólica (o Vagabundo, o Errante, o Apache), o delinquente se transforma num Outro absoluto, cuja sombra só pode suscitar suspeita ou medo. Unidade fantasmática, o *exército do crime*, que agrega todas as formas de ameaça, completa o guia de interpretação, que pode se tornar ainda mais inquietante quando se recorre ao vocabulário da parasitologia ("infecção" ou "contaminação" do corpo social), frequente depois de Pasteur. Na verdade, como reconhece um redator do *Petit Parisien*, "esses relatos exagerados de acontecimentos fúteis, como essas histórias de 'apaches' que são puro romance [...], só valem pelo vínculo imaginário que se estabelece entre eles".[94] Mas esse "vínculo imaginário" que toma todo exemplo como prova e associa perigos reais, perigos virtuais e perigos fantasmáticos para projetá-los no futuro imediato, acaba adquirindo tons apocalípticos. Porque o apachismo e o banditismo são não apenas uma ameaça às pessoas e aos bens, mas também um sintoma alarmante da degradação nacional. Equívoco no começo, o perigo se torna unívoco no desfecho.

Desprovidos de toda perspectiva histórica ou comparativa, esses relatos dão ao risco criminal o monopólio da "periculosidade" e fazem dele uma especificidade nacional. Os acontecimentos estrangeiros, como vimos, são relatados apenas excepcionalmente, o que permite afirmar que "em Londres, Berlim e Nova York os bandidos eram raros, a repressão

---

93 *Le Petit Journal*, Supplément Illustré, 20 out. 1907.
94 *Le Petit Parisien*, 1º out. 1902.

é imediata".⁹⁵ Os jornais se limitam em geral a mencionar a Inglaterra, cujo regime repressivo – o açoite, o *hard labor* e o *treadmill* (mecanismo disciplinar que os ingleses abandonaram em 1902) – é considerado um padrão de rigor. As perspectivas históricas são mais raras ainda: as estatísticas são comentadas de modo unívoco e o passado só é evocado à luz de uma idade de ouro, às vezes comparado com o regime autoritário do Segundo Império.

O caráter "absoluto" desse discurso também está ligado ao modo de narrativa que privilegia as expressões exacerbadas e os excessos verbais. Aqui, "os malfeitores pululam [...] cometem todos os dias inúmeros atentados, muitos dos quais ficam impunes"; mais adiante, é um criminoso que "rouba, saqueia, assalta mulheres, incendeia moinhos, rouba viajantes, estupra meninas e aterroriza impunemente todo o país"; acolá, "sinistros, abjetos e ignóbeis bandidos põem a faca na nossa garganta, pilham, roubam, extorquem, profanam abominavelmente nossas mulheres e filhas".⁹⁶ Além das metáforas empregadas contra os delinquentes ("verme", "podridão", "larvas maléficas") e do emprego imoderado do termo "terror", essas descrições, às vezes alucinantes, vêm acompanhadas com frequência de apelos à "Lei de Lynch", à "Lei dos Suspeitos" ou ao extermínio "dos elementos perversos". Amiúde são muito semelhantes à retórica militante dos círculos extremistas. Citemos como exemplo este apelo de Urbain Gohier a uma "Lei de Salvação", publicado em 1907 no *Matin*, no momento em que o ex-antimilitarista enceta a conversão política que o conduzirá ao *Intransigeant* e depois ao *Libre Parole*:

---

95 *Le Temps*, 5 abr. 1907.
96 *Le Petit Parisien*, 29 set. 1907; *Le Matin*, 21 set. 1907; 20 set. 1907.

Trinta mil apaches são donos das calçadas de Paris: matam, pilham, estupram, e os jornais desistem de contar tudo; são obrigados a registrar "em três linhas" os assassinatos simples; o revólver e a faca funcionam em pleno dia, não só nos bulevares exteriores, mas no centro da cidade; meninas são raptadas na praça da Bastilha; outras são arrastadas à força para as espeluncas que ficam a dois passos dos Halles. Os bandidos que não têm um otário à mão treinam mutilando cavalos, dissecando cães. Embriaguez furiosa, luxúria bestial, crueldade, covardia, tudo interligado.[97]

À medida que as campanhas securitárias se exacerbam, os excessos tendem a se tornar mais frequentes. Em 1907 é comum os jornais populares intitularem os *faits divers* como: "Até a morte!" ou "Eia aos apaches!". Justificam esses excessos pela urgência da questão. Não se trata da segurança de todos? "Olhemos um pouco menos pelo lado dos criminosos e um pouco mais pelo lado das vítimas", aconselha o deputado Folleville de Bimorel em 1908.[98] Evidentemente, o apelo é ouvido pela imprensa popular. Tomando inequivocamente o "partido das pessoas honestas", ela tende a transformar o corpo social numa comunidade de vítimas potenciais. Progressivamente, o foco é levado àqueles – mulheres, crianças ou velhos – que podem suscitar os discursos mais comoventes. A menina "profanada" por um sátiro ou a aposentada degolada por um assaltante são as figuras ideais. Nos suplementos ilustrados, a vítima, que divide os holofotes com o criminoso, é com fre-

---

[97] Apud Drachline e Petit-Castelli, op. cit., p.176-7.
[98] *Journal Officiel de la République Française*, Chambre, Débats, 7 dez. 1908, p.2779.

quência uma mulher descabelada, e a multidão de testemunhas se agita em segundo plano, na qualidade de vítimas potenciais e horrorizadas. Eles também se preocupam com os cobradores de dívidas, alvo tradicional dos bandidos, e sobretudo com os policiais, cujo martirológio é repetido a cada nova vítima.

Essa polarização crescente sobre a vítima incentiva os jornais a transformar o relato das exéquias numa exibição de virtuosismo. Estendem-se sobre a dor dos pais, a aflição dos amigos, a compaixão da multidão, geralmente convidada a participar do cortejo. As mais significativas são, evidentemente, as exéquias dos guardiões da paz, ocasião para verdadeiros simpósios securitários nos quais os discursos combativos do chefe de polícia Lépine recordam as etapas da guerra travada contra o exército do crime. Esse novo tom dado às vítimas e à frágil comunidade das "pessoas honestas" confere ao tema uma forte capacidade de mobilização.

b) As incompetências oficiais

"Na presença desses fatos, que se renovam com uma frequência intolerável para as pessoas honestas, a pergunta é quando a polícia se decidirá..."[99] Ainda que caricatural, a frase mostra muito bem os termos que se encontram nos relatos de *faits divers*. Alguns são mais categóricos ainda: "A polícia é impotente", escreve Paul Grez no *Petit Parisien*, "não se pode esconder que a opinião pública começa a se preocupar com os fiascos constantes da polícia responsável pelas investigações criminais."[100] Mas os jornais têm em geral um discurso mais

---

99 *Le Petit Parisien*, 17 abr. 1902.
100 Ibid., 19 abr. 1902.

comedido. Nunca atribuem diretamente à polícia a responsabilidade pela suposta insegurança que reina no país. Às vezes acusam os policiais de abandonar a cidade aos marginais. Para justificar a concessão de créditos ao município, o delegado de Enghien não encarregou um apache de organizar alguns assaltos?[101] Mas tais situações são excepcionais e algumas maçãs podres não representam todo o pomar. O verdadeiro problema é de ordem estrutural: "Nós não temos uma polícia, temos apenas embriões", resume um redator do *Matin*.[102] Enquanto o exército do crime marcha unido, a polícia não passa de um agregado de corpos heterogêneos e rivais. A isso se acrescenta uma multidão de queixas, das quais a principal é a falta de recursos e, sobretudo, de efetivos, que impede o aparato policial de responder à "maré" de criminalidade.

As reformas de Clemenceau e Hennion, embora saudadas como benéficas, não põem fim às críticas. Em março de 1912, *Le Matin* explica uma vez mais aos leitores "por que Paris não é policiada" e encarrega os ex-chefes de polícia Calchas e Debishopp, na época proprietários de uma agência de segurança particular, de esboçar um plano de reforma do aparato policial.[103] Os jornais exigem mais poderes para os policiais, cujas mãos, diziam, estão atadas pela lei. "Eles são proibidos de usar suas armas para se defender", deplora *Le Journal*.[104] É preciso aumentar suas atribuições: que possam "prender, sem que haja necessidade de outros delitos, todos os vagabundos

---

101 Ibid., 21 a 28 fev. 1909.
102 *Le Matin*, 18 dez. 1907.
103 Ibid., 19 mar. e 24 mar. 1912.
104 *Le Journal*, 4 set. 1904.

noturnos manifestamente conhecidos por eles como malfeitores profissionais";[105] que tenham cães, sabres e principalmente cassetetes; que possam abrir fogo contra os bandidos. "Finalmente os agentes se defendem", anuncia com júbilo o título de uma gravura do *Petit Journal* que mostra como o agente Frison, ferido por um apache, o abate com um tiro de revólver.[106] Merecedora, a polícia exige que sua autoridade, seus efetivos e suas competências sejam reforçadas.

As principais responsabilidades recaem, "ao contrário, sobre a indulgência excessiva dos tribunais, e também sobre o espírito excessivamente humanitário que se introduziu em nossos costumes".[107] A constatação da imprensa a esse respeito é unânime. Interpretação abusiva dos princípios de 1789, "a indulgência para com os delinquentes não conhece limites",[108] impede a ação da polícia, incita a audácia dos malfeitores e ameaça a defesa social. A partir de 1901, não há quase *fait divers* que não entoe o refrão da "crise da repressão". Eis o desenrolar de uma batida policial noticiada pelo *Matin*: "A polícia prende os bandidos e os envia para a prisão [...] o tribunal os solta".[109] Como, para a imprensa, todo "bandido" é automaticamente culpado, não há explicação para essa indulgência escandalosa e para o mundo de cabeça para baixo que dela resulta: uma justiça a serviço dos criminosos, mais preocupada com os direitos dos delinquentes do que com a segurança das pessoas

---

105 *Le Matin*, 5 out. 1907.
106 *Le Petit Journal*, Supplément Illustré, 26 ago. 1908.
107 Ibid., 26 mar. 1905.
108 *Le Journal*, 4 set. 1904.
109 *Le Matin*, 21 jun. 1905.

honestas. "Que os juízes sejam protegidos de sua fraqueza", exige *La Petite République*.[110]

Evidentemente, esses protestos devem muito aos conflitos incessantes entre policiais e magistrados. Além disso, as redações não hesitam em atribuí-los a algum "alto funcionário da Chefatura de Polícia", cujas entrevistas são sempre muito apreciadas. O chefe de polícia Lépine se defende, naturalmente:

> Os funcionários sob o meu comando receberam instruções para não comentar publicamente a maneira de proceder do Tribunal, e eu estou convencido de que nenhum deles deixou essa regra de lado; mas não é difícil para um jornalista pôr na boca de um funcionário, sobretudo sob o véu do anonimato, que não o expõe a um desmentido, opiniões pessoais que assim ganham mais peso.[111]

Mas o mesmo Lépine expõe ao *Petit Parisien*, algumas semanas depois, as calamitosas responsabilidades de uma magistratura demasiado branda e pusilânime.[112] Os *fait-diversiers* e os repórteres, cujas relações são mais cordiais com os policiais do que com os juízes, se apressam em publicar as acusações. Maltratada pelo juiz, a "opinião" parte para uma justa vingança.

Enfim, para finalizar esse quadro escandaloso, os repórteres tentam introduzir furtivamente uma observação indignada

---

110 *La Petite République*, 8 out. 1907.
111 Archives Nationales, BB18 2315/1.
112 *Le Petit Parisien*, 16 abr. 1907. No dia 28 de outubro de 1907, ele enviou ao Ministério da Justiça um longo requisitório que demonstrava o papel do "abrandamento da repressão" no aumento da criminalidade (Archives Nationales, BB18 2363/2).

sobre o desolador regime carcerário em vigor. Os presídios não se transformaram em "hotéis confortáveis, onde o criminoso descansa das fadigas do ofício"? "Eles têm banheiros luxuosíssimos, como muitos parisienses, mesmo abastados, não têm em casa", comenta um deputado.[113] Atualizados pela inauguração do presídio de Fresnes em 1898, tais termos são onipresentes na imprensa. Os jornais fazem cálculos extraordinários para quantificar as despesas "para sustentar toda essa turba de criminosos, ladrões e preguiçosos". O sustento de um apache nos custa 2 francos por dia, afirma *Le Petit Parisien*, "e eles engordam sem fazer absolutamente nada".[114] Em 1913, depois da publicação de um relatório oficial sobre os presídios do Sena, um leitor decide fazer as verificações necessárias. Encarcerado na Santé por calote, ele conclui de sua estadia que a prisão "não era um palácio".[115]

Sobretudo as colônias penais são objeto de reportagens verdadeiramente alucinantes. Nesses locais de "recreação forçada", Manda, Jacob, Soleillant e outros bandidos famosos vivem mimados; o trabalho é inexistente, a disciplina é nula e o efeito para a colonização é deplorável. O ex-policial Galley, indultado em 1907, dá entrevistas aos jornais, nas quais enfatiza o tratamento especial que os condenados ilustres recebem: "Em vez de quebrar pedras na estrada, debaixo de sol forte, eles

---

113 Fuillée, *La France au point de vue moral*, p.191; *Journal Officiel de la République Française*, Chambre, Débats, 20 nov. 1896, p.1161.
114 *Le Petit Journal*, Supplément Illustré, 3 nov. 1907; *Le Petit Parisien*, 4 abr. 1908.
115 *Le Petit Parisien*, 4 dez. 1913.

dormem e fazem versos preguiçosamente deitados à sombra dos coqueiros".[116] Apesar das diversas tentativas da administração pública de desmentir tais afirmações, a lenda é tenaz.[117] E permite que os jornais polemizem: como *Le Matin* decide pôr fim à "lenda da colônia dourada", *Le Journal* incumbe Jacques Duhr de defendê-la.[118]

Polícia impotente, justiça culpada, presídios aberrantes, todas as instituições parecem se dissolver numa insidiosa bruma moral. Em última análise, todo o Estado acaba parecendo suspeito. Fazer concessões ao crime não é ser cúmplice dele?, indaga Caignart de Mailly em 1898, numa comunicação no Congresso de Economia Social.[119] "A polícia acusa os magistrados, os magistrados acusam a polícia, o público acusará o governo", observa um repórter do *Matin*.[120] A partir de 1907, quando fica evidente que o poder, favorável à abolição da pena de morte, é "cúmplice" dos assassinos, os *faits divers* passam a contestar explicitamente a legitimidade do direito de indulto: "O público não endossa o decreto do chefe de Estado"; "O direito de indulto deve ficar nas mãos do presidente da República?".[121] Para a crônica criminal, noticiar não basta; dali por diante, convém promover ativamente a defesa dos princípios da ordem e da segurança.

---

116 *Le Temps*, 26 nov. 1907.
117 Mimande, "Criminopolis", *Revue de Paris*, 15 jul. 1895, p.426-48; "Bagne et sécurité", *L'Éclair*, 20 jan.-23 fev. 1909.
118 *Le Matin* e *Le Journal*, 19 a 25 jan. 1908.
119 Apud Chauvaud, *De P. Rivière à Landru*, p.181.
120 *Le Matin*, 21 mar. 1907.
121 Ibid., 16 e 22 set. 1907.

c) A panaceia repressiva

Todas essas críticas trazem sua solução. Já que a fonte do crime é a "fragilidade social", basta dar primazia às soluções enérgicas. O jeito é "tascar uma boa vassourada".[122] De forma mais ou menos explícita, todos os *faits divers* que falam de bandidos e delinquentes, inclusive os publicados em folhas comedidas como *Le Temps* e *Les Débats*, preconizam uma repressão mais severa. Os menos exaltados contentam-se em exigir uma aplicação mais rigorosa do regime em vigor e, sobretudo, do degredo, "sábia medida de preservação social consistindo na eliminação dos criminosos incorrigíveis".[123] Também é preciso aplicar a lei de 1893, sobre a permanência de estrangeiros, e não pensar duas vezes para expulsá-los. É mister sobretudo condenar à morte e executar, pois nada melhor do que a lâmina da guilhotina para mostrar os limites que separam os honestos dos bandidos.[124]

Não obstante, em muitos relatos transparece a ideia de que o arsenal existente não é suficiente, é necessário endurecer o regime de penas e "modificar a lei que protege os malfeitores".[125] Simplificar a definição de proxeneta, limitar o uso de circunstâncias atenuantes, ampliar a proibição de permanência e endurecer o regime carcerário também aparecem como medidas sensatas. Para os jovens e os andarilhos, exigem reformas radicais, açoite, *hard labor* e *treadmill*. "São instrumentos violentos,

---

122 *Le Journal*, 27 jul. 1904.
123 Loubat, circular de 5 de outubro de 1910 (Archives Nationales, BB18 2491).
124 Ackermann, Dulong e Jeudy, *Imaginaires de l'insécurité*, p. 64 et seq.
125 *Le Journal*, 16 abr. 1907.

mas necessários, para certas naturezas perniciosas, instrumentos que, em todo caso, moralizam de forma mais segura do que os procedimentos ingenuamente humanitários usados em nosso país."[126] E, para os irrecuperáveis, a castração.[127]

A questão dos castigos corporais constitui um bom exemplo dessa obsessão repressiva. A evolução da "opinião" é notável. Em 1894, *Le Petit Parisien* evoca a "pena bárbara [...] abominável [...] repugnante" de um suplício em uso no Estado de Delaware, nos Estados Unidos. Moralmente inaceitável, o açoite é tecnicamente ineficaz, humilha o delinquente e provoca mais ódio do que regeneração. "Portanto, mesmo que não estivesse em jogo uma questão de humanidade para se protestar contra as penas corporais, os protestos deveriam ser em nome da razão e da experiência", conclui o jornalista.[128] Quinze anos depois, encontramos um discurso inteiramente diferente sob a mesma pena e no mesmo diário: "Realmente, no que me diz respeito, não vejo nenhum inconveniente em se experimentar a severidade. [...] Ao menos se veria, ao experimentá-la, o que ela vale".[129] *Le Petit Journal*, em que há menos escrúpulos, elogia há muito tempo o *hard labour* e o "açoite justiceiro".[130] Em setembro de 1910, *Le Temps* dedica numerosos artigos favoráveis à questão, principalmente sob a pena de seu correspondente em Londres.

---

126 *Le Petit Journal*, Supplément Illustré, 3 nov. 1907.
127 Thulié, *La Lutte contre la dégénérescence et la criminalité*. Cf. Carol, *Le Médecins français et l'eugénisme (1800-1942)*.
128 *Le Petit Parisien*, 23 jun. 1894.
129 Ibid., 4 abr. 1908.
130 *Le Petit Journal*, 20 set. 1910. Cf. também o suplemento ilustrado de 3 nov. 1907: "Comment on traite les apaches en France".

Le Matin abraça claramente a causa e publica, com o apoio de fotografias, uma apologia do programa simples e eficaz que é a "lei do flagelo".[131] De fato, a flagelação parece adequada a todo tipo de delinquente: o jovem malandro será endireitado por uma boa correção paternal; o bandido ficará longe das chicotadas que tanto teme; a besta-fera será domada pelo açoite. Em todo caso, a força da representação convida àquilo que é ao mesmo tempo uma medida disciplinar e um castigo justo.

Como lembram diariamente os *faits divers*, convém "aterrorizar" o criminoso com penas exemplares. Somente o autoritarismo de uma legislação de exceção, aplicada com firmeza, pode erradicar o "perigo delinquente". Não foi assim que se derrotou o anarquismo em 1894? Contra o apache, o nômade ou o vagabundo, os jornais brandem o novo conceito de "periculosidade" e aconselham o uso das "sentenças indeterminadas", duas noções que as teorias da defesa social tentam disseminar e os jornais, que são implacáveis, transformam em penas de segurança e suspeita.[132] Para os mais resolutos, é necessária uma "lei de segurança geral":

> Todos os indivíduos pegos em flagrante delito de vagabundagem especial, alcoviteiros e proxenetas, seriam presos em dois tempos, mandados para Saint-Martin-de-Ré e, de lá, para as ilhas Kerguelen, as famosas "ilhas da desolação", que não servem para nada e, desse modo, servirão para alguma coisa.[133]

---
131 *Le Matin*, 7 nov. 1910.
132 Kalifa, op. cit., p.243.
133 *L'Éclair*, 23 fev. 1909.

d) A autodefesa

Em 1907, sob o título "Apaches imprudentes", uma famosa gravura do *Petit Journal* mostra um carregador do mercado Les Halles castigando dois jovens ladrões que tentaram assaltá-lo. À tranquila determinação do "honesto cidadão" que exige respeito, somam-se algumas linhas de legenda convidando o leitor a imitar "o pulso firme e o espírito de decisão do valente carregador dos Halles".[134] À medida que se exacerbam as campanhas e os discursos securitários, multiplicam-se os *faits divers* ambíguos e em geral complacentes sobre os atos de autodefesa.

Gradualmente impõe-se ideia de que só a força individual pode compensar a insuficiência das instituições. Os jornais defendem a "iniciativa privada" e afirmam que o "armamento das pessoas honestas" é a única maneira de conter a maré do crime: "É preciso, em primeiro lugar, que cada um de nós tenha a força de se defender".[135] Em um ensaio de contornos vagamente nietzschianos, Daniel Lesueur observa: "A violência nas mãos dos justos é a segurança das mulheres, das crianças, do lar. É a supressão violenta das feras, dos monstros". E Barrès, na Câmara, cita o exemplo salutar daqueles jovens ingleses "das academias de ginástica que mataram uns apaches" e elogia as virtudes da "virilidade social".[136]

Os esportes de combate, que estão na moda nessa época, naturalmente exploram tais ideias. Em 1905, a introdução do judô e do jiu-jítsu na França apela fortemente para o argu-

---

134 *Le Petit Journal*, Supplément Illustré, 22 set. 1907.
135 *Le Soleil*, 11 set. 1905; Vital-Mareille, op. cit., p. 243.
136 Lesueur, *Le droit à la force*; *Journal Officiel de la République Française*, Chambre, Débats, 3 jul. 1908, p.1539.

mento securitário: "Nada mais a temer dos apaches graças aos segredos do jiu-jítsu, ensinado em cinquenta lições".[137] No ano seguinte, *L'Auto* explica aos leitores que o conhecimento da *"self-defense"* – boxe, jiu-jítsu, bastão ou revólver – faz parte das atribuições do homem moderno.[138] Revista de família, *Le Journal des Voyages* considera imprescindível "que as mulheres aprendam a se defender contra os assaltantes que pululam nas nossas cidades" e mostra, com a ajuda de fotografias, que uma guarda-chuvada "aplicada com força e precisão [...] pode mandar o apache para o hospital por vários meses, ou estropiá-lo de uma vez por todas".[139] Ainda em 1912, o polígrafo Jean Joseph-Renaud publica na coleção "Sport-Bibliothèque", de Pierre Lafitte, um manual dedicado a *La Défense dans la rue* [Defesa na rua].[140] Embora a obra seja comedida, o editor trata de reforçá-la com um prefácio de tom marcial, no qual Goron, ex-chefe da Sûreté, recomenda a autodefesa a todo bom cidadão "em busca de um apache para demolir".

Levados pelo movimento, os *faits divers* da imprensa popular oferecem um discreto mas constante convite à autodefesa. Embora em geral os artigos sejam moderados, os títulos são no mínimo explícitos: "Começa a defesa", "Às vezes os ladrões encontram rival!", "Ladrões castigados!".[141] E os suplementos ilustrados são ainda mais claros: "Uma mulher enérgica: ata-

---

137 Apud Brousse, "Du samouraï à l'athlète: l'essor du judo en France", *Sport-Histoire*, n.3, p.14.
138 *L'Auto*, 30 jul. 1906.
139 *Le Journal des Voyages*, 6 dez. 1908, p.18.
140 Joseph-Renaud, *La Défense dans la rue*.
141 *Le Journal*, 12 set. 1904; *Le Petit Parisien*, 17 nov. 1908; *Le Soleil*, 14 dez. 1905.

cada por malfeitores, ela abre fogo sem hesitar".[142] Às vezes o convite é direto: "É prudente que eles se armem e usem as armas sem titubear contra esses jovens malfeitores", aconselha um repórter aos habitantes de Saint-Mandé.[143]

Enquanto a questão da imitação e da sugestão é incansavelmente debatida, a eventual influência de tais ideias nunca é mencionada. No entanto, abusos e incidentes se multiplicam. Acreditando-se ameaçada, uma comerciante de Ivry mata um cliente com um tiro de revólver; um lavrador é morto pela esposa que o confundiu com um assaltante; um transeunte, imaginando-se em perigo, dispara contra bêbados.[144] Série de "dramas" que os jornais noticiam em tom compreensivo. Depois da morte de um jovem mecânico que um comerciante de vinho de La Courneuve confundiu com um ladrão, o repórter se contenta em explicar que, devido a um recente roubo de galinhas, "reina na população certo estado de medo e exasperação".[145] E o gesto de Henriette Caillaux, tão comentado, não foi um ato corajoso que deu fim à impunidade do verdadeiro criminoso?

O "linchamento" também se aproveita de certo enfoque ambíguo, que oscila entre o fascínio e a reprovação indignada. O significado da palavra muda ligeiramente ao atravessar o Atlântico. É empregada na imprensa para designar uma "caçada humana", geralmente seguida de espancamento e prisão. Alteração afortunada que permite a justificação da prática! No

---

142 *Le Petit Journal*, Supplément Illustré, 4 jul. 1909.
143 *Le Petit Parisien*, 17 jan. 1899.
144 *Ibid.*, 17 dez. 1912; *Le Journal*, 24 set. 1912; *Le Petit Parisien*, 10 abr. 1912.
145 *Ibid.*, 3 mar. 1913.

mais, já que os nossos delinquentes são "apaches" e a nossa periferia, um "faroeste", a melhor justiça só pode ser a "Lei de Lynch", cuja origem é recordada com gosto por muitos. Portanto, é com grande complacência que os jornalistas descrevem a vindita popular, seus furores e clamores: "Que morram! Que morram! Forca para eles".[146] Sejam locatários de um imóvel "corrigindo" um assaltante, sejam lavradores perseguindo ciganos, os "linchadores" são cidadãos "de boa vontade". Usado com habilidade, o argumento é sobretudo um excelente instrumento de pressão para comunicar às autoridades a urgência de uma repressão mais severa e fazer pairar uma ameaça difusa. O linchamento, como explica um redator do *Temps*, é diferente da "manifestação brutal da soberania popular"? "Se os bons cidadãos não se sentem protegidos, hão de procurar justiça com as próprias mãos", resume o deputado Gabriel Faillot na Câmara.[147]

Em torno do *fait divers*, portanto, inserem-se discursos periféricos insistentes que o corroboram, ou extrapolam, e criam uma retórica securitária que impregna paulatinamente toda a imprensa nacional. Uma retórica ainda mais triunfante porque seu objeto (a denúncia de uma ameaça difusa e virtual), a simplicidade de suas palavras e o aparente universalismo de sua argumentação propiciam uma rápida disseminação. Surge um rumor em escala nacional, mantido pela crônica criminal e obrigado a se reproduzir dia após dia para ganhar densidade e credibilidade.

---

146 Ibid., 11 abr. 1902.
147 *Le Temps*, 4 fev. 1902; *Journal Officiel de la République Française*, Chambre, Débats, 3 jul. 1908, p.1533.

As políticas da insegurança

Centrados em um relato, esses discursos têm alcance limitado. Alguns jornais mais modernos (*Le Matin, Le Journal, Excelsior*), ou mais agressivos (*L'Éclair*), captam rapidamente o interesse em criar verdadeiras políticas editoriais em torno da questão da insegurança. A fórmula é vantajosa: além de manter uma efervescência artificial em torno dos casos criminais, sempre muito apreciados, permite a interligação de *faits divers* anódinos em séries de representação fictícias, mas preocupantes. Permite sobretudo que os jornais, expostos a críticas constantes, endossem a baixo custo uma causa popular e confirmem seu papel de utilidade pública. O resultado são campanhas espetaculares de "interesse geral", num clima de concorrência feroz.

Um dos expedientes mais comuns consiste em inserir relatos sem grande importância em seções dedicadas à "insegurança". O exemplo é dado em 1894, quando os principais diários do país, liderados pelo *Petit Parisien* e pelo *Matin*, criam uma seção intitulada "Os Anarquistas". Fornecendo um balanço diário das perquirições, prisões ou "provocações" anarquistas, a prática contribui para manter uma efervescência ruidosa que chama a atenção para um perigo supervalorizado. Encenação parecida em novembro de 1897, quando *Le Petit Parisien* inaugura a seção "Vacher, o assassino", que segue passo a passo o andamento da instrução, comenta longamente cada descoberta e, no intervalo, mantém uma agitação artificial. A partir de 1899, e sobretudo de 1900, aparecem as primeiras seções regulares sobre a "insegurança". Em janeiro de 1900,

A tinta e o sangue

por exemplo, o diário *Paris* possui uma seção periódica intitulada "A Insegurança na Periferia".

Encontramos no mesmo registro artigos intitulados: "Os assaltos noturnos" ou "Os bandidos de Paris", cujos conteúdos são anódinos ou muito exagerados, mas cuja regularidade é conveniente para gerar temor. Começam em geral pelas mesmas frases desiludidas: "Os crimes se sucedem, há algum tempo, e se compreende a comoção da população diante da recrudescência dos assassinatos"; "Os assaltos noturnos se repetem inquietantemente há dias. Ainda ontem...".[148] De uso intempestivo, a palavra "mais" se impõe rapidamente como um elemento central do estudo dos títulos: "Mais um crime em plena Paris", "Mais uma mulher assassinada".

Basta acrescentar um comentário um pouco mais alarmista, advertir o leitor ("Suburbanos, tenham cuidado!")[149] e citar responsabilidades para dar margem a amplas campanhas "de interesse público". Evidentemente, esse tipo de exploração não é novo. O caso Jud (1860) ou o caso Barrême (1886), assassinatos famosos "em vagões", possibilitaram campanhas pela segurança nas ferrovias. Em 1882-1885, os jornais tomaram partido maciçamente a favor da Lei de Degredo. Tais procedimentos são muito frequentes na imprensa provincial. Mas, graças à multiplicação do número de jornais e à concorrência feroz, eles tendem a se sistematizar e, a partir de 1900, ganham um alcance impressionante.

A primeira grande campanha pela "segurança pública" é realizada de dezembro de 1900 a fevereiro de 1901. Liderados

---

[148] *La Liberté*, 2 maio 1905; *Le Matin*, 4 jun. 1900.
[149] *Le Matin*, 3 maio 1907.

pelo *Journal*, que acabara de passar para seis páginas, e cuja direção decidira investir no crime, os principais diários populares se dedicam a expor o "perigo" delinquente: ladrões, prostitutas e rufiões da capital, que a Chefatura de Polícia se esforça para prender. Assaltos noturnos e delitos cometidos por vagabundos recebem tratamento especial. "A limpeza de Paris", "A guerra aos malfeitores" ou "A insegurança" tornam-se manchetes comuns, e resultam em relatos sem grande impacto – geralmente elogiando as operações policiais e deplorando a indulgência dos tribunais, que costumam soltar os indivíduos presos –, mas que permitem aos jornais estrear uma fórmula que, dali por diante, será explorada sem nenhum pudor. O assunto é fecundo; no *Matin*, no *Journal* ou no *Petit Parisien* será um daqueles temas periodicamente relançados para prender a atenção do público.

A esses temas que rapidamente se tornam comuns, sobrepõe-se, a partir de 1907, um altamente relevante: a defesa da pena de morte. Dessa vez, *Le Matin* e *Le Petit Parisien* monopolizam a campanha, que não tarda a assumir as feições de uma cruzada contra o governo radical e o presidente Fallières. Explorando à exaustão alguns *faits divers* como o crime de Soleillant, *Le Matin* abre suas colunas para os defensores da pena capital. Em 29 de setembro de 1907, Georges Berry publica uma carta aberta para o presidente do Conselho. A campanha culmina em 5 de outubro com um artigo "programático": "A guerra aos apaches. É preciso depurar Paris. Como? Os leitores do *Matin* vão nos dizer". A partir de uma "infinidade de cartas", o jornal compara "O que o legislador fez" com "O que o público exige", e conclui que uma repressão eficaz é urgentíssima.

A tinta e o sangue

A partir de 20 de setembro de 1907, *Le Petit Parisien* se lança na batalha com toda a sua força e organiza um "referendo monstro" sobre a pena de morte, explicitamente apresentado como um meio de influenciar o legislador. "Que nos entreguem os apaches, os assaltantes, os rufiões, os ciganos, os vagabundos, todos os indivíduos sem *status* social que vivem à espreita de uma presa e de uma vítima" diz a exposição dos motivos, oferecendo uma definição impressionante do "exército do crime" que se deve eliminar.[150] A operação é acompanhada de um concurso "artístico" – o valor estético dos cartões-postais enviados –, mas só os leitores "pertencentes à maioria dada pelo escrutínio" são convidados a participar.[151] Mais de um milhão de leitores (contra pouco mais de 300 mil contrários) manifestam sua adesão à pena de morte, segundo o jornal. Um golpe de mestre que possibilita ao diário falar em alto e bom som dali por diante. "Em um país de sufrágio universal, a voz do povo dá a última palavra", observa algum tempo depois um dos redatores.[152]

Remover os delinquentes e as mulheres dos parques públicos, armar os cobradores de dívidas, garantir a segurança na periferia são alguns dos temas em torno dos quais os jornais populares lançam campanhas periódicas "de interesse geral".[153] Em maio de 1908, enquanto a questão da pena de morte continua em suspenso, *L'Éclair* organiza uma grande consulta sobre o tema: "Os apaches devem ser açoitados?" e publica a opinião de várias per-

---

150 *Le Petit Parisien*, 29 set. 1907.
151 Ibid., 30 set. 1907.
152 Ibid., 8 jul. 1908.
153 Cf. Schmidt, *Die Kampagne gegen die "Apaches" in Frankreich (1902-1914)*.

sonalidades. Particularmente vigorosas, as campanhas de 1910 contra "os apaches no Exército" são marcadas por uma maior participação dos jornais de opinião, que, até então, se mostravam mais reservados. "Apaches demais no Exército", dá como manchete *Le Temps* de 9 de setembro de 1909, antes de lançar, em janeiro de 1910, uma pesquisa sobre o tema e denunciar o sentimentalismo que arruína o país.

Provocada pelo caso Bonnot, em março de 1912, a terceira grande campanha é a mais intensa e bem coordenada. Enquanto o conjunto dos jornais populares veicula livremente discursos ressentidos (em março de 1912, *Le Matin* organiza um movimento "Pela segurança de Paris"), é um recém-chegado, o *Excelsior*, que se impõe no centro do palco. De fato, de 28 de fevereiro a 19 de março de 1912, o *Excelsior* procura mobilizar a opinião pública, lançando uma vasta "cruzada pela moralidade nacional":

> A audácia dos malfeitores aumenta dia a dia; no centro de Paris, eles roubam, assaltam, matam; ontem seus revólveres abateram um cobrador de dívidas; hoje um guardião da ordem. E seus crimes ficam impunes. Isso precisa cessar.
> [...]
> Nós temos direito à segurança. Ela nos deve ser dada. Não cansaremos de exigi-la.[154]

Sob o título "Exigimos proteção", o jornal organiza uma grande consulta em que são sistematicamente entrevistadas,

---
154 *Excelsior*, 28 fev. 1912.

durante quase três semanas, personalidades do mundo político e cultural, sindicatos de comerciantes e industriais, bancos e grandes lojas, círculos, sociedades e associações profissionais. Planeja lançar até mesmo uma subscrição nacional. A campanha, à qual se associa o Conselho Municipal de Paris, é encerrada no dia 19 de março com um "grande comício de salvação pública", organizado pelo jornal em sua sede. Presidida por Georges Berry, a reunião adota dezessete resoluções que exigem medidas policiais e penas mais severas, um verdadeiro programa securitário que representa muito bem as ideias então manifestadas a esse respeito.[155] Uma Comissão Permanente de Segurança e Proteção Públicas, com dezenove membros, é eleita para cuidar da aplicação.

Orquestradas por órgãos poderosos, as campanhas não deixam os homens públicos indiferentes. Além disso, juristas e criminalistas sempre se mostram muito sensíveis aos movimentos de opinião. Tarde, que acha necessário basear as penas na vontade geral, realça o perigo de se deixar para os regimes autoritários o monopólio da segurança, e Émile Garçon, embora hostil às políticas exclusivamente repressivas, alerta para o perigo de se distanciar das correntes de opinião:

> No dia em que a opinião pública sentir a ordem e a disciplina social verdadeiramente ameaçadas, ela saberá restabelecer essa disciplina por meios que, no que me diz respeito, eu preferiria evitar. Se vocês desarmarem a sociedade, temam os excessos de uma reação violenta.[156]

---

155 Reproduzido nos *Cahiers de la Sécurité Intérieure*, n.18, p.169-70.
156 Tarde, *La philosophie pénale*, p.507-9; *Revue Pénitentiaire*, 1909, p.826.

Os políticos também se mostram cada vez mais interessados nos discursos capazes de alimentar tais campanhas. Brandida por diários da dimensão do *Matin* ou do *Petit Parisien*, a questão da "segurança pública" torna-se um desafio que dificilmente se pode ignorar. Percebe-se todo o seu vigor em 1907 e 1908, por ocasião dos debates sobre a abolição da pena de morte. Enquanto a presidência, Clemenceau e a Câmara de 1906 são majoritariamente favoráveis a sua supressão, e um primeiro relatório (22 de outubro de 1907) emite uma opinião positiva, ocorre uma reviravolta espetacular em grande parte da classe política em consequência das campanhas de opinião. No dia 12 de junho de 1908, um segundo relatório, que declara ter "ouvido o apelo do país", propõe a manutenção da pena capital.[157] Apesar do esforço de Briand, então ministro da Justiça, para adiar os debates e não legislar sob pressão pública, a discussão se inicia em novembro num contexto inflamado pelas campanhas da imprensa. Mais do que o cadafalso, é a "opinião pública" que monopoliza todas as atenções. Há quem recorde, por um lado, que o público é volúvel, a agitação é artificial e "seria indigno do Parlamento discutir e deliberar sob a influência dos clamores da turba".[158] "Vocês seguiram a multidão em delírio quando ela se pendurou no rabo do cavalo do general Boulanger?", pergunta Paul Magnaud.[159] Mas, por outro, há

---

[157] H. Castillard, *Journal Officiel de la République Française*, Chambre, Débats, 8 jul. 1908, p.1614.

[158] A. Willm, *Journal Officiel de la République Française*, Chambre, Débats, 4 nov. 1908, p.2026.

[159] *Journal Officiel de la République Française*, Chambre, Débats, 8 dez. 1908, p.2781.

quem enfatize que nenhum deputado, mandatário da nação, tem "o direito de ir contra a opinião pública".[160] E, de fato, grande parte dos radicais e dos moderados abandona a causa abolicionista. Dois anos depois, o socialista Doizy resume:

> Vocês sabem como o crime de um erotômano, como o indulto concedido a esse criminoso, foram habilmente explorados por certa imprensa, como a oposição foi assediada por uma campanha violenta que não cedia e provocou tanta agitação que conseguiu fazer com que a comissão da reforma judiciária mudasse de opinião.[161]

Estruturando um imaginário atormentado, enxertando argumentos em representações, o *fait divers* é tanto um artesão quanto um vetor do "mal-estar na segurança pública". O dispositivo que se agencia ao seu redor beneficia-se sobretudo de uma difusão de massa que supera rapidamente o quadro da "imprensa de escândalos" para afetar o conjunto dos jornais nacionais, inclusive certas folhas locais que seguem o movimento a distância.[162] À sua maneira ingênua, o romance policial traduz as mesmas preocupações, das quais fornece uma espécie de mapa literário: ameaça surda e difusa simbolizada por criminosos intangíveis, suspeita generalizada, impotência

---

160 G. Berry, *Journal Officiel de la République Française*, Chambre, Débats, 4 nov. 1908, p.2030.
161 *Journal Officiel de la République Française*, Chambre, Débats, 18 nov. 1910, p.2866.
162 Kalifa, "Sécurité et insécurité dans l'Oise au début du XXe siècle", *Annales Historiques Compiégnoises*, n.59-60, p.5-15.

das autoridades, apelo à iniciativa privada do detetive e mais ainda do repórter. "Em Paris, esta manhã, ressoou um grito de indignação geral, de terror, de cólera": assim começa, por exemplo, o primeiro episódio de *Zigomar*, de Léon Sazie, que, como tantos romances da época, agita o imaginário e a argumentação securitária.[163]

Porém, destacar o papel desses relatos no surgimento e na difusão de tal fenômeno não significa que eles possam suscitar temores ou angústias reais. Entre o ler e o crer imiscui-se toda a distância dos usos sociais, o riso, a indiferença tanto quanto a adesão. Obstinada, fragmentada, a opinião raramente é redutível a uma soma de leituras, por mais insistente que seja, e o leitor, sem dúvida, molda o relato mais do que é moldado por ele. Ainda que sejam capazes de "dramatizar" e reforçar os preconceitos do público, essa narrativas dificilmente possuem recursos para manter temores profundos nos leitores, que nunca formam uma massa passiva e submissa.

Sem dúvida, poderíamos multiplicar os exemplos edificantes que põem em cena pessoas que vivem na "obsessão dos apaches". Em setembro de 1902, por exemplo, obcecado por histórias de delinquentes, um comerciante em pânico descarrega seu revólver nos transeuntes. Em maio de 1905, um senhorio confunde um de seus inquilinos com um assaltante e atira contra ele. Algumas semanas depois, um médico fere um operário, pensando que fosse um ladrão. Em outubro de 1906, dois operários que só falavam de apaches acabam matando um

---

[163] *Le Matin*, 7 dez. 1909. Sobre esse ponto, cf. Kalifa, "Roman policier, roman de l'insécurité?", in: *Crime et châtiment dans le roman populaire*, p.137-52.

ao outro por conta de uma piada de mau gosto. No dia seguinte, um comerciante de vinho, por medo dos delinquentes, mata um cavoucador que bateu à sua porta. Em outubro de 1910, um taxista passa por um grupo de adolescentes e os toma por apaches; dispara e mata um rapaz.[164]

Mas o que valem tais exemplos, que sobretudo esclarecem preconceitos ou opiniões que a leitura do jornal só exacerba? O medo, o medo real, nasce mais de experiências ou relações sociais do que de simples leituras.[165] Na verdade, esses relatos podem constituir até mesmo uma espécie de antídoto. Ao saturar o imaginário, o realismo exagerado não acaba provocando um desinteresse gradual, por regular e limitar as angústias potenciais?[166] Se, como frisa Georges Vigarello,[167] as sociedades laicas têm necessidade de representações apocalípticas de seu próprio declínio para preservar a coesão do corpo social, então o *fait divers* foi, sem dúvida, um de seus ritos conjuratórios mais eficazes naquela virada de século.

---

164 *Le Petit Parisien*, 11 set. 1902; 27 mar. 1905; *Le Matin*, 7 jun. 1905; *Le Petit Parisien*, 2 out. 1906; 3 out. 1906; 28 out. 1910.
165 Zauberman, "La peur du crime e la recherche", *L'Année Sociologique*, p.139-57.
166 Jeudy, op. cit., p.139-57.
167 Vigarello, *Le Sain et le malsain*, p.294.

Capítulo 11
Crime, cultura e sociedade

O fato de o relato de crimes nem conduzir ao ato proibido nem suscitar medo e angústia não significa que ele tenha apenas uma ligação fugaz com o social. Principal objeto das narrativas destinadas ao povo,[1] o crime constitui há tempos um dos motivos centrais de um saber ou mesmo de uma cultura do cotidiano. Objeto de discurso e comentário, associando indivíduos, grupos e espaços através de um sistema homogêneo de normas e valores, ele também pode contribuir para produzir vínculo e coesão social, sobretudo num momento em que o país, abalado em suas formas tradicionais de sociabilidade e confrontado com modos inéditos de regulamentação, se questiona sobre a sua própria identidade. Novo modo de abordagem do mundo, por acaso a investigação que esses relatos ajudam a popularizar não pretende ser uma forma de parti-

---

[1] O que não significa que elas não sejam consumidas também por outros grupos sociais, mas o modo como são elaboradas e difundidas as destina sobretudo ao público popular, aqui considerado em sentido amplo.

cipação adaptada à cidade moderna? No entanto, polissêmicos como são, crime e espetáculo do crime continuam sendo, para alguns, simples diversão, cujo teatro cotidiano alterna vaudeviles e tragédias.

O crime como cultura[2]

Embora denunciada de longa data, primeiro pelas elites conservadoras que nela viam um fermento de corrupção e desmoralização, depois pela crítica marxista que nela discernia um instrumento de sujeição e controle social, a sobrerrepresentação do tema criminal nunca suscitou uma explicação plenamente convincente. Nem a teoria do "prestígio do mal" apresentada pelos contemporâneos[3] nem a evidente função catártica das narrativas permitem que compreendamos o caráter essencialmente popular de seu consumo, a menos que consideremos o público da época naturalmente mais perverso ou culturalmente incapaz de produzir formas de compensação mais bem elaboradas.

Mais tarde, na esteira das interpretações estruturalistas, ressaltando o exotismo social exalado pelo submundo e a poesia secreta que supostamente existia em todo assassino, Georges Auclair destacou a função de "intersigno" desses relatos.[4] Transgressor radical da moral e da ordem, o criminoso falaria ao leitor sobre a duplicidade da existência e do mundo; o interesse pelos atos e "segredos" do assassino seria a prova do

---

[2] Este parágrafo retoma, de forma remodelada, um texto que publiquei na revista *Genèses: Sciences Sociales et Histoire*, n.19, p.68-82 ("Crime, fait divers et culture populaire à la fin du XIXe siècle").

[3] Sighele, *Littérature et criminalité*, p.193-200.

[4] Auclair, op. cit., *passim*.

desejo de se aproximar furtivamente das leis intangíveis que governam a vida dos homens. Apesar de estimulante, a análise tem o inconveniente de ignorar a grande massa dos *faits divers*, os pequenos casos anódinos e sem relevo que, para o camponês, o operário ou a dona de casa, podem representar muito mais do que um sinal do destino.

Apropriações

Num mundo em que a história geralmente não tem direito de cidadania, a violência que o crime introduz nas relações sociais aparece primeiramente como uma marca e um modo de apropriação histórica. Ao colocar a questão da vida e do lugar de cada um no centro da ordem cotidiana e da ordem social, a violência criminosa é um evento exemplar, um instrumento de afirmação pelo qual o povo começa de repente a produzir história. Aliás, não é pelo crime, o crime supremo do regicídio, que o povo entra simbolicamente na história?

"Cambiador entre o familiar e o notável", para retomarmos a expressão de Michel Foucault,[5] o crime inscreve no tempo histórico dos homens ações ou lugares a que ele normalmente não tem acesso, abre para o cotidiano as portas da lenda. E o relato, *canard*, lamento cantado ou *fait divers* consolida essa irrupção sob o signo do impresso, erige essa história em um saber prestes a ser difundido, propagado, ensinado. Um a um, esses textos desenham uma espécie de longo "gesto dos obscuros",[6] no

---

5 Foucault, *Moi, Pierre Rivière, ayant égorgé ma mère, ma soeur e mon frère...*, p.269.
6 Perrot, "Fait divers et histoire au XIXe siècle", *Annales E.S.C.*, n.4, p. 911-9.

qual, heroicizado ou condenado, o homem do povo reivindica sua parte de história, uma parte maldita, mas efetiva, da qual o relato é encarregado de manter a lembrança. A lendária curiosidade do povo pelo crime poderia ser apenas curiosidade por seu próprio destino, fascinação pela parte dele mesmo que ele é instado a esquecer. Porque essa história, permanentemente encoberta pela preocupação de moralizar, policiar e incorporar, e nós voltaremos a ela, tem um *status* ambíguo e, sem dúvida, é sobretudo expropriação. No entanto, tal e qual, nela subsiste algo do discurso do povo.

Grande crime ou delito comum, o *fait divers* especifica, com uma precisão quase documental, as características individuais (nome, sobrenome, idade), físicas (aparência, sinais distintivos, pormenores íntimos ou "pessoais") e sociais (grupo, profissão, hábitos, práticas) de cada protagonista da tragédia. A camponesa que asfixia o filho ou o operário que estripa o colega passam de armas em punho para a história nacional. Aos soldados rasos da história criminal, à multidão de figuras anônimas e efêmeras que povoam os "pequenos fatos do dia e da noite", a maioria nos *faits divers*, a crônica presta diariamente uma homenagem discreta, algumas linhas cruas e anódinas que, entretanto, bastam para dissipar a sombra social que os cobre. De mais a mais, uma intervenção que os criminosos mais determinados sabem explorar.

Todos os analistas criminais salientam a bazófia, a "audácia" e a sede de "publicidade" dos delinquentes profissionais.[7]

---

7 Cf., por exemplo, Aubri, "L'influence contagieuse de la publicité des faits criminels", *Archives d'Anthropologie Criminelle*, p. 365, ou ainda Hesse, *Les criminels peints par eux-mêmes*.

Assinar suas façanhas, recortar artigos de jornal e pregá-los na parede são práticas que os moralistas apontam como sinal de perversidade, mas que também demonstram, da parte de atores sociais para os quais os processos comuns de notoriedade são impraticáveis, um desejo profundo de reconhecimento. "Eu sou um homem famoso", teria declarado Bonnot. "O renome alardeia o meu nome aos quatro cantos do mundo e a publicidade da imprensa em torno da minha humilde pessoa deve causar inveja nos que se esforçam muito para que falem deles e não conseguem."[8]

Não somente os homens entram para a história, mas também as ações e os lugares. Apesar do discurso alarmista mantido regularmente pelos jornalistas, a grande maioria dos crimes representados pela imprensa é constituída de atos fortuitos e comuns, cenas recorrentes de criminalidade doméstica ou familiar: assassinatos por vingança, cólera ou ganância, crimes passionais e conjugais, infanticídios, rixas ou agressões. Dramas obscuros, sem incidência aparente, que não precisam fazer parte dos "escândalos lógicos" ou ter correspondências misteriosas para vir à luz, mas cujo eco midiatizado oferece ao povo espectador a representação de seu próprio destino. Salvo alguns "belos crimes" padronizados ou misteriosos, espécie de relato espetacular cujas raízes estão imersas na tradição do *canard*, o *fait divers* criminal, massa de casos anônimos e geralmente sem profundidade, é a história das transgressões cotidianas do povo contada ao povo.

Deixando de lado o extraordinário ou o excessivo para interrogar o banal, o evidente, esses atos ou discursos delineiam

---

8 Apud Junosza-Zdrojewski, op. cit.

uma espécie de registro do dia a dia prosaico e bisbilhoteiro do qual emerge, quiçá, o "infraordinário" anelado por Perec:[9] homens, atos e espaços comuns entram na memória e alimentam um saber ainda quente de atualidade, ainda espesso de realismo. Nesse sentido, o jornal corresponde ao romance popular que, texto após texto, repete ao leitor que o cotidiano merece ser contado, que o banal nunca deixa de ser um extraordinário em potencial.[10]

Ligando o acontecimento a um espaço preciso, que ele nomeia, localiza e especifica com riqueza de pormenores – a localidade ou o lugarejo, o bairro, a rua, o número, o tipo de imóvel, o andar etc. –, o relato de crime também pode ser percebido como uma forma de apropriação espacial. Não só o indivíduo pode produzir história, mas os lugares, mesmo os mais insignificantes, podem guardar uma memória ao mesmo tempo proxêmica e nacional que se apaga muito lentamente. Centrados no mais das vezes no nome da rua ou da localidade, os títulos dos relatos acentuam esse fenômeno numa espécie de pontilhismo topográfico que vasculha o espaço da capital e acaba cobrindo todo o território, desenhando uma geografia irreal, ao mesmo tempo moral e social, marcada por pegadas fatais, poças de sangue e cadáveres.

Do crime da avenue Henri-Martin à tragédia da rue de l'Ouest, não há uma artéria parisiense que tenha escapado do mapeamento homicida. Reflexo tão sistemático que, em 1906, Georges Méliès sente necessidade de parodiá-lo em *Crime de la rue du Cherche-Midi à quatorze heures* [Crime da rue du Cherche-

---

9 Perec, "Approches de quoi?", in: *L'infra-ordinaire*, p.9-13.
10 Vareille, *Le roman populaire français (1789-1914)*, p.241-2.

-Midi às catorze horas]. Fora da capital, o crime de Pantin, a tragédia de Peyrebille ou a matança de Jully comprovam o caráter nacional do fenômeno. Assim lastreado numa identidade geográfica, o crime pode entrar para a história do mesmo modo que os Juramentos de Estrasburgo, a Batalha de Rocroi ou o Adeus de Fontainebleau.

Da memória à história

Acumulando boa parte da memória popular, os relatos de crimes não se contentam em promover, dia após dia, a história dos indivíduos, gestos e lugares familiares; elas também constituem o fundamento de um saber e de uma cultura do ordinário, imensa soma de materiais que se estratificam pouco a pouco. Visão que tende a dar uma perspectiva totalmente diferente à repetição sistemática adotada pelo *fait divers* e pela história criminal, habitualmente analisada em termos de "temas fixos" – reter e repetir apenas um pequeno lote de histórias parecidas, em cenários preestabelecidos e com papéis predeterminados. Ao retomar incessantemente as figuras heroicas ou prestigiosas da história criminal, ao repetir atos e situações, ao inserir cada novo crime numa longa corrente de representações, o que se invoca é a memória viva do povo, o que se celebra são os grandes motivos da cultura.

De Cartouche a Landru, os criminosos tecem a trama de uma outra História da França, hierarquizada e ordenada, que também possui seus santos, seus mártires e seus monstros. No alto do edifício, as figuras simbólicas dos grandes bandidos sociais (Cartouche, Mandrin, Guilleri), cuja lenda mostra que eles souberam associar a expressão do protesto popular à grandeza da transgressão individual. A sombra tutelar desses homens pouco sofreu com as representações reversíveis, ao mesmo tempo gloriosas e vergonhosas, que deles fizeram a literatura *bleue* e a literatura de *gueuserie*. Ainda que hegemônica, regularmente mantida pelo melodrama ou pelo romance policial, sua posição é ameaçada pela ofensiva das novas gerações ao longo de todo o século XIX. Vítima expiatória – ele presidiu o Tribunal Revolucionário e foi degolado enquanto a música de um realejo encobria seus gritos –, o ex-procurador imperial Fualdès não se contenta em inaugurar em 1817 o século criminal.[11] Graças ao seu famoso lamento cantado, que deu o "timbre" da maioria dos refrões criminais do século (*Sur l'air de Fualdès*), ele o acompanhou até o fim. Em 1909, *A poltrona maldita*, de Gaston Leroux, ainda pode se dar ao luxo de uma encenação paródica e *en abîme* de sua memória quase centenária: "histórica e terrível", a ária de Fualdès torna-se *literalmente* uma canção assassina, "a canção que mata".[12] Outras figuras de prestígio, dogmáticas como Lacenaire, envenenadoras como Marie Lafarge, monstruosas como Troppmann, Vacher ou Soleillant, também se impõem como grandes nomes dessa história paralela. Entretanto, dois anos antes da guerra, Fayard ainda reedita na coleção "Le Livre Populaire" uma nova versão de *Cartouche, roi des bandits*.

 De fato, é como se uma mesma e longa história criminal passasse diante dos nossos olhos. Uma história cujo peso memorial e cuja carga cultural são tais que ela parece incapaz de prescindir de citações, referências e alusões. Uma história impregnada de

---

11 Cf. Rouquette, *La Rumeur et le meurtre*.
12 Leroux, *Le Fauteuil hanté*, p.52 e p.76.

símbolos. Assim, cada crime novo tende a se inserir numa sucessão de memórias e representações reativadas e legitimadas por ele: um criminoso sempre evoca outro, determinadas circunstâncias sempre lembram outras, numa "intertextualidade" surpreendente e perpétua. Trabalhador agrícola especializado em "trapaças", Simon, o estrangeiro, é um "novo Cartouche", e Abel Pollet, o chefe dos bandidos de Hazebrouck, é o "Cartouche do Norte". São muitos os "êmulos de Lacenaire", os novos Troppmann, como o "Troppmann da Côte-d'Or", o "Troppmann berlinense" ou o "Troppmann do Eure", que em 1898 cometeu um sêxtuplo assassinato numa fazenda de Nassandres. Em 1902, Henry Vidal, o assassino de mulheres de Toulon, é o "novo Pranzini". Em maio de 1896 em Couville, perto de Cherbourg, em setembro de 1901 em Malakoff, em agosto de 1907 em Monte Carlo, ocorrem "novos casos Gouffé".[13]

Didáticos, esses relatos se tornam muitas vezes verdadeiras lições, e realçam as características originais de determinado crime ou de seus protagonistas: "As circunstâncias desse novo crime lembram o assassinato do meirinho Gouffé, cometido por Michel Eyraud e Gabrielle Bompart. O leitor ainda se recorda..."; "Como se vê, é a reedição completa do crime de Lacenaire, que ficou famoso há quase setenta anos".[14] A menor semelhança incita qualquer bom *fait-diversier* a recordar imedia-

---

13 *Le Petit Parisien*, 8 abr. 1897; *Le Matin*, 10 fev. 1907; *Le Petit Parisien*, 30 nov. 1896; *L'Intransigeant*, 29 abr. e 9 maio 1901; *L'Intransigeant*, 31 de março e 15 abr. 1898; *Le Matin*, 6 jan. 1902; *Le Petit Journal*, maio-jun. 1896, e Supplément Illustré, 3 jun. 1896; *Le Petit Parisien*, 7 set. 1901; *Le Matin*, 8 ago. 1907.
14 *Le Petit Parisien*, 7 set. 1901; *Le Matin*, 2 jan. 1901.

tamente "crimes parecidos". Por exemplo, certo "assassinato num vagão" – narrativa sempre muito apreciada – começa em geral com uma referência ao assassinato do procurador Poinsot em 1860, ou do chefe de polícia Barrême em 1886, os dois modelos do gênero.[15] Quando faltam crimes semelhantes, uma data, um "fato novo" ou o simples prazer de contar são motivo para se comemorar ou reabrir um "caso célebre". O relato de certos acontecimentos se explica apenas por sua função "cultural". Três malfeitores agridem um homem a marteladas e cantam a plenos pulmões para abafar seus gritos. Esse crime banal, cometido na longínqua Rússia dos czares, não seria estampado na primeira página do *Petit Journal* se não lembrasse o famoso cenário do caso Fualdès.[16] Se o tempo é necessário para polir a figura e aperfeiçoar o modelo, a proliferação de relatos tende a reduzir a espera e acelerar a carreira. Somente dois anos depois do homicídio que lhe deu fama, Soleillant vê surgir um "Soleillant de Marselha" e depois um "Soleillant de Saintes".[17] Mais fulgurante ainda foi o aparecimento de um "novo Vacher" no departamento do Ain, apenas oito meses depois da prisão do "mendigo assassino".[18]

Como toda história, a do crime é rigorosa e não se contenta com aproximações. Desmascarada, a contrafação suscita longos e doutos esclarecimentos: "Aqueles que consideram o sinistro drama do Kremlin-Bicêtre um novo caso Lacenaire não se dão conta de que não há nenhuma semelhança entre o assassinato

---

15 Por exemplo, *Le Petit Parisien*, 9 nov. e 6 dez. 1895, e Supplément Illustré, 14 nov. 1895.
16 *Le Petit Journal*, Supplément Illustré, 10 maio 1908.
17 *Le Petit Parisien*, 16 fev. 1909; 7 nov. 1909.
18 Ibid., 13 jun. 1898.

A tinta e o sangue

do infeliz Lamare e a tentativa abortada que levou à prisão do bandido de 1835", salienta um jornalista, guardião vigilante das fontes sagradas.[19] Além de memória viva da lembrança popular e da crônica diária constituída pelo *fait divers*, a história do crime também tem seus anais e enciclopédias, desde as primeiras *Histoires tragiques de nostre temps*, de Francis de Rosset (1614),[20] até os dezoito volumes de *Causes criminelles et mondaines*, de Albert Bataille (1881-1898), cronista judiciário do *Figaro* e reputado o melhor especialista da questão na virada do século. Sem contar as obras de vulgarização, as inúmeras coleções em fascículos dedicadas aos grandes crimes "célebres" ou edificantes,[21] ou as séries do tipo "Bandidos do passado e do presente", ou ainda "O crime ao longo dos séculos", que os grandes diários populares publicam periodicamente.[22] E a história do crime também possui lamentos, teatros e relíquias – roupas, armas, moldes, cartões-postais ou retratos, como o de Troppmann, difundido aos milhares. E lugares sagrados, locais da tragédia, como a planície de Pantin, onde a lembrança de Troppmann faz a alegria de camelôs e ambulantes,[23] ou então a trágica vivenda de Nogent, onde morreu Bonnot, e diante da qual quase 100 mil pessoas teriam desfilado depois que foi dinamitada.[24] Por último, os locais de expiação, os do processo, os dos presos

---

19 Ibid., 21 dez. 1897.
20 Cf. Lüsebrink, *Les Représentations sociales de la criminalité en France au XVIIIe siècle*.
21 Por exemplo, a série *Crimes et criminels étranges*, de Paul de Sémant e Camille Gramaccini.
22 *Le Petit Journal*, 1895.
23 Perrot, "L'affaire Troppmann", p.35.
24 *Le Petit Parisien*, 17 maio 1912.

acorrentados e os da execução, que durante muito tempo serão um espetáculo incontornável.

Portanto, há uma história, ou mesmo uma cultura do crime, que fala em primeiro lugar para o homem do povo. Se o relato é seu modo exclusivo de expressão, que molda os destinos e plasma o acontecimento, este se declina numa vasta paleta, sempre renovada: o texto, é claro, paulatinamente investido de autoridade suprema, mas também a canção — que possui um circuito próprio de difusão, em especial a rua, lugar de encontro efêmero e passageiro com aqueles que a povoam —, a imagem e a gravura — que congelam poses e fisionomias por um bom tempo — e, finalmente, o cinema. Viva, dotada de ritos e tradições, de clássicos e modernos, essa cultura também possui valores simples e universais (o bom senso, a "sabedoria das nações"), bem como uma filosofia que oscila entre um fatalismo pronunciado e um relativismo baseado na realidade, na "dura realidade" da vida. Nessa perspectiva, trata-se menos de repisar o mesmo discurso obsessivo do que de ressuscitar periodicamente motivos e formas de uma cultura, e menos de temas fixados do que de imperativos de memória, uma memória coletiva e simbólica, ao mesmo tempo fonte e produto do imaginário popular.

Sem dúvida, esses relatos constroem uma memória mais do que uma história, ao menos no sentido em que Pierre Nora distingue os dois termos.[25] Aberta, vulnerável, às vezes dificilmente inteligível, a trama que eles esboçam não tem nada de uma representação consciente e problematizada. No mais das vezes, como os *faits divers* que a constituem, ela é apenas uma

---

25 Nora, "Entre mémoire et histoire", *Les Lieux de Mémoire*, t.I, p.XIX-XX.

estratificação de singularidades que ignoram soberbamente as leis que as organizam. Se ocorre de fato uma "promoção do imediato à história",[26] é no fim de um processo que esvazia a complexidade do acontecimento em proveito de suas virtualidades emocionais e afetivas, ou dos "valores eternos" ilustrados por ele. Exclusivamente narrativas, as formas discursivas ocultam, com vimos, todos os conjuntos de contingências ou casualidades que provocaram o crime: este é oferecido de fora, desmembrado num real transparente, sem aresta ou espessura, um pouco à maneira de um milagre ou revelação. Livre de toda consciência crítica, raramente capaz de questionar ou sair de seu quadro acanhado e convencional, o relato produz menos saber do que crenças ou categorias exemplares. Fechado e circular, é lugar de uma história opaca.

Se originalmente o relato de crime é uma criação coletiva, há muito tempo está nas mãos de profissionais, repórteres e *fait-diversiers* que, como vimos, são escribas submissos do policial ou do magistrado, apesar das rivalidades nos procedimentos. A rua, embora possa produzir histórias, não pode escrevê-las, pode apenas atestá-las. Nesse sentido, o relato significa menos uma intervenção do que uma despossessão. E sabemos que, no centro desse confisco, reside uma empresa de controle ideológico. Compartimentado, coberto por opiniões preestabelecidas e pareceres futuros, seu espaço é investido de significações implícitas que o *fait divers* não diz, mas dá a chance de dizer. Moralizar e edificar, defender e divulgar um sistema normativo baseado no respeito tácito e na resignação à ordem

---

26 A frase é de Nora, "Le retour de l'événement", in: Le Goff e Nora, *Faire l'histoire*, t.I, p.292.

social, essas parecem ser inequivocamente as funções principais de muitos desses relatos. Ao projetar no campo nacional um acontecimento *a priori* ininteligível fora do âmbito local, eles têm um papel determinante na constituição de um imaginário e de um discurso homogêneo da normatividade. Longe de ser um instrumento de apropriação ou de "conquista do presente", aquela história é a de um povo espectador.

Seria excessivo, no entanto, conceber tais relatos apenas como meros agentes da alienação cultural, e o saber que desenham apenas como "forma de intoxicação do espírito".[27] Seria emprestar a esses textos um poder que eles não têm e eludir a questão de seu uso social. Também seria supor, da parte do leitor, um olhar submisso e indiferente, uma apropriação imediata, sem distância ou defesa, e finalmente pouco conforme ao que se diz dos modos de recepção populares.[28] O tema ser edificante não significa que leitor seja edificado, ou edificável.[29] Se esses relatos podem sustentar tantas leituras e provocar tanto fervor, é porque restituem ao povo algo de seu próprio discurso, restauram fragmentos concretos de experiência, tiram o véu que encobre realidades percebidas como autênticas. Neles convergem duas lógicas distintas e não excludentes, uma integradora e normativa, outra desprendida e indiferente, que só está interessada em encontrar ali uma parte de si mesma.

---

27 Claude Willard in: Braudel e Labrousse (Orgs.), *Histoire économique et sociale da la France*, t.IV, v.2, p.921.
28 Cf. Hoggard e Thiesse, op. cit.
29 Cf. Vareille, "Les images d'Epinal sont-elles édifiantes?", in: Michaud (Org.), *L'édification*, p.95-103.

Vínculo social?

Nesse sentido, podemos nos perguntar em que medida essa enorme produção de narrativas não deriva de um "rito social" preocupado em consolidar identidades e consciência coletiva, apto a produzir discursos e coesão sociais em comunidades fragilizadas e desorganizadas. Evidentemente, o fenômeno é muito ambíguo: aos discursos e comentários que o crime provoca naturalmente no grupo juntavam-se aqueles, necessariamente artificiais, que o repórter tenta provocar (depoimentos, entrevistas e solicitações). A importância crescente que se dá à investigação, essa forma de olhar que se pretende adequada ao funcionamento da metrópole moderna, ainda contribui para embaralhar os registros. Efetivas ou artificiais, porém, há aqui tomadas de palavra que desvelam o homem da rua, o espectador estupefato, indignado ou às gargalhadas, mas também às vezes "engajado".

Solidariedades

Precipitado pela "grande depressão", o último terço do século XIX foi marcado por uma mudança rápida e radical dos vínculos e dos contextos sociais. A intensificação do êxodo rural, a generalização das formas de urbanização pós-haussmanianas que expulsam as populações operárias para as periferias, a rápida transformação das estruturas, dos setores e dos ritmos do trabalho industrial provocaram, nos meios populares urbanos, uma crise de identidade marcada pela sensação de isolamento e pelo desaparecimento das formas e referências tradicionais de sociabilidade. Com cargas e argumentos ideológicos diversos, autores tão diferentes como Durkheim, Tarde, Henry Joly ou Alfred Fouillée chegam à mesma constatação.[30] Dirigindo-se a uma cultura comum, associando indivíduos, grupos e territórios a um sistema coerente de valores e normas e, sobretudo, impondo-se como um grande produtor de comunicação social, o crime e o relato do crime puderam constituir-se como um fator de coesão e solidariedade.

Evidentemente, nessa virada de século, o *fait divers* perde algo de sua oralidade anterior. Evidentemente, pode aparecer como um "discurso secundário". Essa é a convicção de Tarde, que explica em *A opinião e as massas*[31] que a ofensiva da imprensa moderna consegue matar o discurso. Quando resiste, é porque o jornal se tornou sua fonte: "Ele começou como um eco prolongado das conversas e das trocas de correspondência, acabou sendo quase a sua fonte única".[32] Um discurso artificial, prossegue ele, que só pode partir do jornal para a ele retornar, condenado a comentar o curso forçado de seus temas ou a vacuidade de suas polêmicas. Futuramente, numa sociedade de massa cada vez menos disposta a se responsabilizar pelo funcionamento da vida coletiva e na qual progridem os movimentos de "privatização" e individualização, o *fait divers* seria o símbolo de uma comunicação empobrecida e de uma vida social atrofiada.

No entanto, a tendência nunca foi muito acentuada no contexto da virada do século. Ao contrário, parece que, mais

---

30 Durkheim, *De la division du travail social*; Tarde, "La jeunesse criminelle", *Revue Pédagogique*, p.193-215; Fouillée, *La France au point de vue moral*; Joly, *La France criminelle*.
31 Tarde, *L'opinion et la foule*.
32 Ibid., p.157.

do que uma compensação, o *fait divers*, e sobretudo o relato de crimes, continua sendo um objeto de comunicação, comentário ou interpretação pronto a transbordar numa infinidade de diálogos e conversas, rumores e sussurros. Tomemos alguns relatos:

> É grande a comoção causada em nossa região pelo horrível drama familiar de Rouilly-Saint-Loup, cujos pormenores eu lhes telegrafei ontem. Em toda parte se comenta o crime quádruplo de...
>
> Um drama terrível acaba de acontecer em nossa cidade, na qual suscitou forte comoção.
>
> A notícia do horrível assassinato cometido por Marius Chrétien contra a sra. Trouilh [...] provocou uma indescritível comoção em Boulogne-sur-Seine.[33]

Convencionais, rituais até, essas fórmulas lembram, porém, que um dos primeiros efeitos do crime e do relato que o prolonga parece ser a produção de dicursos e, com eles, da comunicação social. Com exceção de alguns casos particulares em que as portas se fecham — quando o crime afeta diretamente um indivíduo ou sua família, quando o medo, o verdadeiro medo, oprime uma comunidade, como em Pégomas entre 1906 e 1913, onde todos os relatórios judiciais frisam a atitude aterrizada dos habitantes enclausurados no silêncio[34] —, o crime

---

33 *Le Petit Parisien*, 21 dez. 1897; 26 jan. 1901; 15 jan. 1904.
34 Archives Nationales, BB18 2339/2.

faz falar. A "comoção" que a irrupção da violência criminosa provoca numa comunidade suscita em geral a produção de uma enorme quantidade de textos ou afins: *faits divers*, é claro, acompanhados de editoriais, artigos, desenhos e edições especiais, mas também *canards*, anúncios e cartazes, lamentos e canções, paródias e piadas.

Trata-se de oportunidades de encontro e conversa, de diluição do relato num conjunto complexo de usos e práticas sociais. Entre o ler e o dizer, a narrativa do crime ocupa um lugar de continuidade. O procurador-geral de Dijon constata:

> Augustine Mortureux foi assassinada há quatro meses, e esse crime continua fazendo tanto barulho como no primeiro dia. Todo mundo discute, todo mundo investiga, o Palácio da Justiça cresceu a ponto de ocupar toda a cidade. Testemunhas são convocadas em domicílio, tribunais são improvisados em qualquer lugar, até mesmo nos albergues da periferia.[35]

Evidentemente, tais agitações, muitas vezes criadas artificialmente por uma folha local, apoiam-se em problemas locais que o crime apenas traz à tona. Mas, para além da paixão crescente e frenética do público pela investigação policial, elas exprimem a amplitude dos discursos suscitados pelo acontecimento, lembram como o "Crime do Dia"[36] também alimenta a conversa do dia a dia, as sociabilidades de bairro e vizinhança.

---

35 Id., BB18 1990. Soube-se mais tarde que se tratava de um dos crimes de Vacher (id., BB18 2050).
36 "Crime du Jour", título de uma das seções de *L'Intransigenat* em 1907-1908.

"Uma multidão compacta permanece em frente ao domicílio de Albert Soleillant, na rue Charonne, 133. Os comentários vão devagar e sempre, e muitas comadres do bairro agitam-se, tagarelam e interpelam-se", escreve *Le Matin*, que pormenoriza uma a uma as conversas da multidão e publica uma fotografia da rua cheia de gente.[37] Periodicamente, a cidade se inflama com seus *faits divers* criminais: "No bairro, as pessoas mexericam, fazem suposições. Há rumores ..."; "M. mantém a opinião pública na expectativa. Todos comentam em toda a parte, nos bulevares e nas oficinas, nos restaurantes e nos cafés".[38]

Compósito, o fenômeno provém em primeiro lugar da própria estrutura do relato de *fait divers*. Inacabada, a escrita se tece com silêncios e espaços em branco cuja função é serem preenchidos pela palavra tomada. Esse espaço aberto, que mais apoia do que manifesta uma moral,[39] é objeto por excelência de conversas e vetor de sociabilidade. Nesse sentido, todo *fait divers* é ponto de apoio de conversas futuras. E a natureza criminal da narrativa acentua esse fenômeno. No mais das vezes, ler um relato de crime, roubo ou agressão impele o leitor a apropriar-se dele e reproduzi-lo na primeira oportunidade.[40] Trabalhado inicialmente pela memória – ele pode incorporar fragmentos de narrativas pertencentes à história coletiva –, depois pelo boato, o relato de crime se dissolve num grande processo no qual o acontecimento tende a desaparecer no comentário. Assim, cercado pelo discurso público e às vezes pelo rumor, o

---

37 *Le Matin*, 10 fev. 1907.
38 *Le Petit Journal*, 8 ago. 1906; *Le Petit Parisien*, 15 nov. 1910.
39 Vargas, "Le fait divers comme vérific(a)tion", *Digraphe*, n.40, p.107.
40 Ackerman, Dulong e Jeudy, op. cit., especialmente p.49-50.

fait divers ganha vida e se anima no comentário que o prolonga. Daí as pequenas notas preocupadas, tão frequentes nas seções de *faits divers*, em que os leitores fazem questão de esclarecer que nada têm a ver com esse ou aquele homônimo, ladrão, vítima ou assassino mencionado no jornal do dia anterior. Ainda que essa autonomia de difusão possa ser considerada limitada (inserindo-se num espaço discursivo delimitado, a história e o comentário tendem a abraçar os estereótipos do relato inicial), ela é a origem de uma operação de reformulação ou mesmo reapropriação do relato por seus atores iniciais, e o lugar de sua verdadeira dramatização e encenação social.

No contexto social dessa virada de século, o relato de crime — a observação vale para o conjunto dos *"faits divers"* — pode se imbuir de uma profunda virtude integradora, estreitar os laços de um tecido comunitário esgarçado. Para grupos desarraigados, oriundos do êxodo rural e privados de suas formas tradicionais de regulação e sociabilidade, ele é primeiramente uma oportunidade de discurso comum. E isso de maneira tanto mais efetiva quando nesse período conturbado, no qual a opinião tende a se dividir sobre questões políticas e ideológicas – o caso Dreyfus, a Separação,[41] a ofensiva operária e sindical –, o crime e a reprovação do crime aparecem como lugares de consenso em que se pode reconciliar sensibilidades e reformular provisoriamente o discurso da unidade nacional. Transcendendo as clivagens políticas, o tema é fecundo e unificador, como diz por meias-palavras René Viviani na Câmara, em 1897.[42]

---

41 Assim ficou conhecida na França a lei referente à separação entre Estado e Igreja, adotada em dezembro de 1905. (N. T.)

42 *Journal Officiel de la République Française*, Chambre, Débats, 5 abr. 1897, p.1078.

Decerto algumas dessas solidariedades, que se fundamentam mais no medo ou no ressentimento do que em experiências autênticas comuns, podem parecer insuficientes. Contudo, a coesão real que elas engendram elabora-se a partir de percepções negativas ou indiretas, e as formas de sociabilidade exacerbada que delineiam manifestam-se em deflação. Há nesse período uma abundância de casos em que, em cidades provinciais gangrenadas pelo tédio, a maledicência e os rancores reprimidos, o crime e a efervescência reacendem ódios e tensões, produzem representações suspeitas e sufocantes, nas quais todo Outro se torna uma ameaça em potencial. Em Eygurande, por exemplo, insuflada em maio de 1907 por um repórter do jornal *La Petite Gironde*, que acreditava ter ali o grande caso de sua carreira, a população inicia uma campanha raivosa e agressiva contra um morador acusado de assassinato.[43] Embora dê a dimensão do mal-estar social, esse tipo de coesão, em geral efêmero, desestrutura mais do que une, exclui mais do que inclui. Mas geralmente esses casos revelam rupturas profundas e preexistentes no tecido social, muitas vezes atiçadas artificialmente por algum jornal local ou chantagista.

Afora esses casos extremos, o *fait divers*, e mais ainda o relato de crime, pode representar um elemento constitutivo do tecido comunitário. "Forma de agregação tribal", para retomarmos a expressão de Michel Maffesoli,[44] ele possibilita que o indivíduo se reestruture em redes de familiaridade e sociabilidade, integre-se como ator e testemunha num espaço ao mesmo tempo geográfico e ético. Midiatizada, a representação do crime se

---

43 Archives Nationales, BB18 2358/2.
44 Maffesoli, *Autrement*, n.98, p.90-8.

transforma, assim, em um operador de coesão eficaz, na medida em que associa uma função integradora a uma forma de controle ideológico e social. Relatar o crime e a violência do crime é sempre encenar o mal-estar e as disfunções de uma comunidade, mas também é recordar seu pertencimento a essa mesma comunidade, a suas normas e valores, que os relatos apresentam incansavelmente para que sejam defendidos e difundidos.

Agente de regulação e "saúde social", o crime permite manter o nível da consciência coletiva e social, como salienta Durkheim em 1895.[45] E especialmente no interior desses grupos "secundários", que ele considera os mais aptos a realizar a integração social do indivíduo. Decisivo, o mecanismo de apropriação e identificação com as vítimas ao qual geralmente se arrimam esses relatos incita a comunidade a se unir em torno delas. Por exemplo, as exéquias das vítimas de assassinato reúnem às vezes um número impressionante de pessoas: nas de Marthe Erbelding em Paris, em fevereiro de 1907, ou nas de Brun em Marselha, em setembro de 1907, havia quase 100 mil, se nos fiarmos na imprensa.[46]

Faits divers obsessivos, os casos de cadáveres mutilados ou de mulheres esquartejadas, um dos *leitmotive* jornalísticos mais produtivos da época, explicam de modo simbólico essa função do relato. Relatos intermináveis, pois os leitores, convidados a sair em busca dos lúgubres pedaços para reconstituir o quebra-cabeça, podem retomá-los periodicamente. Sucedendo-se com uma espantosa regularidade, alimentam a crônica e provocam paixões. Em 1905, após a descoberta em Saint-Ouen de mais

---

45 Durkheim, *Les règles de la méthode sociologique*, p.89.
46 *Le Petit Parisien*, 15 fev. 1907; *Le Petit Provençal*, 8 set. 1907.

uma mulher esquartejada, uma jovem americana chega a oferecer mil francos a quem lhe fornecesse informações inéditas e precisas.[47] E o necrotério, tão frequentado no século XIX,[48] torna-se o lugar onde se sucedem as testemunhas tentando descobrir a identidade das vítimas.

Como muitos outros, esses casos se inserem em uma cadeia de memórias cujo elo inicial, o caso da "mulher esquartejada da rue Botzaris", é periodicamente relembrado. Não isentos de certo caráter vaudevilesco, alimentam o romance policial (Rouletabille redige seu primeiro "artigo de capa" graças ao "pé esquerdo" da mulher esquartejada da rue Oberkampf)[49] e atraem seu quinhão de embustes. Em janeiro de 1901, por exemplo, um zelador descobre na rue Théophile-Gautier um embrulho sujo no qual havia uma cabeça ensanguentada. Terror no prédio até a investigação constatar que a cabeça é... de cera.[50] Mas a representação persistente do corpo despedaçado aparece sobretudo como a encenação sublimada da desestruturação do corpo social.[51] Corpo sem cabeça ou cabeça sem corpo, a imagem da mulher anônima, espalhada em pedaços, remete *en abîme* à do corpo nutridor de uma Nação, de uma República ou de uma França dividida e esfacelada. Símbolo tanto mais pesado quando a descoberta do cadáver vem sempre acompanhada de um convite público para se procurar os pedaços e se reconstituir a integridade e a identidade do corpo

---

47 *Le Petit Parisien*, 9 fev. 1905.
48 Bertherat, *La visite de la morgue à Paris au XIXe siècle*.
49 Leroux, *Le mystère de la chambre jaune*, p.14.
50 *Le Matin*, 7 jan. 1901.
51 Jeudy, op. cit., p.113-7.

perdido, obra da qual a imprensa era explicitamente o arauto, se não o ator principal.

O espírito de investigação

Essa função do relato foi enormemente acentuada pela febre da investigação que os repórteres e *fait-diversiers* contribuíram para difundir, mas da qual a época inteira era bastante fecunda. Em um artigo famoso, Carlo Ginzburg mostrou como se impôs no fim do século XIX um modelo de saber alicerçado na generalização do indício e de seu questionamento.[52] Este encontrava no crime um terreno à sua altura. Porque, se a sociedade se tornava mais legível, a opacidade, em compensação, aumentava no plano individual. Para uma comunidade mais numerosa e mais urbanizada, na qual se desenvolviam o anonimato e a mobilidade geográfica, a abordagem indiciária se impunha pouco a pouco como o único modo de análise adequado.

Precisa e metódica, depurada de todo peso meditativo, a investigação era a forma moderna de abordagem do mundo, capaz de apreender o essencial sem negligenciar o fugaz, em pleno acordo com o reino da velocidade pela qual a época era fascinada.

Sem dúvida, o *fait divers* e o romance policial não ofereciam em geral mais do que uma versão caricatural da investigação. Entretanto, impunham um olhar e um estilo. De mais a mais, o romance policial, que mostrava mais do que qualquer outro a obsessão identitária e propunha uma espécie de representação romanesca do paradigma indiciário, disseminava a ideia de que,

---
52 Ginzburg, op. cit.

em cada um de nós, existe um detetive em potencial. Além de o relato, rigorosamente finalizado, exigir que o leitor questione o texto, procure e reúna os indícios em séries significantes, são muitas as intrigas que põem em cena uma pessoa comum possuída pelo demônio da investigação. Em *A agulha oca*, Maurice Leblanc coloca no centro do palco um jovem colegial. Em *L'énigme de la rue Cassini* de Georges Dombres, o químico Michel Prouvaire (sobrenome eloquente!) se envolve de corpo e alma numa sombria investigação criminal, levado pelo "desejo de saber [...] e pela secreta paixão pela aventura". Para o sr. Monocle, detetive amador, a investigação é o único remédio contra o tédio e a ociosidade.[53]

Triunfando tanto no rodapé como nas colunas dos diários populares, o "sherlockismo" e a paixão pela investigação se propagam rapidamente por todo o país. O mais simples é, evidentemente, apelar para um profissional, um agente da inteligência ou um inspetor da Sûreté, como aquele burguês da província que, descontente com a investigação oficial, contrata por 300 francos um detetive da capital.[54] Também aumenta o número de aprendizes de detetive que oferecem seus serviços às brigadas de investigação, às redações dos jornais ou a um escritório qualquer de inteligência ou polícia privada. As agências de inteligência e os detetives particulares demonstram uma vitalidade impressionante. Em Paris, por exemplo, nos vinte anos anteriores à guerra, o número de agências aumentou espetacularmente de 7, em 1890, para 51, em 1913.[55]

---

53 Dombres, op. cit., p.11 e p.25-8; *Je Sais Tout*, 1911.
54 Archives Nationales, BB18 2358/2.
55 *Almanach du Commerce et de l'Industrie Didot-Bottin.*

Inspirados por tais exemplos, muitos cidadãos – aqueles que Marcel Prévost lamenta que a leitura de *Sherlock Holmes* lhes tivesse virado a cabeça[56] – também participam de longas e minuciosas investigações "policiais". Mas não foi a perspicácia de uma leitora do *Petit Journal* que em setembro de 1910 possibilitou a prisão do assassino do barão de Montrode?[57] E o que dizer do jovem corretor que, disfarçado e maquiado, vai investigar até em Viena para encontrar o vigarista que o roubou? "Sherlock Holmes não teria feito melhor", diz a manchete do *Matin*, que também publica a fotografia desse engenhoso detetive amador.[58]

Procurar a verdade, envolver-se de corpo e alma em crimes que implicam parentes ou amigos não tem obviamente nada de inédito, mas as formas que tomam algumas dessas intervenções parecem notáveis. O caso de Istres, que começa em junho de 1882 com o duplo assassinato do casal Langier, oferece, sem dúvida, um dos mais belos exemplos.[59]

Apesar da improcedência judicial a que levou a instrução, o caso suscita uma grande agitação durante oito anos. No fim de 1882, o município, que se encarregara da investigação e possuía "o seu" culpado, transmite à Justiça um memorando de 428 páginas intitulado "Investigação administrativa sobre o duplo assassinato do casal Langier, na praia, em 10 de junho de 1882". Refutando a argumentação oficial, o documento inclui um relato do crime, reconstituído nos mínimos detalhes, a planta do local

---

56 Prévost, "Préface", in: Morton, *Comment on devient détective*, p.7.
57 *Le Petit Journal*, 23 set. 1910.
58 *Le Matin*, 30 abr. 1913.
59 Archives Nationales, BB18 1823.

com o itinerário do assassino e uma conclusão inequívoca: "[...] avaliamos que o supracitado M. é o autor do duplo assassinato [...] e que, consequentemente, ele está sujeito às penas estabelecidas pelo Artigo 304 do Código Penal". Um ano depois, atacando "aqueles que, acreditando-se policiais natos, têm mania de descobrir criminosos com a ajuda de induções fantasiosas", o procurador-geral de Aix ainda lamenta o clima de suspeita generalizada que assola a cidade. Em 1886, o município envia ao tribunal um novo dossiê, revisto, aumentado e, sobretudo, intitulado de forma sugestiva: "O crime da praia". Plantas e mapas são mais precisos, em especial os da reconstituição, realmente extraordinária, do itinerário do assassino e das circunstâncias do crime. O tom é mais peremptório e as conclusões, acompanhadas de uma petição com 503 assinaturas e numerosas cartas de denúncia, são afirmadas com mais premência. Apesar da intervenção de vários deputados e do interesse manifestado temporariamente pelo *Matin*, o caso é enterrado em 1890. Mas, durante todos esses anos, Istres viveu um impressionante romance policial coletivo.

Encontramos características semelhantes em um caso um pouco posterior. Convencidos de que sua filha, cujo cadáver fora resgatado do canal do Ródano-Reno, fora assassinada – a instrução concluíra que fora um acidente –, o casal Paur empreendeu uma longa investigação pessoal de 1895 a 1897: exumação do cadáver, análise da roupa, coleta de testemunhos. Cada uma das três petições sucessivas que eles redigem para acusar um guarda da eclusa do canal têm mais de doze páginas inteiramente escritas, uma fotografia da vítima, a planta do local, relatos dos fatos hora a hora, provas (sobretudo o laudo pericial do farmacêutico que analisou manchas suspeitas na roupa da menina), testemunhos e deduções. Tudo numa atmosfera absolutamente "policial", recheada de "Mistério!" e pistas reveladoras.[60]

O mesmo procedimento, excluído o estilo folhetinesco, aparece no memorial publicado pelo barão de Vaucroze em 1900. Preocupado em inocentar seu irmão caçula, suspeito de assassinar a mãe deles, ele empreende durante dois anos uma contrainvestigação metódica que resulta na publicação de uma luxuosíssima brochura de doze páginas, *L'affaire de Vaucroze*. Classificando sistematicamente testemunhos, laudos periciais, atas e resultados das confrontações, ele conclui que o irmão é inocente.[61]

Apesar da disparidade, esses três exemplos refletem muito bem a generalização de práticas e representações que se baseiam em investigação, indícios, e delineiam uma espécie de nova forma de abordar o real e o mundo.

A curiosidade habitual dos meios populares pelo espetáculo da rua adapta-se sem esforço a essas formas de ver. Detectar os "sinais sensíveis", decifrar e decodificar indícios, por acaso não é brincar de ator sem abrir mão de ser espectador, levar ao extremo a lógica do *fait divers*? Praticada pela imprensa popular, aguçada pelas solicitações dos repórteres, a paixão pela investigação às vezes adquire uma amplitude considerável. Além dos apelos a testemunhos e da grande quantidade de entrevistas de porteiros, cocheiros, vizinhos, transeuntes, comerciantes de vinho ou de fumo, a efervescência em torno de certos crimes, que podem ocasionar verdadeiras ofertas públicas de in-

---

60 Id., BB18 2021.
61 Id., BB18 2077.

vestigação, acentua a diluição e a circulação coletiva do relato, transforma-o em pretexto de conversa, troca ou uso da palavra. "O público [...] quer refazer toda a investigação por conta própria e com seus próprios meios", observa um contemporâneo.[62] Crime misterioso por excelência, o caso Steinhel "forneceu o tema geral das conversas durante um longo período. Cada um tinha sua versão, sua ideia, sua pista. Cada um zombava das explicações que lhe davam, cada um se dizia capaz de resolver o mistério e descobrir o culpado!".[63]

Com exceção dos temas sérios, como a delinquência apache ou anarquista, ou a violência doméstica, muitos *faits divers* dão origem a verdadeiras mobilizações públicas. É o que ocorre em especial nos casos de cadáver desconhecido ou desaparecimento. Somando-se às dos municípios e dos conselhos gerais, as ofertas de prêmio ou recompensa lançadas pelos jornais – ou indivíduos utilizando a tribuna dos jornais – contribuem para estimular a participação do público.

Um bom exemplo dessas investigações públicas organizadas pelos jornais populares é o desaparecimento do padre de Châtenay. No dia 23 de julho de 1906, Joseph Delarue, padre da pequena paróquia de Châtenay, próxima de Étampes, desaparece misteriosamente. Depois de alguns dias de indecisão, os jornais nacionais entram no caso com uma avidez sem precedentes. Assassinato, fuga, aposentadoria ou suicídio místico, acerto de contas político, atropelamento, todas as hipóteses são avaliadas num clima de extrema efervescência. Duas teses acabam se impondo. A de assassinato cometido por um dos

---

62 Prévost, op. cit., p.8.
63 Id.

"*gars de batterie*",[64] tão numerosos em agosto na região de Beauce, é privilegiada pelos habitantes de Châtenay, pelo tribunal de Étampes e pela instituição eclesiástica. A da aventura amorosa é a preferida dos céticos, dos debochados e dos anticlericais.

Durante todo o mês de agosto, os jornais promovem uma verdadeira orgia de hipóteses, especulações, presunções e, sobretudo, entrevistas. Amigos, parentes, vizinhos, colegas, médicos, camponeses, transeuntes, ninguém escapa à "obsessiva perseguição dos repórteres",[65] que cada dia traz seu quinhão de artigos recheados de "Mistério!", pontos de interrogação e da pergunta fatídica: "Que foi feito do padre de Châtenay?". Finalmente, em 24 de setembro, Delarue é encontrado em Bruxelas, acompanhado de Marie Frémont, a professora da escola que o sacerdote fundara em Châtenay três anos antes.

Além de seu caráter vaudevilesco, o caso provoca tal agitação durante todo o verão que as autoridades judiciárias acabam se preocupando.[66] *Le Matin*, que ofereceu um prêmio de mil francos a quem encontrasse o padre, encarrega dois de seus redatores de recrutar trinta homens para organizar uma batida, descobrir o cadáver ou, na falta dele, algum indício revelador.[67] O exemplo é imitado alguns dias depois por um amigo do desaparecido, que recomeça as buscas com uma equipe de 25 homens.[68] Evidentemente os aldeões participam dessas gran-

---

64 *Gars de batterie* (caras briguentos): trabalhadores agrícolas desempregados que mendigavam e eram considerados propensos a se meter em brigas e altercações. (N. T.)
65 *Le Petit Journal*, 27 set. 1906.
66 Archives Nationales, BB18 2322/1.
67 *Le Matin*, 12 e 13 ago. 1906.
68 *La Croix*, 14 ago. 1906.

des batidas, mas também muitos curiosos que, munidos de pás e picaretas, e acompanhados de cães, começam a explorar os arredores. "Na estrada, no mato, nas pedreiras, numerosos batedores revistam tudo", escreve um repórter.[69]

Todos refazem de bicicleta os 30 quilômetros que separam Étampes de Châtenay, a estrada na qual o pároco desaparecera; outros propõem drenar as lagoas da região. Dezenas de "provas" são descobertas: chapéu, bicicleta, meias, terço, casaco, faca, trapos, panos ensanguentados. "Parece que o antigo Carreau du Temple[70] foi transferido para Étampes", observa um jornalista.[71] A cidade se transforma em acampamento de base para os investigadores, os hotéis e os restaurantes recusam a multidão. "Em todas as esquinas das ruas aparecem grupos gesticulando, dos quais partem gritos e risadas de gracejos."[72] Mas a febre não se limita ao perímetro de Châteney. De Calais, onde Delarue embarcara no *Dover*, de Biarritz, onde fora visto num hotel, de Nevers, onde se encontrara com a "mulher de seus pensamentos", surgem informações, indicações e pistas. Em Rouen, dizem que ele estava enterrado num jardim; em Argel, que assentara praça na Legião Estrangeira. "A característica desse caso é sobretudo a quantidade de inexatidões que se tem dito acerca dele", comenta com lucidez um repórter.[73]

---

69 *Le Matin*, 17 ago. 1906.
70 Mercado coberto construído entre 1788 e 1790 no local onde desde a Idade já havia mercado. Servia sobretudo para o comércio de tecidos e roupas usadas. Foi aumentado e depois demolido, dando lugar em 1863 a um edifício de vidro e tijolos. (N. T.)
71 *Le Petit Journal*, 22 ago. 1906.
72 *Le Petit Parisien*, 26 set. 1906.
73 *Le Petit Journal*, 27 set. 1906.

Nesse folhetim de suspense que o país inteiro ajuda a escrever, "a imaginação consegue inventar coisas espantosas".[74] Uma vez terminada a fase dos indícios, começa a da interpretação. As cartas chegam às centenas ao tribunal de Étampes e, sobretudo, às redações dos diários, que as publicam generosamente. Aqui está uma que mostra bem o frenesi interpretativo que se apodera do país:

> Apaixonado, como tantos outros, pela leitura do caso do pobre pároco de Châtenay assim que aparece no *Petit Parisien*, eu me permito trazer, por minha vez, quiçá a maneira de encontrar a pessoa que, durante certo tempo, se apropriou da bicicleta do padre.
> Em primeiro lugar:
> 1. "Subiram o selim". Se o proprietário não tinha uma bolsa de ferramentas [...].
> 2. A bicicleta possuía uma bomba? Do contrário, os pneus devem ter murchado e é fácil constatar [...] eles devem estar gretados nas bordas e apresentar um achatamento; além do mais [...] etc.[75]

Alguns anos depois, encontramos contribuições semelhantes em relação ao roubo da *Mona Lisa*, que alguns jornais preferem chamar por um nome mais sugestivo: "O enigma do Pátio da Esfinge". Também aqui a investigação inflama imaginações e mobiliza energias entorpecidas pela canícula estival.[76] As perguntas feitas incansavelmente pelos repórteres – como

---
74 *Le Petit Parisien*, 23 ago. 1906.
75 Id.
76 Coignard, *On a volé la Joconde*.

conseguiram tirar a tela da moldura? e do museu? e da França? mas quem foi? um colecionador? ladrões internacionais? um louco? será que tudo isso não passa de um embuste? – também suscitam uma intensa participação do público. Pilhas de cartas, anônimas ou não, amontoam-se na administração da Direction des Beaux-Arts, na Sûreté e principalmente nas redações (*L'Illustration*, *Paris-Journal*), que estimulam o zelo dos leitores com promessas de prêmios substanciais. Com as recompensas oferecidas pela Sociedade dos Amigos do Louvre e por um rico amante das artes, estão em jogo ao todo quase 125 mil francos.[77]

Cada cidadão apresenta sua pista, seu indício, sua explicação, num clima de verdadeira quermesse de indícios. Um veterano dos Bat' d'Af oferece seus serviços a 40 francos por dia; uma "governanta encostada" sugere que se anuncie, para baixar a guarda do ladrão, que a tela fora encontrada (e acrescenta à carta o artigo redigido de próprio punho!); um general põe sua cópia pessoal à disposição do museu; e um funcionário da Casa da Moeda propõe um novo dispositivo de alarme.[78]

Aqui, como em Châtenay, o vaudevile não está longe.

Celebrações

"Nenhum crime espetacular, nenhum escândalo abafado, nenhum político envolvido em negociata, nem mesmo uma dama elegante presa por roubo numa grande loja! Ah", suspirou o sr. Peyroussin estirando os braços, "como este mundo é

---

[77] Ibid., p.35.
[78] Archives Nationales, F21 4481, apud ibid., p.36-7.

tedioso!..."[79] Emprestadas a um personagem de romance, essas palavras ilustram bastante bem o caráter cômico que o *fait divers* criminal pode assumir. Apesar de exprimir antes de mais nada o conformismo e a norma social, o relato também pode ridicularizar esse mesmo conformismo, provocar o riso ou o escárnio. Eclético, o teatro do crime oferece alternadamente o trágico e o cômico, e às vezes até mesmo a farsa, e não é raro que os gêneros se misturem e se confundam.

Do espetáculo e da brincadeira...

"Eu acredito que zombamos de tudo que nos contam", escreve um redator do *Matin* em 1907, embora o jornal esteja sempre recheado de relatos assustadores e cenários catastróficos. "Os teatros vivem lotados. Os *music halls* recusam a entrada de muita gente. Vi uma alegre multidão passeando nos bulevares [...]. No mais, as revoluções, os impostos, as catástrofes, os crimes, nós fazemos pouco caso disso tudo", prossegue com lucidez.[80] Esse também é o sentimento do deputado Raoul Perret, que descreve para *L'Aurore* "o bom leitor que, depois de ler rapidamente o relato de um assassinato no jornal, sacode a cabeça, pensando que é muito triste e há, realmente, fatos e pessoas abomináveis neste mundo, e logo passa para o artigo seguinte".[81] E Gaston Leroux, que conhece o *fait divers* melhor do que ninguém, empresta em 1903 as seguintes palavras a um personagem de romance, um pequeno burguês tão conformista que nunca seria suspeito de praticar leituras subversivas:

---

79 *La fin de Fantômas* (t.XXXII), p.823.
80 *Le Matin*, 3 jun. 1907.
81 *L'Aurore*, 1º set. 1908.

Se fôssemos nos assustar com tudo o que contam os jornais, *nós teríamos muito terror pela frente!* Os pequenos *fait-diversiers*, em particular, gostam de reconstituir os acontecimentos com uma imaginação surpreendente até para o crime. Necessitam de seu sanguezinho cotidiano. Chega a ser risível: uma facada a mais ou a menos não lhes custa nada e, quanto a mim, só dou de ombros. Realmente, as facadas dos senhores jornalistas não perturbam a perfeita serenidade das minhas digestões...[82]

Portanto, para muitos, o crime e o relato do crime continuam sendo um simples espetáculo de rua, exterior e longínquo, marcado por aquele "distanciamento do real"[83] de que os críticos do gênero se esquecem com tanta facilidade. Às leituras "positivas" ou ingênuas do *fait divers* acrescentam-se o "consumo indolente" e o olhar distraído do leitor popular, oscilando entre a indiferença, o cinismo ou a franca gargalhada.[84] "Leiam os assassinatos, é mais engraçado", exclama Coupeau em *A taberna*.

De mais a mais, certos relatos empregam deliberadamente termos muito engraçados. Onipresente no plano lexical, a palavra "teatro" é uma metáfora altamente significativa: trata-se de um espetáculo apresentado antes de mais nada nas colunas dos jornais e, se alguns casos merecem a denominação de "dramas", muitas representações são apenas diversão. Vimos especialmente que os roubos, os assaltos ou as fraudes podem ser apresentados num tom jocoso e bem-humorado que às vezes

---

82 Leroux, *La Double vie de Théophraste Longuet*, p.621.
83 Thiesse, op. cit., p.49.
84 Hoggart, op. cit., *passim*.

lhes dá um caráter de teatro de bulevar. Aliás, esse foi o sentido de grande parte do caso Casque d'Or: uma vendeta suburbana que tinha muito mais a ver com o teatro de variedades do que com a segurança "pública". O fato de uma heroína como Casque d'Or passar diretamente da crônica policial para o *music hall* – ela interpretou *La sauvage de Paris* [A selvagem de Paris] alguns dias no teatro Bouffes-du-Nord, até a chefatura proibir a revista – é mais do que natural. Acontece o mesmo com os folhetins criminais da época, como os casos Humbert, Galley ou Steinhel. Como se, para compensar seus danos e disfunções, a cidade sentisse necessidade de transformar periodicamente algumas de suas tensões em objetos de diversão.

De fato, o crime e o relato do crime se tornaram um espetáculo tão apreciado que podemos nos perguntar se certas pessoas desejosas de se apresentar nesse cenário tão excitante não inventavam literalmente seu papel e seu tema. Simular um crime ou uma agressão para esconder um roubo, um encontro frustrado ou uma aventura amorosa é frequente, com toda a certeza, mas alguns casos, que mais parecem um "mistério do quarto amarelo" real, em que a simulação não parece ligada a nenhum motivo aparente ou combinado, são intrigantes. Em 1913, por exemplo, a condessa de Rougé é agredida e quase estrangulada por um assaltante que entrou na residência sem arrombar portas ou janelas, sem deixar vestígios e, é claro, sem roubar nada. Mesmo cenário em janeiro de 1914, quando a sra. Foucauld é "agredida" por um malfeitor em seu domicílio. Nos dois casos, a polícia conclui que houve "autossugestão criminal" de pessoas nervosas e impressionáveis.[85]

---

85 *Le Matin*, 17 e 18 abr. 1913; *Le Petit Parisien*, 13 jan. 1914.

Supermidiatizada, a proliferação de relatos de agressões e assaltos noturnos, muitos dos quais são notoriamente falsos, também tende a projetá-los na dimensão do puro espetáculo. O excesso de relatos provoca uma espécie de desinvestimento afetivo que favorece mais o riso do que a preocupação. Afinal, o assalto noturno, noticiado com tanta complacência, não se tornara um dos "prazeres de Paris", que os transeuntes observam com assombro e diversão, como mostra um desenho do *Journal*?[86] Esse tipo de caricatura, que desarma o acontecimento pelo sarcasmo, é muito frequente nos jornais mundanos, como *Le Gil Blas* ou *Le Figaro* (desenhos de Sardena, Abel Faivre, Albert Guillaume, Jean-Louis Forain), e naturalmente nas folhas satíricas, como *Le Rire* ou *Fin de Siècle*. Como se quisesse dizer ao público intelectual ou informado que nada daquilo era sério.

Essa dimensão lúdica é, evidentemente, onipresente no romance popular. Como recorda alguns anos depois o autor de *Fantômas*, o livro popular é daqueles que "ninguém leva a sério", que a gente "só lê para se divertir".[87] No caso do romance policial, numerosos fatores contribuem para acentuar tal caráter. Em primeiro lugar, ele está na própria estrutura do texto, que, apesar dos frequentes indícios de ser artificial ou caricatural, incita uma leitura completa, urgente e pragmática. Além disso, os autores mais "letrados" não hesitam em praticar uma escrita "barroca" e distanciada que, em clima de irrisão generalizada, se desenvolve em registro substancialmente paródico. É o caso sobretudo de Gaston Leroux, *enfant terrible* do romance popular,

---
86 *Le Journal*, 8 fev. 1903.
87 Allain, "Du roman populaire et de ses possibilités commerciales", in: *Fantômas*, t.II, p.1239.

que se aventura em todos os estilos com a mesma dose de irreverência e pasticho.[88] O sucesso de uma série como *Arsène Lupin*, de Maurice Leblanc, explica-se em grande parte pelo motivo burlesco e pelos gracejos de um herói cuja principal preocupação é fazer "a galeria rir". "Ah, a comédia das boas! O blefe admirável! A farsa monumental e reconfortante numa época tão apática!", observa o autor a propósito de uma das proezas do personagem. Mas o comentário vale para toda a série, cujo espírito ele resume muito bem.[89] Num nível menos elaborado, a queda no Grand-Guignol, perceptível em tantos textos (*Zigomar*, *Fantômas*, *Chéri-Bibi*), também confirma o desejo de divertir acima de tudo.

O fenômeno é reforçado pela prática de jogos e competições que se generaliza rapidamente. O sinal é dado em 1903 pelo *Matin*, que transforma *Le chercheur de trésors* [O caçador de tesouros], de Gaston Leroux, no primeiro romance de concurso — "romance para se viver", diz o jornal — da história da literatura. Equiparando-se ao famoso concurso dos "grãos de areia" proposto na mesma época pelo *Petit Parisien*, é um dos primeiros concursos promovidos por um jornal para os seus leitores.

> Seis tesouros de 3 mil francos cada, representados por seis medalhões de prata polida, e um tesouro de 7 mil francos, representado por uma plaqueta de prata, foram escondidos pelo *Matin* em locais acessíveis a todos [...] basta ler o presente ro-

---

88 Cf. a análise de *Chéri-Bibi* efetuada nesse sentido por Vareille, *L'Homme masqué, le justicier et le détective*, p.93-102.
89 Leblanc, op. cit., p. 209.

mance para se informar sobre os lugares em que se escondem os diversos tesouros.[90]

Vinte e cinco mil francos que garantem, simultaneamente, o lançamento do romance, sua continuação e a imagem do *Matin*. Toda semana, a descoberta do "simulacro" é acompanhada de um artigo que apresentava o nome e o perfil do vencedor, mas também pormenoriza as iniciativas e os "truques divertidos" de leitores transformados em aprendizes de detetive. Um arquivista do museu Carnavalet teria declarado "que nunca os mapas de Paris tiveram tantos fãs".[91] Transposição exemplar da leitura indiciária e lúdica do romance policial para o real, o acontecimento revela a paixão pela investigação.

Tais tipos de lançamento tendem a se multiplicar. Em 1905, as primeiras aventuras de Arsène Lupin ocasionam diversos concursos e questionários na revista *Je Sais Tout*. "Como Arsène Lupin fugirá?", pergunta a revista ao publicar *La prison d'Arsène Lupin*, e premia a resposta "mais próxima da 'verdadeira'" com 50 francos. "Qual será a próxima vítima de Arsène Lupin?", pergunta ao leitor no mês seguinte.[92] A operação se prolonga por seis séries e atribui um primeiro prêmio de 500 francos ao conjunto das melhores respostas. Em 1908-1909, a publicação de *A agulha oca* origina um novo concurso. Os grandes periódicos seguem o movimento. Em 1913, por exemplo, *Le Matin*

---

90 *Le Matin*, 5 out. 1903, apud Oliver-Martin, "Le phénomène Gaston Leroux", *Europe*, n.626-7, p.4.
91 *Le Matin*, 22 out. 1903.
92 *Je Sais Tout*, 15 dez. 1905, p.672; 15 jan. 1906, p.742.

pergunta aos leitores: "Quantas vezes se consegue escrever a palavra Chéri-Bibi com um pacote de macarrão de letrinhas?".[93]

É talvez *L'Oeil de la Police* que exprime melhor esse parentesco entre o *fait divers*, a investigação e a caçoada. A especificidade dessa publicação reside precisamente na íntima associação do *fait divers* sanguinário ao romance policial e à zombaria. O fato de um periódico poder anunciar lado a lado "Mulher estripada pelo marido" e "Jogos-Concursos do Detetive Amador" é significativo do que o leitor pode encontrar. Longe de ser simples acessórios, os jogos se impõem como um elemento constitutivo. Logo no primeiro número, três "jogos-concursos" são propostos ao leitor. Alguns estão ligados aos relatos policiais publicados pelo jornal: adivinhar palavras omitidas, prever reviravoltas, identificar o culpado etc. Outros são verdadeiras seções. Por exemplo, em "As velhacarias de G. Duflair", o leitor tem de descobrir o dinheiro do ladrão a partir dos indícios deixados pelo desenhista, seguir os rastros na lama ou as pegadas na neve, identificar "o assassino do padre François". Mas há também exercícios de grafologia criminal, as gafes de "Lagaffe, o detetive trapalhão", e o inevitável "Crime da rue Machin", em que o assassino espalha pedaços do cadáver por toda a parte. Os "jogos-concursos" perdem um pouco de seu esplendor, mas até 1914 são um dos elementos indispensáveis à economia geral da publicação.

...ao vaudevile

À parte questões graves, que suscitam reprovação cabal – assassinatos e estupros de crianças, segurança em ruas ou es-

---
93 Apud Olivier-Martin, op. cit., p.12.

paços públicos, atentados contra a intimidade do lar –, muitos *faits divers* são apresentados e, sem dúvida, percebidos na forma de vaudevile. Do rodapé, a farsa pode invadir as outras colunas sem o menor esforço. Robustecidos pela benevolência cada vez maior com que os repórteres abordam a investigação, esses casos – que podem igualmente assentar o pertencimento comunitário, pois o riso, mais do que o medo, é o operador da solidariedade – demonstram antes de mais nada essa pulsão lúdica que permeia a crônica, espaço tanto de diversão quanto de aflição.

O caso de Châtenay, edificante em tantos aspectos, oferece o melhor exemplo dessa tendência vaudevilesca. Além do caráter grotesco que a enxurrada de hipóteses a que se dedicam os repórteres adquiriu em pouco tempo, a farsa nasce de dois elementos sucessivos: a irrupção de uma legião de magos, charlatães e outros "rapinantes" e, talvez mais ainda, as circunstâncias do fim do episódio. A busca do cadáver do padre atraiu a Châtenay uma multidão de "reclamistas", mistificadores e farsantes de ares pitorescos. A iniciativa parece partir de Arthur Dupin e Louis Marle, do *Journal*, que têm a ideia de levar o primeiro mago ao local, o faquir Devah, "brâmane" cingalês, "professor de ciências hinduístas" e "professor de fisiognomia". Aparição espetacular, tanto mais por ser acompanhada de um golpe de mestre: a descoberta num matagal de uma bicicleta oficialmente identificada, alguns dias depois, como sendo a do padre desaparecido. Acusando o golpe, *Le Matin* contra-ataca no dia 19 de agosto, contratando dois domadores famosos, os irmãos Pezon, que percorrem o local do "drama" com uma hiena faminta, da qual se espera que encontre o cadáver do padre. Devah, que chama a atenção cheirando a areia, chupando pedras ou comendo terra, não demora a topar com um segundo mago, o faquir Ramanah, cuja principal glória foi ter previsto em 1906 a eleição de Fallières. Enquanto Devah percorre o campo com roupas de ciclista, levando atrás dele uma multidão de curiosos e jornalistas, Ramanah trabalha entre quatro paredes, de turbante e albornoz, promove cerimônias místicas, degola galinhas e comenta suas visões. Em breve, juntam-se aos dois hindus um terceiro mago, o sr. De Alvis, uma cartomante, a sra. Flaubert, e o famoso hipnotizador Pickmann, o "leitor de pensamentos". Assim, as exibições burlescas e espalhafatosas dessa equipe heteróclita, que os camponeses de Beauce logo apelidam de "os bruxos", recebem durante quinze dias as honras da imprensa nacional. Denunciando essa "feira de prodígios" ou "o belo tribunal adormecido", os jornalistas denigrem unanimemente "bruxos" e "rapinantes" que parodiam o trabalho da justiça.[94] Nenhum deles vê, ou não quer ver, que as imagens da hiena espelham, da forma mais grotesca possível, uma representação impressionante deles próprios.

Mas foi sobretudo no desfecho do caso que rebentou todo o burlesco. Desde o fim de agosto, quando se soube da viagem precipitada da professora de Châtenay, a tese da aventura amorosa reapareceu com força. O tradicional lamento "em honra à vítima" foi substituído por uma modinha ligeira, uma canção de Moricey: *Ous'qu'il est, l'curé d'Châtenay* [Onde andará o pároco de Châtenay?], que faz sucesso no Alcazar d'Été.[95]

---

94 *Le Rappel*, 21 ago. 1906; *L'Écho de Paris*, 16 ago. 1906.
95 [Café-concerto parisiense fundado em 1860; fechou as portas em 1914. (N. T.)] *Le Petit Journal*, 17 ago. 1906; Romi, *Histoire de cinq siècles de faits divers*, p.183.

O acaso faz com que Delarue aparecesse em Bruxelas, obviamente acompanhado de Marie Frémont, no dia exato em que a família e os paroquianos enlutados celebravam, na igreja de Châtenay, uma cerimônia fúnebre em sua memória! Por acaso é possível, especialmente no contexto da Separação e de suas consequências, dar à aventura um caráter mais vaudevilesco?

Uma vez passadas as primeiras gargalhadas – ou a consternação no campo clerical –, muitos acham que Delarue exagerou na zombaria. A farsa adquire um gosto amargo quando o público fica sabendo que, além dos 15 mil francos que *Le Matin* pagara pela publicação em folhetim das memórias do ex-pároco, este recebera o prêmio de mil francos prometido pelo mesmo jornal a quem o encontrasse vivo ou morto.[96]

No entanto, o vaudevile não para aí: um "enviado do monsenhor" tenta chamar à razão a ovelha desgarrada; os repórteres, que o seguem dia e noite, fazem questão de esclarecer as "contradições" que detectaram em suas explicações; um teatro e um circo lhe propõem subir ao palco; em Paris, bêbados se engalfinham gritando: "Eu sou o padre Delarue!". "Chega!", escreve Albert Thomas no *Humanité*. Chega "de tratar o público como um bando de imbecis".[97] Não podemos afirmar que ele esteja com a razão. Afinal, o público não morreu de rir com o caso?

---

96 *Le Petit Journal*, 28 set. 1906. Suas memórias, devidas à pena de Georges de Labruyère (Archives Nationales, BB18 2369), foram publicadas no *Matin* de 27 de setembro a 6 de novembro de 1906.
97 *L'Humanité*, 23 ago. 1906. *Le Libertaire* publicou uma paródia do caso: "Aventures bizarres mais absolument authentiques de l'abbé Delarue, par Pruneau-Vara", em 30 de setembro, 7 e 14 de outubro de 1906.

Exemplar, o caso de Châtenay não é um acontecimento isolado no período, que parece apreciar esse gênero de desvios burlescos. Encontramos excessos parecidos no caso Steinhel, em 1908, quando o brâmane Timur-Dhar, acompanhado de dois outros necromantes, invoca sobre o túmulo a alma do pintor assassinado.[98] Em 1910, um novo Châtenay parece se repetir com o desaparecimento do pároco de Irancy, na Borgonha, mas aqui se trata de um padre banal e vigarista e o caso não prossegue.[99] Em 1911, um "professor de matemática celeste" busca fama dando consultas de "astrologia judiciária" em seu domicílio.[100] No mesmo ano, o roubo da *Mona Lisa* atrai sua cota de iluminados, exaltados e fantasistas: um hipnotizador de Montpellier, muitas videntes e uma quiromante.[101] Graças às revelações de Razel, seu anjo da guarda, um espírita se diz capaz de revelar a identidade do ladrão.[102] No caso Cadiou, em 1914, *Le Matin* convida a sra. Hoffman, vidente conhecida como a pitonisa de Nancy, a encontrar o cadáver desaparecido do industrial bretão.[103]

Em outro registro representativo das grandes farsas *fait-diversières*, os jornais cobriram com grande entusiasmo, no outono de 1910, o caso Meynier, também conhecido como "o mistério da rua de Londres". Assassino de sua amante, a baronesa de Ambricourt, o capitão Meynier conseguiu se volatilizar

---

98 *Le Petit Parisien*, 23 e 25 mar. 1909; *Le Petit Parisien*, Supplément Illustré, 11 abr. 1909.
99 *Le Petit Parisien*, 3 jan. 1910.
100 Archives Nationales, BB18 2471/2.
101 Coignard, op. cit., p.35-7.
102 Archives Nationales, BB18 2467/2.
103 *Le Matin*, 23 e 24 fev. 1914.

em Paris, mantendo a polícia em xeque durante duas semanas, até se entregar. A natureza do crime (passional), a qualidade dos protagonistas (da "alta-roda"), o malogro persistente da polícia, tudo se conjuga para transformar o caso em mais um vaudevile, o qual é muito bem explicado por esta canção que circula nos bulevares:

> Está vivo ou morto?
> Porque ele corre, ainda corre
> Se não pegarem Meynier
> Hamard é que é chocolate
> Ah! Deve ter fogo em algum lugar
> A gente viu ele no bulevar
> O fantasma desapareceu
> Ninguém sabe que fim levou
> Todo mundo diz: Cadê? Cadê?[104]

Todos esses casos, ao fim e ao cabo tão prazenteiros, precisam de ingredientes particulares para prosperar: o roubo, de dinheiro ou de um bem público de preferência, o desaparecimento de uma personalidade "com alguma função", a humilhação da polícia e, se possível, sem sangue derramado. Mas casos de cadáveres esquartejados também dão lugar a gracejos e vaudeviles. Como se essa enorme produção secretasse seus

---

104 ["Est-il vivant ou bien mort?/ Car il court, court encore/ Si Meynier on l'attrap' pas/ C'est Hamard qu'est chocolat/ Ah! il doit avoir le feu queq'part/ On l'aperçoit su'l'boul'vard/ Puis l'fantôme a disparu/ On sait pas c'qu'il est devenu/ Tout le monde dit: l'a--é-ou-u?". (N. T.)] *Le Petit Parisien*, 15 nov. 1910.

próprios anticorpos e apaziguasse pelo escárnio o clima de ansiedade ou angústia que uma leitura demasiado ingênua pode suscitar. Cada qual se envolve à sua maneira. Entre o trágico e o vaudevile, o espetáculo permanente que o jornal e seus epígonos literários entregam ao público oferece uma vasta gama de gêneros e subgêneros incessantemente renovados.

"Assaltantes assassinos", suplemento ilustrado do *Petit Journal*, 10 de setembro de 1905.

Criminalidade urbana ou delinquência rural: a marca e a tradição violenta ou pitoresca do *canard* influenciam duradouramente o *fait divers*.

"O andarilho é a praga do campo", suplemento ilustrado do *Petit Journal*, 20 de outubro de 1907.

"Estripada pelo marido", *L'Oeil de la Police*, n.1, 1908.

"Mulher estrangulada em Nanterre", suplemento ilustrado do *Petit Journal*, 18 de junho de 1905.

Se alguns periódicos se especializam nas representações sanguinárias, a ênfase dada passou paulatinamente à investigação, à sua encenação e aos seus atores.

"O assassinato da Rue Pierre-Leroux", suplemento ilustrado do *Petit Parisien*, 29 de janeiro de 1899.

Léon Sazie, *Zigomar*, Ferenczi, 1910 (coleção particular).

Léon Sazie, *Un nouveau coup de Zigomar*, Tallandier, reed. 1948 (coleção particular).

Pierre Souvestre e Marcel Allain, *Fantômas*, Fayard, 1911 (coleção particular).

Maurice Leblanc, *813*, P. Lafitte, reed. 1917 (coleção particular). Uma das aventuras de Arsène Lupin.

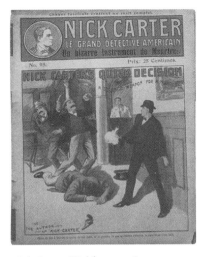

Nick Carter, Eichler, 1908-1909 (coleção Bilipo).

George Meirs, *Du sang sur le seuil*, A. Méricant, 1911 (coleção Bilipo).

Para lutar contra os "gênios do crime" (Zigomar, Fantômas e muitos outros), o romance policial inventa novas figuras, como o detetive e, sobretudo, o repórter, que tornam a investigação a forma soberana da aventura.

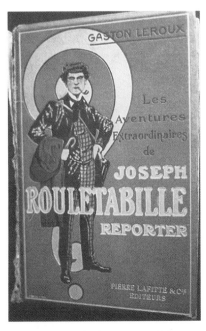

Edição ilustrada de *Le mystère de la chambre jaune*, de Gaston Leroux, P. Lafitte, 1908 (coleção particular).

Le Matin, 12 de fevereiro de 1907.

Le Matin, 13 de agosto de 1906.

Le Matin, 11 de agosto de 1906.

A partir dos anos 1906-1907, a onda do romance policial e o uso cada vez maior da fotografia impõem na imprensa instantâneos e fotomontagens "de investigação".

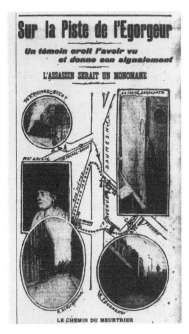

Le Matin, 22 de abril de 1907.

Excelsior, 1º de fevereiro de 1912.

Mas o horror do crime persiste, e com ele o exotismo do submundo. Medo? Fascínio? Ou simples diversão?

"Prazeres parisienses", *Le Journal*, 8 de fevereiro de 1903.

Suplemento ilustrado do *Petit Journal*, 19 de maio de 1907.

Conclusão

O crime triunfa, portanto, às vésperas da Grande Guerra. Mais denso e mais prolixo, ganhando novos apoios e novos públicos, o relato do crime prolifera e obceca as consciências da "Belle Époque". Apesar da grande diversidade de inspirações, duas características essenciais se distinguem nessa gigantesca produção.

A primeira, e sem dúvida a mais "espetacular", reside na constituição e na difusão de um imaginário original, o da investigação e seus procedimentos. Um imaginário novo e cativante, feito de rastros sangrentos e pegadas na neve, tênues indícios e criptogramas misteriosos, hipóteses, intuições e revelações bombásticas. Um imaginário exuberante, dando origem a uma verdadeira mitologia do detetive e, sobretudo, do repórter, cuja glória e fascinação são expressas por toda a época. Para um mundo novo, um herói novo, cujo mais belo arquétipo é, sem dúvida, Rouletabille, de Gaston Leroux.

Mundo novo? A grande cidade e as transformações por ela provocadas certamente modificam a natureza dos sonhos e das aspirações. Mas seria abusivo não enxergar quanto o antigo se associa ao moderno nessas representações, e a ele às vezes se sobrepõe, e quanto o novo e o contemporâneo podem surgir do pensamento arcaico. Figura emblemática desse imaginário, o repórter recupera as características do herói primitivo ou épico.[1] Mas o essencial é que, dali por diante, seja oferecido ao leitor um horizonte fecundo e excitante. Nesse aspecto, o papel da imprensa é decisivo. Balizando suas fronteiras e encarnando seus mitos, garantindo dia após dia sua reprodução mecânica e padronizada, o jornal governa esse imaginário e lhe confere a autoridade e o poder da modernidade em ato. Faminto de "notícias", os olhos fitos na tinta fresca das manchetes, esse primeiro século XX que se esboça parece ser uma *civilização do jornal*, cuja história ainda está em grande parte por ser escrita.

A segunda inflexão, embora menos imagética, não é menos evidente. Levada pela virulência das estrondosas campanhas de imprensa, surge e fixa-se uma retórica exasperada e alarmista, que faz da "segurança pública" uma questão capital e do risco criminal seu principal paradigma. Ainda que deva muito a seus predecessores, o apache que nasce nesse momento cristaliza em sua pessoa tantas imagens e estereótipos que passa rapidamente a simbolizar todas as formas de delinquência juvenil e urbana. Pinta-se um quadro em cujo centro se movem as diversas figuras encarregadas de encarnar o Outro. Obsessiva e escapatória, a argumentação que se impõe em torno dele constitui uma matriz tão produtiva que é chamada a ressurgir periodicamente e ocupar duravelmente a cena política e social. Também nisso o papel da imprensa parece ter sido determinante. Porque, embora estivesse sob a responsabilidade de atores

---

[1] Vareille, *Filatures*, p.75-99.

institucionais ou políticos que nela viram um tema fecundo e um ângulo de ataque inédito, essa retórica insistente se arrima acima de tudo em estratégias orquestradas por jornais sedentos de vendas e de legitimidade.

No entanto, por mais efetivas que sejam, é difícil avaliar essas inflexões à luz da consciência social. O imaginário não é o real e, mesmo que pese sobre julgamentos ou comportamentos, seja um modelo ou um contramodelo, ainda assim convém analisar como as representações que o compõem são percebidas e interpretadas, formuladas e reformuladas. Mas armando discurso sobre discurso, corremos o risco de esquecer os atores sociais, negligenciar suas condutas e desconsiderar seus atos. E certamente este é o limite de semelhante história: não "se encarnar" mais, não se comunicar senão midiatizada ao extremo em palavras e gestos, atitudes e comportamentos. Tinta de mais e sangue de menos, poderíamos dizer.

Pelo menos a coerção oferece a vantagem de apartar todo risco de abordagem unívoca ou excessivamente mecanicista das modalidades de recepção, esses pontos cegos da história cultural. À profunda polissemia dos relatos, espécie de texto-encruzilhada no qual se misturam, às vezes contraditoriamente, vários níveis de significado — eles não falam ao mesmo tempo de crime e castigo, medo e segurança, razão e mito? —, parece responder a pluralidade de olhares e investimentos. Apesar (por causa?) de sua codificação estrita, eles aparecem como textos abertos, cheios de vitalidade, e impõem-se nesse sentido como um dos lugares privilegiados do exercício do imaginário.

Nessa profusão de relatos que, convém sublinhar, correspondem a uma expectativa, falam ao leitor, despertam interesse e muitas vezes entusiasmo, lê-se em primeiro lugar a evolução de uma sociedade, de suas exigências e normas. Aliás, como não notar que o crime se mostra mais quando parece recuar ou, em todo caso, quando parece não ser mais o modo natural de regulação das tensões e dos conflitos? Elementos decisivos das culturas populares, esses relatos prolíficos também demonstram uma maior intolerância do corpo social com uma violência "objetiva" cada vez mais em declínio e distante. Menos opaca, a sociedade tendia a concentrar sua apreensão em zonas sombrias que são tanto mais preocupantes quanto residuais.

Tal e qual, essa "deriva para o imaginário"[2] mostra também a exigência de uma vida policiada, em que instintos e "vícios" sejam dominados. Ao contrário dos medos dos contemporâneos, é preciso ver nesses relatos tão numerosos indícios de um processo triunfante de integração social e homogeneização cultural. Não um adestramento de "classes inferiores", selvagens e turbulentas, e muito menos subjugação. Então, como devemos compreender, a não ser admitindo um enorme cinismo, os esforços incessantemente empenhados pelas classes dirigentes para limitar a produção desses relatos e circunscrever sua difusão? Sobretudo como um lento e progressivo movimento de moralização e "civilização dos costumes".[3]

Se, como dizia Durkheim, o crime só se define em função da reprovação social, se ele é um "fator de saúde pública" ou mesmo um "sintoma de progresso social",[4] seu relato não é somente um instrumento de catarse ou diversão, mas é também um dos principais modos de "regulação" da consciência social

---

2 Corbin, "Boulevard du crime", *L'Histoire*, n.168, p.102.
3 Elias, *La Civilisation des moeurs*.
4 Durkheim, op. cit., p.83-9.

e uma forma ativa de pedagogia coletiva. Fazendo do crime e da delinquência objetos de terror ou fascínio cada dia mais estranhos às práticas cotidianas, ensinando a norma e difundindo o direito, legitimando a autoridade e ao mesmo tempo instituindo sobre seus atos direito de vigiar e procedimentos de controle, os relatos de crime também manifestam a integração crescente à racionalidade policiada da ordem industrial. Em todos os aspectos, eles são exatamente o que um contemporâneo inspirado qualificou, no limiar do século, de "espelho assustador que metamorfoseia as imagens em realidade".[5]

---

5 Hepp, *Le Gaulois*, 7 out. 1900.

Agradecimentos

Na origem deste trabalho está uma tese de doutorado, defendida em junho de 1994 na Universidade de Paris-VII. Portanto, expresso minha gratidão primeiramente aos membros do júri, a começar por Michelle Perrot, que aceitou dirigir minhas pesquisas e responder a todas as minhas inquietudes, mas também a Alain Corbin, André Gueslin e Jean-Yves Mollier, cuja benevolência e conselhos sempre me foram preciosos. Obrigado também a todos os que, pelos incentivos ou possibilidade que me deram de expor meu trabalho, contribuíram para a sua maturação: Susanna Barrows, Roger Bellet, Jean-Marc Berlière, Gilles Chabaud, Pierre Favre, Benoît Garnot, Anne-Élisabeth Halpern, Jean-Noël Jeanneney, Marc Martin, Pascal Ory, Philippe Régnier, Annie Stora e Timothy Tacket. Obrigado ainda a Jean-Marc Erbes e Catherine Gorgeon que, em nome do IHESI, recompensaram o trabalho do qual resultou este livro. Um pensamento comovido a Jean-Claude Vareille, a quem este livro deve tanto, mas que uma doença cruel levou embora cedo demais.

Referências bibliográficas

À QUI LA FAUTE? *Le Libertaire*, 16 jan. 1910.

ACKERMANN, W.; DULONG, R.; JEUDY, H.-P. *Imaginaires de l'insécurité*. Paris: Librairie des Méridiens, 1983.

ALFU, *Gino Starace, l'illustrateur de Fantômas*. Amiens: Encrage, 1988.

ALLAIN, M. Du roman populaire et de ses possibilités commerciales. In: SOUVESTRE, P.; _____. *Fantômas*. Paris: Laffont, 1988. t.II.

_____. *Préface à Fantômas*. Paris: Laffont, 1988. t.II.

ALLAIS, A. *Le bouchon et autres contes*. Paris: Simons, 1979.

ALMANACH DU COMMERCE ET DE L'INDUSTRIE DIDOT-BOTTIN. Paris: Didot-Bottin, [s.d.].

AMAURY, F. *Le Petit Parisien (1876-1944):* histoire du plus grand quotidien de la IIIe République. Paris: PUF, 1972. 2v.

AMBROISE-RENDU, A.-C. Du dessin de presse à la photographie (1878-1914), histoire d'une mutation technique et culturelle. *Revue d'Histoire Moderne et Contemporaine*, n.39-1, 1992. p.6-28.

ANDRÉ, P. *Criminalité et civilisation*, Rouen: J. Lacerf, 1896.

ANNUAIRE DE LA PRESSE. [S.l., s.n.], 1895.

APOLLINAIRE, G. *Petites merveilles du quotidien*. Montpellier: Fata Morgana, 1979.

ASHOLT, W. Chansons anarchistes et sociales de la Belle Époque. In: RIEGER, D. (Org.). *La chanson française et son histoire*. Tübingen, Gunter Narr, 1988. p. 225-260.

AUBRI, P. L'influence contagieuse de la publicité des faits criminels. *Archives d'Anthropologie Criminelle*, 1893.

_____. *La contagion du meurtre*. Paris: Alcan, 1887.

AUCLAIR, G. *Le mana quotidien:* structure et fonction de la chronique des faits divers. Paris: Anthropos, 1970.

AVENEL, H. *La presse française au XXe siècle*. Paris: Flammarion, 1901.

AVENTURES BIZARRES MAIS ABSOLUMENT AUTHENTIQUES de l'abbé Delarue, par Pruneau-Vara. *Le Libertaire*, 30 set., 7 e 14 out. 1906.

AYMARD, C. *La profession du crime*. Paris: Bibiothèque Indépendante, 1905.

BADINTER, R. *La prison républicaine (1871-1914)*. Paris: Fayard, 1992.

BAILLON, A. *Par fil spécial:* carnets d'un secrétaire de rédaction. Paris: Rieder et Cie, 1924.

BALDIZONNE, J. Cinéma français de la Belle Époque. *Vingtième Siècle*, n.6, 1985.

BALZAC, H. de. *Code des honnêtes gens, ou l'art de ne pas être dupe des fripons* [1826]. Paris: Manya, 1990.

_____. Ferragus. In: _____. *Histoire des Treize*. Paris: Le Livre de Poche, 1983.

BARROT, O.; ORY, P. *La Revue Blanche:* histoire, anthologie, portraits. Paris: Bourgois, 1989.

BARROW, S. *Miroirs déformants:* réflexions sur la foule en France à la fin du XIXe siècle. Paris: Aubier, 1990.

BARTHES, R. Structure du fait divers [1964]. In: _____ *Essais critiques*. Paris: Seuil, 1981.

BATAILLE, A. *Causes criminelles et mondaines*. Paris: Dentu, 188-898.

BEAUNE, J.-Cl. *Le vagabond et la machine:* essai sur l'automatisme ambulatoire (1880-1910). Paris: Champ Vallon, 1983.

BELIRÈRE, J.-M. L'article 10 du Code d'instruction criminelle sous la IIIe République, un danger permanent pour la liberté de chacun. *Bulletin du Centre d'Histoire de la France Contemporaine*. Université de Paris-X, n.12, 1991. p. 5-27.

BELLANGER, C. et al. *Histoire générale de la presse française*. Paris: PUF, 1972. t.III.

BENEZIT, E. *Dictionnaire critique et documentaire des peintres, sculpteurs, dessinateurs et graveurs.* Paris: Gründ, 1960.

BÉRALDI, H. *Les graveurs du XIXe siècle.* Paris: Conquet, 1892.

BERLIÈRE, J.-M. *La police des moeurs sous la IIIe République.* Paris: Seuil, 1992.

_____. *Le Préfet Lépine:* vers la naissance de la police moderne. Paris: Denoël, 1993.

_____. Police réelle et police fictive. *Romantisme*, n.79, 1993. p.73-89.

BERNARD, T. *Amants et voleurs.* Paris: Fasquelle, 1905; reed. UGE/ Éditions 10/18, 1988.

_____. *L'affaire Larcier.* Paris: Flammarion, 1907

_____. *L'étrangleuse*: tragi-comédie en un acte. [S.l., s.n.], 1908.

_____. Le compagnon de voyage. (1905). In: _____. *Amants e voleurs.* Paris: UGE/ Éditions 10/18, 1988.

_____. *Mathilde et ses mitaines.* Paris: Ollendorff, 1912; reed. L'Instant, 1986.

BERTHERAT, B. *La visite de la morgue à Paris au XIXe siècle.* Maîtrise, Université de Paris-I, 1990.

BERTHOLET, D. *Le bourgeois dans tous ses états:* le roman familial de la Belle Époque. Paris: Orban, 1989.

BETHLÉEM, L. *Romans à lire et à prescrire.* Sin-le-Noble: [s.n.], 1905.

BLANC, D.; FABRE, D. *Le brigand de Cavanac:* le fait divers, le roman et l'histoire, Lagrasse: Verdier, 1982.

BLONDE, D. *Les voleurs de visages.* Paris: Métailié, 1992.

BONNIOT, R. *Émile Gaboriau ou la naissance du roman policier.* Paris: Vrin, 1985.

BONZON, J. *Le crime et l'école.* Paris: Guillaumin, 1896.

BOYER, H. Scription et écriture dans la communication journalistique. In: CHARAUDEAU, P. (Org.). *La presse:* produit, production, réception. Paris: Didier Érudition, 1988. "Langages, Discours et Sociétés".

BROUSSE, M. Du samouraï à l'athlète: l'essor du judo en France. *Sport-Histoire*, n.3, 1989.

BRULAT, P. *Le reporter:* roman contemporain. Paris: Librairie Académique Perrin, 1898.

BUISSON, F. La jeunesse criminelle et l'éducation. *Revue Pédagogique*, 4 abr. 1897.

BUREAU INTERNATIONAL DU TRAVAIL. Les conditions de travail et de vie des journalistes. *Études et Documents*, n.2, 1928.

CABANES, A. La suggestion jusqu'au crime? *Le Petit Parisien*, 20 dez. 1913.

CAILLOIS, I. R. Puissance du roman. In: _____. *Approches de l'imaginaire*. Paris: Gallimard, 1974.

CALVET, L.-J. *Chansons et société*. Paris: Payot, 1981.

_____. *De Montmartre au Quartier Latin*. Paris: Albin Michel, 1927.

_____. *Jésus-la-Caille*. Paris: Le Livre de Poche, 1958.

_____. *La Belle Époque au temps de Bruant*. Paris: Gallimard, 1954.

CAROL, A. *Le médecins français et l'eugénisme (1800-1942)*. Thèse, Université de Paris-I, 1993.

CASSEMICHE, P. *Étude sur la criminalité dans un arrondissement rural de France*. Paris: A. Rousseau, 1908.

CAZAIRGUE, P. *Apollinaire journaliste:* les débuts et la formation de journaliste (1900-1909). Paris: Minard, 1981

CENDRARS, B. *L'homme foudroyé*. Paris: Denoël/ Folio, 1990.

CHAMBURRE, A. de. *À travers la presse*. Paris: Th. Fert, Albouy et Cie, 1914.

CHAMPREUX, J. L'année du Maître de l'Effroi. *1895*, hors-série, 1993.

CHARPENTIER, A. *La chasse aux nouvelles:* exploits et ruses de reporters. Paris: Croissant, 1926.

CHAUVAUD, F. *De Pierre Rivière à Landru:* la violence apprivoisée au XIXe siècle. Tunhout: Brépols, 1991.

_____. *Les passions villageoises au XIXe siècle:* les émotions rurales dans les pays de Beauce, du Hurepoix et du Mantois. Paris: Publisud, 1995.

CHEVALIER, L. *Classes laborieuses et classes dangereuses à Paris pendant la première partie du XIXe siècle*. Paris: Plon, 1958.

_____. *Montmartre du plaisir et du crime*. Paris: Laffont, 1980.

CHEVRIER, A. Un précurseur ignoré d'A. Lupin. *Enigmatika*, n.33, 1987.

CLARETIE, L. Un apache. *Le Petit Parisien*, 5 maio 1913.

CLARIS, E. *Souvenirs de soixante ans de journalisme (1895-1955)*. Paris: José Millas-Martin, 1958.

COIGNARD, J. *On a volé la Joconde*. Paris: Adam Brio, 1990.

COLIN, J.-P. *Le roman policier français archaïque*. Berne: Peter Lang, 1984.

CONAN DOYLE, A. *Une étude en rouge* [1887]. Paris: Laffont, 1981. "Bouquins".

CONDEMI, C. *Les cafés-concerts:* histoire d'un divertissement (1849-1914). Paris: Quai Voltaire, 1992.

CORBIN, A. Boulevard du crime. *L'Histoire*, n.168, 1993.

_____. Le péril vénérien au début du siècle. *Recherches*, n.29, 1977. p.245-83.

_____. Le secret de l'individu. In: PERROT, M. (Org.). *Histoire de la vie privée*. Paris: Seuil, 1988. t.III. p.419-501.

COUÉGNAS, D. *Introduction à la paralittérature*. Paris: Seuil, 1992.

_____. La pérennité et l'oubli: lectures de l'aventure policière dans la revue *Je Sais Tout* (1905-1914). Conférence inédite à l'École Normale Supérieure de Fontenay, 3 abr. 1993.

COUSIN, L. *Les apaches*. Maîtrise, Université de Paris-VII, 1976.

COUTÉ, G. *La chanson d'un gars qu'a mal tourné*. Saint-Denis: Le Vent du Ch'min, 1976-1980. 5v.

CRISENOY, J. de. *Annales des assemblées départementales*. Paris: Berger-Levrault, 1896-1897. 11v.

DALLIER, G. *La police des étrangers à Paris et dans le département de la Seine*. Paris: Rousseau, 1914.

DARIEN, G. *Le voleur* [1884]. Paris: Gallimard, 1987. "Folio".

DARMON, P. *Assassins et médecins à la Belle Époque:* la médicalisation du crime. Paris: Seuil, 1989.

DAUDET, L. *Bréviaire du journalisme*. Paris: Gallimard, 1936.

DAURAY, J. *L'armée du vice*. Paris: Feyreyrd, 1890.

DAVET, Y. Notice. In: GIDE, A. *Romans*. Paris: Gallimard, 1958. "Pléiade".

DAVID, P. Mémorables hécatombes. *Enigmatika*, n.34, 1987.

DE TERAMOND, G. *La fiancée de la secte noire*. Paris: Ferenczi, 1922.

DEBRUILLE, E. *Le port des armes prohibées*. Paris: Rousseau, 1912.

DECOURCELLE, P. Quand on aime. *Le Matin*, 20 dez. 1906-9 abr. 1907.

DEKOBRA, M. *Les mémoires de Rat-de-Cave ou du cambriolage considéré comme un des beaux-arts*. Paris: Éditions Françaises Illustrées, 1919.

DE LA NECESSITÉ DE CRÉER UNE LIGUE ANTICRIMINELLE NATIONALE et des congrès internacionaux. In: CONGRÈS DE L'ASSOCIATION FRANÇAISE POUR L'AVANCEMENT DES SCIENCES, 39, 1910. *Compte rendu...* Paris: Masson, 1910. t.IV.

DELAHAYE, E. *Quarante ans de journalisme (1906-1946)*. Rennes: Imprimerie Provinciale de l'Ouest, 1946.

DELANNOY, B. Le spécial de minuit. *Le Matin*, 26 dez. 1906-9 abr. 1907.

DELMONT, Th. *Le crime et l'école sans Dieu*. Aurillac: H. Genlet, 1897.

DERROUARD, J. *Maurice Leblanc ou Arsène Lupin malgré lui*. Paris: Séguier, 1989.

DESNAR. Que faire? *Le Matin*, 19 fev.-24 maio 1900.

DESNOS, R. *Les rayons et les ombres:* cinéma. Paris: Gallimard, 1992.

DEZALAY, A. Le personnage du journaliste chez Zola. *Travaux de Linguistique et de Littérature*, v.23, n.2, 1985.

DHAVERNAS, N.-J. *Les anarchistes individualistes devant la société de la Belle Époque (1895-1914)*. Thèse, Université de Paris-X, 1982.

DIXMIER, E.; DIXMIER, M. *L'Assiette au Beurre, revue satitique illustré*. Paris: Maspero, 1974.

DOMBRES, G. *L'énigme de la rue Cassini*. Paris: Pierre Lafitte, 1911.

DORGELÈS, R. *Le château des broillards*. Paris: Albin Michel, 1932.

_____. Quand j'étais repórter. In: _____. *Une heure de ma carrière*. Paris: Baudinierc, 1926.

DOURLENS, C. et al. *Conquête de la sécurité, gestion des risques*. Paris: L'Harmattan, 1991.

DRACHLINE, P.; PETIT-CASTELLI, C. *Casque d'Or et les apaches*. Paris: Renaudot et Cie, 1990.

DRILLON, P. *La jeunesse criminelle*. Paris: Bloud, 1905.

DU BOISGOBEY, F. *Cornaline la dompteuse*. Paris: Nourri et Cie., 1887.

_____. *La vieillesse de Monsieur Lecoq*. Paris: Dentu, 1878. 2v.

DU REPORTAGE JUDICIAIRE. *La France Judiciaire*, 1894.

DUBIEF, E. *Le journalisme*. Paris: Hachette, 1892.

DUBOIS, J. *Le roman policier ou la modernité*. Paris: Nathan, 1992.

DUBUISSON, P. *Les voleuses de grand magasin*. Lyon: Storck, 1901.

DUFOURNET, G. Les Eichler. *Bulletin des Amis du Roman Populaire*, n.3, 1985. p.10-50.

DUPRAT, G. *La criminalité de l'adolescence:* causes et remèdes d'un mal social actuel. Paris: Alcan, 1909.

DUPUY, M. *Le Petit Parisien:* le plus fort tirage des journaux du monde entier. Paris: Plon, 1989.

DURAND, A.-M.; LABES, F. *Une publication populaire originale:* le supplément illustré du *Petit Journal* (1890-1914). Maîtrise, Institut Français de Presse, 1974.

DURKHEIM, E. *De la division du travail social*. Paris: Alcan, 1893.

_____. *Le suicide*. Paris: PUF, 1986.

_____. *Les règles de la méthode sociologique*. Paris: Alcan, 1895.

EISENZWEIG, U. *Le récit impossible:* forme et sens du roman policier. Paris: C. Bourgois, 1986.

ELIAS, N. *La civilisation des moeurs* [1939]. Paris: Calman-Lévy, 1991.

ENCORE LES APACHES. *Le Matin*, 28 jul. 1900.

ENGELSTED, C. Des châtiments corporels. *Revue Pénitentiaire*, 1897.

EWALD, F. *L'État-Providence*. Paris: Grasset, 1896.

Fabrique centrale d'armes, *Le Petit Parisien*, 1 abr. 1908.

FAIT DIVERS, FAIT D'HISTOIRE. *Annales ESC*, n.38-4, 1983.

FARGE, A. L'insécurité à Paris: un thème familier au XVIIIe siècle. *Temps Libre*, n.10, 1986. p.35-43.

_____. Un espace obsédant: le commissaire et la rue à Paris au XVIIIe siècle. *Révoltes Logiques*, n.6, 1977. p.7-23.

FÉNÉON, F. *Nouvelles en trois lignes*. Paris: Macula, 1990.

FENESTRIER, C. *La vie des frelons:* histoire d'un journaliste. Paris: Société Nouvelle, 1908.

FERENCZI, T. *L'invention du journalisme en France:* naissance de la presse moderne à la fin du XIXe siècle. Paris: Plon, 1993.

FERRI, E. *Les criminels dans l'art et la littérature.* Paris: Alcan, 1895.

FEUILLADE, L.; MEIRS, G. *Les Vampires.* Paris: Librairie Contemporaine, 1916.

FLANDIN, E. La sécurité en Algérie et le budget. *Revue Politique et Parlementaire,* 1894. p.223-41.

FONBRUNE, H. de. Les noces d'Adrienne. *Le Matin,* 10 fev.-20 abr. 1892.

FONSEGRIVE, Ch. *Comment lire les journaux.* Paris: Victor Lecoffre, 1903.

FORD, Ch. *Max Linder.* Paris: Seghers, 1966.

FOUCAULT, M. *Moi, Pierre Rivière, ayant égorgé ma mère, ma soeur e mon frère...* Paris: Gallimard/ Juillard, 1973.

_____. *Surveiller et punir.* Paris: Gallimard, 1975.

FOUILLÉE, A. *La France au point de vue moral.* Paris: Alcan, 1900.

_____. *L'évolutionnisme des idées-forces.* Paris: Alcan, 1890.

_____. *Psychologie des idées-forces.* Paris: Alcan, 1893.

FRAJBERG, M. *La peine de mort:* l'échec abolitionniste de 1908. Maîtrise, Université de Paris-VII, 1982.

FREDERIX, P. *Un siècle de chasse aux nouvelles:* de l'agence d'information Havas à l'Agence France-Presse (1875-1957). Paris: Flammarion, 1959.

FRÉGIER, H.-A. *Des classes dangereuses de la population dans les grandes villes et des moyens de les rendre meilleures.* Paris: Baillière, 1840.

FROLLO, J. Éditorial. *Le Petit Parisien,* 21 mar. 1911.

GARRAUD, R. *L'anarchie et la répression.* Paris: Larose, 1896.

GASTYNE, J. de. *Jusqu'au crime.* Paris: Vermot, 1912.

_____. Le mystère d'Auteuil. *Le Matin,* 1904.

GENETTE, G. *Seuils.* Paris: Seuil, 1987.

GIDE, A. *La séquestrée de Poitiers.* Paris: Gallimard, 1930.

_____. *Les caves du Vatican.* Paris: Gallimard, 1958. "Pléiade".

GIFFARD, P. *Souvenirs d'un reporter:* le Sieur de Va-Partout. Paris: Maurice Dreyfous, 1880.

GINZBURG, C. Traces: racines d'un paradigme indiciaire. In: _____. *Mythes, emblèmes, traces.* Paris: Flammarion, 1989.

GIRARD, R. *L'indicateur du fait divers:* 150 ans de crimes et forfaits en chemin de fer. Paris: J.-J. Pauvert, 1981.
GOBARIAU, É. *L'affaire Lerouge.* Paris: L'Instant Noir, 1986.
GORON, M.-F. *Mémoires de M. Goron, ancien chef de la Sûreté.* Paris: Flammarion, 1897.
GRANIER, C. *La femme criminelle.* Paris: Octave Doin, 1906.
GRAVE, J. *La société mourante et l'anarchie.* Paris: Tresse et Stock, 1893.
GRAZ, R. Les accessoires du crime. *Le Petit Parisien*, 7 dez. 1901.
GRIMM, T. Les criminels et la science. *Le Petit Journal*, 13 out. 1898.
GRUEL, L. *Pardons et châtiments:* les jurés français face aux violences criminelles. Paris: Nathan, 1991.
GUÉRIN, A. *Comment on devient journaliste.* Paris/Lyon: Publications Universelles Illustrées, 1910.
GUILLAUME, M. Les tyrannies de l'insecurité. *Temps Libre*, n.10, 1986.
GUILLOUARD, J. *De l'état de nécessité e du délit nécessaire.* Caen: Lanier, 1902.
GUISE, R. Essai d'inventaire des publications Ferenczi. *Bulletin des Amis du Roman Populaire*, n.6, 1987. p.65-145.
GUSMAN, P. Chefs-d'oeuvre oubliés de la gravure sur bois, les "bois d'actualité" au XIXe siècle. *Revue de l'Art Ancien et Moderne*, n.39, fev. 1921.
_____. *La gravure sur bois en France au XIXe siècle.* Paris: Morance, 1929.
_____. *La gravure sur bois et d'épargne sur métal, du XIVe au XXe siècle.* Paris: Roger et Chernoviz, 1916.
_____. *La gravure sur bois et taille d'épargne.* Paris: Floury, 1933.
HARO, M.-C. Un épisode de la querelle du roman populaire, las circulaire Billault de 1860. *Romantisme*, n.53, 1986.
HERBER, R.-L. Les artistes e l'anarchisme. *Le Mouvement Social*, n.36, 1961
HESSE, R. *Les criminels peints par eux-mêmes.* Paris: Grasset, 1912.
HOUX, H. des. La justice et l'équité. *Le Matin*, jan. 1901.
IMBS, P. (Org.). *Trésor de la langue française.* Paris: CNRS, 1979.
JACKSON, A. *La Revue Blanche (1889-1903).* Paris: Minard, 1960.
JAMATI, V. *Pour devenir journaliste.* Paris: J. Victorion, 1906.

JEUDY, P.-H. *La peur et les media*. Paris: PUF, 1979.

JOLY, H. Assistance et répression. *Revue des Deux Mondes*, 1 set. 1905. p.117-51.

_____. *La France criminelle*. Paris: Alcan, 1889.

_____. L'accroissement de la criminalité et la diminution de la répression. *Le Correspondant*, 10 abr. 1902.

_____. La science criminelle et pénitentiaire. *Revue Internationale de l'Enseignement*, jan.-jun. 1889.

_____. Le krach de la répression. *Le Correspondant*, 25 fev. 1896. p.733-49.

JOSEPH-RENAUD, J. *La Défense dans la rue*. Paris: Pierre Lafitte, 1912.

JOUVENEL, R. de. *Le journalisme en vingt leçons*. Paris: Payol, 1920.

JUNOSZA-ZDROJEWSKI, G. O. *Le crime et la presse*. Paris: Jouve, 1943.

KALIFA, D. Concepts de défense sociale et analyses du fait délinquant au débu du XXe siècle. In: GARNOT, B. (Org.). *Ordre moral et délinquance de l'Antiquité à nos jours*. Dijon: EUD, 1994. p. 215-22.

_____. Crime, fait divers et culture populaire à la fin du XIXe siècle. *Genèses: Sciences Sociales et Histoire*, n.19, 1995. p.68-82.

_____. Fait divers. In: GRASSIN, J.-M. (Org.). *Dictionnaire international des termes littéraires*. Berne: Francke, 1995. fasc. VII.

_____. Illégalisme et littérature, le cas Arsène Lupin. *Cahiers pour la Littérature Populaire*, n.13, 1991. p. 7-21.

_____. *L'encre et le sang*: récits de crimes dans la France da la Belle Époque. Thèse, Université de Paris-VII, 1994.

_____. La S.A.F., quelle histoire?! *Nouvelle Revue des Études Fantômassiennes*, n.1, 1993. p.5-13.

_____. Les tâcherons de l'information. Petits reporters et fait divers à la Belle Époque. *Revue d'Histoire Moderne et Contemporaine*, n.40-4, 1993. p.578-603.

_____. Monde ouvrier, monde délinquant dans la saga de *Fantômas* (1911-1913). In: BELLET, R.; RÉGNIER, Ph. (Orgs.). *Mémoire historique et récit populaire dans la seconde moitié du XIXe siècle*. Lyon: Presses Universitaires de Lyon, 1996.

KALIFA, D. Roman policier, roman de l'insécurité? In: CENTRE DE RECHERCHE SUR LES LITTÉRATURES POPULAIRES DE LIMOGES (Org.). *Crime et châtiment dans le roman populaire de langue française au XIXe siècle.* Limoges: Presses Universitaires de Limoges, 1994. p.137-52.

_____. Sécurité et insécurité dans l'Oise au début du XXe siècle. *Annales Historiques Compiégnoises*, n.59-60, 1995. p. 5-15.

KALUSZYNSKI, M. *La criminologie en mouvement:* naissance et développement d'une science sociale à la fin du XIXe siècle. Thèse, Université de Paris-VII, 1988.

KINTZ, J.-P. *Journaux et journalistes strasbourgeois sous le Second Empire (1852-1870).* Strasbourg: Istra, 1974.

LABRUYÈRE, G. de. *Les possédées de Paris.* Paris: Fayard, 1913.

LACASSAGNE, A. Des attentats à la pudeur et des viols sur les petites filles. *Archives d'Anthropologie Criminelle,* 1886.

_____. *Peine de mort et criminalité.* Paris: Maline, 1908.

LACASSIN, F. *Pour une contre-histoire du cinéma.* Paris: UGE, 1972.

LAFLOTTE, B. de. Les films démoralisateurs de l'enfance. *Le Correspondant,* 25 mar. 1917.

LANGEVIN, E. *Le Journal.* Sin-le-Noble: Romans-Revue, 1913.

LANOUX, A. *Casque d'Or ou la sauvage de Paris.* Paris: Les Oeuvres Libres, 1952.

LARCHER, E. La sécurité en Algérie. *Revue Pénitentiaire,* [s.d.].

LAURENT, H. *Le fouet contre le crime,* Paris/ Lyon: A. Rousseau/ Phily, 1913.

_____. *Les châtiments corporels.* Lyon: Phily, 1912.

LE MORVAN, R. *L'affaire Lacenaire:* les usages d'un fait divers et les images d'un assassin bel-esprit. Maîtrise, Université de Paris-I, 1989.

LE ROUGE, G. *Le mystérieux Docteur Cornelius.* Paris: J. Tallandier, 1918.

LE VOLEUR. *Le Révolté,* 21 jun.-4 jul. 1885.

LEBLANC, M. *813.* [Paris: Hachete, 1914].

_____. *Arsène Lupin contre Herlock Sholmes.* Paris: Pierre Lafitte, 1908.

_____. *L'agence Barnet et Cie.* Paris: Pierre Lafitte, 1928.

_____. La arrestation d'Arsène Lupin. *Je Sais Tout,* 15 jul. 1905.

LEBLANC, M. *Le bouchon de cristal.* Paris: Pierre Lafitte, 1912.
———. *Les jeux du soleil.* Paris: Pierre Lafitte, 1913.
LECLERC, Y. *Crimes écrits:* la littérature en procès au XIXe siècle. Paris: Plon, 1991.
LEJEUNE, J. *Faut-il fouetter les apaches?* Paris: Libraire du Temple, 1910.
LEMAISTRE, P. *Criminalité-répression.* Limoges: Ducarlieux, 1900.
LEPROHON, P. *Histoire du cinéma.* Paris: Le Cerf, 1961, t.I.
LEQUIN, Y. et al. *L'assassinat du président Sadi Carnot et le procès de Ieronimo Caserio.* Lyon: PUL, 1995.
LERMINA, J. *La succession Tricoche et Cacolet.* Paris: Boulanger, 1883.
LEROUX, G. *La double vie de Théophraste Longuet.* Paris: Flammarion, 1904.
———. *Le fauteuil hanté.* Paris: Livre de Poche, 1965.
———. *Le mystère de la chambre jaune.* [Paris: Lafitte, 1907].
———. *Rouletabille à la guerre.* Paris: Pierre Lafitte, 1916.
———. *Rouletabille chez le tsar.* Paris: Pierre Lafitte, 1913.
———. Rouletabille, c'est le journaliste moderne. In: ———. *Rouletabille.* Paris: Pierre Laffont, 1988. t.I. "Bouquins".
———. *Le parfum de la dame en noir.* Paris: Le Livre de Poche, 1973.
LES CONSCRITS DU CRIME. *Lectures pour Tous,* jul. 1908. pp.831-40.
LES ERREURS DE LA POLICE. *Le Journal,* 3 set. 1901.
LES PAYS DES APACHES. *Le Petit Journal,* 22 set. 1907.
LESUEUR, D. *Le droit à la force.* Paris: Plon, Nourrit et Cie, 1909.
LEVEL, M. *L'épouvante.* Paris: Monde Illustré, 1908.
LOGEAIS, S. *La gauche et la justice pénale (1870-1940).* DEA, Université de Paris-VII, 1988.
LONE, E. La production Lux. *1895,* n.16, 1994.
LOUBAR, G. La crise de la répression. *Revue Pénitentiaire,* 1912. p.654-92.
———. La crise de la répression. *Revue Politique et Parlementaire,* 1911. p.434-56.
LÜSEBRINK, H. J. La letteratura del patibolo. Continua et tranformazioni tra 600' e 800'. *Quaderni Storici,* n.49, 1982. p. 285-301.
———. *Les représentations sociales de la criminalité en France au XVIIIe siècle.* Thèse, Université de Paris-I, 1983.

MAC ORLAN, P. *La rue Saint-Vincent*. Paris: Capitole, 1928.

MAFFESOLI, M. Une forme d'agrégation tribale. *Autrement*, n.98, 1988. p. 90-8.

MAISONNEUVE, C. *Détective, le grand hebdomadaire des faits divers de 1928 à 1940*. Maîtrise, Institut Français de Presse, 1974.

MAITRON, J. *Histoire du mouvement anarchiste en France*. Paris: Maspero, 1955. t.I.

MAITRON, J. *Ravachol et les anarchistes*. Paris: Julliard, 1964.

MANNING, F. *Le "mal-faire" et les abords de la déliquance à travers quelques images littéraires françaises (1900-1914)*. Maîtrise, Université de Paris-VII, 1980.

MARICOURT, T. *Histoire de la littérature libertaire en France*. Paris: Albin Michel, 1990.

MARTIN, M. La "grande famille": l'Association des Parisiens (1885-1939). *Revue Historique*, n.557, 1988. p.129-57.

_____. Les journalistes retraités de la République (1880-1930). *Bulletin du Centre d'Histoire de la France Contemporaine*, n.7, 1986. p.175-95.

MARX, K. *Théories sur la plus-value*. Paris: Éditions Sociales, 1974. t.I.

MATTER, P. Chez les apaches. *Revue Politique et Littéraire*, out. 1907. p.626-30.

MAYEUR, J.-M. *Les débuts de la III République (1871-1898)*. Paris: Seuil, 1973.

MEILHAC, H.; HALÉVY, L. *Tricoche et Cacolet*. Paris: Lévy, 1872.

MEIRS, G. *William Tharps*. Paris: Albert Méricant, 1912-1913.

MESSAC, R. *Le "detective novel" et l'influence de la pensée scientifique*. Paris: Champion, 1929.

MEUNIER, G. *Le crime, réquisitoire social*. Paris: Davy, 1890.

MIMANDE, P. Bagne et sécurité. *L'Éclair*, 20 jan.-23 fev. 1909.

_____. Criminopolis. *Revue de Paris*, 15 jul. 1895. p. 426-48.

MINISTÈRE DE LA JUSTICE. *Compte Général de l'Administration de la Justice Criminelle (1900)*. Paris: Imprimerie Nationale, 1902.

_____. *Compte général de l'Administration de la Justice Criminelle (1894-1913)*. Paris: Imprimerie Nationale, [s.d.].

_____. *Compte général de l'Administration de la Justice Criminelle (1906)*. Paris: Imprimerie Nationale, 1908.

MIRBEAU, O. Divagations sur le meurtre. *Le Journal*, 31 maio 1896.
MONESTIER, A. *Les grandes affaires criminelles*. Paris: Bordas, 1988.
MONTARON, M. *Histoire du milieu de Casque d'Or à nos jours*. Paris: Plon, 1969.
MOREAU DE TOURS. *De la contagion du meurtre et de sa prophylaxie*. Paris: Société Française d'Hygiène, 1889.
MOREL, P. La sécurité publique à Paris. In: _____. *La police à Paris*. Paris: Juven, 1907. p. 241-75.
MOUVEMENT STATISTIQUE SUR LES DIX DERNIÈRES ANNÉES PORTANT sur les crimes et délits intéressant particulièrement l'ordres et la sécurité publique. Archives Nationales, BB18 2491.
NORA, P. Entre mémoire et histoire. In: _____ (Org.). *Les lieux de mémoire:* la République. Paris: Gallimard, 1984. t.I.
_____. Le retour de l'événement. In: LE GOFF, J.; _____ (Orgs.). *Faire l'histoire:* nouveaux problèmes. Paris: Gallimard, 1986. t.I.
NOURRISSON, P. *L'association contre le crime*. Paris: Société du Recueil Général des Lois et Décrets, 1901.
NOUSSANNE, H. de. Que vaut la presse quotidienne française? *Revue Hebdomadaire*, jun. 1902. p 1-26.
NYE, R. A. *Crime, Madness and Politics*. In: _____. *Modern France:* The Medical Concept of National Decline. Princeton, Princeton University Press, 1984.
OLIVIER-MARTIN, Y. *Le Matin* et ses feuilletons. *Le Petit Détective*, n.3-6, 1986[-1987].
_____. Le phénomène Gaston Leroux. *Europe*, n.626-7, 1981.
_____. Les origines secrètes du roman policier français. *Europe*, n.571-2, 1976. p.144-9.
OMS, M. Image du policier dans le cinéma français. *Cahiers de la Cinémathèque*, n.25, 1978.
OSWALD, F. Justice. *Le Matin*, 7 ago.-25 nov. 1886.
PAGNIER, A. *Un déchet social, le vagabond:* ses origines, sa philosophie, ses formes. Paris: Vigot, 1910.
PALMER, M.-B. *Des petits journaux aux grandes agences:* naissance du journalisme moderne. Paris: Aubier, 1983.

PAOLI, L. La sécurité en Algérie. *La France Judiciaire*, 1894. p.333-52.

PARINET, E. L'édition littéraire (1890-1914). In: CHARTIER, R.; MARTIN, H.-J. (Orgs.). *Histoire de l'édition française*. Paris: Promodis, 1985. t.IV. p.149-87.

PEREC, G. Approches de quoi? In: _____. *L'infra-ordinaire*. Paris: Seuil, 1989.

PERROT, M. Dans la France de la Belle Époque, les apaches, premières bandes de jeunes. In: _____ et al. *Les marginaux et les exclus dans l'Histoire*. Paris: UGE/ Éditions 10/18, 1979.

_____. Délinquance et système pénitentiaire en France au XIXe siècle. *Annales ESC*, jan-fev. 1975. p. 67-91.

_____. Fait divers et histoire au XIXe siècle. *Annales ESC*, n.4, jul.-ago. 1983. p. 911-9.

_____. L'affaire Troppmann. *L'Histoire*, n.30, 1981. pp.28-37.

_____. La fin des vagabonds. *L'Histoire*, n.3, 1978.

_____; ROBERT, P. *Compte général de l'administration de la justice criminelle (1880)*. Genève: Slatkine, 1989.

PESKE, A.; MARTY, P. *Les terribles*. Paris: Chambriand, 1951.

PETITJEAN, A. Le récit de fait divers. *Pratiques*, n. 50, 1986.

PHILIPPE, Ch.-L. *Bubu de Montarnasse* [1901]. Paris: Le Livre de Poche, 1947.

_____. Contes du Canard Sauvage. In: _____. *Oeuvres complètes*. Moulins: Ipomée, 1986.

PIERROT, J. *L'imaginaire decadente*. Paris: PUF, 1977.

PIGELET, J. *L'organisation intérieure de la presse française*. Orléans: P. Pigelet, 1909.

PILLET, E. *Ta gueul', Moignieau!... T'es pas un chanteux officiel!* Thèse, Université de Paris-III, 1990.

PLATEL, F. *L'armée du crime*. Paris: Harvard, 1890.

POTTIER, P. Les journalistes. *L'Action Populaire*, n.143, 1907.

POULAIN, E. *Contre le cinéma, école du vice et du crime; pour le cinéma, école d'éducation, de moralisation et vulgarisation*. Besançon/ Genève, Imprimerie de l'Est/ Action Bibliographique Sociale, 1917.

POURCHER, *Les jours de guerre:* la vie des Français au hour le jour entre 1914 et 1918. Paris: Plon, 1994.

PRAX, M. Âge du revolvérisme. *Le Matin,* 26 jan. 1911.

PRÉVOST, M. Préface. In: MORTON, R. *Comment on devient détective.* Paris: La Nouvelle Populaire, 1909.

PROTÉGEONS-NOUS. *L'Aurore,* 1 set. 1908.

PUIBARAUD, L. *Les malfaiteurs de profession.* Paris: Flammarion, 1893.

QUEFFELEC, L. Le débat autour du roman-feuilleton sous la Monarchie de Juillet. In: CENTRE DE RECHERCHES SUR LES LITTÉRATURES POPULAIRES (Org.). *Littérature populaire:* peuple, nation, région. Limoges: Trames, 1987.

_____. *Le roman-feuilleton français au XIXe siècle.* Paris: PUF, 1989.

_____. *Naissance du roman populaire moderne à l'époque romantique:* étude du roman-feuilleton de "La Presse" de 1836 à 1848. Thèse, Université de Paris-IV, 1983.

QUEMADA, B. (Org.). *Datations et documents lexicographiques,* 2.série, n.22. Paris: CNRS/ Klincksieck, 1983.

_____. *Matériaux pour l'histoire du vocabulaire français.* Paris: Klincksieck [s.d]. t.II.

QUENEAU, R. *Bâtons, chiffres et lettres.* Paris: Gallimard, 1950.

RENARD, G. *Les travailleurs du livre et du journal.* Paris: Octave Doin, 1925. t.II.

RICHARD, L. *Cabaret, cabarets:* origine et décadence. Paris: Plon, 1991.

RICHEPIN, J. *Le chemineau.* Paris: Fasquelle, 1897.

RICTUS. J. *Coeur populaire.* Paris: Eugène Rey, 1914.

RIEGER, D. A. Bruant et la chanson naturaliste fin de siècle. In: _____ (Org.). *La chanson française et son histoire.* Tübingen: Gunter Narr, 1988. p. 295-60.

RIVIERE, F.; WITTKOP, G. *Grand Guignol.* Paris: H. Veyrier, 1979.

ROBERT, P. *Les comptes du crime:* les délinquants en France et leur mesure. Paris: Le Sycomore, 1985.

ROCHÉ, S. *Le sentiment d'insécurité.* Paris: PUF, 1993.

ROMI. *Histoire de cinq siècles de faits divers.* Paris: Pont-Royal, 1962.

ROSANVALLON, P. *Le sacre du citoyen:* histoire du suffrage universel en France. Paris: Gallimard, 1992.

ROUQUETTE, M.-L. *La rumeur et le meurtre:* l'affaire Fualdès. Paris: PUF, 1992.

SADOUL, G. *Histoire générale du cinéma.* Paris: Denoël, 1948. t.I.

SALES, P. Le crime du métro. *Le Journal,* 1912.

SALES, P. *Les habits rouges.* Paris: Flammarion, 1901.

SALMON, A. *Tendres canailles.* Paris: Gallimard, 1921.

SAZIE, L. Zigomar et Bonnot. *Le Matin,* 29 abr. 1912.

_____. *Zigomar.* Paris: Ferenczi, 1909.

_____. *Zigomar.* Paris: Ferenczi, 1913.

SCHAPPER, B. La récidive, une obsession créatrice au XIXe siècle. In: CONGRÈS DE L'ASSOCIATION FRANÇAISE DE CRIMINOLOGIE, 21, 1982, Poitiers. *Le récidivisme.* Paris: PUF, 1983.

Schmidt, B. *Die Kampagne gegen die "Apaches" in Frankreich (1902-1914).* Maîtrise, Université de Fribourg, 1994.

SEGUIN, J.-P. *L'information en France avant le périodique.* Paris: Maisonneuve et Larose, 1964.

_____. Les feuilles d'information non périodiques ou "canards" en France. *Revue de Synthèse,* 3.série, 78-7, 1957. p.301-420.

_____. *Nouvelles à sensation, les canards du XIXe siècle.* Paris: Armand Colin, 1959.

SÉMANT, P.; GRAMACCINI, C. *Crimes et criminels étranges.* Paris: Librairie Contemporaine, [s.d.].

SIGHELE, S. *Littérature et criminalité.* Paris: Giard et Brière, 1908. p.193-200.

SOHN, A.-M. Les attentats à la pudeur sur les fillettes en France. *Mentalités,* n.3, 1989. p.71-111.

SOULET, J.-F. *Les Pyrénées au XIXe siècle.* Toulouse: Eché, 1987.

SOUVESTRE, P.; ALLAIN, M. *Juve contre Fantômas.* Paris: Fayard, 1911. t.II.

_____. *L'évadée de Saint-Lazare.* Paris: Fayard, 1912. t.XV.

_____. *La disparition de Fandor.* Paris: Fayard, 1912. t.XVI.

_____. *La fin de Fantômas.* Paris: Fayard, 1913. t.XXII.

SOUVESTRE, P.; ALLAIN, M. *Le bouquet tragique*. Paris: Fayard, 1912. t.XXIII.

_____. *Le cadavre géant*. Paris: Fayard, 1913. t. XXVII.

_____. *Le cercueil vide*. Paris: Fayard, 1913. t.XXVI.

_____. *Le fiacre de nuit*. Paris: Fayard, 1911. t. IX.

_____. *Le policier apache*. Paris: Fayard, 1911. t.VI.

_____. *Le voleur d'or*. Paris: Fayard, 1913. t.XXVIII.

_____. *Les amours d'un prince*. Paris: Fayard, 1912. t.XXXII.

SUSSAN, R. Le fait divers dans l'art et la littérature. *Mélanges de la Bibliothèque de la Sorbonne*, n.4, 1983.

TALBOT, J. *Casque d'Or*. Paris: Gallimard, 1958.

TALMEYR, M. Le roman-feuilleton et l'esprit populaire. *Revue des Deux Mondes*, set. 1903. p. 203-27.

_____. *Souvenirs de journalisme*. Paris: Plon, 1900.

TARDE, G. *L'opinion et la foule*. Paris: Alcan, 1901.

_____. La criminalité en France dans les vingt dernières années. *Revue Pénitentiaire*, 1903. p.158-78.

_____. La jeunesse criminelle. *Revue Pédagogique*, 3 mar. 1897.

_____. *Les lois de l'imitation*. Paris: Alcan, 1890.

_____. La jeunesse criminelle. *Revue Pédagogique*, mar. 1897. p. 193-215.

_____. *La Philosphie pénale* [1890]. Lyon: Storck, 1900.

TAVERNIER, E. *Du journalisme, son histoire, son rôle politique et religieux*. Paris: H. Oudin, 1902.

THIBON, C. *Le Pays de Sault:* les Pyrénées audoises au XIXe siècle, les villages et l'État. Paris: CRNS, 1988.

THIESSE, A.-M. *Le roman du quotidien:* lecteurs et lectures populaires à la Belle Époque. Paris: Le Chemin Vert, 1984.

THINET, L. *Histoires de voleurs*. Paris: Fayard, 1929.

_____. *La lutte contre la dégénerescence et la criminalité*. Paris: Vigot, 1912.

TODOROV, T. Typologie du roman policier. In: _____. *Poétique de la prose*. Paris: Seuil, 1971. [Ed. bras.: *Poética da prosa*. São Paulo: Editora Unesp, 2018]

TONNERRE, J. Peurs sur la ville. *Cinématographe*, n.63, 1980.

UN CRIME MONSTRUEUX COMMIS PAR DEUX ENFANTS. Les quatre phases de l'épouvantable tuerie de Jully. *Le Petit Journal*, Supplément Illustré, 26 dez. 1909.

UN HOMME VITRIOLE SON RIVAL. *Le Matin*, 1 jan. 1897.

UN MARI VITRIOLEUR. *Le Petit Journal*, Supplément Illustré, 30 jun. 1901.

UNE ÉCOLE DE PICKPOCKETS. *Le Petit Journal*, 23 mar. 1901.

UNE RUE LIVRÉE À L'APACHE. *L'Éclair*, 1 jul. 1910.

UNTRAU, M. *Le vagabondage des mineurs à Paris de 1870 à 1914*. Maîtrise, Université de Paris-VII, 1975.

VARDA, I. *La délinquance féminine de grand magasin avant 1914*. Maîtrise, Université de Paris-VII, 1979.

VAREILLE, J. C. *Filatures:* itinéraire à travers les cycles de Lupin e Rouletabille. Grenoble: Presses Universitaires de Grenoble, 1980.

_____. Les images d'Épinal sont-elles édifiantes? In: MICHAUD, S. (Org.). *L'édification:* morales et cultures au XIXe siècle. Paris: Créaphis, 1993. p. 95-103.

_____. *L'homme masqué, le justicier et le détective*. Lyon: Presses Universitaires de Lyon, 1989.

_____. Le Paris de Fantômas: du pittoresque à l'inquétant. *Nouvelle Revue des Études Fantômassiennes*, n.1, 1993. p.69-94.

_____. *Le roman populaire français (1789-1914):* idéologies et pratiques. Limoges: Presses Universitaires de Limoges, 1994.

VARGAS, Y. Le fait divers comme vérific(a)tion. *Digraphe*, n.40, 1987.

VAUTEL, C. *Mon film:* souvenirs d'un journaliste. Paris: Albin Michel, 1941.

VAUX DE FOLETIER, F. *Les Bohémiens en France au XIXe siècle*. Paris: J.-Cl. Lattès, 1981.

VIDELIER, P. Les ancêtres de "Ils". Invariances. *Autrement*, série "Mutations", n.104, 1989.

VIGARELLO, G. *Le sain et le malsain*. Paris: Seuil, 1993.

VILETTE, A. La chasse aux apaches. *Le Gaulois*, 13 maio 1905.

VITAL-MAREILLE, J. M. *L'assassinat triomphant*. Paris: Société Française d'Imprimerie et de Librairie, 1913.

VOLEURS ET PICKPOKETS. *Le Petit Parisien*, 28 set. 1897.

VOYENNE, B. *Les journalistes français:* d'ou viennent-ils, qui sont-ils, que font-ils? Paris: CFPJ-Retz, 1985.

WEBER, E. *Fin de siècle:* la France à la fin du XIXe siècle. Paris: Fayard, 1986.

_____. *La fin des terroirs:* la modernisation de la France rurale (1870-1914). Paris: Fayard, 1983.

WILLARD, C. Les couches populares urbaines (1914-1950). In: BRAUDEL, F.; LABROUSSE, E. (Orgs.). *Histoire économique et sociale de la France*. Paris: PUF, 1976. t.IV, v.2.

WILLOX, A. *Un journaliste en province (1875-1885)*. Paris: Paul Schmidt, 1895.

WOLF, N. *Le peuple dans le roman français de Zola à Céline*. Paris: PUF, 1990.

_____. Le voleur évalué. In: REUTER, Y. (Org.). *Le roman policier et ses personnages*. Saint-Denis: Presses Universitaires de Vincennes, 1989.

ZAUBERMAN, R. La peur du crime e la recherche. *L'Année Sociologique*, 1982. p.139-57.

ZELDIN, T. *Histoire des passions françaises*. Paris: Seuil, 1979. t.V.

ZWEIG, S. *Le monde d'hier:* souvenirs d'un Européen. Paris: Belfond, 1982.

Archives de la Préfecture de Police, D/B 422.
Archives de la Préfecture de Police, La Ville de Paris, 29 mar. 1881.
Archives Nationales, BB18 1823.
Archives Nationales, BB18 1836.
Archives Nationales, BB18 1882.
Archives Nationales, BB18 1968.
Archives Nationales, BB18 1990.
Archives Nationales, BB18 2021.
Archives Nationales, BB18 2026.
Archives Nationales, BB18 2050.
Archives Nationales, BB18 2074.
Archives Nationales, BB18 2077.
Archives Nationales, BB18 2192.

Archives Nationales, BB18 2198.
Archives Nationales, BB18 2208.
Archives Nationales, BB18 2238.
Archives Nationales, BB18 2265.
Archives Nationales, BB18 2311.
Archives Nationales, BB18 2315/1.
Archives Nationales, BB18 2322.
Archives Nationales, BB18 2322/1.
Archives Nationales, BB18 2339/2.
Archives Nationales, BB18 2355/2.
Archives Nationales, BB18 2358/2.
Archives Nationales, BB18 2362/2.
Archives Nationales, BB18 2369.
Archives Nationales, BB18 2418.
Archives Nationales, BB18 2430.
Archives Nationales, BB18 2433.
Archives Nationales, BB18 2450.
Archives Nationales, BB18 2471/2.
Archives Nationales, BB18 2476/2.
Archives Nationales, BB18 2491.
Archives Nationales, BB18 2505.
Archives Nationales, BB18 2505/2.
Archives Nationales, BB18 2536.
Archives Nationales, BB18 2582.
Archives Nationales, F7 12511.
Archives Nationales, F7 12518.
Archives Nationales, F21 4481.
Cahiers de la Sécurité Intérieure, n.18, 1994.
Ciné-Journal, 11 abr. 1914.
Europe, n.590-1, 1978, p.49-51.
Europe, n.626-7, 1981. p.153-8.
Excelsior, 29 jan. 1911.
Excelsior, 21 jan. 1912.
Excelsior, 31 jan. 1912.

Excelsior, 20 fev. 1912.
Excelsior, 28 fev. 1912.
Excelsior, 29 abr. 1912.
Gil Blas, 26 fev. 1910.
Histoires de brigands. *Le Matin*, 14 nov. 1904.
Je Sais Tout, 15 dez. 1905.
Je Sais Tout, 15 jan. 1906.
Journal Officiel de la République Française, 24 jun. 1904.
Journal Officiel de la République Française, Chambre, Débatas, 18 jan. 1898.
Journal Officiel de la République Française, Chambre, Débatas, 4 nov. 1908.
Journal Officiel de la République Française, Chambre, Débats, 10 nov. 1911.
Journal Officiel de la République Française, Chambre, Débats, 11 jul. 1911.
Journal Officiel de la République Française, Chambre, Débats, 11 set. 1908.
Journal Officiel de la République Française, Chambre, Débats, 11 jul. 1911.
Journal Officiel de la République Française, Chambre, Débats, 11 jul. 1911.
Journal Officiel de la République Française, Chambre, Débats, 12 jun. 1908; 10 jul. 1908.
Journal Officiel de la République Française, Chambre, Debats, 13 jun. 1911.
Journal Officiel de la République Française, Chambre, Débats, 14 nov. 1910.
Journal Officiel de la République Française, Chambre, Débats, 17 fev. 1911.
Journal Officiel de la République Française, Chambre, Débats, 18 nov. 1908.
Journal Officiel de la République Française, Chambre, Débats, 18 nov. 1910.
Journal Officiel de la République Française, Chambre, Débats, 18 nov. 1910.
Journal Officiel de la République Française, Chambre, Débats, 1895.
Journal Officiel de la République Française, Chambre, Débats, 19 maio 1894.
Journal Officiel de la République Française, Chambre, Débats, 1916.
Journal Officiel de la République Française, Chambre, Débats, 1º fev. 1912; 7 mar. 1912; 4 mar. 1912; 5 mar. 1912; 25 mar. 1912; 20 mar. 1912.
Journal Officiel de la République Française, Chambre, Débats, 2 mar. 1906.
Journal Officiel de la République Française, Chambre, Débats, 20 out. 1908.
Journal Officiel de la République Française, Chambre, Débats, 20 nov. 1896.
Journal Officiel de la République Française, Chambre, Débats, 21 nov. 1896.

Journal Officiel de la République Française, Chambre, Débats, 24 mar. 1910.
Journal Officiel de la République Française, Chambre, Débats, 25 mar. 1911.
Journal Officiel de la République Française, Chambre, Débats, 26 dez. 1906.
Journal Officiel de la République Française, Chambre, Débats, 27 jul. 1894.
Journal Officiel de la République Française, Chambre, Débats, 28 fev. 1907; 29 out. 1907.
Journal Officiel de la République Française, Chambre, Débats, 28 fev. 1907, p.509-510; ibid., 5 dez. 1899, p.2062; ibid., 29 out. 1907, p.1972; ibid., 14 out. 1910, p.2787.
Journal Officiel de la République Française, Chambre, Débats, 29 mar. 1912.
Journal Officiel de la République Française, Chambre, Débats, 29 out. 1908.
Journal Officiel de la République Française, Chambre, Débats, 3 jul. 1908.
Journal Officiel de la République Française, Chambre, Débats, 3 jul. 1908, p.1538.
Journal Officiel de la République Française, Chambre, Débats, 3 jul. 1908; 14 nov. 1910.
Journal Officiel de la République Française, Chambre, Débats, 3 jul. 1908.
Journal Officiel de la République Française, Chambre, Débats, 3 jul. 1908.
Journal Officiel de la République Française, Chambre, Débats, 4 nov. 1908.
Journal Officiel de la République Française, Chambre, Débats, 4 nov. 1908.
Journal Officiel de la République Française, Chambre, Débats, 4 nov. 1908.
Journal Officiel de la République Française, Chambre, Débats, 5 abr. 1906.
Journal Officiel de la République Française, Chambre, Débats, 5 abr. 1897.
Journal Officiel de la République Française, Chambre, Débats, 7 dez. 1908.
Journal Officiel de la République Française, Chambre, Débats, 8 dez. 1908.
Journal Officiel de la République Française, Chambre, Débats, 8 jul. 1908.
Journal Officiel de la République Française, Chambre, Documents, s.l. 1908.
Journal Officiel de la République Française, Chambre, Documents, 1911, annexe n.748.
Journal Officiel de la République Française, Chambre, Documents, 1911, annexe n.784.
Journal Officiel de la République Française, Chambre, Documents, anexo n.748.

Journal Officiel de la République Française, Chambre, Documents, 1911, annexe n.748.
Journal Officiel de la République Française, Chambre, Documents, 1911, annexe n.748.
Journal Officiel de la République Française, Chambre, Documents, 1911, annexe n.906.
Journal Officiel de la République Française, Chambre, Documents, n.2367, 1901.
Journal Officiel de la République Française, Chambre, Documents, 1906, annexe n.2996.
Journal Officiel de la République Française, Chambre, Documents, 1894.
Journal Officiel de la République Française, Chambre, Documents, 1908, annexe 2090.
Journal Officiel de la République Française, Chambre, Documents, 1909, annexe 2240.
Journal Officiel de la République Française, Chambres, Débats, 11 nov. 1908.
Journal Officiel de la République Française, Débats, 24 mar. 1910
Journal Officiel de la République Française, Débats, 5 jun. 1914.
Journal Officiel de la République Française, Débats, Chambre, 24 dez. 1910; 18 jan. 1906.
Journal Officiel de la République Française, Documents, 1912, annexe n.2293.
Journal Officiel de la République Française, Documents, 25 mar. 1910.
Journal Officiel de la République Française, Documents, annexe n.90.
Journal Officiel de la République Française, Documents, annexe n.3060.
Journal Officiel de la République Française, Senado, Débats, 26 nov. 1911.
Journal Officiel de la République Française, Sénat, Débats, 16 jan. 1907.
Journal Officiel de la République Française, Sénat, Débats, 16 jan. 1907.
Journal Officiel de la République Française, Sénat, Débats, 26 dez. 1911.
Journal Officiel de la République Française, Sénat, Débats, 26 dez. 1911.
Journal Officiel de la République Française, Sénat, Débats, 26 nov. 1911.
L'Assiette au Beurre, 12 nov. 1910.
L'Aurore, 1 set. 1908.
L'Aurore, 9 set. 1907.
L'Auto, 30 jul. 1906.

L'Écho de Paris, 16 ago. 1906.
L'Echo de Paris, 17 ago. 1912.
L'Éclair, 4 maio 1902.
L'Éclair, 1 nov. 1906.
L'Éclair, 13 out. 1907.
L'Éclair, 23 fev. 1909.
L'Éclair, 10 jul. 1910.
L'Éclair, 27 jul. 1910.
L'Éclaireur, 20 jan. 1910.
L'Éclair, 9 jul. 1910.
L'Ermitage, dez. 1901.
L'Express de Liège, 21 nov. 1913.
L'Intransigeant de Rochefort, 20 ago. 1912.
L'Humanité, 23 ago. 1906.
L'Humanité, 8 out. 1907.
L'Humanité, 21 nov. 1908.
L'Humanité, 17 jan. 1910.
L'Intransigeant, 31 mar.
L'Intransigeant, 15 abr. 1898.
L'Intransigeant, 26 ago. 1905.
L'Intransigeant, 29 abr. 1905.
L'Intransigeant, 9 maio 1901.
L'Intransigeant, 3 maio 1901.
L'Intransigeant, 5 ago. 1905.
L'Intransigeant, 1 ago. 1912.
L'Intransigeant, 10 ago. 1912.
L'Intransigeant, 23 ago. 1912.
L'Intransigeant, 24 ago. 1912.
L'Opinion Nationale, 24 set. 1866.
L'Opinion, 15 jan. 1910.
Le Petit Parisien, 28 jul. 1900.
Le Petit Parisien, 30 mar. 1904.
La Croix, 4 jan. 1896.
La Croix, 14 ago. 1906.

La Dépêche de Rouen, 18 out. 1909.
Le Grand Journal, 2, 9 e 16 dez. 1866. Reed. in: *Tapis-Franc, Revue du Roman Populaire*, n.1, 1988. p.95-132.
La Gazette des Tribunaux, 16-17 jan. 1911.
La Gazette du Palais, 11 jan. 1904.
La Guerre Sociale, 1 fev. 1910.
La Guerre Sociale, 8 jun. 1910.
La Guerre Sociale, 3.ed. esp., 29 jun. 1910.
La Guerre Sociale, 27 jul.-2 ago. 1910.
La Guerre Sociale, 1-7 maio 1912.
La jeunesse de Manda. *Le Matin*, 20 fev. 1902.
La Liberté, 10 jan. 1877.
La Liberté, 17 ago. 1902.
La Liberté, 2 maio 1905.
La Parole Socialiste, 3 fev. 1901.
La Petite République, 27 set. 1907.
La Petite République, 8 out. 1907.
Le Libertaire, 6 dez. 1908.
La Presse Internationale, 1898. p.167-9.
La Revue Blanche, 15 jan. 1902.
La Revue Bleue, dez. 1897-jan. 1898.
La Revue, 15 dez. 1910.
La Revue, dez. 1910-fev. 1911.
La Revue, 15 fev. 1911.
Le Petit Parisien, 2 mar. 1910.
Le Matin, 10 maio 1900.
Le Petit Parisien, 20 out. 1903.
Le Gaulois, 7 out. 1900.
Le Gaulois, 13 maio 1905.
Le Gaulois, 3 jan. 1907.
Le Gaulois, 13 set. 1907.
Le Gaulois, 2 jul. 1910.
Le Gaulois, 3 jul. 1910.
Le Gaulois, 5 jul. 1910.

Le Gaulois, 12 jul. 1910.
Le Gaulois, 20 jul. 1910.
Le Gaulois, 22 e 25 jul. 1910.
Le Journal de Rouen, 24 dez. 1900.
Le Journal de Rouen, 17 out. 1909.
Le Journal des Débats, 15 set. 1907.
Le Journal des Voyages, 6 dez. 1908.
Le Journal, mar. 1897.
Le Journal, 13 dez. 1900.
Le Journal, 14 dez. 1900.
Le Journal, 17 dez. 1900.
Le Journal, 15 jul. 1901.
Le Journal, 2 jan. 1903.
Le Journal, 16 jan. 1903.
Le Journal, 24 mar. 1903.
Le Journal, 27 jul. 1904.
Le Journal, 4 set. 1904.
Le Journal, 12 set. 1904.
Le Journal, 24 jan. 1906.
Le Journal, 3 jan. 1907.
Le Journal, 16 abr. 1907.
Le Journal, maio 1910.
Le Journal, 5 jun. 1910.
Le Journal, 4 fev. 1911.
Le Journal, 27 jul. 1911.
Le Journal, 26 ago. 1911.
Le Journal, 27 ago. 1911.
Le Journal, 24 set. 1912.
Le Journal, 2 jan. 1913.
Le Journal, 23 jul. 1913.
Le Libertaire, 18 jan. 1908.
Le Libertaire, 6 dez. 1908.
Le Libertaire, 18 set. 1910.
Le Libertaire, 20 set. 1913.

Le Magasin Pittoresque, 15 fev. 1913.
Le Matin e *Le Journal* de 19 a 25 jan. 1908.
Le Matin, 21 fev. 1894.
Le Matin, 2 ago. 1895.
Le Matin, 20 jan. 1896.
Le Matin, maio-jul. 1899.
Le Matin, 4 jun. 1900.
Le Matin, 31 out. 1900.
Le Matin, 12 dez. 1900.
Le Matin, 14 dez. 1900.
Le Matin, 2 jan. 1901.
Le Matin, 7 jan. 1901.
Le Matin, 19 jan. 1901.
Le Matin, 6 jan. 1902.
Le Matin, 19 jan. 1902.
Le Matin, 12 abr. 1902.
Le Matin, 13 e 14 jun. 1902.
Le Matin, 22 out. 1903.
Le Matin, 7 abr. 1904.
Le Matin, 6 jan. 1905.
Le Matin, 13 maio 1905.
Le Matin, 7 jun. 1905.
Le Matin, 21 jun. 1905.
Le Matin, 20 jun. 1906.
Le Matin, 11 ago. 1906.
Le Matin, 12 ago. 1906.
Le Matin, 13 ago. 1906.
Le Matin, 17 ago. 1906.
Le Matin, 27 set. 1906.
Le Matin, 10 fev. 1907.
Le Matin, 16 fev. 1907.
Le Matin, 18 fev. 1907.
Le Matin, 4 mar. 1907.
Le Matin, 21 mar. 1907.

Le Matin, 21 abr. 1907.
Le Matin, 22 abr. 1907.
Le Matin, 24 abr. 1907.
Le Matin, 3 jun. 1907.
Le Matin, 5 a 7 jun. 1907.
Le Matin, 8 ago. 1907.
Le Matin, 10 ago. 1907.
Le Matin, 16 set. 1907.
Le Matin, 20 set. 1907.
Le Matin, 21 set. 1907
Le Matin, 22 set. 1907.
Le Matin, 30 set. 1907.
Le Matin, 2 out. 1907.
Le Matin, 5 out. 1907.
Le Matin, 9 out. 1907.
Le Matin, 18 dez. 1907.
Le Matin, 1 mar. 1908.
Le Matin, 24 mar. 1908.
Le Matin, 16 maio 1908.
Le Matin, 18 maio 1908.
Le Matin, 1 jun. 1908.
Le Matin, 30, 31 maio e 6 jun. 1908.
Le Matin, 9 jun. 1908.
Le Matin, 10 jun. 1908.
Le Matin, 13 jun. 1908.
Le Matin, 26 nov. 1908.
Le Matin, 19 maio 1909.
Le Matin, 21 jun. 1909.
Le Matin, 16 out. 1909.
Le Matin, 7 dez. 1909.
Le Matin, 9 jan. 1910.
Le Matin, 12 jan. 1910.
Le Matin, 15 jan. 1910.
Le Matin, 9 out. 1910.

Le Matin, 7 nov. 1910.
Le Matin, 26 fev. 1911.
Le Matin, 20 abr. 1911.
Le Matin, 15 set. 1911.
Le Matin, 19 mar. 1912.
Le Matin, 24 mar. 1912.
Le Matin, 26 mar. 1912.
Le Matin, de 4 a 28 mar. 1912.
Le Matin, 17 e 18 abr. 1913.
Le Matin, 30 abr. 1913.
Le Matin, 9 set. 1913.
Le Matin, 29 set. 1913.
Le Matin, 5 out. 1913.
Le Matin, 23 e 24 fev. 1914.
Le Matin, 1º mar. 1914.
Le Pays, 1º abr. 1877.
Le Petit Journal, 1895.
Le Petit Journal, Supplément Illustré: Comment on traite les apaches em France, 3 nov. 1907.
Le Petit Journal, 8 set. 1894.
Le Petit Journal, 8 set. 1894.
Le Petit Journal, maio-jun. 1896
Le Petit Journal, Supplément Illustré, 3 jun. 1896.
Le Petit Journal, 4 jun. 1896.
Le Petit Journal, 23 jul. 1897.
Le Petit Journal, 13 out. 1898.
Le Petit Journal, 13 out. 1898.
Le Petit Journal, 7 set. 1900.
Le Petit Journal, Supplément Illustré, 11 jan. 1903.
Le Petit Journal, 4 mar. 1903.
Le Petit Journal, 8 de janeiro 1905.
Le Petit Journal, Supplément Illustré, 10 fev. 1907; 29 jan. 1905.
Le Petit Journal, Supplément Illustré, 26 mar. 1905.
Le Petit Journal, Supplément Illustré, 19 fev. e 18 jun. 1905.

Le Petit Journal, 8 ago. 1906.
Le Petit Journal, 17 ago. 1906.
Le Petit Journal, 22 ago. 1906.
Le Petit Journal, 27 set. 1906.
Le Petit Journal, 27 set. 1906.
Le Petit Journal, 28 set. 1906.
Le Petit Journal, 9 dez. 1906.
Le Petit Journal, 24 jul. 1907.
Le Petit Jounal, Supplément Illustré, 8 set. 1907.
Le Petit Journal, Supplément Illustré, 22 set. 1907.
Le Petit Journal, Supplément Illustré, 22 set. 1907.
Le Petit Journal, 29 set. 1907.
Le Petit Journal, Supplément Illustré, 20 out. 1907.
Le Petit Journal, Supplément Illustré, 20 out. 1907.
Le Petit Journal, Supplément Illustré, 3 nov. 1907.
Le Petit Journal, Supplément Illustré, 3 nov. 1907.
Le Petit Journal, 22 jan. 1908.
Le Petit Journal, Supplément Illustré, 10 maio 1908.
Le Petit Journal, Supplément Illustré, 26 ago. 1908.
Le Petit Journal, Supplément Illustré, 16 ago.1908; 11 out. 1908.
Le Petit Journal, Supplément Illustré, 4 jul. 1909.
Le Petit Journal, 12 ago. 1909.
Le Petit Journal, 14 ago. 1909.
Le Petit Journal, 3 set.1909.
Le Petit Journal, 13 jan. 1910.
Le Petit Journal, Supplément Illustré, 23 jan. 1910.
Le Petit Journal, 26 jul. 1910.
Le Petit Journal, 20 set. 1910.
Le Petit Journal, 23 set. 1910.
Le Petit Journal, 5 fev. 1914.
Le Petit Journal, dez. 1912.
Le Petit Marseillais, 6 set. 1907.
Le Petit Parisien, 23 jun. 1894.
Le Petit Parisien, 9 fev. 1895.

Le Petit Parisien, Supplément Illustré, 14 nov. 1895.
Le Petit Parisien, 6 dez. 1895.
Le Petit Parisien, 9 nov. e 6 dez. 1895.
Le Petit Parisien, 30 nov. 1896.
Le Petit Parisien, 8 abr. 1897.
Le Petit Parisien, 13 jul. 1897.
Le Petit Parisien, 28 set. 1897.
Le Petit Parisien, 4 nov. 1897.
Le Petit Parisien, 9 nov. 1897.
Le Petit Parisien, 21 dez. 1897.
Le Petit Parisien, Supplément Illustré, 10 abr. 1898.
Le Petit Parisien, 13 jun. 1898.
Le Petit Parisien, 3 jan. 1899.
Le Petit Parisien, 2 a 5 jan. 1899.
Le Petit Parisien, 7 jan. 1899.
Le Petit Parisien, 10 jan. 1899.
Le Petit Parisien, 11 jan. 1899.
Le Petit Parisien, 17 jan. 1899.
Le Petit Parisien, Supplément Illustré, 21 jan. 1899.
Le Petit Parisien, Supplément Illustré, 30 jul. 1899.
Le Petit Parisien, 14 jan. 1900.
Le Petit Parisien, 12 jan. 1901.
Le Petit Parisien, 26 jan. 1901.
Le Petit Parisien, 13 fev. 1901.
Le Petit Parisien, 31 jul. 1901.
Le Petit Parisien, 23 ago. 1901.
Le Petit Parisien, 7 set. 1901;
Le Petit Parisien, 10 set. 1901.
Le Petit Parisien, 30 set. 1901.
Le Petit Parisien, 9 nov. 1901.
Le Petit Parisien, 29 nov. 1901.
Le Petit Parisien, 11 abr. 1902.
Le Petit Parisien, 17 abr. 1902.
Le Petit Parisien, 19 abr. 1902.

Le Petit Parisien, 11 set. 1902.
Le Petit Parisien, 1º out. 1902.
Le Petit Parisien, 28 maio 1903.
Le Petit Parisien, 6 set. 1903.
Le Petit Parisien, 9 out. 1903.
Le Petit Parisien, 3 a 10 out. 1903.
Le Petit Parisien, 15 jan. 1904.
Le Petit Parisien, 8 fev. 1904.
Le Petit Parisien, 20 abr. 1904.
Le Petit Parisien, 9 fev. 1905.
Le Petit Parisien, 11 fev. 1905.
Le Petit Parisien, 27 mar. 1905.
Le Petit Parisien, 23 ago. 1906.
Le Petit Parisien, 6 set. 1906.
Le Petit Parisien, 21 set. 1906.
Le Petit Parisien, 26 set. 1906.
Le Petit Parisien, 2 out. 1906.
Le Petit Parisien, 3 out. 1906.
Le Petit Parisien, 15 fev. 1907.
Le Petit Parisien, 4 abr. 1907.
Le Petit Parisien, 7 abr. 1907.
Le Petit Parisien, 16 abr. 1907.
Le Petit Parisien, 13 set. 1907.
Le Petit Parisien, 29 set. 1907.
Le Petit Parisien, 30 set. 1907.
Le Petit Parisien, 18 fev. 1908.
Le Petit Parisien, 4 abr. 1908.
Le Petit Parisien, 6 abr. 1908.
Le Petit Parisien, 25 abr. 1908.
Le Petit Parisien, 29 abr. 1908.
Le Petit Parisien, 8 jul. 1908.
Le Petit Parisien, 17 nov. 1908.
Le Petit Parisien, 28 dez. 1908.
Le Petit Parisien, 5 jan. 1909.

Le Petit Parisien, 14, 15 e 16 jan. 1909.
Le Petit Parisien, 27 jan. 1909.
Le Petit Parisien, 16 fev. 1909.
Le Petit Parisien, 21 a 28 fev. 1909.
Le Petit Parisien, 23 e 25 mar. 1909.
Le Petit Parisien, Supplément Illustré, 11 abr. 1909.
Le Petit Parisien, 7 nov. 1909.
Le Petit Parisien, 8 nov. 1909.
Le Petit Parisien, 13 e 15 nov. 1909.
Le Petit Parisien, 3 jan. 1910.
Le Petit Parisien, 5 jan. 1910.
Le Petit Parisien, 8 jan. 1910.
Le Petit Parisien, 17 jan. 1910.
Le Petit Parisien, 5 set. 1910.
Le Petit Parisien, 29 set. 1910.
Le Petit Parisien, 2 out. 1910.
Le Petit Parisien, 28 out. 1910.
Le Petit Parisien, 15 nov. 1910.
Le Petit Parisien, 21 mar. 1911.
Le Petit Parisien, 21 nov. 1911
Le Petit Parisien, 26 nov. 1911.
Le Petit Parisien, 22 dez. 1911.
Le Petit Parisien, Supplément Illustré, 27 mar. 1912.
Le Petit Parisien, 10 abr. 1912.
Le Petit Parisien, 29 abr. 1912.
Le Petit Parisien, 10 maio 1912.
Le Petit Parisien, 15 maio 1912.
Le Petit Parisien, 16 maio 1912.
Le Petit Parisien, 17 maio 1912.
Le Petit Parisien, 17 dez. 1912.
Le Petit Parisien, 24 jan. 1913.
Le Petit Parisien, 19 fev. 1913.
Le Petit Parisien, 3 mar. 1913.
Le Petit Parisien, 4 dez. 1913.

Le Petit Parisien, 12 dez. 1913.
Le Petit Parisien, 13 jan. 1914.
Le Petit Parisien, 29 jan. 1914.
Le Petit Parisien, 6 abr. 1914.
Le Petit Provençal, 8 set. 1907.
Le Peuple Français, 25 jun. 1894.
Le Radical, 8 jan. 1909.
Le Rappel, 10 abr. 1901.
Le Rappel, 14 abr. 1901.
Le Rappel, 21 ago. 1906.
Le Rappel, 12 nov. 1910.
Lectures pour tous, jan. 1912.
Le Républicain du Dauphiné, 11 jan. e 23 jan. 1896.
Le Républicain Sancerrois, 13 out. 1899.
Le Réveil du Dauphiné, 10 jan. e 1896.
Le Soleil, 11 set. 1905.
Le Soleil, 12 ago. 1906.
Le Soleil, 14 dez. 1905.
Le Soleil, 26 out. 1905.
Le Temps, 18 abr. 1896.
Le Temps, 14 dez. 1896.
Le Temps, 29 set. 1897.
Le Temps, 12 dez. 1897.
Le Temps, 25 abr. 1898.
Le Temps, 4, 6 e 8 out. 1898.
Le Temps, 4 fev. 1902.
Le Temps, 5 mar. 1906.
Le Temps, 5 abr. 1907.
Le Temps, 30 out. 1907.
Le Temps, 26 nov. 1907.
Le Temps, 18 out. 1910.
Le Temps, 7 maio 1912.
Le Temps, 7 jun. 1912.
Le Travailleur Socialiste de l'Yonne, 2 jul. 1910.

Les Annales, 6 set. 1908.
Paris-Journal, 18 ago. 1895.
Paris-Journal, 10 jan. 1910.
Pathé-Journal, 6 out. 1913.
Revue des Deux Mondes, 15 jan. 1897.
Revue Européene, fev. 1910.
Revue Pénitentiaire, 1896.
Revue Pénitentiaire, 1897.
Revue Pénitentiaire, 1898.
Revue Pénitentiaire, 1899.
Revue Pénitentiaire, 1902.
Revue Pénitentiaire, 1903.
Revue Pénitentiaire, 1906.
Revue Pénitentiaire, 1908.
Revue Pénitentiaire, 1909.
Revue Pénitentiaire, 1911.
Revue Pénitentiaire, 1910.
Revue Pénitentiaire, 1912.
Revue Pénitentiaire, 1913.
Revue Pénitentiaire, 1914.
Romans-Revue, 1908.
Romans-Revue, 1910
Romans-Revue, 1911.
Romans-Revue, 1912.
Romans-Revue, 1913.

Índice onomástico*

A
Achille, 299, 369n
Adam, Paul, 291
Allain, Marcel, 51, 56, 65n, 133, 134n, 158, 160, 221, 226, 455n
Allais, Alphonse, 100, 294
Allemane, deputado, 272
Ambricourt, baronesa de, 462
Anastay, 219
André, Paul, 379
Andrieux, chefe de polícia, 136
Anfriani, apache, 114, 373
Apollinaire, Guillaume, 14, 65, 152, 153n, 158n
Aubry, Paul, 356
Auclair, Georges, 10, 18n, 43n, 420
Aymard, Gustave, 46, 224n

B
Baillon, André, 130, 137, 141n, 144n, 146n
Balzac, Honoré de, 30n, 53, 170, 182, 293
Barba Azul, 195n
Barbara, Charles, 46
Barbey d'Aurevilly, 151, 292
Barby, Henry, 318
Barnett, Jim, 156
Barrême, Jules, 174
Barrès, Maurice, 243, 404
Barthou, Louis, 320
Bassinet, Athanase, 178
Bataille, Albert, 37, 128, 429
Baudon, Blanche, 238
Baur, Harry, 78
Beaujoint, 58
Beauregard, Paul, 380

---

* Os nomes em itálico são de personagens fictícios.

Beautrelet, Isidore, 158
Belleau, juiz, 317
Belot, Adolphe, 48, 54, 58
Belthan, Lady, 226
Beltrand, Tony, 88
Bercy, Léon de, 177, 259
Bérenger, René, 174n, 313, 330
Bernard, Tristan, 55, 64, 174n, 293, 298-9
Bernhardt, Sarah, 319
Berry, Georges, 205, 208, 360, 363, 374-5, 378, 380, 383, 387, 410, 413, 415n
Bertillon, 110, 227
Bethléem, padre, 336n, 345
Bill, Buffalo, 346
Billy, André, 269
Bimorel, Folleville de, 394
Bob, Tom, 156
Boch, 217
Boissière, Albert, 59
Bompart, Gabrielle, 427
Bonnef, Maurice, 267
Bonnot, Jules, 21, 33, 53, 68, 75, 95, 97, 100, 108-9, 181, 199, 249-51, 290, 307, 334, 341, 348, 377, 380, 412, 423, 429
Bonzon, Jacques, 353
Boucher, Henry, 362
Bouchery, 233
Boulanger, general, 414
Boumbay, Flousch, 232
Bourgeois, Gérard, 76-8
Boury, deputado, 205-6

Boussenard, Louis, 56-7, 62
Bouzille, 230
Brénier, deputado, 349
Bressol, Pierre, 76
Breton, André, 92
Briand, Aristide, 287, 329-30, 359, 381, 414
Brinvilliers, marquesa de, 201
Brisson, Adolphe, 345
Broquet, Paulin, 53, 155
Brousson, Jean-Jacques, 64
Bruant, Aristide, 259-61, 265, 267, 270
Brulat, Paul, 133n, 151
Brun, 440
Bubu de Montparnasse, 295-7
Buisson, Ferdinand, 354
Bulot, sra., 97
Bunau-Varilla, 54

C

Cadiou, caso, 113, 462
Cahorn, barão, 216
Caignart de Mailly, 400
Caillaux, Henriette, 33, 406
Calchas, ex-chefe de polícia, 396
Callemin, 377
Calmette, Gaston, 33
Carco, Francis, 138, 152, 259, 268-70
Carné, Marcel, 269
Carnot, Sadi, 286, 288n, 361
Caron, Ernest, 391
Carré, Michel, 78

Carter, Nick, 61, 63, 65, 74, 91, 120, 122, 155-6, 188, 193, 221, 344-6, 352
Cartouche, 49-50, 333, 338, 425, 427
Caserio, Sante Geronimo, 288, 361
Casque d'Ébène, 239
Casque d'Encre, 239
Casque d'Or, 14, 21, 36, 53, 102, 105, 139, 223, 235-6, 238
Cassemiche, Paul, 172
Cauvain, Henry, 48
Charcot, 230, 355
Chassé, Charles, 336
Chautard, Émile, 77-8
Chautemps, Félix, 205
Chavette, Eugène, 48, 54, 345
Chéri-Bibi, 48, 50, 55, 58, 72, 77, 193, 199, 336, 339, 348, 456, 458
Chincholle, Charles, 150
Chrétien, Marius, 222, 435
Christian, Henri, 128, 143
Claretie, Jules, 64
Claretie, Léo, 128, 267
Claris, Edmond, 150
Clark, Walter, 156
Clemenceau, Georges, 307, 370-1, 375, 396, 414
Cochin, Henri, 333, 374
Conrad, 62
Coolus, Romain, 299
Cooper, Fenimore, 46, 134n
Cornélius, doutor, 60

Cornudet, Honoré, 378, 380
Corso, o, 271
Couillard, Remi, 317-8
Coupeau, 453
Couté, Gaston, 261, 266, 287
Croisset, Francis de, 54
Czolgosz, 297

D

D'Ivoi, Paul, 56, 62
Dallier, 216
Damia, 265
Danglars, 156-7
Danvers, 108
Darien, Georges, 291-2, 294
Daudet, Léon, 40n, 265, 268, 309, 310n
David, Fernand, 375, 387
De Alvis, M., 460
De Marcère, senador, 364
Debishopp, ex-chefe de polícia, 396
Debruille, Edmond, 208
Decourcelle, Pierre, 58, 60, 77, 79, 175n
Deibler, carrasco, 143n, 286-7
Dejeante, Victor, 273, 352
Delafosse, Jules, 233
Delahaye, Jules, 131n, 237
Delarue, padre, 98, 135, 318, 447-9, 461
Delmont, padre, 353, 354n
Denola, Georges, 76
Dentu, editor, 46, 58
Deray, policial, 176, 282
Dervieux, detetive, 76

Descaves, Lucien, 291
Deschamps, Gaston, 324
Desnais, Joseph, 378
Desnar, 65, 158
Desnos, Robert, 92, 180, 342
Dété, Eugène, 88
Dettwiller, 97
Devah, faquir, 459-60
Devaud, padre, 346
Dickson, Tom, 76
Didier, 267
Doizy, 356, 415
Dombres, Georges, 59, 300, 443
Dorgelès, Roland, 131, 138, 152, 268
Doyle, Arthur Conan, 47n, 54, 59, 62, 118, 155
Dreyfus, Alfred, 23, 35, 105, 215, 257, 311, 324, 380, 438
Du Boisgobey, Fortuné, 48, 54, 57, 157, 345
Dubief, Eugène, 125n, 134n, 137n, 146, 147n
Dubot, Paul, 318
Dubreuilh, 40
Duflair, G., 458
Duguet, srta., 133
Duhr, Jacques, 328, 400
Dumont, F.-M., 78n, 121
Dunoyer de Segonzac, 376
Dupin, Arthur, 34n, 36, 127, 235-6, 459
Dupin, cavalheiro, 47
Dupuy, Charles, 31n, 361
Duquesnel, Félix, 59-60, 345

Durac, Léon, 76
Durand, caso, 322
Durkheim, Émile, 351, 434, 440, 468
Duval, caso, 279

E
Eichler, editor, 60-2, 74, 345-6
Erbelding, Marthe, 99, 186, 440
Espinas, 355
Essarès Bey, 216
Eyraud, Michel, 427

F
Fabre, procurador-geral, 249
Faillot, Gabriel, 407
Faivre, Abel, 455
Fallières, Armand, 285-8, 348, 371-2, 410, 460
Fandor, 158, 161
Fantômas, 13-4, 21, 49-51, 55, 58, 65, 72, 76-7, 90, 92, 116, 118, 122, 156, 158, 160, 169, 175, 180-1, 188-9, 192, 196, 200, 223, 230, 245n, 248, 251, 336, 339, 341-2, 345, 349, 455-6
Faure, Félix, 32
Fayard, Arthème, 57, 90
Fénéon, Félix, 153, 291, 293, 298
Fenestrier, Charles, 129n, 143n, 148n, 152
Ferenczi, Joseph, 58, 62-3, 90, 96n
Ferragus, 53, 182
Ferri, Enrico, 336
Ferrier, agente de polícia, 289

Feuillade, Louis, 75-6, 79, 122, 158, 175, 245*n*, 341-2, 349-50
Féval, Paul, 44, 46, 58-9, 119
Firmin, 299
Flandin, Étienne, 208, 237, 363*n*, 382*n*
Flaubert, Gustave, 154
Flaubert, sra., 460
Flourens, 311
Fogg, Phileas, 127
Fontan, Léo, 121
Forton, Louis, 56
Foucauld, sra., 454
Foucault, Michel, 331, 421
Fouillée, Alfred, 344, 353-5, 434
Fourquier, Henry, 236
Fragson, cantor, 99
France, Anatole, 284-5
Franklin-Bouillon, 378-9
Frégier, Honoré Antoine, 176
Fregoli, Leopoldo, 340*n*
Fréhel, 259, 265
Frémont, Marie, 448, 461
Frichot, 217
Frison, agente, 397
Frollo, Jean, 111*n*, 325
Fualdès, ex-procurador imperial, 256, 426, 428

G

Gaboriau, Émile, 20, 46-8, 53, 78, 154-5, 157, 192, 336, 345
Gallan, Louis, 249
Galley, policial, 191, 221, 324, 399, 454

Gallimard, Gaston, 42, 65*n*
Galopin, Arnould, 59
Galtié, Rachel, 326
Galton, 220
Garat, Jean, 78
Garçon, Émile, 207*n*, 385, 389, 413
Gasnier e Mackenzie, 79
Gastyne, Jules de, 60
Gaumont, Louis, 73, 76, 79
Gauthier, Louis, 107
Gautier, Théophile, 30
Gide, André, 64-5, 218, 293, 297, 298*n*
Giffard, Pierre, 126
Gilbert, Jeanne, 314, 326
Gilmour, 196, 226
Ginisty, Paul, 267
Ginzburg, Carlo, 120*n*, 442
Girard, Théodore, 174*n*, 328
Girardin, Émile de, 52
Gisquet, chefe de polícia, 306
Godard, Justin, 319
Gohier, Urbain, 393
Goron, 54, 63, 307, 405
Gouffé, caso, 307, 427
Gouïn, sra., 98, 106, 222, 287, 326
Gounouihou, 316
Gourmont, Remy de, 291
Graby, 222, 287
Grande Jules, o, 296
Gras, vulgo L'Anguille, 227
Grave, Jean, 279, 280*n*
Greene, Anna-Katherine, 57, 59
Grenier, padre, 314-5
Grez, Paul, 395

Grimm, Thomas, 219
Gris-Gris, 299
Guérande, Philippe, 123, 158
Guérin, Marie, 130n, 139
Guéroult, Constant, 48, 54
Guilbert, Yvette, 259, 266
Guillaume, Albert, 455
Guilleri, 425
Guyot-Dessaigne, 237, 330

H
Hamard, 463
Harbough, Thomas, 61
Harduin, 148
Hearst, William, 79
Hennion, Célestin, 209, 396
Henrot, Henri, 374
Herriot, Édouard, 348
Hervé, Gustave, 41, 282-6, 288, 290
Hire, Jean de La, 345
Hoffman, sra., 462
Holmes, Sherlock, 47, 51, 59-60, 120, 155-6, 344, 444
Hornung, William, 54, 59, 78
Hugo, Victor, 88, 170, 262
Humbert, Thérèse, 102, 191, 223-4
Hume, Fergus, 54
Huret, Jules, 127
Hutin, Marcel, 127, 318

J
Jack, o Estripador, 168
Jacob, Alexandre, 280, 338
Jacob, Max, 14, 65, 180, 268
Jarry, Alfred, 132, 291, 293, 298
Jasset, Victorin, 74-6, 79, 122, 341
Jaurès, Jean, 40, 271, 278, 283, 285, 359, 389
Jean-Marie, o carniceiro, 221
Jésus-la-Caille, 270-1
Joly, Henry, 171, 354, 366, 434
Jordan, Marc, 62, 156
Joseph-Renaud, Jean, 59, 405
Jourjon, Charles, 74
Jouvenel, Robert de, 115, 130n
Jud, Charles, 174
Judex, 123, 350
Juve, inspetor, 116, 155, 175

K
Kessel, Joseph, 42
Kesselbach, 216
Kesselbach, Dolorès, 199, 217
King, Ethel, 61
Koch, 219, 244
Kolb, sra., 196-7
Krauss, Charles, 77

L
Labruyère, Georges de, 60, 127-8, 139, 160, 226, 318, 461n
Lacassagne, Alexandre, 175, 186n, 350, 376
Lacenaire, caso, 93n, 426-8
Lafarge, Marie, 201, 426
Lafcadio, 65, 298
Lafitte, Pierre, 13, 38, 59-60, 62, 67, 121, 405

Laflotte, Bertrand de, 342, 350n
Lagaffe, detevive, 458
Lamare, 429
Landru, Henri, 195, 425
Langier, casal, 444
Launay, 58
Laurent, Hippolyte, 377
Lavaud, 285
Laven, Fernand, 62
Le Bon, Gustave, 356
Le Rouge, Gustave, 60, 65n, 152, 160, 245n
Leblanc, Maurice, 13, 48, 54, 59-60, 64, 77-8, 117, 156, 158, 199, 215, 221n, 226, 336, 338n, 339, 340n, 443, 456
Leca, 236
Leclerc, Alexandre, 44n, 260
Leconte, Paul, 228
Lecoq, inspetor, 34n, 46-8, 78, 154-5
Leduc, Pierre, 340
Lefas, Alexandre, 200
Legras, 259
Lejeune, J., 242, 243n
Lemire, padre, 363
Lépine, chefe de polícia, 39, 52-3n, 267, 274, 287, 329, 378, 382, 395, 398
Lermina, Jules, 60, 62, 156n, 157, 160, 345
Leroux, Gaston, 48-50, 54-5, 58-9, 72, 77, 101, 117n, 118, 119n, 127, 154n, 158-60, 169n, 193, 198-9, 348, 426, 452, 455-6, 457n, 465

Lesueur, Daniel, 404
Letellier, Henri, 35
Leveillé, jurista, 362
Level, Maurice, 59, 120, 121n, 159
Leydet, juiz, 319
Liabeuf, Jacques, 68, 176, 281-9, 376-7
Linder, Max, 77
Lister, Lorde, 61
Lobeau, Arthur, 294
Locard, Edmond, 175
Loevy, 121
Lombroso, Cesare, 211, 219, 249
Lorde, André de, 77
Lorrain, Jean, 266
Loti, Pierre, 265
Loubat, Guillaume, 380-1, 401n
Louis, Antonin, 258
Loupé, garotinho, 271
Luguet, Marcel, 59
Lumière, irmãos, 72
Lupin, Arsène, 13, 48, 50, 54, 56, 60-1, 64, 77-8, 91, 116-7, 154, 156n, 169, 173, 192-3, 221, 223, 227, 294n, 336-40, 344-5, 456-7

M

Mac Orlan, Pierre, 268, 269
Machard, Alfred, 267
Maffesoli, Michel, 439
Magnaud, Paul, 212, 274-5, 352n, 367, 414
Maitrejean, 121-2
Manda, 236, 246, 399

Mandrin, 49, 333, 338, 425
Manouvrier, Léonce, 334, 351
Marat, Jean-Paul, 347
Mario, Marc, 63
Marle, Louis, 459
Marx, Karl, 272
Mathilde, 55, 64, 298n, 299
Mauclair, Camille, 291
Maugras, agente de polícia, 287
Maupassant, Guy de, 60, 151
Mauriac, François, 64
McKinley, William, 297
Méaulle, Fortuné-Louis, 88
Meirs, Georges, 63, 79, 121, 156, 161n, 245n
Méliès, Georges, 72-3, 77, 122, 424
Méline, Jules, 230
Ménard, Louise, 275
Merelly, 191, 318-9
Méria, Adrien, 121
Méric, Victor, 286
Méricant, Albert, 63, 121
Merzbach, banqueiro, 78
Méténier, Oscar, 260, 345
Meunier, Louis-Victor, 160, 272n
Meyer, Henri, 88
Meynier, capitão, 462-3
Millerand, Alexandre, 128, 212n, 275
Millevoye, Lucien, 379
Mirobal, 55
Mix, sr., 156
Monnier, Blanche, 65n, 218
Monocle, sr., 443
Montorgueil, Georges, 334

Montrode, barão de, 444
Montyon, 282
Moreau de Tours, 356
Moricey, 460
Morlot, Émile, 212n, 275
Morris, Victor, 127, 235
Mortier, Henri, 62
Mortureux, Augustine, 314, 436
Moselli, José, 57
Mouquin, 145

N
Navarre, René, 76-7
Nenesse Bec Auer, 300
Nietzsche, Friedrich, 292
Nolot, 222
Nonguet, Lucien, 73
Nora, Pierre, 430, 431n
Noussanne, Henri de, 29
Nozière, Violette, 257
Numa, Martin, 57, 157, 169

O
Orazi, M., 121

P
Padlewski, terrorista russo, 128
Pagnier, dr., 230
Painlevé, Paul, 98
Panisse-Passy, 227
Pasteur, Louis, 392
Pathé, Charles, 79
Paul-Meunier, 328
Paur, casal, 445
Pépé-la-Vache, 271

Pépère, 233, 372
Perec, Georges, 424
Pergaud, Louis, 267
Perret, Raoul, 202, 375, 452
Peyrand, 234
Peyroussin, sr., 451
Pezon, irmãos, 459
Philippe, Charles-Louis, 291, 293, 295-7
Pickmann, hipnotizador, 460
Pini, caso, 279
Pinkerton, Allan, 42, 155
Pinkerton, Nat, 61, 76
Platel, Félix, 223, 357
Poe, Edgar Allan, 46, 118
Poinsot, procurador, 174, 428
Pollet, Abel, 107, 233, 372, 427
Ponson du Terrail, 46, 53, 58, 236, 339, 345
Portalis, 40, 309
Porter, Edwin, 78
Pottier, Paul, 83n, 129n, 130n, 133n, 137n, 138n, 139n, 141n, 145n, 147, 148n, 149
Poullailler, 333
Pourquery de Boisserin, deputado, 311n, 330
Pranzini, caso, 307, 427
Prax, Maurice, 202n, 337
Pressensé, Francis de, 284
Prévert, 269
Prévost, Marcel, 351, 444n, 447n
Privas, Xavier, 259
Protéa, 75
Protos, 65

Prouvaire, Michel, 443
Puibaraud, Louis, 145

Q
Queneau, Raymond, 92
Quincey, Thomas De, 292

R
Radiguet, Maurice, 278
Radiguet, Raymond, 278
Raffles, 54, 59, 78
Raid, Mayne, 46
Ramanah, faquir, 460
Rameix, caso, 328
Randal, 295
Ravachol, 68, 346
Raynaud, Maurice, 377
Razel, 462
Reclus, Paul, 279
Reinach, Joseph, 351
Renard, Jules, 132n, 384
Repstein, barão, 216
Reschal, Antoine, 59
Réveillaud, Eugène, 352, 377, 379, 387
Richepin, Jean, 266-7, 277
Rictus, Jehan, 266, 277
Rieunier, almirante, 379
Robastin, 289
Rocambole, 46, 51, 53, 58, 76, 251, 339
Rochefort, 116n, 319, 324
Rollinat, Maurice, 268
Rosset, Francis de, 429
Rossignol, 54

Rouff, Jacques, 57
Rougé, condessa de, 454
Rouglan, agente de polícia, 209
Rouletabille, Joseph, 21, 48, 50, 54-5, 91, 116, 121, 158, 159n, 161, 169, 200, 344, 441, 465
Russell Coryell, John, 61
Ruyters, André, 296

S

Sacchetti, Rossi, 56
Saintonge, chefe de reportagem, 157
Sales, Pierre, 60
Salis, Rodolphe, 259
Salmon, André, 268, 269n
Sarcey, Francisque, 151
Sardena, 455
Sarrien, Georges, 370
Sazie, Léon, 49, 51n, 53, 55, 57, 63, 74-5, 156n, 157, 232, 416
Sébille, inspetor, 214
Sembat, Marcel, 40, 335, 352, 389
Séverine, 291
Sholmes, Herlock, 117, 156
Simon, o estrangeiro, 427
Simont, 121
Soleillant, Albert, 186, 218, 229, 258, 278, 372, 399, 410, 426, 428, 437
Sorel, Georges, 292
Sourgnes, Pierre, 333
Souvestre, Pierre, 49, 51n, 56, 58, 65n, 158, 221, 225-6
Stanley, 127
Starace, Gino, 90

Steinhel, Marguerite, 21, 32, 40, 53, 98, 102, 107, 109, 217, 312, 317-9, 447, 454, 462
Stiegler, 127
Strobbins, John, 57, 62
Strogoff, Miguel, 153
Sue, Eugène, 46, 58, 119, 170, 199
Sylvestre, Renée, 78
Syveton, Gabriel, 110

T

Tailhade, Laurent, 291
Tallandier, 58
Talmeyr, Maurice, 139, 140n, 355
Tarbouriech, Ernest, 310
Tarde, Gabriel de, 249, 354-5, 356n, 367, 368n, 413, 434
Tavernier, Eugène, 134n, 140
Ténébras, 59, 189, 251
Tery, Gustave, 116n, 219
Tharps, William, 63, 156, 161n
Thinet, Louis, 127, 133, 147, 216n
Thomas, Albert, 461
Timur-Dhar, 462
Tisseau, 222
Torrès, Henri, 128
Toto Fouinard, 60, 62, 157, 169
Toulouse-Lautrec, Henri de, 259
Touny, chefe de polícia, 332
Tourneur, Maurice, 77-8
Troppmann, caso, 12, 20, 30, 60, 135, 160, 426-7, 428, 429n
Trouilh, sra., 435
Turot, 127

Tweak, Thom, 156
Tylor, Job, 156

V

Vacher, 38, 53, 171, 186, 218, 231, 250-1, 257, 314, 363-4, 408, 428, 436n
Vaillant, Auguste, 286, 346
Vaillant, Édouard, 40
Valet, 114
Vallée, Georges, 90
Vampiros, Os, 75, 79, 122, 158, 226, 349-50
Van Renslar, Frederic, 61
Vandal, Marcel, 74
Vaucaire, Maurice, 50
Vaucroze, barão de, 446
Vel-Durand, Henri, 374
Vep, Irma, 75, 226
Verne, Júlio, 153
Vidal, Henry, 101, 186, 427
Vidocq, 49
Vigarello, Georges, 417
Vignolle, comissário, 233
Vilette, Armand, 267
Vilette, Raymond, 369
Villon, François, 234, 266, 269
Viollette, Maurice, 21n, 70n, 72n, 346, 349
Viviani, René, 438
Vuillaume, Maxime, 371
Walter, Tip, 63, 156

W

Warzée, inspetor, 221
Weber, Jeanne, 21, 53, 201, 316-7, 330
White, Pearl, 79
Wilson, Harry, 76
Winter, Nick, 76-7, 156

Y

Yver, sra., 133

Z

Zaccone, Pierre, 48
Zecca, Ferdinand, 72-5, 122
Zigomar, 50, 51n, 53, 55, 63-4, 74-5, 90, 118, 122, 156n, 169, 188-9, 192, 200, 223, 232, 245n, 248, 251, 336, 339, 341, 343, 416, 456
Zola, Émile, 11, 150-1, 259, 266, 320
Zweig, Stefan, 141, 142n

SOBRE O LIVRO

Formato: 14 x 21 cm
Mancha: 23 x 44 paicas
Tipologia: Venetian 301 12,5/16
Papel: Off-white 80 g/m² (miolo)
Cartão Supremo 250 g/m² (capa)
1ª edição Editora Unesp: 2019

EQUIPE DE REALIZAÇÃO

Edição de texto
Mariana Echalar (Copidesque)
Fabiano Calixto (Revisão)

Capa
Marcelo Girard

Editoração eletrônica
Eduardo Seiji Seki

Assistência editorial
Alberto Bononi

Rua Xavier Curado, 388 • Ipiranga - SP • 04210 100
Tel.: (11) 2063 7000 • Fax: (11) 2061 8709
rettec@rettec.com.br • www.rettec.com.br